STUDIES ON VOLTAIRE AND THE EIGHTEENTH CENTURY

SVEC

2008:03

SVEC

INDEX

A fully searchable index to over
fifty years of research published in *SVEC*
http://www.voltaire.ox.ac.uk/svec_index

Manuscripts should be prepared in accordance with the *SVEC* style sheet, available on request and at the Voltaire Foundation website (www.voltaire.ox.ac.uk). One paper copy should be submitted to the *SVEC* general editor at the Voltaire Foundation, 99 Banbury Road, Oxford OX2 6JX, UK; an electronic version, with a summary of about 750 words, should be sent to jonathan.mallinson@trinity.ox.ac.uk.

The Nature of Rousseau's
Rêveries:
physical, human, aesthetic

Edited by

JOHN C. O'NEAL

SVEC
2008:03

VOLTAIRE FOUNDATION
OXFORD
2008

© 2008 Voltaire Foundation, University of Oxford

ISBN 978 0 7294 0928 5
ISSN 0435-2866

Voltaire Foundation
99 Banbury Road
Oxford OX2 6JX, UK

A catalogue record for this book
is available from the British Library

The correct reference for this volume is
SVEC 2008:03

This series is available on annual subscription

For further information about *SVEC*
and other Voltaire Foundation publications see
www.voltaire.ox.ac.uk, or email svec@voltaire.ox.ac.uk

This book is printed on acid-free paper

Typeset and printed in Europe by the Alden Group, Oxfordshire

Contents

Contents

List of tables

List of illustrations

Acknowledgements

THE editor of this volume wishes to express his profound gratitude both to Hamilton College, for hosting a Rousseau Association colloquium on Rousseau's *Rêveries du promeneur solitaire* in the summer of 2005, and to its president, Joan Hinde Stewart, for her generous subsidy towards the publication of this work.

JOHN C. O'NEAL

Introduction

WHEN asked about the subject of Rousseau's last work, the *Rêveries du promeneur solitaire*, one might be tempted to reply simply that it is about man and nature. One could possibly elaborate by saying that the *Rêveries* are about one man and a certain view of nature. The contributors to this volume of essays, however, offer many diverse and sometimes conflicting answers to the question of the form and content, the character or defining feature, or the nature of Rousseau's *Rêveries*.

A complex picture of the *Rêveries* thus emerges from the following pages. Not only do these articles bring the important scientific, artistic and psychological implications of the text to the reader's attention, but they also point to a certain transition in Rousseau studies through their emphasis on moral, philosophical and aesthetic readings of the *Rêveries*. For some colleagues, the *Rêveries* present a new view of nature, a new approach to it. For others, the *Rêveries* are not so much about nature as they are about human nature. In any event, as the articles in this volume suggest, any sharp separation of nature and human nature in the *Rêveries* proves difficult, if not impossible.

Human nature itself, as Rousseau pointed out, is highly problematic, as it can be understood at the level of the individual or that of society. Further complicating any notion of human nature is Rousseau's own distinction between *l'homme de l'homme*, or the morally corrupt person that society has created, and *l'homme de la nature*, or the supposedly pure person whom Rousseau postulates, theoretically at least, as existing in a presocial state. The *Rêveries* themselves vacillate between frequent bouts of *angst* over men and women in society and extraordinary moments of peace and happiness for a single natural man, as Rousseau saw himself. They give rise to a new, lyrical form of writing that profoundly influenced the Romantics in the following century. This volume follows a similar structure, tracing in the first section the importance of physical nature in the *Rêveries* (Cook, Johnson and O'Neal), followed by a second, transitional section on nature and human nature in the *Rêveries* (Perrin, Guichet and Lee) and a third section about human nature in this work (Berchtold, Miller, Scott, Mall, Romanowski, Stewart, Inston, Mostefai and Trachtenberg). The final section (Swenson and Martin) looks at the generic questions raised by the *Rêveries*, their formal or aesthetic nature.

It is only appropriate to begin a themed volume on the nature of the *Rêveries* with an article on Rousseau's botanising. A. Cook draws attention to the sheer hard work involved in this scientific practice, which Rousseau depicts as 'trivial' in the 'Septième promenade' because, as Cook points out, it was somewhat at odds with his position against erudition in the second *Discours*. Cook also notes that, again, unlike the portrait of botany in the 'Septième promenade', this is neither an isolated nor a solitary activity, even for Rousseau. She traces how botany comes to replace chemistry as one of Rousseau's interests and discusses what he learned from teachers such as Abraham Gagnebin and Claret de La Tourrette. For Cook, Rousseau's approach to botany reflects his view of nature, which the walker enjoyed in all its detail by taking careful notes on the plant specimens he collected and the specific places he gathered them during his expeditions. Unlike Haller, who glued his specimens to the page – often many on the same page – Rousseau used small bands to attach his and to preserve them. Such a practice, Cook claims, illustrates Rousseau's profound respect for nature. An ardent follower of Linnaeus, Rousseau used this eminent botanist's system, and one imagines that the Swede's *Systema naturae* rarely left Rousseau's side on his botanising expeditions, as the back cover illustration of this book suggests and as Rousseau himself attested in the *Rêveries*.[1] Above all, Rousseau felt close to nature as a botanist, as Cook demonstrates, and rejected the biblical interpretation whereby 'man exercises dominion over Creation'. Rousseau's approach to nature can perhaps be best summarised by the quotation Cook cites from Rousseau's *Fragments de botanique*: 'Le botaniste ne souffre point d'intermédiare entre la nature et lui.'

D. Johnson documents Rousseau's connection to landscape painting through Valenciennes's important 1800 treatise on the subject. By that time, Rousseau exercised considerable influence not only on the development of the picturesque garden in France – mainly because of his key role at Ermenonville – but also on the emerging art of landscape painting, which rivalled historical painting in popularity in the nineteenth century. Rousseau's depiction of nature in the *Rêveries* – especially, Johnson claims, the depiction of the 'contemplative individual with a sensitive soul immersed in a "rêverie douce et profonde", experiencing communion and union with the nature surrounding him' – corresponds to that elicited by 'many hundreds of paintings that fit this description'.

For J. O'Neal, nature constitutes a kind of therapy that allows Rousseau to cope with human misery, especially the anxiety, stress and depression he experienced in the later years of his life and described in the

---

1. Jean-Jacques Rousseau, *Rêveries du promeneur solitaire* V, in *Œuvres complètes*, ed. B. Gagnebin and M. Raymond, 5 vols (Paris, 1959-1995), vol.1, p.1043. All subsequent references to Rousseau's works will allude to this edition of the *Œuvres complètes*, hereafter abbreviated as *OC*. Any references to Rousseau's correspondence will be to the *Correspondance complète*, ed. Ralph A. Leigh, 52 vols (Geneva, 1965-1998), abbreviated as *CC*.

Rêveries. Whether social, physical or psychological, Rousseau's worries find an effective cure in the refuge of nature, which provides a source of endless distractions and serves, on the île de Saint-Pierre at least, as a physical barrier to society.

Serving as a bridge between a view of the *Rêveries* as preoccupied with physical nature and a view of them as a study of human nature is a series of articles by J.-F. Perrin, J.-L. Guichet and N. Lee. Perrin claims that this work represents yet another attempt – among others such as the second *Discours*, *Emile* or the *Dialogues* – to 'valider expérimentalement sa théorie de l'homme naturel'. Observation of nature, however, takes precedence over mere theory. What holds true for the empirical study of physical nature also holds true for the analysis of Rousseau's soul. In passages evoking the *Morale sensitive, ou Le Matérialisme du sage* project, Rousseau draws close connections, as would a 'physicien', between the material and psychological realms. Perrin repeats twice Rousseau's own statement from the *Dialogues* that 'il est ce que l'a fait la nature'. Rousseau views his own temperament in the *Rêveries* as the product of penchants, tastes, natural inclinations and sensations. Ultimately, Perrin believes the *Rêveries* should be read as 'une méditation de la vie heureuse selon la nature'.

J.-L. Guichet's article also explores both the physical and the philosophical. Guichet meticulously traces the various stages of Rousseau's fall in the 'Deuxième promenade', caused by physical forces such as gravity, and shows how it leads paradoxically to an original state of subjectivity, which is none other than that of natural man.

Whereas in the second *Discours* Rousseau questioned whether the state of nature ever existed and declared we could only know man as a social (and linguistic) being, in the *Rêveries* Rousseau takes up once again the question of human nature, claims N. Lee in her article. By considering how, as an autobiography, the *Rêveries* at once produce and disfigure an identity, Lee argues that Rousseau discovers his inner nature only by renouncing society and relating instead directly to things in the physical world of nature. As Lee puts it: 'Although one can never fully attain one's inner essence, nature is nonetheless posited as a referent, a material reality that anchors the text and the narrator's identity.'

J. Berchtold seizes upon two small, seemingly insignificant details of the 'Deuxième promenade', the carriage and the mention of what was probably a cabaret, the Galant Jardinier, across from which Rousseau takes his fateful fall. From these details, Berchtold develops an important intertext in Dancourt's comic theatre, which included a play titled *Le Galant Jardinier*. Both luxury (signified by the carriage) and theatre (especially in its comic form) denature man according to Rousseau. Berchtold also brings to bear another intertext, Rousseau's own *Encyclopédie* article 'De l'économie politique', in order to connect an earlier general statement about the possible misfortunes of pedestrians in a corrupt society with the personalised account that is found in the *Rêveries*.

For her part, F. Miller sees Rousseau's sense of freedom arising less from the natural world than from the social one. Other people in society, however, have become like nature by acting as mere automatons or physical forces devoid of any ill-intentioned will. The freedom Rousseau regains is nothing less than that of natural man. Miller finds humour in the *Rêveries*, as does J. Scott. For Miller, it lies in Rousseau's ironic treatment of his contemporaries' materialism, which restores his liberty. She concludes that the *Rêveries* relate the last years of Rousseau's life 'as the process of being forced to be free'.

Rousseau's laughter, according to J. Scott, is directed not so much at other people as it is at himself in his solitary search for self-knowledge, integrity or wholeness. But by the 'Septième promenade', Rousseau no longer identifies with nature as a whole, as had natural man, but 'wants to see individual plants as wholes unto themselves, apart from the whole of nature or from mankind, just as he seeks to see himself as a whole apart from the natural whole and the political whole'. The conflict between 'extremes of particularity and generality, wholes and parts' gives rise to the tragicomic tone, reminiscent of Cervantes' masterpiece, that Scott finds in the *Rêveries*.

However, the misfortune (*le malheur*) or misery Rousseau describes in his life can also be seen as evil (*le mal*) itself, as L. Mall points out. She highlights how Rousseau uses the natural order of nature, which corresponds to the human moral order, to bear his misfortune, and how he connects natural and moral worlds – and their attendant conceptions of evil – through 'l'évolution dynamique des sociétés et des actions humaines'. Her piece echoes those by J. Swenson and J. O'Neal in arguing for the dramatic, poetical or lyrical quality of the *Rêveries*, achieved by their particular treatment of happiness, on the one hand, and misfortune or the problem of evil, on the other.

S. Romanowski compares the *Dialogues* to the *Rêveries* but notes a crucial distinction between the two works. Whereas Rousseau uses persuasive language and presents himself as a scapegoat in the former, in the latter he is no longer writing to persuade others and claims to be in a position of mastery. This mastery is seen in his relation to nature, with which he identifies and from which he derives an enormous sense of freedom. Romanowski likens Rousseau to Sade in their shared tendency to privilege natural impulses and to present themselves as modern outsiders, opposed to the hierarchical status quo of the *ancien régime*.

P. Stewart also points out the unfinished (and modern) task of constructing the self, also discussed by Romanowski. In his search for peace of mind, Rousseau must silence the urge in him to continue reasoning. As Stewart demonstrates, Rousseau distrusted the rational thinking of many of his intellectual contemporaries, which led, he felt, to an atheistic materialism. They contine to shake (*ébranler*) him with their specious arguments, but by the time he writes the *Rêveries* he has vowed to remain faithful to his religious convictions, as he had developed them at an earlier period in his life when he wrote the 'Profession de foi du vicaire savoyard' for *Emile*. But his wish for certainty in his principles is countered, Stewart claims, by the ambiguity of autobiographical writing: '[p]roclamer la vérité absolue sur un être [...], c'est un projet qui n'est jamais fini'.

According to K. Inston, reverie does for Rousseau what nature has done for Rousseau's theory of man in general in the second *Discours*. Both, as Inston's title suggests, allow for the possibility of change and resistance. Man's perfectibility implies that human beings change over time so that any definition of society or of humans remains necessarily indeterminate. Such a view of human nature allows for precisely the kind of freedom Rousseau needs finally to rid himself of his persecutors and their authoritarian attempts to control his identity. Likewise, the feeling of existence reverie evokes enables Rousseau to explore multiple selves, unattached to one 'particular content or identity'. Inston even views the 'negativity' of the *Rêveries* – 'the necessity of death or self-dispossession' for the autobiographical project – in positive terms. The 'experience of the self as a lack', he writes, 'does not imply nothingness but rather the potential for creation and change'.

Drawing upon conversion experiences – Saint Ignatius of Loyola's and Rousseau's own at Vincennes – O. Mostefai shows how the *Rêveries* reflect Rousseau's attempt to come to terms with his mortality. The 'Deuxième promenade', dealing with Rousseau's close call with death, provides the point of departure for a discussion of what was perhaps Rousseau's greatest anguish – death – which according to Mostefai, the *Rêveries* 'semblent avoir réussi à neutraliser [...] non en la rejetant mais en l'absorbant'.

Z. Trachtenberg's comparative study of Rousseau and Thoreau, both of whom are associated with Romanticism, allows him to draw sharp distinctions between the two thinkers' approaches to nature as walkers. Whereas Thoreau's sense of wildness can be experienced only in nature, 'for Rousseau', Trachtenberg writes, 'the experience sought from walking is not linked in an essential way to nature'. Trachtenberg views Rousseau's approach to nature practically as a form of solipsism. As an exile Rousseau finds refuge not so much in nature as in the sentiment of his existence, which is prompted by nature and which gives him solace for his marginalisation from society. Trachtenberg's essay is interesting for this volume insofar as it shows the limits of interpretation that Rousseau's *Rêveries* allow in the dialectic between nature and human nature.

Although concerned primarily with the structure and form of the *Rêveries*, J. Swenson calls attention, as had J. Scott, to the lack of fusion between Rousseau, normally considered as a pre-Romantic, and the totality of nature in the *Rêveries*. Swenson considers Rousseau as an innovator in lyrical prose, which arises from the solitary walker's descriptions of beautiful things in reverie rather than from any eloquent form of discourse or Rousseau's remarkable skills in persuading other people that he had demonstrated in his earlier works. Rousseau epitomises for Swenson the 'possibility', later fully developed by the Romantics, 'that the expression of subjectivity and the description of nature might occur within the unified movement of a single poetic discourse'.

C. Martin analyses the genre of Rousseau's last work and, using Bachelard's phenomenological writings, makes a case for decoupling reverie from 'promenade littéraire'. Although the former rarely involves any other people and requires a 'tête entièrement libre', as Rousseau put it, the 'promenades' of the *Rêveries* often relate encounters with others and fill Rousseau's mind with pleasant distractions. The desocialised state of reverie thus finds its opposite in the more social situations related in the walks. People, for example the small group of children in the 'Neuvième promenade', give meaning to a 'promenade' and provide a social context for the geographical space. Reverie, however, operates on the imaginary level. But the society of the *Rêveries*, Martin concludes, is a far cry from the transparency of the second *Discours*, *Julie* or the *Contrat social*. The 'promeneur solitaire' now keeps his distance from his fellow humans even when he walks among them.

The division of this volume into parts suggests certain natural pairings of articles, such as the last two by Swenson and Martin. In addition to those mentioned above, there are other, less obvious pairings that draw on different common themes and pull the articles together or apart, allowing the reader to make connections between articles or even to read one against another. The articles by Inston and Mostefai, for example, although in the same part, also both allude to the immense problem that human mortality poses for Rousseau as he faces his own death. Guichet, Lee and Perrin all discuss the renewed possibility for Rousseau in the *Rêveries* of a return to the original state of natural man. The theme of the wholeness or fragmentation of nature runs through the articles by Miller, Scott and Swenson.

The precise role of nature for Rousseau and its importance or necessity for his reveries are interpreted variously. Cook, Johnson, O'Neal and Lee argue for Rousseau's direct or close relation to nature; Trachtenberg sees nature, from Rousseau's standpoint, as principally another way, among others, to the self; whereas Swenson occupies a middle ground between these two positions. Lee, Miller, Romanowski and Inston all analyse Rousseau's freedom as being a crucial preoccupation of the *Rêveries*, as is also his imagination, discussed by Miller, among others. The *philosophes* become the central focus of Stewart's article but are also treated by O'Neal, Miller and Swenson. Mall and O'Neal discuss Rousseau's seemingly profound unhappiness in the *Rêveries*, while Perrin views this last work as a reflection on a happy life lived according to nature, and Scott

6

combines these two viewpoints by proposing a tragicomic reading of the *Rêveries*. Scott also alludes to the quixotic elements of the text, as does Berchtold in his reference to Cervantes as an influence on Rousseau.

There are also frequent references to other important intertexts in Rousseau's own *œuvre*: not surprisingly the second *Discours* or *Discours sur l'origine de l'inégalité*, in which Rousseau formulates his theory of the state of nature (see especially Lee, Martin, Mall, Inston, Trachtenberg and Swenson, but also Cook, Perrin, Guichet, Miller and Mostefai) and the *Dialogues* (Romanowski and Perrin). Many previous discussions of the *Rêveries* focus – some almost exclusively – on the 'Cinquième promenade', which receives an impressive close reading from Swenson here. But other 'promenades', notably the 'Deuxième' and the 'Septième', benefit from sustained analysis in this volume, respectively by Guichet, Berchtold, Mostefai and Martin, and by Cook, O'Neal, Mall and Scott. All articles include cross-references to other articles in the volume that can serve as guides to the reader for other articles of interest.

Taken together, the articles assembled here draw renewed attention to the richness and complexity of Rousseau's *Rêveries du promeneur solitaire*. They raise, rather than answer, a number of questions yet suggest a number of possible solutions. Does nature provide an escape from the self and society for Rousseau? Or is it a way of discovering the self? Does nature have value in and of itself in Rousseau's life? Or is it useful only for what it can offer to Rousseau and, by extension, to others like him who look to it for a source of physical or intellectual and scientific activity, or even solace for the soul? Is nature even necessary for reverie? How can Rousseau identify with all of nature? Or is it only a part of nature that interests him? What is the tone of the *Rêveries*? Is it tragic, comic or uplifting in some other way? There are also important questions raised here about the exact nature of this new genre. What is really new and innovative about Rousseau's *Rêveries*? Are the 'promenades' *per se* about reveries, or are they diametrically opposed to them and actually concerned with other important issues for Rousseau?

As the articles in this volume demonstrate, these questions remain open to multiple interpretations. But what clearly emerges from these essays is a certain vacillation between Rousseau's particular sense of nature and of human nature, of happiness and of misery. The *Rêveries* have a kind of flickering or fleeting quality to them, as Rousseau himself stands seemingly outside of any known world, hovers *entre deux mondes* (sometimes incredibly vast and bordering on the cosmic dimension, sometimes infinitesimally small and approaching the microscopic level), or moves back and forth between interior and exterior worlds. It is this evanescent nature of the *Rêveries* that makes them so engaging for the reader and contributes, in no small measure, to their enduring beauty.

7

I

Nature in Rousseau's *Rêveries*

ALEXANDRA COOK

The 'Septième promenade' of the *Rêveries*: a peculiar account of Rousseau's botany?[1]

Ce grand observateur [Linnaeus] est à mon gré le seul avec Ludwig qui ait vu jusqu'ici la botanique en naturaliste et en philosophe; mais il l'a trop étudiée dans des herbiers et dans des jardins et pas assez dans la nature elle-même.[2]

i. Introduction

IN an article on Rousseau's annotations of a popular botany text, Henry Cheyron describes the Genevan philosopher as 'ce botaniste méjugé'.[3] The misapprehension of Rousseau's botanical practice identified by Cheyron has its roots, I believe, in Rousseau's own depiction of his botanising in the *Rêveries*; in the 'Septième promenade' Rousseau self-consciously portrays this study as socially isolated, lazy and lacking in direction: 'La botanique est l'étude d'un *oisif* et *paresseux solitaire*... Il se promène, il *erre* librement d'un objet à l'autre, il fait la revue de chaque fleur avec intérêt et curiosité.'[4] Neither does Rousseau disguise botany's role for him as a 'thérapeutique improvisée'; the therapeutic purpose has tended to obscure the rigour, application, time and knowledge that Rousseau put into his botanical studies so that no less a scholar than Jean Starobinski asserts: 'Jean-Jacques herborise en collectionneur, et non pas en naturaliste. C'est pour lui une occupation, un amusement, plutôt qu'une véritable action.'[5] Finally, Rousseau fuels this misunderstanding

1. The author received valuable assistance from the Bibliothèque centrale and Laboratoire de phanérogamie of the Muséum national d'histoire naturelle, Paris (hereafter abbreviated as MNHN); the Cabinet des dessins and Photothèque, Musée des arts décoratifs, Paris (MdAD); the Musée Jean-Jacques Rousseau, Montmorency; the Handschriftenabteilung, Zentralbibliothek Zürich; the National Library of Medicine, Bethesda, MD; the Library of Congress, Washington, DC; Maggie Wong, and Justin Li Ying Kit. The research was supported by grants from the University of Hong Kong.
2. Rousseau, *Confessions*, *OC*, vol.1, p.643.
3. Henry Cheyron, 'L'amour de la botanique: les annotations de Jean-Jacques Rousseau sur la botanique de Regnault', *Littératures* 4 (1981), p.55-95 (p.63).
4. The italics are mine; Rousseau, *Les Rêveries du promeneur solitaire*, *OC*, vol.1, p.1069.
5. It is unclear how Starobinski distinguishes the collector from the naturalist, since the eighteenth-century naturalist was always in the first instance a collector. Modern botany is

by making botany seem so easy: 'me voilà tout d'un coup aussi botaniste qu'a besoin de l'être celui qui ne veut étudier la nature que pour trouver sans cesse des nouvelles raisons de l'aimer'.[6] We are practically convinced by Starobinski's verdict.

Yet in the 'Cinquième promenade' Rousseau declares his intention to divide l'île de Saint-Pierre into quadrants to facilitate the systematic study of its flora.[7] Such industry and systematic application were characteristic of the Rousseau who authored *Fragments pour un dictionnaire des termes d'usage en botanique*, eight *Lettres sur la botanique* to teach his friend's daughter botany, and a large number of other erudite letters on the topic. These works, published posthumously, established Rousseau as an important botanical educator in the late eighteenth and early nineteenth centuries.[8] Rousseau's botanical pedagogy is particularly noteworthy for its emphasis on nature study *in* nature, as suggested by his criticism of Linnaeus in the *Confessions*, quoted above. Stressing the study of plants in their natural settings, Rousseau says, 'Je connais quelque chose à l'ouvrage de la nature, mais rien à celui du jardinier.'[9] Despite his criticism of Linnaeus for studying too much in herbaria, Rousseau perfected the exacting art of herbarium fabrication, a crucial element of the science of botany both then and now.[10] For Rousseau, the herbarium not only provided a record of his botanical excursions, but also recalled the beauty of nature, and invited others to share his experience of this beauty (Fig. 1).[11]

likewise closely associated with specimen collection. See Jean Starobinski, *Jean-Jacques Rousseau: la transparence et l'obstacle* (Paris, 1971), p.279.

6. Rousseau, *Rêveries*, *OC*, vol.1, p.1068.

7. Rousseau, *Rêveries*, *OC*, vol.1, p.1043.

8. Rousseau, *Lettres sur la botanique*, and *Fragments pour un dictionnaire des termes d'usage en botanique*, *OC*, vol.4, p.1151-90, 1211-47. Rousseau's other botanical correspondence is scattered throughout *CC*; for a convenient collection, see 'Botanical writings', ed. and translated by A. Cook, in *The Collected writings of Rousseau*, ed. Christopher Kelly, translated by Charles E. Butterworth, A. Cook and Terence Marshall, vol.8 (Hanover, NH, 2000), p.130-249. See also A. Cook, 'Propagating botany: the case of Jean-Jacques Rousseau', in *The Transmission of culture in Western Europe, 1750-1850: papers celebrating the bi-centenary of the foundation in Geneva of the Bibliothèque britannique*, ed. D. Bickerton and J. Proud (Bern, 1999), p.69-94.

9. Rousseau, *Confessions*, *OC*, vol.1, p.643. This is, of course, an exaggeration for polemical effect; Rousseau has already related his gardening activities at Les Charmettes, *Confessions*, *OC*, vol.1, p.231.

10. 'A herbarium is a collection of plant specimens that have usually been dried and pressed, carefully mounted on sheets of quality paper, identified and labelled with important information about them, and stored and arranged on shelves in cabinets in the sequence of an accepted classification. These specimens are the key to our knowledge of plants and [...] to the diversity of plants [...]. They also serve as a definitive reference for the identification and correct naming of newly collected plants. [...] analogous to a library of carefully preserved plants [...].' http://www.afcd.gov.hk/english/conservation/con_flo/con_flo_hkh/con_flo_hkh.html. See Robert Thiery *et al.*, *Jean-Jacques Rousseau: le philosophe botaniste* (Montmorency, 1996), p.57-62.

11. For descriptions of Rousseau's herbaria, see the Appendix to this article.

1. *Hepatica nobilis*, Schreb., from the herbarium Rousseau made in 1772 for Emilie-Julie Willading-Boy de la Tour. *H. nobilis* was then known as *Anemone hepatica*, Linn. The larger, heavier specimens surround the smaller ones; small bands hold them in place. Rousseau's note reads: 'Commune autour de Neuchâtel dans les bois.' By permission of the Zentralbibliothek Zürich

Contrary to the depiction in the 'Septième promenade' of the *Rêveries*, Rousseau's botanising was neither isolated nor solitary. Rather, he undertook *herborisations* not only with botanists, but also with groups of friends. He corresponded about botany, exchanged books and plant samples with correspondents, and made herbaria for his friends.[12] Taken together, these activities constitute a body of writing and material culture the careful examination of which leads to a very different picture of Rousseau's botanical activity than that provided by the 'Septième promenade'. In this different picture we see an accomplished collector and herbarium fabricator, a careful pedagogue, and correspondent of leading French Linnaean botanists such as Antoine Gouan and Claret de La Tourrette.[13] However, Rousseau's botanical works proper are so little known today that a more balanced assessment is rarely attempted.[14]

Finally, we should consider Rousseau's broader perspective on the relationship of humanity to nature, a perspective that predates his specific fascination with botany, and that makes that fascination more understandable. In the *Discours sur l'origine de l'inégalité*, Rousseau initially situates human beings within nature as animals, albeit as the best-equipped animals;[15] he thereby implicitly rejects the interpretation of Genesis so vehemently defended by innumerable early-modern authors, in which man exercises dominion over Creation.[16] Furthermore, *pace* Descartes, animals participate in natural right, and human beings owe them compassion due to their sentient nature, which they share with the human species.[17]

Rousseau identifies the progressive human alienation from nature in humanity's departure from its 'état primitif';[18] this alienation entails the degradation of the earth and its resources pinpointed by Buffon's diagnosis of deforestation as the cause of desertification. From his reading of Buffon Rousseau concludes that humans have created scarcity out of plenty: 'La terre abandonnée à sa fertilité naturelle (IV.*) [Rousseau's

12. See A. Cook, 'Jean-Jacques Rousseau et les réseaux d'échange botanique', in *Rousseau et les sciences*, ed. B. Bensaude-Vincent and B. Bernardi (Paris, 2003), p.93-114.

13. I specify 'Linnaean' because the French natural history establishment, dominated by Buffon, intendant of the Cabinet du roi, opposed Linnaean taxonomy. See Rousseau, 'Introduction', *Fragments pour un dictionnaire des termes d'usage en botanique*, OC, vol.4, p.1207-208. This 'Introduction' was one of the fragments among Rousseau's literary effects and was placed before the *Dictionnaire* by Du Peyrou and Moultou, editors of the first posthumous edition of his works in 1781-1782. See Cook, 'Botanical writings', p.298, n.1.

14. But see P. Tolila, 'Rousseau et le matérialisme des fleurs', *Pensée* 202 (1978), p.116-31 (p.122); A. Cook and C. Kelly, 'Introduction', *The Collected writings of Rousseau*, vol.8, p.xxi-xxviii; A. Cook, 'Rousseau and the languages of music and botany', in *Musique et langage chez Rousseau*, ed. C. Dauphin, *SVEC* 2004:08, p.75-87.

15. Rousseau, *Discours sur l'origine de l'inégalité*, OC, vol.3, p.134-41.

16. Sir Keith Thomas, *Man and the natural world: changing attitudes in England, 1500-1800* (London, 1983), p.17-50.

17. Rousseau, *Discours sur l'origine de l'inégalité*, OC, vol.3, p.126.

18. Rousseau, *Discours sur l'origine de l'inégalité*, OC, vol.3, p.123.

own note in text], et couverte de forêts immenses que la coignée ne mutila jamais, offre à chaque pas des magasins et des retraites aux animaux de toute espèce.'[19] This theme of environmental destruction by human beings persists throughout Rousseau's thought. Writing later to the Duchess of Portland, he lamented, 'Les végétaux dans nos bois et dans nos montagnes sont encore tels qu'ils sortirent originairement de[s] mains [de celui qui fit les hommes pour être bons], et c'est là que j'aime à étudier la nature... Les hommes disent qu'ils l'embellissent, et moi je trouve qu'ils la défigurent.'[20] Rousseau's botanical activities built upon his long-standing view of nature as a refuge, and source of inspiration, that merits respect from human beings.

If my argument is valid, the question naturally arises: why did Rousseau depict his botanising in the 'Septième promenade' as an almost trivial exercise?[21] One plausible answer is that botany requires learning, and as author of the *Discours sur les sciences et les arts* Rousseau consistently sought to distance himself publicly from erudition, and especially scientific erudition. Rousseau's first *Discours* laid the groundwork for his opposition to learning, including botanical learning, that is used to pursue vain or base ends: 'sitôt qu'on y mêle un motif d'intérêt ou de vanité, soit pour remplir des places ou pour faire des livres, sitôt qu'on ne veut apprendre que pour instruire, qu'on herborise que pour devenir auteur ou professeur [...] on ne voit dans les plantes que des instruments de nos passions, on ne trouve plus aucun vrai plaisir dans leur étude, on ne veut plus savoir mais montrer qu'on sait'.[22] When Rousseau was pressed about his involvement in writing a botanical work, he disavowed any connection with such a project, even though he considered an elementary work necessary.[23]

Yet while publicly declaiming against erudition and the erudite, Rousseau was always involved with learning and with teaching, not only in *Emile, ou, De l'Education*, but also in the *Lettres sur la botanique* to

19. Rousseau, *Discours sur l'origine de l'inégalité*, *OC*, vol.3, p.135. For Rousseau's quotation of Buffon and his elaboration on the latter's theory of desertification, see Rousseau, *Discours sur l'origine de l'inégaltié*, note IV, *OC*, vol.3, p.198. Buffon's collaborator, Daubenton, also displayed environmental awareness: 'c'est ce lieu [originaire] qu'il faut fréquenter par préférence le plus souvent qu'il sera possible, pour voir la même chose en différents temps, sous différents aspects, & avec des vues différentes relativement à la chose que l'on a pour objet, & à celles qui y sont mêlées, ou qui l'environnent.' Louis Jean Marie Daubenton, 'Histoire naturelle', in *Encyclopédie de Diderot et d'Alembert* (Paris, 2000), CD-ROM.
20. Rousseau to the Duchess of Portland, 12 February 1767 (*CC*, vol.32, p.135).
21. John T. Scott, for his part, finds humour in this 'Promenade'. See his article in this volume. See Zev Trachtenberg's article, also in this volume and which claims that the experience Rousseau 'sought from walking is not linked in any essential way to nature'.
22. Rousseau, *Rêveries*, *OC*, vol.1, p.1069.
23. Rousseau to the Duchess of Portland, 12 February 1767 (*CC*, vol.32, p.134); Rousseau to Latourrette, 26 January 1770 (*CC*, vol.37, p.212); Björnståhl to Gjörwell, 1 September 1770 (*CC*, vol.38, p.94).

Madeleine-Catherine Delessert,[24] and in his botanical correspondence.[25] Indeed, one of the routes by which Rousseau came to botany was through his study of, and later disillusionment with, chemistry and materialism, especially the latter's refusal to recognise what Rousseau considered to be the epistemological impenetrability of the mystery of reproduction: the 'abîme de la génération'.[26] This disillusionment with chemistry may have contributed to his privileging botany above the other sciences:

L'art d'étudier les plantes par la combinaison de leurs mixtes [sic] qui composent leur substance, l'art d'en déterminer les vertus medicinales vraies ou fausses soit par l'expérience et l'observation toujours imparfaite et trompeuse soit par l'analyse chimique encore plus fautive n'a rien de commun avec la botanique. Le botaniste étudie dans les végétaux leur *tissu*, leur *figure*, leur *organisation*, leur *génération*, leur *naissance*, leur *croissance*, leur *vie* et leur *mort*.[27]

The botanist carries out these biological studies in the field, and by methodically assembling plants to dry and preserve for later reference; in other words, the botanist must make herbaria.

ii. Botany's triumph over chemistry

Rousseau's botanical education was, in the first instance, pharmaceutical and chemical. He first encountered plant study in the guise of pharmaceutical plant chemistry in the home of 'Maman' (Mme de Warens), who manufactured herbal remedies from alpine plants. This approach to plants, typical of the era, caused Rousseau to regard botany 'que comme une étude d'Apothicaire', but he was nevertheless tempted to join the alpine plant collecting expeditions of Maman's steward, Claude Anet:

Le contentement que je voyais dans les yeux d'Anet revenant chargé de plantes nouvelles me mit deux ou trois fois sur le point d'aller herboriser avec lui. Je suis presque assuré que si j'y avais été une seule fois cela m'aurait gagné, et je serais

24. Madeleine-Catherine Delessert was a daughter of a long-standing friend, Mme Boy de la Tour-Roguin (1715-1780), the widow of a banker, who provided Rousseau with accommodation in Môtiers, Switzerland (then part of the Prussian principality of Neuchâtel) after his flight from France in 1762. The family also assisted Rousseau with his banking affairs (see Cook 2000: p.273, n.7). In 1772, Rousseau made a herbarium (abbreviated as 'Zürich') for her sister, Emilie-Julie Willading-Boy de la Tour. See Fig. 1 (p.13) and Rousseau, *Lettres sur la botanique*, *OC*, vol.4, p.1160.

25. On the educative role of botanical correspondence, see A. Cook, 'Jean-Jacques Rousseau et les réseaux d'échange botanique', p.104-109.

26. 'ni le soleil, ni tous les astres, ni tout le feu, ni tout le mouvement qui existent dans l'univers ne sont pas [sic] capables de produire la moindre de toutes les plantes...; cet abîme de la génération dans lequel les Philosophes se sont si longtemps perdus est encore [...] le désespoir des incrédules'. 'Les *Institutions chymiques* de Jean-Jacques Rousseau', ed. M. Gautier, *Annales de la société Jean-Jacques Rousseau* 12 (1918-1919), p.vii-163 (p.47). 'La plus commune de[s] [...] opérations [de la nature], et la plus facile à observer, savoir la multiplication des végétaux par leurs germes est encore à connaître.' Rousseau, *Lettres morales* III, *OC*, vol.4, p.1096.

27. The italics are mine; Rousseau, *Fragments de botanique*, *OC*, vol.4, p.1249.

peut-être aujourd'hui un grand botaniste: car je ne connais point d'étude au monde qui s'associe mieux avec me goûts naturels que celle des plantes.[28]

But instead of following his 'goûts naturels', Rousseau stuck with chemistry. Despite having been blinded for six weeks in 1737 by a failed chemistry experiment, Rousseau's interest in the subject did not diminish; quite the contrary: 'j'appris ainsi à ne pas me mêler de physique expérimentale sans en savoir les éléments'.[29] Rousseau set out to do exactly that – to learn the elements of 'physique expérimentale'. His move to Paris in 1742 brought him into direct contact with the Académie royale des sciences, to which he proposed his system of musical notation. At the same time he developed his interest in chemistry with Mme Dupin's stepson, the aspiring *savant*, Dupin de Francueil. During the 1740s Rousseau engaged in chemical investigations with Dupin, and these investigations would certainly have included plant chemistry: 'Throughout the eighteenth century [...] chemists experimented with ubiquitous, common plant materials, most of which were commodities applied as remedies, food and dyestuffs.'[30]

Rousseau's interest in plant chemistry is attested by an unpublished 'Catalogue de tous les mémoires de chymie contenus dans tous les volumes de l'*Histoire de l'Académie R[oyal] des sciences*';[31] the list includes sixty-five *mémoires* and *histoires* in all, treating such common topics as distillation of plants, essential oils, volatile salts and the 'feu des plantes'; the list also includes many investigations of purgative plants. Why or when Rousseau drew up this list is not known; the first item is a *mémoire* of 1699 by Guillaume Homberg on the salts of plants; the last *mémoire*, by Gilles-François Boulduc, is entitled 'Essai d'analyse des plantes', from 1734. However, this list lends authority to Rousseau's critical allusions to the 'travaux sédentaires de laboratoire et aux traitements des maladies, par lesquels on parvient à s'assurer de la nature des substances végétales, et de leur effets dans le corps humain'.[32]

Rousseau's botanical studies seem to have stimulated a reassessment of his earlier enthusiasm for chemistry. In the *Rêveries* he argues that chemistry relates plants only to profit motives and illnesses of the body,[33] while in the *Dialogues* and the *Fragments de botanique* he contrasts true botanical study of plant structures and functions with instrumental uses of plants by chemists, pharmacists, 'empiriques' and poisoners.[34] He lauds

28. Rousseau, *Confessions*, *OC*, vol.1, p.180.
29. Rousseau, *Confessions*, *OC*, vol.1, p.218.
30. U. Klein, 'Shifting ontologies, changing classifications: plant materials from 1700 to 1830', *Studies in history and philosophy of science* 36/2 (June 2005), p.261-329 (p.279).
31. Bibliothèque universitaire et publique de Neuchâtel, MsR 81.
32. Rousseau, 'Introduction', *OC*, vol.4, p.1201; see also Rousseau, *Dialogues*, *OC*, vol.1, p.833.
33. Rousseau, *Rêveries*, *OC*, vol.1, p.1065.
34. Rousseau, *Rousseau juge de Jean-Jacques: Dialogues*, *OC*, vol.1, p.833-34; Rousseau, *Fragments de botanique*, *OC*, vol.4, p.1249-50.

Carolus Linnaeus (1707-1778) for having 'un peu tiré la botanique des écoles de pharmacie pour la rendre à l'histoire naturelle et aux usages économiques'.[35]

Chemistry later became for Rousseau the anti-science, one whose goals and methods diametrically oppose those of botany:

Pour profiter dans l'étude des minéraux, il faut être chimiste et physicien; il faut faire des expériences pénibles et coûteuses, travailler dans des laboratoires, dépenser beaucoup d'argent et de temps parmi le charbon, les creusets, les fourneaux, les cornues, dans la fumée et les vapeurs étouffantes, toujours au risque de sa vie et souvent aux dépens de sa santé. De tout ce triste et fatigant travail résulte pour l'ordinaire beaucoup moins de savoir que d'orgueil, et où est le plus médiocre chimiste qui ne croit pas avoir pénétré toutes les grandes opérations de la nature pour avoir trouvé par hasard peut-être quelques petites combinaisons de l'art?[36]

Chemistry requires indoor space and apparatus, while '[l]es prés émaillés de fleurs sont l'unique laboratoire du botaniste'.[37] Chemical apparatus in turn requires substantial financial resources; botany requires only enough money for a magnifying glass, tweezers and scissors, making it a truly egalitarian science. Chemistry studies what is dead, botany what is living. Chemistry invades the hidden entrails of the earth, while botany concerns itself with 'le plus riche et le plus varié' of the three realms of nature. Chemistry markets plants as remedies for bodily ills and for profit, while botany provides a salve for the tormented soul.[38]

Botany enabled Rousseau to study nature free of the dangers, expense and encumbrances of chemistry on the one hand, and the horrors of anatomy on the other: 'Quelle différence de cette aimable étude à celle de l'anatomie dont l'horrible appareil révolte à la fois le cœur et les sens, et qui vous fait vivre avec des cadavres ou à celle des minéraux, qu'il faut à grande fatigue arracher des entrailles de la terre et analyser à grands frais, souvent à grands risques dans des antres des Cyclopes.'[39] Yet botany itself can degenerate if 'dans les bois on n'est que sur le théâtre du monde occupé du soin de s'y faire admirer'.[40] This degenerate botany 'ne s'occupe que de systèmes et de méthodes, matière éternelle de dispute qui ne fait pas connaître une seule plante de plus et ne jette aucune véritable lumière sur l'histoire naturelle et le règne végétal'.[41]

---

35. Rousseau, *Rêveries*, *OC*, vol.1, p.1064.

36. Rousseau, *Rêveries*, *OC*, vol.1, p.1067.

37. Rousseau, 'Fragments', *OC*, vol.4, p.1250.

38. For these distinctions between chemistry and botany, see Rousseau, 'Fragments', *OC*, vol.4, p.1249.

39. Rousseau, 'Fragments', *OC*, vol.4, p.1250.

40. Rousseau, *Rêveries*, *OC*, vol.1, p.1069.

41. Rousseau, *Rêveries*, *OC*, vol.1, p.1069-70.

iii. Rousseau's herbaria

True botany, on the other hand, is pursued in nature, 'l'unique laboratoire du botaniste',[42] in which plants are collected for herbaria that
facilitate study and instruction. According to Linnaeus, '[a] Herbarium is
better than any picture, and necessary for every botanist'.[43] In an article
in Panckoucke's *Encyclopédie méthodique*, the chevalier de Lamarck gives
several reasons for the importance of herbaria: they provide more plants
than one can see in years of voyaging and visiting gardens, and they allow
for comparisons among specimens collected in different seasons and in
different climates. Moreover, the loss of plants under cultivation reduces
the utility of relying on live specimens in botanical gardens.[44] A modern
botanical text states that the herbarium is an 'instrument d'étude indispensable au botaniste';[45] in other words, without herbaria the science of
botany is impossible.

Herbaria have taken on a new significance as a taxonomic tool to
address a number of modern, especially environmental, problems. Once
thought to be 'an out-dated, minor discipline of little importance in the
modern world', taxonomy has shown its value 'in the present struggle to
reclaim deserts and degraded landscapes, breed pest resistance in our
crops, and find new sources of energy, food, medicines and useful
materials' because it enables us to document biodiversity.[46] Herbaria
'constitute the primary database for the world's plant diversity'.[47]
'Worldwide, there are 2,639 herbaria, containing more than 272,800,000
specimens';[48] the national herbarium of France alone contains over 8
million specimens dating from the sixteenth century. Herbaria therefore
supply examples of plants that have become extremely rare or even
extinct. This was already true in the eighteenth century when Rousseau
compiled his herbaria; in the notes that accompany his specimens he
observes that *Drosera rotundifolia* and *Erica tetralix* (Zürich),[49] and *Gentiana*

---

42. Rousseau, 'Fragments', *OC*, vol.4, p.1250.

43. 'Herbarium præstat omni Icone, necessarium omni Botanico'. Linnaeus, *Philosophia botanica* (1751), p.7, translated by S. Freer in Linnaeus, *Philosophia botanica* (Oxford, 2005), p.18.

44. Jean-Baptiste-Pierre-Antoine de Monet de Lamarck, 'Herbier (*Herbarium*)', in *Encyclopédie méthodique: Botanique*, vol.3 (Paris, Panckoucke, 1789), p.111-16 (p.112). Tradition has it that the young Lamarck (1744-1829) botanised with Rousseau. Jacques Roger, 'Rousseau and Lamarck', *Gesnerus* (1985), p.369-81 (p.369).

45. A. Marouf and A. Vallade, *Dictionnaire de botanique: les phanérogames* (Paris, 2000), s.v. 'Herbier'.

46. D. Bridson and L. Forman, *The Herbarium handbook*, rev. edn (Kew, 1992), p.1.

47. Bridson and Forman, *The Herbarium handbook*, p.1.

48. B. M. Boom, 'Societal and scientific information needs from plant collections', in *Sampling the green world: innovative concepts of collection, preservation, and storage of plant diversity*, ed. T. F. Stuessy and S. H. Sohmer (New York, 1996), p.18-27 (p.19).

49. Théophile Dufour, 'Petit herbier pour Mademoiselle Julie Boy de la Tour', *Annales de la société Jean-Jacques Rousseau* 2 (1906), p.260-68 (p.263).

filiformis (Montmorency) are 'rare'.[50] Many of the common plants Rousseau collected have since become even rarer or practically extinct.[51]

For Rousseau, herbaria serve two kinds of purposes: individual and collective. In all cases the purposes are pedagogical and moral. Herbaria provided Rousseau with a way to promote the study of plants, which constitute 'le plus riche et le plus varié des trois' realms of nature.[52] Botany assumes this special role because of its salutary effects on both the soul and society: 'à tout âge l'étude de la nature émousse le goût des amusements frivoles, prévient le tumulte des passions et porte à l'âme une nourriture qui lui profite en la remplissant du plus digne objet de ses contemplations'.[53] The personal or individual purposes are to facilitate recollection and enable re-examination of plants one has already seen; to provide an *optique* that reminds one of past herborisations and the spectacle of nature; and to give access to botany, a study that calms the soul, and elevates it to the Author of nature. The collective purposes are to preserve 'l'histoire de toute la végétation du pays', an anticipation of the ecological role of the modern herbarium;[54] and to promote the study of the richest and most varied of the three realms of nature, a study that confers social benefits because it edifies the soul.

In the sections that follow, I sketch the tradition of herbaria, and demonstrate how Rousseau participated in this important scientific tradition. I argue that by not only contributing to the tradition and preserving examples of rare plants, but also by helping people to learn botany by recording and recollecting what they have seen, Rousseau created scientific and personal documents that at the same time provided 'un journal d'herborisations qui me les fait recommencer avec un nouveau charme et produit l'effet d'une optique qui les peindrait derechef à mes yeux'.[55]

iv. Textual sources

By the time Rousseau took up botany in the latter half of the eighteenth century, herbarium fabrication was a well-established part of botanists'

50. Conclusions based on the author's observation of a digital reproduction from the Musée Jean-Jacques Rousseau, Montmorency. That Rousseau was aware of species extinctions is suggested by his comments concerning deforestation. See his *Discours sur l'origine de l'inégalité*, *OC*, vol.3, p.135, 198. Natural history had also begun to take account of the fossil record.

51. See R. Schneebeli-Graf, *Das Zürcher Herbar von Jean-Jacques Rousseau* (Zürich, 1980), n.p.

52. Rousseau, *Fragments de botanique*, *OC*, vol.4, p.1249. See also Rousseau, *Dialogues*, *OC*, vol.1, p.832.

53. Rousseau, *Lettres sur la botanique*, *OC*, vol.4, p.1151. 'L'étude de la nature nous détache de nous-mêmes, et nous élève à son Auteur.' Rousseau to the Duchess of Portland, 3 September 1766 (*CC*, vol.31, p.314).

54. Rousseau, 'Lettres sur la botanique', *OC*, vol.4, p.1195.

55. Rousseau, *Rêveries*, *OC*, vol.1, p.1073.

practice. Rousseau's herbaria therefore drew on a long tradition, but the precise origins of the modern herbarium are obscure. Herbaria were certainly made in Italy in the sixteenth century, the homeland of early-modern botany, whence the practice appears to have spread to the rest of Europe.[56] Whatever its origin, the herbarium was a formal part of botanical study by the 1760s.[57]

Herbarium fabrication is, *inter alia*, a craft that is principally learned by doing, rather than from books. There were, however, significant accounts of the practice in print by Rousseau's lifetime. The earliest of these was Adriaan van den Spiegel's *Isagoges in rem herbariam* (1606), which describes the so-called 'winter garden' or 'hortos hyemales', and explains the method of herbarium fabrication.[58] 'Spieghel realises the great importance of herbaria, and observes that the labour expended in making one is deserving of high praise.'[59] Another important source definitely known to Rousseau was Tournefort's *Elemens de botanique* (1694), more probably in the Latin version, *Institutiones rei herbariae* (Paris, 1700), which Rousseau owned.[60] Tournefort uses the term 'herbarium' for the first time and elaborates its method of fabrication: 'C'est proprement un amas de plantes sèches que l'on conserve dans des boîtes ou dans des livres; afin de les pouvoir examiner avec soin dans toutes les saisons de l'année: on l'appelle en Latin *Herbarium*, ou *Hortus siccus*.'[61] An interesting point in Tournefort's discussion is his description of the mercuric chloride that he concocted to repel insects attracted by the glue used to attach the specimens.[62]

---

56. Luca Ghini (*c.*1490-1556) is usually cited as the originator of the herbarium. See A. Arber, *Herbals: their origin and evolution, a chapter in the history of botany 1470-1670*, 3rd edn (Cambridge, 1986), p.139, although some authorities identify an obscure sixteenth-century Englishman, John Falconer, as its originator. See A. Lusitanus, *In Dioscorides Anazarbei de medica materia libros quinque ennarationes* (Venice, [Gualterum Scotum], 1553), p.228, 322; J.-B. Saint-Lager, *Histoire des herbiers* (Paris, 1885), p.17, 30. While Ghini apparently wrote nothing, he influenced Ulisse Aldrovandi (1522-1605), who 'aim[ed] at a collection of dried plants [5,000 specimens] [...] of the whole world' (Arber, *Herbals*, p.140).

57. Herbaria may have existed in antiquity as collections of medicinal plants used by pharmacists to prevent dangerous confusions between medicinal and poisonous plants. See Saint-Lager, *Histoire des herbiers*, p.2.

58. Adriaan van den Spiegel, *Isagoges in rem herbariam* (Padua, Paulum Meiettum, 1606), p.79-81.

59. The orthography of this name varies according to Arber (*Herbals*, p.142). Rousseau never refers to Spiegel to my knowledge.

60. Richebourg, *Les Lectures de Rousseau* (Geneva, 1934), p.184. Rousseau owned this text at his death, as attested by a list (probably drawn up by the marquis de Girardin) seen by the author of this article at the Musée Jacquemart-André, Chaalis, France.

61. Joseph Pitton de Tournefort, *Elemens de botanique* (Paris, 1694), p.547; see also Arber, *Herbals*, p.142.

62. Today treatment by freezing or with a gas is preferred, as mercuric chloride is highly toxic. See Gérard Aymonin, 'Herbier', in *Dictionnaire de la botanique – encyclopaedia universalis* (Paris, 1999), p.571-76 (p.572). Whether Rousseau used any chemical treatment is not clear; a now-lost text on herbaria attributed to him advocates treatment with alum. Jean Baptiste François Bulliard, *Dictionnaire élémentaire de la botanique ou exposition par ordre*

Rousseau would have also known Linnaeus's definition of the herbarium: '[p]lants that have been collected by a given method [...] into a herbarium made from living plants, which [...] are arranged according to a system, so that they may be promptly produced'.[63] Linnaeus provides sixteen succinct instructions as to its preparation, the particulars of which have changed little since 1751.[64] Notable among them is the stipulation that plants are to be arranged according to a *system*, either his or someone else's (Tournefort, who also used a system, does not refer to using it in the herbarium).

Linnaeus stipulates that only one specimen should be attached to each page; this is an important point for several reasons. Notable contemporaries such as Albrecht von Haller filled their herbarium pages with specimens, rather than isolating one specimen on each page. While perhaps useful scientifically for purposes of comparison, the visual effect is rather overwhelming (Fig. 2)

Haller's herbarium more closely resembles the crowded rococo shell collections of the eighteenth century rather than the extremely clean presentation of the Linnaean-style herbarium, which Rousseau adopted. Linnaeus's stipulation therefore has aesthetic as well as scientific significance, since the specimen can be centred and arranged on the page as a composition (see Figs. 1, p.13 and 3, p.24).

Yet, while Rousseau presents his specimens in an aesthetically pleasing way, his comments on arranging the plant on the page prioritise the concerns of the botanist rather than those of the artist: he specifies that the herbarium specimen should lie in its 'situation naturelle' because the point of the exercise is to preserve 'des plantes ou échantillons des plantes de manière à les rendre faciles à reconnaître et à déterminer'.[65] He tells Mme Delessert that she need not expend so much care in attaching her specimens; for teaching purposes, he would prefer 'un rameau desséché et non collé, qui eût feuilles et fleurs [...] votre extrême soin nous éloigne du but; car voilà seulement dix plantes que vous m'avez fait passer jusqu'ici'.[66]

Rousseau usually followed the prescription to attach only one specimen per page, but unlike Linnaeus, he attached each specimen under thin bands ('bandelettes') that were glued to the page, rather than attaching

alphabétique, des préceptes de la botanique, & de tous les termes, tant français que latins, consacrés à l'étude de cette science (Paris, Didot, Barrois et Belin, 1783), p.100.

63. 'Plantæ methodo data collectæ in Herbarium vivum...disponuntur secundum Systema, ut prompte evolvantur.' Linnaeus, *Philosophia botanica* (1751), p.291, translated by S. Freer in Linnaeus, *Philosophia botanica* (2005), p.329. Rousseau owned this work and knew it well, as attested by the letter to Linnaeus of 1771, quoted above.

64. Deborah A. Metsger and Sheila C. Byers, 'Introduction', in *Managing the modern herbarium: an interdisciplinary approach*, ed. Deborah A. Metsger and Sheila C. Byers (Washington, DC, 1999), p.8.

65. Rousseau, *Lettres sur la botanique*, *OC*, vol.4, p.1194, 1191.

66. Rousseau to Madeleine-Catherine Delessert, 30 August 1773 (*CC*, vol.39, p.191).

2. Detail of *Genista radiata* from Albrecht von Haller's herbarium. By permission of the Laboratoire de phanérogamie, Muséum national d'histoire naturelle, Paris

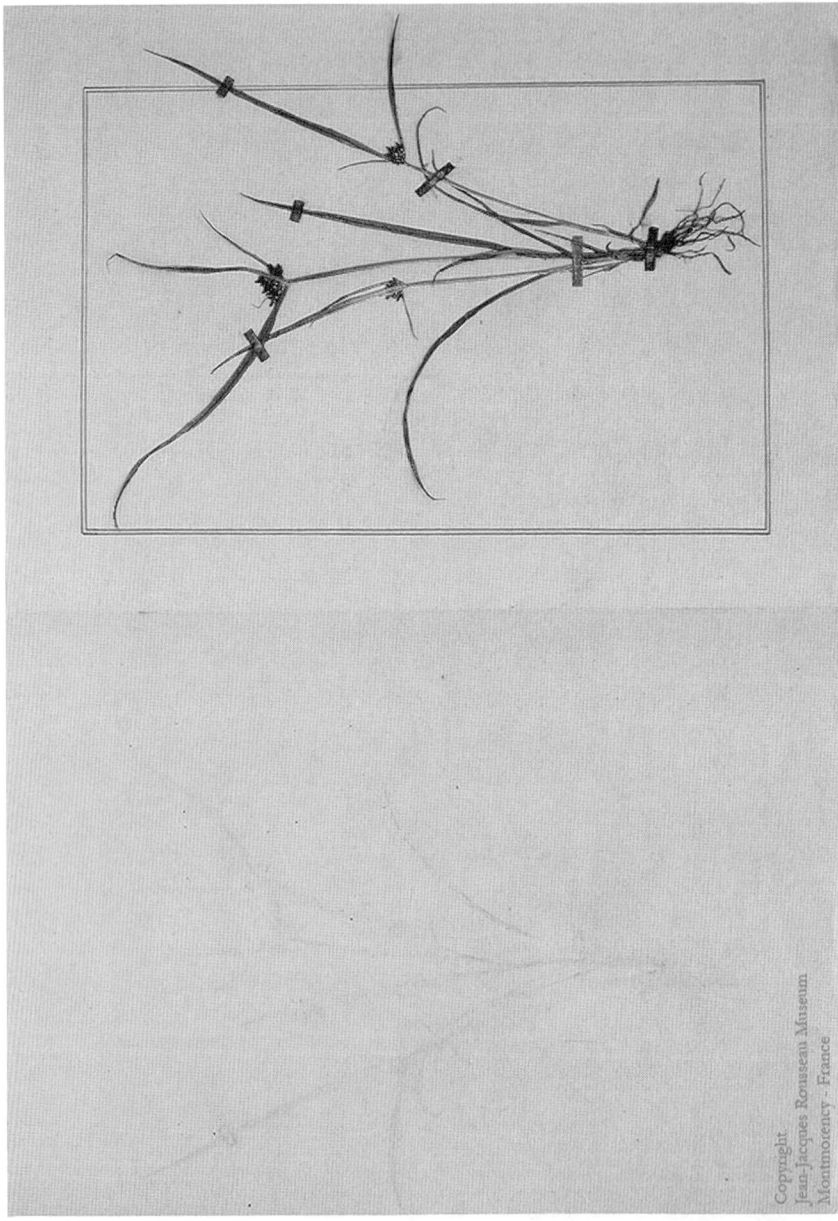

3. A delicate specimen of *Cyperus fuscus*, Linn., carefully preserved in the herbarium for Madelon, the daughter of Madeleine-Catherine Delessert. By permission of the Musée Jean-Jacques Rousseau, Montmorency, France

the plants themselves directly to the page with glue or wax (for a con-
trasting approach, see Fig. 2, p.23). This practice shows Rousseau's
respect for nature in his attempt to disturb it as little as possible, with the
exception, that is, of taking specimens in the first place: 'je n'irai point
d'une main stupide et brutale pilant et déchirant [les] fragiles beautés que
j'admire'.[67] He even sometimes botanised without taking any specimens:
'Ma manière d'herboriser est d'errer au hasard par la campagne et
d'observer à droite et à gauche les plantes qui frappent mes yeux, souvent
même sans les arracher pour les disséquer.'[68]

v. Rousseau's models and teachers

Herbarium technique is a craft passed from one practitioner to another,
yet we do not have any clear indications from Rousseau how he learned to
make herbaria. His direct epistolary references to possible models are not
extremely informative. We are left to infer from the skill that Rousseau
obviously employed in making herbaria that he had seen good examples.

Abraham Gagnebin (1707-1800) may have been Rousseau's first ins-
tructor in herbarium fabrication. Rousseau visited Gagnebin's home in
La Ferrière in the Swiss Jura for about two weeks in June 1765, where he
suffered from cold, fever and tonsilitis most of the time, ailments which
probably kept him from doing much active botanising.[69] During that visit
he would certainly have seen Gagnebin's considerable herbarium. But
as this herbarium has been dispersed, we do not know what system of
classification was used, how Gagnebin attached the plants or how many
appeared on each page. Some of Gagnebin's specimens are found in
Haller's herbarium at the Muséum national d'histoire naturelle, Paris,
but they were attached by Haller, who, as mentioned above and unlike
Linnaeus or Rousseau, placed many specimens on the page and used wax
to attach his specimens, thereby damaging the specimen and rendering it
less valuable (see Fig. 2, p.23).[70]

Upon his return to France in 1767, Rousseau became involved in a
botanical exchange network, consisting largely of Linnaean botanists,
centered on Lyon and Montpellier.[71] At least two participants in this
network could have provided him with models and/or instruction in
herbarium fabrication: Pierre Clappier (1740-1818) of Montpellier, and
Marc-Antoine Louis Claret de La Tourrette (1729-1793) of Lyon.

---

67. Rousseau, *Fragments de botanique*, *OC*, vol.4, p.1252.
68. Rousseau to Gouan, 6 October 1769 (*CC*, vol.37, p.154).
69. Rousseau to Du Peyrou, 16 June 1765 (*CC*, vol.36, p.44).
70. This information is based on consultation of Haller's herbarium, 25 August 2004.
The author is grateful to Mme Cécile Aupic and Professor Gérard-G. Aymonin,
Laboratoire de phanérogamie, MNHN, for their kind assistance on this occasion.
71. See Cook, 'Jean-Jacques Rousseau et les réseaux d'échange botanique', p.98-99.

Rousseau explicitly acknowledges Clappier as a botanical teacher,[72] prizing Clappier's skill in studying and preserving plants: 'Vous joignez au savoir de les bien connaître l'art particulier de les bien conserver.'[73]

La Tourrette seems to have been even more influential: 'vous, Monsieur, dont la riche collection rassemble en petit presque toutes les productions de la nature [...] prouve par son bel assortiment combien [...] elle est l'ouvrage de choix et non du hasard'.[74] La Tourrette, a jurist and botanical author, co-founded the botanical garden of the Royal Veterinary School (Lyon), and accumulated 7,000 plant specimens, including a significant lichen collection of 1,500 specimens.[75] Magnin's study of La Tourrette provides a clue to his possible influence on Rousseau:[76]

Les notes et observations de l'herbier méritent d'autant plus d'être signalées, qu'à cette époque, la plupart des naturalistes attachaient peu d'importance à ces constations minutieuses de localités, de stations, etc.; c'est pourquoi l'on voit tant de collections, si riches à d'autres point de vue, n'être d'aucune utilité pour les recherches ultérieures. Il n'en est pas ainsi de l'herbier de La Tourrette, dont tous les échantillons sont accompagnés des notes explicites sur les localités, les stations, la date de la récolte, en un mot, de tous les renseignements qui peuvent servir à l'histoire de la plante.[77]

Like La Tourrette, Rousseau collected lichens and, most important, he gave detailed notes on their exact locality in his herbaria.[78] Such notes constitute an important form of scientific documentation and now form an integral part of herbarium practice. Modern herbarium labels must include the complete name (genus, species) with its author (e.g. *Rosa canina*, Linn.), the location, as well as the date, of collection, and any other information regarding the environment in which the specimen was found.[79]

In his herbaria Rousseau often notes the location, habitat, season, rarity and other points concerning the specimen; the Zürich herbarium is particularly rich in such observations. The note accompanying *Colchicum autumnale*, Linn. is exemplary: 'Cette plante ne fleurit qu'à la fin de

---

72. Rousseau to Clappier, 23 December 1768 (*CC*, vol.36, p.215).
73. Rousseau to Clappier, 26 May 1769 (*CC*, vol.37, p.92).
74. Rousseau to La Tourrette, 25 January 1772 (*CC*, vol.39, p.21).
75. There are hundreds of lichen species and many genera; they are now considered to be symbiotic organisms of fungus and algae. In the eighteenth century, Linnaeus grouped about eighty species under the genus 'Lichen', following the foremost authority on the subject, J. J. Dillenius. See his *Historia Muscorum* (Oxford, e Theatro Sheldoniano, 1741). Linnaeus considered them 'cryptogamia' ('crypto' refers to secret, 'gam' to mating), that is to say, plants with concealed reproductive mechanisms; he accordingly placed them in a residual category, the twenty-fourth class of his artificial system of sexual classification.
76. For the correspondence they exchanged, see Cook, 'Botanical writings', p.214-27.
77. A. Magnin, *Claret de la Tourrette: sa vie, ses travaux, ses recherches sur les lichens du Lyonnais d'après ses ouvrages et les notes inédites de son herbier* (Paris and Lyon, 1885), p.49.
78. For an account of La Tourrette's practice in this regard, see Magnin, *Claret de la Tourrette*, p.49.
79. 'Page pratique', Laboratoire de phanérogamie, Muséum national d'histoire naturelle, Paris, http://www.mnhn.fr/mnhn/pha/Pratique.htm, 7 April 2006.

l'automne. Sa belle fleur gris de lin qui sort immédiatement de terre, sans tige ni feuilles, fait un effet charmant dans les prés, qui en sont quelquefois tout garnis. La fane et les fruits ne paraissent que l'année suivante, en sorte qu'on n'a jamais la fleur et la feuille à la fois.'[80] Rousseau has included such key points as the season of flowering, the plant's habitat, and a description, which if not technical, nevertheless suits the character of the recipient, Julie Willading-Boy de la Tour, who might be termed, like her sister, Madeleine-Catherine Delessert, an *amateur* of botany. For *Hepatica nobilis*[81] (Fig. 1, p.13), Rousseau writes a more concise description: 'Commune autour de Neuchâtel dans les bois.'[82] The description is deceptive in its brevity since it includes three essential pieces of information: the frequency of this species' occurrence, the place in which it may be found, and its habitat.

Rousseau also includes such notes in a portable cryptogamia herbarium that he may have made for Malesherbes (MdAD).[83] Like the Zürich herbarium, this herbarium contains detailed ecological information concerning place of collection, season, and habitat; an unidentified moss specimen (Fig. 4, p.29) bears the following caption: 'Trouvée à Monquin[84] au printemps en abondance couchée dans le limon d'une eau courante selon la direction du fil de l'eau. Feuillage assez âpre et rigide au toucher, sans aucun vestige de fructification.'[85] The small moss specimens ('n' and 'o') surrounding the principal specimen ('p') are arranged in a flowing, circular pattern that evokes the aquatic environment in which they were found.[86]

This attention to local conditions informs our view of Rousseau in nature; he seeks to know nature in detail, realising that knowledge is necessary for appreciation: 'Quelque élégante, quelque admirable, quelque diverse que soit la structure des végétaux, elle ne frappe pas assez un œil ignorant pour l'intéresser.'[87] He therefore wants to know more about the plant than simply its binomial name and, in the process, make

80. Dufour, 'Petit herbier pour Mademoiselle Julie Boy de la Tour', p.263. Dufour transcribes the notes in the Zürich herbarium in their entirety; such transcriptions have yet to be published for Montmorency and MdAD.

81. *Hepatica* derives from the Greek word *hêpar*, referring to the liver; the plant's leaves were thought to recall the lobes of the liver, and it was used to treat diseases of that organ. http://www.crdp-strasbourg.fr/artsculture/jardin/renonculacees/genres2.htm, 3 May 2006.

82. Dufour, 'Petit herbier pour Mademoiselle Julie Boy de la Tour', p.265.

83. See Rousseau to Malesherbes, 17 April 1772 (*CC*, vol.39, p.38); see also 'Notices bibliographiques XII: Herbiers', *OC*, vol.4, p.1890-91. I am preparing an analysis of this herbarium to include updated names for the more than 300 specimens it contains.

84. Rousseau lived at the Ferme de Maubec from January 1769 to April 1770; it is still standing, and is located in Monquin, above Bourgoin-Jallieu (formerly Bourgoin) in the département d'Isère, in the Rhône-Alpes region of France.

85. MdAD, F. 24.

86. Specimen 'n' is *Mnium undulatum*, Linn.; specimen 'o' is *Bryum cæspiticium*, Linn. I am grateful to contemporary artist Richard Gorman for pointing out the flowing pattern to me.

87. Rousseau, *Confessions*, *OC*, vol.1, p.641.

a variety of connections between a plant and its locale, noting, for example, that transplanted exotic species degenerate in a European environment.[88] The detailed study of nature provides a kind of therapy, keeping him focused on the present, and diverting him from unpleasant memories of life in society: 'Si l'étude de plantes me purge l'âme, c'est assez pour moi, je ne veux point d'autre pharmacie.'[89]

Rousseau probably started collecting lichens during his Swiss exile (1762-1765), but La Tourrette's extensive knowledge and collections in this field may have provided Rousseau with inspiration to continue these studies upon his return to French soil. By 1769, Rousseau had proudly acquired a specimen of Iceland moss, or *Lichen islandicus*, Linn. (now *Cetraria islandica*, Acharius), and his *herbier portatif* (MdAD) contains eleven lichen specimens, of which three are specimens of *Cetraria islandica* from his herborisation on Mont Pilat in 1769.[90] Rousseau's study of lichens corresponded to his interest in the larger class of plants that Linnaeus categorised as *cryptogamia*; this class also included mosses, represented by over 300 specimens in the *herbier portatif* (MdAD).

Rousseau enjoyed the challenge of collecting and preserving cryptogamia and grasses (e.g. *Cyperus fuscus*), which are among the most difficult of all plants to identify and collect; the specimens are small and delicate, and therefore difficult to examine and easy to damage (see Fig. 3): 'Il y en a de bien difficiles à mettre dans un herbier, et il y en a de si rares qu'ils n'ont jamais passé et vraisemblablement ne passeront jamais sous mes yeux.'[91]

Another merit of cryptogamia is their availability in winter: 'L'hiver a aussi [...] ses herborisations qui lui sont propres, savoir les mousses et les lichen.'[92] Studying mosses is 'une étude à laquelle j'employai délicieusement l'hiver que j'ai passé à Wooton où je me trouvais environné de montagnes de bois et de rochers tapissés de capillaires et de mousses des plus curieuses'.[93]

88. A. Cook, 'Jean-Jacques Rousseau and exotic botany', in *Eighteenth-century life*, special issue, *Exoticism and the culture of exploration*, ed. R. Maccubbin and C. Knellwolf, 26/3 (Fall 2002), p.181-201 (p.192-95). See also Rousseau, *Dictionnaire de botanique*, *OC*, vol.4, p.1217, s.v. 'Cotyledon' and 'Vivace'.

89. Rousseau, *Fragments de botanique*, *OC*, vol.4, p.1251.

90. Rousseau to Du Peyrou, 16 September 1769 (*CC*, vol.37, p.143). Mont Pilat (1432 m.) lies between the Loire and Rhône valleys southwest of Vienne in the *département* of the Loire. *C. islandica*, L. 'occurs in various habitats including heaths, dunes, coastal plains, lichen woodlands, bogs, meadows, and tundra; also in forested sites and rock crevices; grows best in direct sun, and can grow on shallow, sterile soils'. http://www.borealforest.org/world/herbs_shrubs/iceland_moss.htm, 23 January 2006. In herbal medicine, it has been used to treat gastritis, dyspepsia, nausea and bronchitis; Rousseau may have known of it as a treatment for such ailments.

91. Rousseau to Malesherbes, 17 April 1772 (*CC*, vol.39, p.38).

92. Rousseau to Malesherbes, 11 November 1771 (*CC*, vol.38, p.290).

93. Rousseau to Malesherbes, 19 December 1771 (*CC*, vol.38, p.300).

4. Moss specimens from Rousseau's portable herbarium, including *Bryum cæspiticium*, Linn. ('o') and *Mnium undulatum*, Linn. ('n'). Specimen 'p' was '[t]rouvée à Monquin au printemps en abondance couchée dans le limon d'une eau courante selon la direction du fil de l'eau. Feuillage assez âpre et rigide au toucher, sans aucun vestige de fructification.' This herbarium may have been made for Malesherbes. By permission of the Musée des arts décoratifs, Paris

Rousseau's expertise in this type of collecting emerges in the advice he offers the courtier about collecting mosses and lichens, noting the twin difficulties of identifying and preserving them:

pour les espèces [...] je n'ai pu parvenir à en distinguer avec certitude qu'un très petit nombre, surtout dans la famille des mousses, et surtout dans les genres difficiles, tels que les hypnum, les Jungermannia, [et] le Lichen [...] Mais il y a une autre difficulté, c'est que les mousses ainsi disposées par brins n'ont point sur le papier le même coup d'œil qu'elles ont sur la terre rassemblés par touffes ou gazons serrées [...] Ainsi l'on herborise inutilement dans un herbier et surtout dans un moussier si l'on n'a pas commencé par herboriser sur la terre.[94]

Rousseau did not expect, however, that Malesherbes would collect moss and lichen specimens himself, for he would find these to be 'détails minutieux insupportables' as one of those 'esprits accoutumés à généraliser les idées et à regarder toujours les objets en grand'.[95]

Malesherbes may have nonetheless shared Rousseau's interest in cryptogamia, as Rousseau reports having seen the *Historia muscorum* of J. J. Dillenius, 'guide indispensable dans ces recherches', in Malesherbes's library.[96]

vi. Teaching and advertising botany

Rousseau took on an even more explicitly pedagogical role in the eight letters on botany to Mme Delessert. In the eighth and last of these, Rousseau laments 'Je crains que nous ne l'ayons [la botanique] traitée jusqu'ici d'une manière trop abstraite; en n'appliquant pas nos idées sur des objets déterminés.'[97] This introduces his friend and her daughter to making herbaria, a topic to which he devotes several pages of painstaking instructions, which align closely with modern standard procedure.[98] The manner of collecting and preserving plants has not changed greatly from the techniques employed in the eighteenth century except that, as mentioned above, Rousseau and many of his contemporaries (e.g. Haller) stored their specimens in books or on loose sheets in a container, while today's specimens are stored in cabinets, following Linnaeus.[99] Modern collectors have the added luxury of electric lights, fans and dehumidifiers to dry their specimens more quickly and thoroughly.

---

94. Rousseau to Malesherbes, 11 November 1771 (*CC*, vol.38, p.301).
95. Rousseau to Malesherbes, 19 December 1771 (*CC*, vol.38, p.301).
96. Rousseau to Malesherbes, 17 April 1772 (*CC*, vol.39, p.40); see also Rousseau, *Dictionnaire de botanique*, *OC*, vol.4, p.1214, s.v. 'Capillaires'.
97. Rousseau, *Lettres sur la botanique*, *OC*, vol.4, p.1191.
98. Rousseau, *Lettres sur la botanique*, *OC*, vol.4, p.1191-95; see also Aymonin, 'Herbier', p.571-76; Lamarck, 'Herbier (*Herbarium*)', p.111-16.
99. Linnaeus specifies cabinet storage, complete with a drawing of how it should be laid out. The cupboard was to accommodate 6,000 dried plants ordered according to the twenty-four classes of the artificial system. *Philosophia botanica*, p.329-30, Tab. XI.

Rousseau places high expectations on his students – a young mother and her very young daughter – to whom he writes as follows about this 'science qui seule distingue le vrai botaniste de l'herboriste ou nomenclateur': 'Il s'agit donc ici d'apprendre à préparer, dessécher et conserver des plantes ou échantillons de plantes de manière à les rendre faciles à reconnaître et à déterminer. C'est en un mot un herbier que je vous propose de commencer.'[100] Or, as Linnaeus puts it, the beginner in botany 'should himself *collect*, dry, and glue on sheets of paper the larger plants, as many as he can'.[101] Botany is therefore synonymous with the collection of specimens that can be examined later to reinforce the memory of both the plants and the circumstances of collection. Herbaria are formal scientific collections, and Rousseau's were no exception, their evocative role notwithstanding.

According to Rousseau, the following are the essential steps in preparing the herbarium:

– 'Il y a d'abord une provision à faire: savoir cinq ou six mains de papier gris et à peu près autant de papier blanc de même grandeur assez fort et bien collé';
– 'Il faut absolument choisir un temps sec, et [...] le moment le plus sec et le plus chaud de la journée';
– 'Le moment à choisir [...] est celui où la plante est en pleine fleur, et où même quelques fleurs commencent à tomber pour faire place au fruit';
– 'Il ne faut pas cependant s'obstiner à conserver les racines qu'autant qu'elles ont quelques singularités remarquables';[102]
– 'il faut que cet échantillon [...] contienne toutes les parties constitutives du genre et de l'espèce';
– 'Votre pile de plantes et de papiers [...] doit être mise en presse';
– '[il faut] changer de papier à propos et aussi souvent qu'il faut';
– 'il faut tenir cet herbier bien serré et un peu en presse';
– 'l'herbier doit être tenu dans le lieu le plus sec de la maison, et plûtot au premier qu'au rez-de-chaussée'.[103]

Botany is therefore hardly an armchair hobby; in the *Confessions* Rousseau criticises Linnaeus, who was a 'grand observateur [...] qui ait vu jusqu'ici la botanique en naturaliste et en philosophe; mais il l'a trop étudiée dans des herbiers et dans des jardins et pas assez dans la nature elle-même'.[104] Rousseau's point is not to diminish the importance of

100. Rousseau, *Lettres sur la botanique*, *OC*, vol.4, p.1191.

101. '*Colligat*, Exsiccet, Adglutinet ipse plantas majores, quotquot poterit.' Linnaeus, *Philosophia botanica* (1751), p.289, translated by S. Freer in Linnaeus, *Philosophia botanica* (2005), p.329; the emphasis is original.

102. Lamarck, on the contrary, stipulates that the root should always be collected and displayed if the specimen is not thereby too large for the paper, which should be folio-sized. 'Herbier (*Herbarium*)', p.113.

103. *Lettres sur la botanique*, *OC*, vol.4, p.1191-95.

104. Rousseau, *Confessions*, *OC*, vol.1, p.643.

herbaria, but rather to place this botanical tool in proper perspective. His point is that the botanist must conduct his fundamental studies in nature, starting from the living plant itself: 'on herborise inutilement dans un herbier [...] si l'on n'a commencé par herboriser sur la terre. Ces sortes de recueils doivent servir seulement de mémoratifs mais non pas d'instruction première.'[105] Rousseau would lie on the ground observing the plant: 'là je me couchais par terre auprès de la plante en question pour l'examiner sur pied, tout à mon aise'.[106] He thereby not only became a better botanist but also reinforced his claim to reject 'l'autorité des hommes qui sont menteurs', while accepting only that of 'nature qui ne ment jamais'.[107] Rousseau's entire philosophy from the second *Discours* onwards is founded on this principle; botany provides yet another way to make the point: 'Le botaniste ne souffre point d'intermédiaire entre la nature et lui.'[108]

Botanical practice is therefore grounded in the collection, identification, and preservation of specimens and thereby constitutes both an artisanal and a scientific undertaking, one for which Rousseau – the son of a craftsman and himself once an engraving apprentice – seems to have had a particular talent. Assembling herbaria is painstaking and time-consuming, based as it is on extended fieldwork, often under trying conditions, as Rousseau experienced on Mont Pilat:

> nous avons trouvé un très mauvais gîte. Pour lit du foin ressuant et tout mouillé, hors un seul matelas rembourré de puces [...] Le quatrième [article], des accidents de toute espèce; un de nos Messieurs a été mourdu d'un chien sur la montagne. Sultan a été demi-massacré d'un autre chien, il a disparu, je l'ai cru mort de ses blessures ou mangé du Loup [...] nous n'avons presque rien trouvé, étant allés trop tard pour les fleurs, trop tôt pour les graines, et n'ayant eu nul guide pour trouver les bons endroits.[109]

Needless to say, this particular herborisation was not a success!

Where conditions are right for collecting, however, one must make an important decision about which specimens to collect. Rousseau does not say much about the selection of specimens, but Lamarck's detailed discussion of this question is enlightening: 'Il n'est pas du tout indifférent de prendre tel ou tel individu [...] et nous pouvons assurer que le choix des plantes ou des morceaux de plantes que l'on ramasse, mérite la plus grande attention, afin de ne point prendre des individus altérés par

---

105. Rousseau to Malesherbes, 19 December 1771 (*CC*, vol.38, p.301).
106. Rousseau, *Confessions*, *OC*, vol.1, p.643.
107. Rousseau, *Fragments de botanique*, *OC*, vol.4, p.1250; for similar statements see also Rousseau, *Discours sur l'origine de l'inégalité*, *OC*, vol.3, p.133; Rousseau, *Dialogues*, *OC*, vol.1, p.833.
108. Rousseau, *Fragments de botanique*, *OC*, vol.4, p.1250. See also Cook, 'Rousseau and the languages of music and botany', p.75-76.
109. Sultan was Rousseau's dog. Not only did Sultan survive, he reappeared at his master's home 'tranquille et parfaitement guéri', having crossed the Rhône river on the way. Rousseau to Du Peyrou, 16 September 1769 (*CC*, vol.37, p.142).

certaines circonstances [...] en un mot, des monstrosités qui nous trom-peraient.'[110] We should assume that Rousseau paid careful attention to this issue, not only because his specimens speak for themselves, but because he was acutely aware of the deceptions caused by so-called botanical monsters.[111]

Even if it is possible to find suitable specimens to collect, there is always the risk of their accidental loss or destruction, a problem that has plagued botanists throughout history:

je crains fort que ces herbes fragiles et déjà gâtées par l'humidité, ne vous arrivent absolument détruites et méconnaissables. Les graines au moins pourraient, Madame la Duchesse, vous dédommager des plantes si elles étaient plus abon-dantes mais vous pardonnerez leur misère aux divers accidents qui ont là-dessus contrarié mes soins [...] Par exemple, les rats ont mangé sur ma table presque toute la graine de bistorte que j'y avais étendue pour la faire sécher; et ayant mis d'autres graines sur ma fenêtre [...] un coup de vent a fait voler dans la chambre tous mes papiers.[112]

Once the stage of making the herbarium has been reached, a significant expenditure of time, concentration and knowledge of techniques of pres-ervation is required:

Dans de grandes et fréquentes herborisations il a fait une immense collection de plantes; il les a desséchées avec des soins infinis; il les a collées avec une grande propreté sur des papiers qu'il ornait de cadres rouges. Il s'est appliqué à conserver la figure et la couleur des fleurs et des feuilles, au point de faire de ces herbiers ainsi préparés des recueils de miniatures.[113] Il en a donné, envoyé à diverses personnes, et ce qui lui reste suffirait pour persuader à ceux qui savent combien ce travail exige de temps et de patience qu'il en fait son unique occupation.[114]

Yet it is still not enough to be able to dry and place the plants on the paper; to be useful, the plants must be organised according to a system of classification. Of his collections Rousseau notes: 'J'y ai vu seulement des cartons remplis des rameaux de plantes dont je viens de vous parler, et des graines distribuées dans de petites boîtes classées, comme les plantes qui les fournissent, selon le système [sexuel] de Linnæus.'[115] In addition to the Linnaean system of classification (Zürich), he also used an alphabetical system (Montmorency). He may also have sometimes used a chronolo-gical system (Carnavalet, MdAD). However, while he employed Jussieu's

---

110. Lamarck goes into far greater detail than can be related here. 'Herbier (*Herbar-ium*)', p.113.

111. Rousseau, *Lettres sur la botanique*, OC, vol.4, p.1156, 1188.

112. Rousseau to the Duchess of Portland, 21 December 1769 (*CC*, vol.37, p.190). See Starobinski, who characterises Rousseau's botanising as 'activités demi-machinales.' *Jean-Jacques Rousseau: la transparence et l'obstacle*, p.280.

113. The colour retention of Rousseau's herbaria is indeed remarkable, a point impossible to convey in black-and-white reproductions.

114. Rousseau, *Dialogues*, OC, vol.1, p.832.

115. Rousseau, *Dialogues*, OC, vol.1, p.833.

natural family system (see above) in the letters to Mme Delessert, he does not seem to have used it to organise his herbaria.

Some time in the early 1770s Rousseau conceived the project of creating *herbiers portatifs* that he could give or sell to people interested in learning botany; he outlines this project in a letter to the Duchess of Portland:[116]

Pour faire une diversion de mon goût à mes occupations, je me suis proposé de faire des herbiers pour les naturalistes et amateurs qui voudront en acquérir. Le régne Végétal, le plus riant des trois et peut-être le plus riche, est très négligé et presque oublié dans les cabinets d'histoire naturelle, où il devait briller par préférence. J'ai pensé que de petits herbiers bien choisis et faits avec soin pourraient favoriser le goût de la botanique, et je vais travailler cet été à des collections que je mettrai j'espère en état d'être distribuées un an d'ici.[117]

In a letter to Malesherbes Rousseau expands on this idea:

J'ai le projet aussi d'une forme de petits herbiers à mettre dans la poche qui ne sont pas les moins curieuses, et je n'y ferais entrer néanmoins que des plantes qui pourraient y tenir entières, racine et tout; entre autres, la plupart des mousses, les Glaux, Peplis, Montia, Sagina, Perchepiert, &c. Il me semble que ces herbiers mignons pourraient devenir charmants et précieux en même temps.[118]

Rousseau probably never completed this ambitious project. Yet the herbaria that we have from his hand demonstrate his dedication to popularising botany. Presented each on a single page, bordered in red, sometimes decorated with additional flourishes, with notes before or behind, each specimen testified to the giver's love of nature in all its detail, and his desire to share it with others. In contrast to himself, '[l]es autres [...] ne voient rien en détail, parce qu'ils ne savent pas même ce qu'il faut regarder, et ils ne voient pas non plus l'ensemble, parce qu'ils n'ont aucune idée de cette chaine de rapports et de combinaisons qui accable de ses merveilles l'esprit de l'observateur'.[119] The herbarium constitutes Rousseau's final reply to the chemists, for while it contains dead matter, it persuades us through the beauty of its presentation to encounter *living* nature.

---

116. These would be quarto, octavo or smaller, like MdAD. Herbaria are usually folio. See Appendix.

117. Rousseau to the Duchess of Portland, 17 April 1772 (*CC*, vol.39, p.42).

118. Rousseau to Malesherbes, 17 April 1772 (*CC*, vol.39, p.36-37).

119. Rousseau, *Confessions*, *OC*, vol.1, p.641.

Appendix

Table 1: Rousseau's extant herbaria

Place	Carnavalet (Paris)	Montmorency	MdAD (Paris)	Neuchâtel	Zürich
Institution	Musée Carnavalet	Musée Jean-Jacques Rousseau	Musée des arts décoratifs	Bibliothèque publique et universitaire	Zentralbibliothek
Provenance	Rousseau or Girardin[1]	Rousseau	Rousseau	Rousseau/Dombey?[2]	Rousseau
Contents	8 specimens, incl. American species[3]	168 specimens	315 specimens, incl. mosses, algae and 11 lichens	350 specimens	100 plants, 1 alga; incl. all important families
Organisation	Not clear	Alphabetical	Not clear	Linnaean?	Linnaean
Recipient	Not known	Madelon Delessert[4]	Malesherbes[5]	Stanislaus Girardin	Julie Boy de la Tour
Dimensions	Quarto	23×16.4 cm	*portatif*, in-12, 15.8×10 cm	Folio & other paper sizes	21.6×16.6 cm
Year, if known		1774		1768	1772
Other Information	Doubts as to its authenticity	Letter to Mme Delessert, 28 May 1774[6]		Part of the so-called 'grand herbier'? See Table 2.	Letter to Julie Boy de la Tour, 16 April 1772[7]

1 'L'écriture est indiscutablement celle du philosophe'. B. de Montgolfier and M. Gallet, 'Souvenirs de Voltaire et de Rousseau au Musée Carnavalet', *Bulletin du Musée Carnavalet* 13/2 (November 1960), p.2-23 (p.14). On the other hand, '[i]t is suspected that this Herbarium is not from Rousseau, but was assembled by the Marquis de Girardin [Es wird vermutet, dass dieses Herbar nicht von Rousseau sondern von Marquis de Girardin zusammengestellt worden ist]'. R. Schneebeli-Graf, *Botanisieren mit Jean-Jacques Rousseau* (Thun, 2003), p.137. This author believes that the incompleteness of the plant identifications and lack of strict Linnaean order might support the latter theory.

2 Joseph Dombey (1742-1794), a student of Antoine Gouan and explorer of South American flora, gave Rousseau 'un très grand nombre de plantes étrangères et rares parfaitement belles et bien conservées', inspiring him to add to it, making it his 'unique bibliothèque'. Rousseau to Du Peyrou, 10 June 1768 (CC, vol.35, p.307).

3 'Species' refer to scientific classifications, while each 'specimen' is a member of a species; a given herbarium might contain duplicates or varieties, and therefore more specimens than species, as in the case of the 'grand herbier'. See Table 2, p.36

4 Marguerite-Madeleine Delessert (1767-1839), daughter of Madeleine-Catherine Delessert, née Boy de la Tour (1747-1816), and recipient of Rousseau's course of instruction in *Lettres élémentaires sur la botanique*.

5 This herbarium was possibly one of the *herbiers portatifs* offered to Malesherbes. See Rousseau to Malesherbes, 21 October 1771 (CC, vol.38, p.282-83) and 17 April 1772 (CC, vol.39, p.36-37).

6 Rousseau to Mme Delessert, 28 May 1774 (CC, vol.41, p.252-54).

7 Rousseau to Julie Boy de la Tour, 16 April 1772 (CC, vol.41, p.34-36).

Table 2: Rousseau's herbaria: missing or of dubious authenticity

Place	Berlin	Chaalis	Paris	N/A	N/A
Institution or designation	Botanisches Museum	Musée Jacquemart-André	Muséum national d'histoire naturelle, Laboratoire de Phanérogamie	Duchess of Portland	'Grand herbier'
Provenance	Rousseau	Fusée Aublet[10]	Fusée Aublet[11]	Rousseau	Dombey, Rousseau
Contents	11 vols; catalogue by Jansen; 153 species[8]	13 specimens, 2 or 3 possibly by Rousseau	1 annotation in Rousseau's hand; rest is Fusée Aublet's, 15 vols.	Unknown	Orig. nearly 2,000 specimens, 1,500 species; Rousseau added 300 specimens, catalogue at Berlin (destroyed)
Organisation	Linnaean	Unknown	Linnaean	Unknown	Probably Linnaean[9]
Dimensions	Quarto	Various	Quarto	Unknown; possibly *portatif*	Folio
Year	1777	Probably 1778	1778	1772	1768
Other information	Destroyed by bombing in the Second World War	Probably acquired from Fusée Aublet	Probably acquired from Fusée Aublet	Letter to Duchess of Portland[12]	Given to D. Malthus;[13] a portion is perhaps at BPUN

8 Albert Jansen, *Jean-Jacques Rousseau als Botaniker* (Berlin, 1885), p.277-92.

9 The order would have been Linnaean because Dombey was a student of Antoine Gouan, a Linnaean botanist.

10 Jean-Baptiste-Christophe Fusée Aublet (1720-1778), first explorer of the flora of French Guiana and author of *Flore de la Guiane françoise*, 4 vols (Paris, 1775), moved in the same 'group of enlightened magistrates, courtiers and authors which included Malesherbes, Rousseau [...] and several others'. F. A. Stafleu, *Linnaeus and the Linnaeans: the spreading of their ideas in systematic botany, 1735-1789* (Utrecht, 1971), p.282. Rousseau acquired part of one of Aublet's herbaria in May 1778. See also Cook, 'Jean-Jacques Rousseau and exotic botany', p.188-89.

11 This appears to be the partial herbarium of Fusée Aublet that Rousseau acquired in May 1778.

12 Rousseau to the Duchess of Portland, 22 October 1773 (*CC*, vol.39, p.203-204).

13 This herbier 'a été donné presque en entier à M. Malthus qui a acheté mes livres de botanique'. Rousseau, *Dialogues*, *OC*, vol.1, p.832. The marquis de Girardin claimed that Rousseau sold his books and herbarium to Vincent-Louis Dutens (1730-1812). 'Notices bibliographiques: Herbiers', *OC*, vol.4, p.1888.

DOROTHY JOHNSON

Rousseau and landscape painting in France

DAVID d'Angers' depiction of Rousseau on his pediment of the Pantheon of the 1830s reaffirms the stature of the great eighteenth-century thinker who transformed French and European culture (Fig. 5, p.38).

The great romantic sculptor gives Rousseau pride of place on the left side of the pediment with other thinkers, artists and men of letters. All are honoured by the allegorical figure of La Patrie who distributes laurel leaves to her *grands hommes*.[1] The sculptor placed Rousseau and Voltaire together, forming a type of two-headed Janus figure. Voltaire keenly turns around to look at La Patrie while Rousseau turns away, lost in meditation or melancholy reverie. David d'Angers' primary reason for placing Rousseau on the pediment was, of course, to honour his immense intellectual contributions to the French Revolution. (As we know, Rousseau's remains were transferred to the Pantheon from Ermenonville in 1794.) Standing next to the Rousseau/Voltaire figures is the celebrated history painter Jacques-Louis David, another great contributor to the French Revolution through his art and political involvement.[2] His proximity to these thinkers signals his standing as a philosopher/painter, an artist of ideas. But it also brings Rousseau into proximity with art, and it is this pairing of Rousseau's ideas and certain aspects of art, particularly the art of landscape, that I would like to examine in this essay.

This essay addresses the following questions: did Rousseau's writings influence French painting and, in particular, did the *Rêveries* have an impact on the genre of landscape? In order to answer these questions we will need to look at the context in which landscape painting rose from a relatively minor position in the mid-eighteenth-century academic hierarchy of genres, in which monumental history painting reigned supreme, to a much more elevated stature, finally given the recognition of a Prix de Rome fellowship by the Ecole des Beaux-Arts in 1817.[3] The nineteenth century, of course, witnessed the efflorescence of depictions of contemporary national landscapes from Corot and the Barbizon School to the Impressionists, a phenomenon that has given rise to a vast art

1. Jacques de Caso, *David d'Angers: sculptural communication in the age of Romanticism* (Princeton, NJ, 1992), p.118-34.

2. Dorothy Johnson, *Jacques-Louis David: art in metamorphosis* (Princeton, NJ, 1993), p.70-72.

3. Philippe Grunchec, *Le Grand Prix de peinture. Les concours des Prix de Rome de 1797 à 1863* (Paris, 1983), p.46-54, 163-65.

5. Pierre-Jean David d'Angers, *Pantheon pediment*, detail, 1830s, Pantheon, Paris. Photograph Jacques de Caso

historical literature on the subject. Landscape painting, as is well known, became a major visual modality in nineteenth-century France and the Impresssionist landscapes in particular have retained immense popularity even today.

What was Rousseau's impact on the development of landscape art? This is a question sometimes touched upon in the art historical literature but not usually explored at length. Art historians, myself included, have studied the impact on art of Rousseau's ideas on childhood education in which nature plays a major role in the nurture of children.[4] For example, Marguérite Gérard's *A Mother and child* (Fig. 6, p.40), a painting from 1799, reveals the influence of the ideas in *Emile*.

In this work we see an elegantly dressed young woman sitting in a terrace garden; her young daughter, perhaps two years old, stands on her lap so that the heads of mother and daughter are on the same level. In accord with the prescriptions of Rousseau, the child is uncorsetted and wears a simple, flowing tunic. She holds her pet cat while the faithful family dog looks up at her with devotion. The garden terrace, replete with flowers, especially blooming roses, is framed by a backdrop of luxuriant nature in summer, with dense trees and a dramatic sky depicted in the far horizon. The pensive, melancholy mother and child remind us of numerous pro-totypes of the Virgin and Child, which most likely inspired the artist.[5]

In the *Child with grapes* of 1836-1845 (Fig. 7, p.41), the famous Roman-tic sculptor David d'Angers depicted his son Robert at two years of age reaching up to a bunch of ripened grapes which hang delectably from a vine to which the young child is attached as if by an umbilical cord.

This image exemplifies the Romantic mythopoeic concept of a trans-cendental nature as progenitor and nurturer of man. David d'Angers's choice of the child's gesture captures the essence of the organic relation-ship between the vine and the child who seizes on that in nature which sustains him and on which he figuratively and, in fact, depends. I have written elsewhere of the conflation of David d'Anger's portrait of his son with images of the child Bacchus and Christ.[6] The sculptor transformed this private monument into an allegory of universal import (David d'Angers was obsessed with the signs and symbols of landscape as evinced in his private journals and in his acquisition of landscapes, including drawings by the German romantic painter Friedrich).[7] David d'Angers

4. See Dorothy Johnson, 'Picturing pedagogy: education and the child in the paintings of Chardin', *Eighteenth-century studies* (Fall 1990), p.47-68. See also Julia V. Douthwaite, 'Private life in the public eye: Rousseau's autobiography and eighteenth-century painting', *SVEC* 358 (1997), p.135-60.

5. *L'Enfant chéri au siècle des Lumières. Après l''Emile'*, ed. Christine Kayser (Marly-le-Roi and Louveciennes, 2003), p.52, 55. See also Carol Duncan, 'Happy mothers and other new ideas in French art', *The Art bulletin* (December 1973), p.570-83.

6. Dorothy Johnson, 'David d'Angers and the signs of landscape', *Gazette des beaux-arts* (April 1990), p.171-82 and de Caso, *David d'Angers*, p.164-65.

7. Johnson, 'David d'Angers', p.174-76.

6. Marguérite Gérard, *A Mother and child*, 1799, Musée des Beaux-Arts, Dijon

7. Pierre-Jean David d'Angers, *Child with grapes*, 1845, Louvre.
Réunion des Musées Nationaux/Art Resource, NY

also made a statue honouring Rousseau's disciple Bernardin de Saint-Pierre, completed in the 1830s.[8] He placed at the author/naturalist's feet Paul and Virginie asleep in nature, emblematic of Rousseau's ideas of nature and nurture.

The Rousseauian child in nature, suckled or cradled in her warm embrace, is the subject of numerous Romantic paintings, including Prud'hon's remarkable portrait of Napoleon's son, the *King of Rome*, from 1811.[9] In this painting Prud'hon depicts an idealised, mythologised child asleep under palm and laurel trees and watched over by flowers such as the imperial crown. The infant king, who wears a royal red cloth, is sheltered by nature in a lush, verdant forest, protected by flowers, grasses and trees and warmed by the diffuse rays of the early morning sun. The landscape, painted with great naturalism of detail, is also allegorical in terms of the flora, the season and the time of the day.

If Rousseau's ideas on childhood and nature influenced depictions of the child in nature, his ideas on botany and the landscape exerted an equally powerful impact on the development of the picturesque garden in late eighteenth-century France.[10] Many are familiar with the frequently reproduced eighteenth-century print of Rousseau the botanist.[11] In the 'Septième promenade' from the *Rêveries*, Rousseau wrote the following famous passages on plants and his practice as an amateur botanist seeking specimens in the woods:

Les plantes semblent avoir été semées avec profusion sur la terre comme les étoiles dans le ciel, pour inviter l'homme par l'attrait de plaisir et de la curiosité à l'étude de la nature. [...] La botanique est l'étude d'un oisif et paresseux solitaire; une pointe et une loupe sont tout l'appareil dont il a besoin pour les observer. Il se promène, il erre librement d'un objectif à l'autre, il fait la revue de chaque fleur avec intérêt et curiosité. [...] Des dispositions bien différentes ont fait pour moi de cette étude une espèce de passion qui remplit le vide de toutes celles que je n'ai plus. Je gravis les rochers, les montagnes, je m'enfonce dans les vallons, dans les bois, pour me dérober autant qu'il est possible au souvenir des hommes et aux atteintes des méchants. Il me semble que sous les ombrages d'une forêt je suis oublié, libre et paisible.[12]

As is well known, Rousseau's interest in botany and particularly his descriptions of nature and the picturesque garden in *Julie*, directly

---

8. Illustrated and discussed in de Caso, *David d'Angers*, p.164, fig. 116.

9. Discussed and illustrated in Sylvain Laveissière, *Pierre-Paul Prud'hon* (Paris and New York, 1998), p.208-209, fig. 153.

10. The seminal work is Dora Wiebenson, *The Picturesque garden in France* (Princeton, NJ, 1978).

11. Rousseau as botanist was recently reproduced as the frontispiece to Jean-Jacques Rousseau, *The Reveries of the solitary walker*, in *The Collected writings of Rousseau*, vol.8, ed. Christopher Kelly, translated by Charles E. Butterworth, Alexandra Cook and Terence Marshall (Hanover and London, 2000). See in the present volume the article on Rousseau's botany by Alexandra Cook.

12. Rousseau, *Rêveries du promeneur solitaire* VII, *OC*, vol.1, p.1069-70.

inspired Ermenonville, created by the marquis de Girardin, who had many of Rousseau's ideas on the garden and the experience of nature in mind when he transformed his estate, which was characterised by a great diversity of topographical features.[13] Girardin divided his estate into four sections based on the use and topography of the land – woods, forest, meadow and farm. In his treatise, *De la composition des paysages ou des moyens d'embellir la nature autour des habitations* of 1777, Girardin, who opposed formal gardens, both classical French and Anglo-Chinese, describes how to combine landscapes that are picturesque and please the eye with those that also contain a moral and engage the mind. In this manifesto, in which he describes Ermenonville at length, he reveals the extent to which his ideas on the landscape and one's experience of it were influenced by Rousseau. In two passages he discusses at length Rousseau's *Contrat social* and his ideas about the redistribution of land. In direct response to Rousseau, one of Girardin's goals at Ermenonville was to improve the living conditions of the inhabitants of the region. To this end he created the Grange where peasants would gather for festivities, as well as cottages for agricultural workers and a model farm. The Grange, Rousseau's cottage, the Farm, the Arcadian Fields, and many other buildings and features of Ermenonville were illustrated in Girardin's treatise as well as in A. J. Laborde's *Description des nouveaux jardins de la France* (Paris, 1808-1815). Girardin eschewed exotic buildings from different time periods, the hallmark of many picturesque gardens of the time, but he did include the classicised Temple to Modern Philosophy which was based on the Temple of the Sibyl at Tivoli. In general, however, Girardin favoured rustic buildings made in the vernacular style.[14]

Girardin writes that the landscape in nature should have painterly views inspired by painted landscape compositions as well as poetic elements inspired by pastoral literature. The latter would include inscriptions on trees, urns in the woods, a rustic temple, shepherds, a cottage in an orchard, etc. In this engraving of *The Wilderness* (Fig. 8, p.44) we see the figure of a solitary walker, very like Rousseau if it is not indeed Rousseau himself, who has come upon a beautiful perspective of the lake.

He appears captivated by the sight of nature as well as absorbed by his own gaze. Rousseau, we remember, spent his last months at Ermenonville and died and was buried there. His tomb, designed by the famous landscape and ruins painter Hubert Robert, was erected in 1778 on the Isle of the Poplars.[15]

Rousseau's role in Ermenonville and his impact on the development of the picturesque garden in France were so widely known and acknowledged in the late eighteenth century that the landscape painter and

13. Wiebenson, *The Picturesque garden in France*, p.81-89.
14. Wiebenson copiously illustrates Ermenonville in *The Picturesque garden in France*, figs. 52-83.
15. Wiebenson, *The Picturesque garden in France*, fig. 82.

8. *The Wilderness*, Ermenonville, engraving from A. L. J. Laborde, *Description des nouveaux jardins de la France...*, Paris, 1808–15

theorist Valenciennes included the philosopher in his 1800 treatise on landscape painting which accompanied his tract on perspective, *Elémens de la perspective pratique à l'usage des artistes, suivis de Réflexions et conseils à un élève sur la peinture et particulièrement sur le paysage*.[16] Valenciennes's goal in writing this treatise was to elevate the status of landscape painting by emphasising its intellectual content and demonstrating that landscape painting, like history painting, was an art of ideas. In a little-known and rarely cited passage, Valenciennes praised Ermenonville as the only garden in France 'qui plaise au penseur et au philosophe, parce qu'il parle à l'âme, qu'il excite le sentiment, qu'il flatte les sens, qu'il émeut l'imagination. Il fait naître tant d'idées de tous les genres, que les souvenirs qu'il laisse inspirent toujours le désir de revenir sur les lieux, goûter les mêmes plaisirs et trouver de nouvelles jouissances.'[17]

Valenciennes describes all the places in which one sees inscriptions at Ermenonville – a passage from Montaigne is inscribed on an urn, sentences from *Emile* are engraved on a rock at the entry to a remote hut. He wishes, however, that he could have seen the following simple inscription:

> Le bon Jean-Jacques sur ces bancs
> Venait contempler la Nature;
> Donner à ces oiseaux pâture,
> Et jouer avec nos enfants.[18]

For Valenciennes the most moving aspect of Ermenonville is the thought that Rousseau lived and walked on this garden estate which is sanctified by his burial there:

On ne peut oublier les sensations qu'on éprouvait à Ermenonville en voyant l'île des peupliers où était le tombeau de J. Jacques Rousseau. Les ossements de ce grand homme n'y sont plus; mais la même teinte mélancolique y existe toujours. Pourquoi? C'est qu'effectivement J.-J. a demeuré à Ermenonville; qu'il y a fait telle action; qu'il y a dit tel mot; qu'il y est mort; qu'il y a été enterré. Dès lors les allées solitaires, les réduits paisibles, les rochers, le désert, les collines riches en botanique, tous les endroits enfin que l'on suppose avoir plu à ce philosophe, nous intéressent en nous parlant de lui[19]

In writing so eloquently of Rousseau in his treatise and signalling his importance for the emotional experience of landscape, Valenciennes directly inserts Rousseau into the theoretical literature on landscape painting in France. His treatise significantly influenced the development of French landscape painting in the nineteenth century, contributing to the consideration of landscape as an independent category for the Prix de

---

16. Pierre-Henri de Valenciennes, *Elémens de perspective pratique à l'usage des artistes, suivis de Réflexions et conseils à un élève sur la peinture et particulièrement sur le genre du paysage* (Paris, 1800; Geneva, 1973).
17. Valenciennes, *Elémens*, p.344-45.
18. Valenciennes, *Elémens*, p.356.
19. Valenciennes, *Elémens*, p.363-64.

Rome competition (which came about in 1817, as mentioned earlier).[20] His work served as the theoretical basis for landscape painting for decades to come and informed later writings on landscape that inspired the generations of Romantic, Realist and Impressionist landscape painters. In his seminal treatise on landscape of 1818, for example, which was directly inspired by Valenciennes, Jean-Baptiste Deperthes begins his book with the following lines:

Parmi les divers genres qui composent le domaine de la peinture, le paysage, immédiatement après l'histoire, tient sans contredit le premier rang. Ce genre, si simple en apparence, et qui dans la réalité exige des études si nombreuses et si diverses, est l'un des plus attrayants à cultiver, et il en est peu dont les productions soient généralement aussi agréables à la vue, et paraissent en même temps aussi faciles à apprécier.[21]

Deperthes leaves to Valenciennes the detailed discussion of the development of history painting in France, which was quite familiar to landscape painters in late-eighteenth- and nineteenth-century France. In his treatise Valenciennes had hailed Poussin as the most important landscape painter to follow, placing him higher on the scale of emulation than his peer Claude Lorrain because Poussin's landscapes were intellectual, that is, rational in construction and exemplary in their expression of moral ideas. Poussin, of course, together with Claude Lorrain, had come to define classical landscape of the seventeenth century. Their joint influence would inform landscape painting in France from the mid-eighteenth to the late nineteenth centuries and can be seen in seemingly contradictory elements in Valenciennes's own landscapes.[22]

Poussin's highly structured, classicising landscapes with narratives related to moral virtue, such as in his *Landscape with the body of Phocion carried out of Athens* of 1648, contain elements that became hallmarks of the artist's compositions – a path that winds through the foreground, middle ground and background (sometimes replaced by a winding river), the built environment or architecture, which locates the time and place of the narrative and demonstrates how man has civilised and co-exists within a harmonious nature, the meticulously defined trees with those in the foreground serving as a framing device, the emphasis on clarity of form

20. See Jeremy Strick, 'Nature studied and remembered: the oil sketch in the theory of Pierre-Henri de Valenciennes', in *The Light of Italy. Corot and open-air painting*, ed. Philip Conisbee, Sarah Faunce and Jeremy Strick (New Haven, CT and London, 1996), p.79-88. The many lyrical descriptions of nature and landscape in the literature of the period may also have influenced representations of nature in French art. One thinks not only of Rousseau's disciple, Jacques-Henri Bernardin de Saint-Pierre, in works such as *Paul et Virginie*, first published as volume IV of the 1787 edition of *Etudes de la nature*, but also François-René Chateaubriand's *Atala*, first published in 1801, and Etienne Pivert de Senancour's *Obermann* of 1804.

21. Jean-Baptiste Deperthes, *Théorie du paysage* (Paris, 1818; La Rochelle, 2002), p.15.

22. Valenciennes, *Elémens*, p.382-83. See most recently Michael Kitson, *Studies on Claude and Poussin* (London, 2000).

throughout – and all these elements would profoundly influence French landscape painting up to Cézanne, who is often thought of as a neo-Poussinist.[23] We see the vast differences between Poussin's landscape aesthetics and those of Claude Lorrain, known for his pastoral or lyrical compositions. Claude emphasises effects of light and atmosphere which bathe all elements in the landscape including the figures; often small bucolic narratives are placed in the foreground. Claude's landscapes are dreamlike, the forms do not have the hard clarity that we see in Poussin.[24] In his academic landscapes Valenciennes emulated Poussin. However, in his studies made directly from nature, typically in plein-air, a practice he strongly recommended, such as the *Rocca di Papa: Mountain in the clouds* of 1782-1784 (Fig. 9, p.48), Valenciennes creates landscapes that are almost abstract in their formlessness.[25] These studies seem made to inspire meditation or reverie. His cloud studies, which reveal a similar absorption in the sky, likewise invite reverie.

Although in his studies Valenciennes explores nature and landscape in ways that seem to prefigure the Impressionists, he did not advocate that such works be considered anything but nature studies. By highlighting Poussin as the most important landscape painter to emulate, Valenciennes followed the mid-eighteenth-century Poussinist revival and subsequent neoclassical reforms in landscape that informed late eighteenth-century artistic practice in this genre.[26] Before considering landscapes that were probably influenced by Rousseau's ideas of nature, we should briefly consider some of the landscape developments of the first half of the eighteenth century when artists turned away both from the moral severity and classical construction of Poussin's landscapes and the dazzling pictorial effects of Claude.

One of the most beloved artists credited with creating the rococo landscape, was, of course, Watteau, who, in works such as the *Pilgrimage to Cythera* of 1717, created magical, ethereal *fêtes galantes* that evoke dreams rather than actual sites.[27] The forms of the trees, their limbs and foliage, appear to be floating weightlessly as they dissolve in the atmosphere and the misty effects of the light. The land and sky serve as a delicate, idyllic environment for the couples who have spent a delectable day on the isle of love. In his landscapes Boucher often adapts the pastels and white highlights employed by Watteau in a poetic environment that unites 'picturesque' elements, such as ruined cottages or temples, rustic bridges

23. Richard Verdi, *Cézanne and Poussin. The Classical vision of landscape* (London, 1990).

24. Kitson, *Studies on Claude and Poussin.*

25. Paula K. Radisich, 'Eighteenth-century plein-air painting and the sketches of Pierre-Henri de Valenciennes', *The Art bulletin* (March 1982), p.98-104.

26. Valenciennes, *Elémens*, p.405-26.

27. Margaret Morgan Grasselli and Pierre Rosenberg, *Watteau 1684-1721* (Paris, 1984), p.396-411.

47

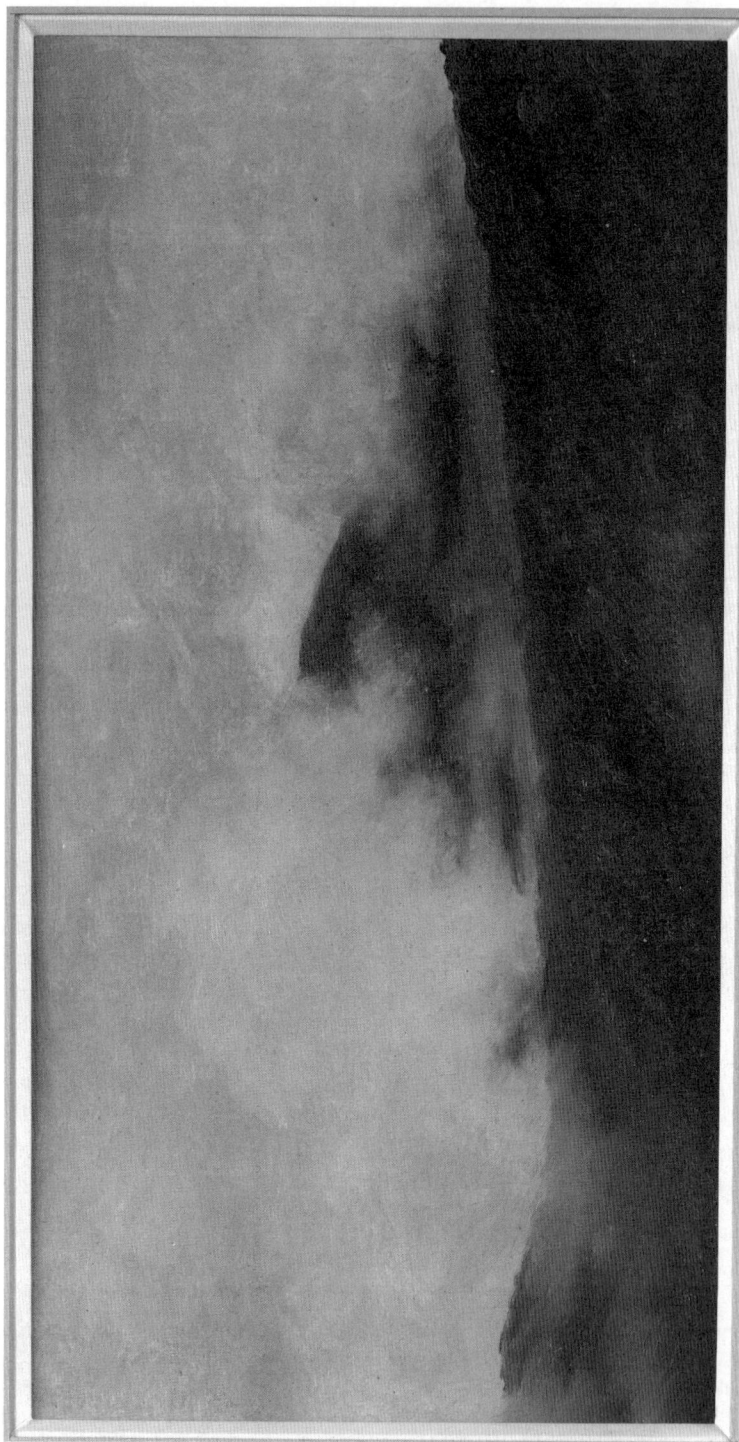

9. Pierre-Henri de Valenciennes, *Rocca de Papa: Mountain in the clouds*, *c.* 1782, Louvre. Réunion des Musées Nationaux/Art Resource, NY

and so forth, in shimmering atmosphere and light.[28] In fact, some of Boucher's landscapes directly inspired ideas for picturesque gardens. Continuing in the landscape mode established by Watteau and Boucher, Fragonard frequently depicted parks as the site for games of love. His famous *Progress of love* series from the early 1770s, for example, represents a pair of lovers in the context of a mirifical nature that is cultivated, civilised and controlled except for the poetic and emotionally expressive trees that seem to be carried away by the passions of the narrative.[29]

The classical reforms of the mid-eighteenth century reintroduced the aesthetics of Poussin and landscape artists responded with neo-Poussinist compositions which culminated in classical landscape compositions by Valenciennes and celebrated landscape painters such as Joseph Vernet. Transformations in landscape painting during the second half of the eighteenth century, however, were not only influenced by the classical revival. They were also influenced considerably by the developments of the new scientific investigations of nature which stressed the power and beauty of the natural world and which led to a literature on the phenomena of nature, especially seen in the illustrated voyages which constituted an enthusiastic pan-European response.[30] These developments also inspired Rousseau in his thinking about nature, its elements and man's experience of it. Rousseau's friend and disciple, Bernardin de Saint-Pierre, wrote one of the most popular of the voyage books of the period, *Voyage à l'Isle de France* of 1773.[31] As Barbara Stafford writes in her seminal study of the illustrated travel literature of the time: 'In writing of their experiences, the travelers undertook to give visible shape to the chaos of existence, since, as Locke argued, only form could enter consciousness. The puzzling and the marvelous were reckoned to be amenable to explanation and hence to reproduction. By this standard of intellectual conquest, illustration or description must not fall short of the thing it resembles.'[32] The new importance of describing the visual world, in words and images, led to a new emphasis in landscape painting on precise, minute visualisation of natural elements.

The international travellers of the late eighteenth century, like their fellow naturalists, had, as Stafford describes it, a 'rage to see'.[33] This interest in seeing and experiencing nature informs Rousseau's writings on landscape and the garden as well as his practice of botany. By the late

---

28. A. Ananoff and D. Wildenstein, *François Boucher* (Paris, 1976).

29. Donald Posner, 'The true path of Fragonard's *Progress of love*', *The Burlington magazine* 114 (August 1972); and Mary Sheriff, *Fragonard: art and eroticism* (Chicago and London, 1990), p.65-94.

30. See Barbara Stafford, *Voyage into substance: art, science, nature and the illustrated travel account, 1760-1840* (Cambridge, MA and London, 1984).

31. J.-H. Bernardin de Saint-Pierre, *Voyage à l'Isle de France, 1768-1771*, in *Œuvres complètes*, ed. L. Aimé-Martin, vol.I (Paris, 1818).

32. Stafford, *Voyage into substance*, p.41.

33. Stafford, *Voyage into substance*, p.44.

eighteenth century amateur botanists like Rousseau abounded in France. One of the most important sources for the keen interest in observing and understanding nature during this period was Linnaeus, whose *Systema naturae* of 1735 exerted an enormous scientific and cultural impact.[34] In the 'Cinquième promenade' Rousseau mentions that he has taken his Linnaeus with him on his botanical expeditions: 'tous les matins après le déjeuner, [...] j'allais une loupe à la main et mon *Systema naturae* sous le bras'.[35] Linnaeus was of course well known for his system of natural classification, including his classification of plants, but he also described the earth as a museum of nature filled with innumerable objects of wonder.[36] Buffon, who rivalled and challenged Linnaeus in his *Histoire naturelle* of 1749-1788, favoured detailed description above general classification.[37] Rousseau was influenced by Buffon's ideas on botany through Bernard and Antoine-Laurent de Jussieu who developed an alternative method of plant classification known as the 'natural' method. In his writings on botany Rousseau followed the Jussieu method rather than that of Linnaeus.[38]

Buffon's ideas transformed the thinking about nature and the study of nature in French culture. In the first book of his *Histoire naturelle* he wrote the following:

L'histoire naturelle, prise dans toute son étendue, est une histoire immense; elle embrasse tous les objets que nous présente l'univers. Cette multitude prodigieuse de quadrupèdes, d'oiseaux, de poissons, d'insectes, de plantes, de minéraux, etc., offre à la curiosité de l'esprit humain un vaste spectacle dont l'ensemble est si grand, qu'il paraît et qu'il est en effet inépuisable dans les détails. [...] il y a une espèce de force de génie et de courage d'esprit à pouvoir envisager, sans s'étonner, la nature dans la multitude innombrable de ses productions, et à se croire capable de les comprendre et de les comparer; il y a une espèce de goût à les aimer, plus grand que le goût qui n'a rien pour but que des objets particuliers; et l'on peut dire que l'amour de l'étude de la nature suppose dans l'esprit deux qualités qui paraissent opposées, les grandes vues d'un génie ardent qui embrasse tout d'un coup d'œil, et les petites attentions d'un instinct laborieux qui ne s'attache qu'à un seul point.[39]

In his experiences of nature, as described especially in the Cinquième and Septième 'promenades', Rousseau reveals that he possesses these two qualities of intellect – the genius to embrace all in one glance and

34. Carl Linnaeus, *Reflections on the study of nature* (London, 1785). Discussed in Stafford, *Voyage into substance*, p.55.

35. Rousseau, *Rêveries* VII, *OC*, vol.1, p.1043.

36. Cited in Stafford, *Voyage into substance*, p.55.

37. George-Louis LeClerc, Comte de Buffon, *Histoire naturelle*, in *Œuvres complètes de Buffon*, ed. M. Flourens (Paris, 1853), vol.1, p.1-2.

38. *The Collected writings of Rousseau*, ed. Kelly, vol.8, p.xxvi. See also Alexandra Cook, 'The "Septième promenade" of the *Rêveries*: a peculiar account of Rousseau's botany?' in the present volume.

39. Buffon, *Histoire naturelle*, p.1-2. Cited in Stafford, *Voyage into substance*, p.55.

apprehend the whole picture as well as the ability to look closely, with magnifying glass in hand, at the minutiae of flowers and plants.

I would like now to look at how the new sensibility towards nature and the landscape that Rousseau promotes in the *Rêveries* informs a type of portrait painting of the period in which individuals are portrayed in solitary reverie in nature. One of the most remarkable examples is Girodet's *Portrait of the Countess of Bonneval* from 1800 (Fig. 10, p.52).

Girodet, famous for the range and breadth of his historical and mythological paintings, is also well known for his penetrating portraits. His depiction of the *Countess of Bonneval*, acclaimed at the Salon exhibition of 1800, was largely sequestered in private collections for the next 205 years and made a stunning reappearance at the major Girodet retrospective in 2005-2006.[40] The young, beautiful spouse of Count Philippe Armand de Bonneval, who occupies the entire foreground space, is dressed in the most elegant attire of the day. She sits on a shawl spread on a rock in a mountainous landscape that evokes the Alps. The season is summer, and the verdant mountains are bathed in morning mist. A meandering river or brook leads the eye from the foreground into the distance. The Countess faces the spectator but her expression is distant and melancholy. She appears lost in reverie, perhaps inspired by the letter she holds in her lap which is likely from her husband whom she loved passionately. In a letter to the Count in 1815 she wrote: 'Sans toi, je suis un corps sans âme, je ne me trouve capable de rien. Et t'aimant uniquement il me semble que je suis seule au monde. Je ne me trouve bien qu'avec toi, juge de ma joie quand je t'embrasserai.'[41]

Girodet's portrait, which emphasises the Countess's solitude, sensibility and melancholy in the mountainside setting, recalls Julie in *La Nouvelle Héloïse* but also leads us to think of the *Rêveries*. This portrait reminds us that in his letters from Italy Girodet wrote that the discovery of the mountains inspired the most powerful emotions in him. After his visit to the Alps, in a letter dated 5 May 1790, he wrote to his guardian Dr Trioson:

la vue de ces étages de montagnes les unes sur les autres et qui se perdent dans les nuages et semblent prêtes à anéantir les voyageurs assez hardis pour en approcher et dont les fondements se perdent dans des abîmes dont l'œil n'ose sonder la profondeur me rendirent d'abord immobile [...] le bruit majestueux des eaux et des torrents qui se précipitent de ces montagnes et les impressions que l'ensemble de ces prodiges font naître ne se peuvent décrire.[42]

Girodet represented alpine sites that could have been directly inspired by Rousseau, such as his 1794 *Landscape, view of the Alps*, with its mountains,

---

40. See Sylvain Bellenger, *Girodet. 1767-1824* (Paris, 2005), p.419-23.

41. Cited in Bellenger, *Girodet. 1767-1824*, p.420.

42. Preserved in the Musée Girodet, Montargis, Fonds Pierre Deslandres, vol.3, no. 3 and cited in Bellenger, *Girodet. 1767-1824*, p.233.

10. Anne-Louis Girodet de Roussy-Trioson, *Portrait of the Countess of Bonneval*, 1800, private collection

waterfall and lake, one of the many landscapes he painted in the early part of his career.[43] During his time in Rome, he was a good friend of the landscape painter Péquignot, who may have encouraged him to focus on the depiction of landscape.[44] Girodet was an assiduous student of landscape and painted and sketched specific sites in France and Italy. We know from many of his history paintings the metaphorical and symbolic importance he ascribed to landscape, as in his *Sleep of Endymion* (1791) and *Burial of Atala* (1808), works in which he incorporates his knowledge of the science of landscape – botany, geology and zoology. It should not surprise us that Girodet knew well Rousseau's writings and ideas on nature and was close to Rousseau's disciple Bernardin de Saint-Pierre, who had asked him to illustrate the new Didot edition of *Paul et Virginie*, compositions which place great emphasis on the landscape settings.[45] Girodet's filiation with Rousseau helps to explain his intense interest in nature and landscape which was highly unusual for a history painter of the time. In a 1793 letter from Naples he wrote: 'C'était aux environs de Rome que je devais, cette année, me livrer à l'étude du paysage, genre de peinture universel, et auquel tous les autres sont subordonnés, parce qu'ils y sont renfermés.'[46] For Girodet all that lives and has lived, lives within nature, the landscape.

Rousseau's ideas on the significance of nature and the landscape influenced other history painters of the time who ascribed a major role to landscape in their history paintings but also, like Girodet, in some of their portraits as well. Gros, like Girodet, had been a student of Jacques-Louis David, and his career flourished during the early years of the nineteenth century, especially under the patronage of Napoleon and his family. In Gros's 1801 lyrical, full-length portrait of *Christine Boyer*, wife of Lucien Bonaparte (Fig. 11 p.54), we see the beautiful young woman as a solitary walker in a dark and mysterious wood.[47]

Lost in reverie or meditation, she gazes at the stream that gently flows past her, particularly at a rose that is floating away. We learn that the rose is a symbol of the flowering life that left her, for this elegiac image is a

43. Bellenger convincingly reattributes this painting to Girodet. See Bellenger, *Girodet. 1767-1824*, p.229-30. Most of Girodet's landscape drawings and paintings are lost.

44. Bellenger, *Girodet. 1767-1824*, p.228-31.

45. Girodet also executed a portrait of his friend. For Rousseau's influence on Girodet, and Girodet's friendship with Bernardin de Saint-Pierre, see Bellenger, *Girodet. 1767-1824*, p.23, 65, 73, 97, 375, 380, 418.

46. P. A. Coupin, *Œuvres posthumes de Girodet-Trioson* (Paris, 1829), vol.2, p.431.

47. J.-B. Delestre, *Gros et ses ouvrages ou mémoires historiques* (Paris, 1845). See also Margaret Fields Denton, 'Gros's *Portrait de Christine Boyer* and Schall's *Pensée sur la brièveté de la vie*: private grief and public rhetoric in post-revolutionary French painting', *Gazette des beaux-arts* 128 (September 1996), p.103-20, and James Rubin, 'La Sépulture romantique de Ch. Boyer et son portrait par Antoine-Jean Gros', *La Revue du Louvre et des Musées de France* 25 (1975), p.17-22. The painting was discussed most recently by David O'Brien in *After the Revolution. Antoine-Jean Gros: painting and propaganda under Napoleon* (University Park, 2006), p.84.

11. Antoine Jean Gros, *Christine Boyer*, 1801, Louvre. Réunion des Musées Nationaux/Art Resource, NY

posthumous portrait commissioned by her husband after her death. Gros's interest in images of nature, inspired by Rousseau, are also evinced in a small landscape of a forest interior that he owned, painted by Demarne in the early nineteenth century.[48] In this composition we see a young woman, a solitary walker with her stick and belongings attached, seated against a tree in a pastoral summertime landscape. She seems absorbed in reveries, immersed in the landscape. We can imagine that she listens to the lapping water of the brook as she takes in the sounds and sights of the woods. This landscape evokes many of the images found in the *Rêveries*, in which Rousseau describes his experiences as a solitary walker on the île de Saint-Pierre.

One of the paintings of the early nineteenth century that is most remarkable for its embodiment of Rousseau's ideas of nature is Prud'hon's large-scale portrait of the Empress Josephine (Fig. 12, p.56).

This painting evokes Rousseau's ideas concerning the emotions experienced in nature, the state of reverie or meditation that nature inspires, and the harmonious interlocking of the human figure and the landscape garden. This portrait, commissioned in 1805, depicts Josephine seated on moss-covered rocks in the garden at Malmaison.[49] Malmaison, as we know, was a true refuge for Josephine, and it is where she lived after Napoleon divorced her. Prud'hon depicts her lost in reverie or meditation in the midst of nature. She is seated at the edge of a narrow brook that we see in the immediate foreground. One can imagine that she hears the sound of the flowing water lapping gently against the narrow banks. The flowers in the foreground refer to Josephine's activities as an amateur botanist.[50] The forms of the trees, rocks and hills behind her are silhouetted in mist. Prud'hon contrasts these dark shapes with the uncanny whiteness of Josephine's face and arms. Following Rousseau's *Rêveries*, she sits alone in nature, where the peace, tranquillity and solitude allow her to give free reign to contemplation and meditation. Josephine at Malmaison reminds us of Julie in her Elysée garden where she loved to meditate. Saint-Preux described the site in the following terms:

En entrant dans ce prétendu verger, je fus frappé d'une agréable sensation de fraîcheur que d'obscurs ombrages, une verdure animée et vive, des fleurs éparses de tous côtés, un gazouillement d'eau courante et le chant de mille oiseaux portèrent à mon imagination du moins autant qu'à mes sens; mais en même temps je crus voir le lieu le plus sauvage, le plus solitaire de la nature, et il me semblait être le premier mortel qui jamais eut pénétré dans ce desert.[51]

---

48. Illustrated in *Claude to Corot: the development of landscape painting in France*, ed. Alan Wintermute (Seattle and London, 1990), p.266-67, fig. 58.
49. Laveissière, *Pierre-Paul Prud'hon*, p.183-93.
50. Laveissière, *Pierre-Paul Prud'hon*, p.183.
51. Rousseau, *Julie, ou La Nouvelle Héloïse*, OC, vol.2, p.471.

12. Pierre-Paul Prud'hon, *The Empress Josephine*, 1805, Louvre.
Réunion des Musées Nationaux/Art Resource, NY

But Prud'hon's painting also recalls numerous passages in the *Rêveries*. Here are a few lines from the 'Septième promenade' that could describe Josephine's state:

Mais vivifiée par la nature et revêtue de sa robe de noces au milieu du cours des eaux et du chant des oiseaux, la terre offre à l'homme dans l'harmonie des trois règnes un spectacle plein de vie, d'intérêt et de charmes, le seul spectacle au monde dont ses yeux et son cœur ne se lassent jamais. Plus un contemplateur a l'âme sensible, plus il se livre aux extases qu'excite en lui cet accord. Une rêverie douce et profonde s'empare alors de ses sens, et il se perd avec une délicieuse ivresse dans l'immensité de ce beau système avec lequel il se sent identifié. Alors tous les objets particuliers lui échappent; il ne voit et ne sent rien que dans le tout.[52]

The idea of the contemplative individual with a sensitive soul immersed in a 'rêverie douce et profonde', experiencing communion and union with nature, informed much of nineteenth-century French landscape painting. For France favoured pastoral, arcadian landscapes. As the viewer gazes deeply into these landscape paintings, she or he is overtaken by 'sweet and deep' reveries. Among the many hundreds of paintings that fit this description the following could serve as paradigmatic examples: Corot's *Souvenir of Montefontaine* of 1864 and *Rocks in the forest of Fontainebleau* of 1860-1865; Courbet's *Landscape with rocks* of 1862 and *Covert of the roe deer* of 1866; Millet's *Spring* of 1868-1873 and *Forest of Fontainebleau* of 1866-1867; and, finally, perhaps even Monet's series of *Waterlilies* from the late nineteenth and early twentieth centuries. One senses that through filiations, direct and indirect, these landscapes are imbued with the ideas of Rousseau. The harmony, tranquillity and beauty of nature constitute for humans an enduring oasis for the mind, emotions and imagination, which also take pleasure in the representation of nature found in landscape paintings. Even today, these painted landscapes enjoy great popularity, for they recreate for the viewer the harmonious experience of nature described by Rousseau: 'un spectacle plein de vie, d'intérêt et de charmes, le seul spectacle au monde dont ses yeux et son cœur ne se lassent jamais'.[53]

52. Rousseau, *Rêveries* VII, *OC*, vol.1, p.1062-63.
53. Rousseau, *Rêveries* VII, *OC*, vol.1, p.1062.

JOHN C. O'NEAL

Nature as refuge in Rousseau's *Rêveries du promeneur solitaire*

LIFE's difficulties can be overwhelming, particularly at those devastating moments that occur from time to time: the death of a parent, spouse or child; a life-threatening or debilitating illness in the family; natural disaster; war; or financial ruin. Although Jean-Jacques Rousseau wrote about none of these in his *Rêveries du promeneur solitaire*, this work offers powerful advice on what all such disasters require: namely, how to cope with human misery. This, rather than seeking and finding human happiness, is the fundamental goal of the *Rêveries*.[1] However much one may doubt, scoff at or trivialise Rousseau's perception of his own misfortune – he described his life as filled by a 'long tissu de misères et d'infortunes'[2] – there is much to be learned from and hope to be found in his life experience, which he suggested as a comparison piece for everyone else's.[3] For he presents a universal problem and finds in nature a brilliant, original solution. The description of the cure – here as in Rousseau's *Rêveries* – comes only after an elaboration of the need for a refuge.

The problem of human unhappiness deeply preoccupies Rousseau late in his life, as he wondered whether his own life was broken. That he depicts it in thoroughly modern ways in the *Rêveries*, however, makes this work all the more meaningful for our own times. In addition to the traditional presentation of a life of adversity with many trials and tribulations, he also describes what we have come to know as anxiety, stress and depression. His self-conscious approach to pain as an acutely felt internal phenomenon is also new. To be sure, not many readers will identify with Rousseau's paranoia, and they may even feel that he exaggerates it. But his descriptions of these other modern psychological states signal a new

---

1. Putting the argument in these terms is yet another way of addressing the problem of tone in Rousseau's *Rêveries*. Critics have been split in their appraisal of the work's tone as serene or disturbed. See Michael O'Dea, '"Tout le monde se tut": problems of rhetoric in Rousseau's autobiographical works', in *Approaches to teaching Rousseau's 'Confessions' and 'Reveries' of the solitary walker*, ed. John C. O'Neal and Ourida Mostefai (New York, 2003), p.44-49.
2. Rousseau, *Rêveries du promeneur solitaire* III, *OC*, vol.1, p.1012.
3. Rousseau uses this term 'pièce de comparaison' in his *Confessions*. See the article by Christie McDonald, 'Truth and the other in Rousseau's *Confessions*', in *Approaches to teaching Rousseau's 'Confessions' and 'Reveries' of the solitary walker*, p.73-78.

malaise in society, one which has only increased and become readily apparent over the past two hundred years.

When Rousseau takes up his pen to write the *Rêveries* in 1776, the previous ten years of stress and storm are still fresh in his mind.[4] He claims, however, to have overcome his anxiety in this writing, which will be unlike his earlier *Confessions* and *Dialogues*, marked as they were by a 'souci continuel sur les moyens de les dérober aux mains rapaces de mes persécuteurs, pour les transmettre s'il était possible à d'autres générations'.[5] At the time of the composition of his *Rêveries*, Rousseau states: 'La même inquiétude ne me tourmente plus pour cet écrit.'[6] He even goes so far as to say that he has only 'de légères inquiétudes' which, he says, 'n'affectent pas plus mon âme qu'une plume qui tombe dans la rivière ne peut altérer le cours de l'eau'.[7] But structurally Rousseau's *Rêveries* are chiefly about his worries – however much he may give the impression of speaking frequently about happiness – and effective ways to dismiss, forget or steel himself against them. The two problems are of course related. It is helpful to consider the different kinds of worries Rousseau has, for he clearly succeeds better at banishing some of these worries than others, and they clarify several of the apparent contradictions in Rousseau. Rousseau's worries in the *Rêveries* derive from social and physical situations on the one hand, and intellectual and psychological desires or states on the other, some of which intersect with each other.

Rousseau had difficulty living in eighteenth-century society, which necessitated mastery of a certain code of conduct that he found constraining and hypocritical. He draws the following conclusion about himself: 'je n'ai jamais été propre à la société civile où tout est gêne, obligation, devoir, et que mon naturel indépendant me rendit toujours incapable des assujettissements nécessaires à qui veut vivre avec les hommes'.[8] At the heart of polite society was conversation, and Rousseau never excelled at this art. Not particularly gifted with the kind of quick wit and tongue prized by this society, Rousseau frequently seemed to be saying the wrong thing and, at times, even lied. His false accusation of Marion for a stolen ribbon still causes him remorse. In explaining his lies generally, Rousseau refers specifically to his own ineptness at conversation and alludes indirectly to the stressful and difficult situation in which he finds himself in society: 'souvent j'ai menti par honte, pour me tirer d'embarras en choses indifférentes ou qui n'intéressaient tout au plus que moi seul, lorsque ayant à soutenir un entretien la lenteur de mes idées et l'aridité de ma conversation me forçaient de recourir aux fictions pour

4. Rousseau, *Rêveries* I, *OC*, vol.1, p.995-96.
5. Rousseau, *Rêveries* I, *OC*, vol.1, p.1001.
6. Rousseau, *Rêveries* I, *OC*, vol.1, p.1001.
7. Rousseau, *Rêveries* III, *OC*, vol.1, p.1021.
8. Rousseau, *Rêveries* VI, *OC*, vol.1, p.1059.

avoir quelque chose à dire'.[9] Rousseau finds the subjects of conversation in society superficial – 'le babil de la conversation',[10] as he says later – or at best 'indifférent', as he states here. Nonetheless, they put him to shame, lead him to act against his will, and ultimately put him in conflict with himself. He cannot maintain the degree of freedom he would like in society.

Although Rousseau experienced discomfort in the face of the rapid-fire repartee in eighteenth-century society, it was what he perceived as the two-faced behaviour of people that gave him his greatest worries. He longed for transparency with his fellow human beings, as Jean Starobinski has eloquently pointed out,[11] but grew increasingly suspicious after multiple disappointments with friends and acquaintances. These stories are told mainly in the *Confessions* and *Dialogues*, but Rousseau's anxiety about the treachery of other people is still keenly felt in the *Rêveries*. He refers repeatedly to his persecutors and to their plots against him.[12] Given this pattern of concern, it is impossible to believe Rousseau entirely when he states that he no longer worries about other people and their social interactions with him.

At least two examples from the *Rêveries* give the lie to any wholly tranquil state of mind on Rousseau's part: the incidents concerning Mme d'Ormoy in the 'Deuxième promenade' and Mme Geoffrin in the 'Neuvième promenade'. Rousseau feels that in her solicitousness towards him Mme d'Ormoy wanted only to have a short note in her book – and the possible blame for it – attributed to him. As for Mme Geoffrin, Rousseau senses that d'Alembert's recent praise for her love of children is aimed less at her than at Rousseau himself in an attack on him for having abandoned his own children. The duplicitous interaction of others with Rousseau often severely disturbs his tranquillity[13] and reflects a general state of anxiety that Rousseau cannot altogether overcome. In his dealings with other people, Rousseau claims to show only sympathy and pity. Their suffering in fact can even increase his own distress: 'L'imagination renforçant la sensation m'identifie avec l'être souffrant et me donne souvent plus d'angoisse qu'il n'en sent lui-même.'[14]

The physical world, for the most part, helps Rousseau alleviate his worries. There are two notable exceptions, however, to this rule. The most famous case involves a hybrid of nature and society: Rousseau's discovery of a stocking factory in one of the remotest places in Switzerland. A brief feeling of joy quickly becomes one of pain and persecution:

9. Rousseau, *Rêveries* IV, *OC*, vol.1, p.1033.

10. Rousseau, *Rêveries* IV, *OC*, vol.1, p.1033.

11. Jean Starobinski, *La Transparence et l'obstacle* (1957; Paris, 1976).

12. Rousseau, *Rêveries*, *OC*, vol.1, p.996-97 (I), 1001 (I), 1019-20 (III), 1056-57 (VI), 1075-78 (VII), *et passim*.

13. Rousseau, *Rêveries* II, *OC*, vol.1, p.1007.

14. Rousseau, *Rêveries* IX, *OC*, vol.1, p.1094.

Je ne saurais exprimer l'agitation confuse et contradictoire que je sentis dans mon cœur à cette découverte. Mon premier mouvement fut un sentiment de joie de me retrouver parmi des humains où je m'étais cru totalement seul. Mais ce mouvement plus rapide que l'éclair fit bientôt place à un sentiment douloureux plus durable, comme ne pouvant dans les antres mêmes des Alpes échapper aux cruelles mains des hommes, acharnés à me tourmenter.[15]

Although Rousseau ends up laughing, he says, about this coincidence, there remains a nagging and disturbing feeling of persecution in Rousseau.

This scene is followed immediately by another that depicts Rousseau's sudden anxiety in nature. He has just eaten a supposedly poisonous piece of fruit. What worries Rousseau is the fact that the lawyer Bovier, who was standing nearby, did not forewarn him out of a sense of 'humilité Dauphinoise'.[16] His worry is short-lived, however – 'j'en fus quitte pour un peu d'inquiétude'[17] – and he can ultimately laugh at this episode too. That Rousseau treats both of these scenes with relative *bonhomie*, given his extreme anxiety elsewhere, can only be explained by their placement in the 'Septième promenade', which is the walk in the *Rêveries* that portrays nature most poetically as a refuge.

Rousseau's own body was also a physical source of worry for him. But its ailments are recounted in far more detail in the *Confessions* than in the *Rêveries*, which are more concerned with states of the soul than those of the body. The only section that alludes to Rousseau's medical experience gives greater credence to the healing power of nature than to the art of physicians. Rousseau characteristically privileges nature over culture: 'Quinze ans d'expérience m'ont instruit à mes dépens; rentré maintenant sous les seules lois de la nature, j'ai repris par elle ma première santé. Quand les médecins n'auraient point contre moi d'autres griefs, qui pourrait s'étonner de leur haine? Je suis la preuve vivante de la vanité de leur art et de l'inutilité de leurs soins.'[18] Rousseau's intellectual desire to work out major metaphysical and religious problems also led him to worry. But he has resolved these concerns for the most part by the time he starts writing the *Rêveries*. His deistic *Profession de foi du vicaire savoyard* (in *Emile*) stands as his programmatic statement on these matters. In it he set down what he hoped would be unshakeable principles for the rest of his life.[19] The atheistic *philosophes*, on the contrary, had tried to cast doubt on his beliefs: 'Au lieu de lever mes doutes et de fixer mes irrésolutions, ils avaient ébranlé toutes les certitudes que je croyais avoir sur les points qu'il m'importait le plus de connaître [...] Ils ne m'avaient pas persuadé

---

15. Rousseau, *Rêveries* VII, *OC*, vol.1, p.1071.
16. Rousseau, *Rêveries* VII, *OC*, vol.1, p.1072.
17. Rousseau, *Rêveries* VII, *OC*, vol.1, p.1073.
18. Rousseau, *Rêveries* VII, *OC*, vol.1, p.1065.
19. Rousseau, *Rêveries* III, *OC*, vol.1, p.1018.

mais ils m'avaient inquiété. Leurs arguments m'avaient ébranlé sans m'avoir jamais convaincu....'[20]

For the nervous Rousseau, his use of some form of the verb *ébranler* ('to shake'), repeated twice here, is revealing, for the word occurs in contemporary writings on the emerging science of psychology. Seen at the time as integral parts of what was to become known as the nervous system, fibres were thought to vibrate or shake ('vibrer' or 'ébranler' in French).[21] Although Rousseau can still adhere rationally to his religious and intellectual beliefs, the *philosophes* have, quite literally, made him shaky about them on the psychological level. The nervousness of those earlier years, however, diminishes with the passage of time, which Rousseau emphasises ('[d]epuis lors';[22] 'après des années d'agitations').[23] Unresolved objections to his principles – either that others have already raised or that he raises himself – may still worry him, but they do not shake him: 'Elles [des objections] m'ont inquiété quelquefois mais elle ne m'ont jamais ébranlé.'[24] Although the worry is of the same kind, there is a difference in degree.

Rousseau traces in the *Rêveries* his transition from times of 'angoisses affreuses'[25] and 'intervalles d'inquiétude et de doutes [qui] venaient de temps à autre ébranler mon espérance et troubler ma tranquillité'[26] to a new state of 'légères inquiétudes'[27] that he compares to the effect of a feather on the course of a river. One might be tempted to think that Rousseau has now fully summarised the history of his anxiety, were it not for the fact that this summary appears in the 'Troisième promenade' and Rousseau never stops writing in the *Rêveries* about his extremely anxious state of mind. True, he notes about his crises (which we might call anxiety attacks today) that he is 'pas délivré tout à fait encore'.[28] But is this ironic understatement on Rousseau's part? How can these crises be 'si rares et si rapides qu'elles n'ont pas même la force de troubler mon repos'?[29] Is the mental anguish described in the 'Troisième promenade' different from that described elsewhere in the *Rêveries*?

To this last question, which embraces the two previous ones, I would say that this mental anguish is indeed different insofar as the context for this discussion is Rousseau's intellectual world: arguments for or against a Supreme Being, the inherent goodness of humans, the corruption of

20. Rousseau, *Rêveries* III, *OC*, vol.1, p.1015-16. Compare Philip Stewart's analysis of this same passage in the present volume.

21. See, for example, Charles Bonnet, *Essai de psychologie* (Hildesheim, 1978).

22. Rousseau, *Rêveries* III, *OC*, vol.1, p.1018.

23. Rousseau, *Rêveries* III, *OC*, vol.1, p.1019.

24. Rousseau, *Rêveries* III, *OC*, vol.1, p.1018.

25. Rousseau, *Rêveries* III, *OC*, vol.1, p.1019.

26. Rousseau, *Rêveries* III, *OC*, vol.1, p.1020.

27. Rousseau, *Rêveries* III, *OC*, vol.1, p.1021.

28. Rousseau, *Rêveries* III, *OC*, vol.1, p.1021.

29. Rousseau, *Rêveries* III, *OC*, vol.1, p.1021.

society, and so on. Rousseau has basically settled his own position regarding the various intellectual debates of his time. His stream of thoughts (metaphorically, the river in the above quotation) about these questions will no longer be much disturbed by his own or others' objections (mere feathers on the surface of the water). Rousseau ultimately feels much more in control of – hence, much less anxious about – intellectual questions than he does of any other sphere of human activity. These are the least of his worries late in life, and it is important to distinguish these worries from his other concerns.

Such is not the case, however, with the slippery psychological state of Rousseau's inner feelings or self, qualitatively different from his intellectual thoughts or reason. It is the world of the heart and soul, of the passions and the imagination, that can give rise to tremendous anxiety in Rousseau. Typically, however, Rousseau attributed passions less to himself than to corrupt society, with institutions such as the theatre, which as he put it in his *Lettre à d'Alembert sur les spectacles*, 'purge les passions qu'on n'a pas, et fomente celles qu'on a'.[30] His persecutors, he felt, were driven by a passionate hatred of him,[31] just as the doctrine of the *philosophes* was driven by their passions,[32] which make him feel 'agité, ballotté, tiraillé'[33] much of his life. Although he claims not to have any 'passion nuisible' in his own heart,[34] others' perceived passions deeply affected him. Rousseau viewed the passions as a major obstacle to '[l]e sentiment de l'existence' for most humans, who cannot dismiss 'impressions sensuelles et terrestres' from their minds.[35] In order to enjoy botanising, one must be purged of 'passions irascibles'.[36] Especially in society Rousseau found himself exposed to 'passions terrestres',[37] and he suggests that they pose a certain, albeit not insurmountable, challenge to him. In sum, Rousseau portrays himself as overcoming his own passions better than he does the passions of others, which only serve to increase his anxiety.

Like the passions, the imagination represents an unstable force in Rousseau's inner psyche that can cause him great anguish.[38] Whereas Rousseau may successfully control his own passions, if not those of others, to some degree, his imagination can quickly flare up. At times it creates a vicious circle of anxiety for him in which mental anguish is both cause and effect. In a view similar to that he had of the passions, Rousseau

30. Rousseau, *Lettre à d'Alembert*, *OC*, vol.5, p.20.
31. Rousseau, *Rêveries* I, *OC*, vol.1, p.998.
32. Rousseau, *Rêveries* III, *OC*, vol.1, p.1016.
33. Rousseau, *Rêveries* X, *OC*, vol.1, p.1099.
34. Rousseau, *Rêveries* VI, *OC*, vol.1, p.1057.
35. Rousseau, *Rêveries* V, *OC*, vol.1, p.1047.
36. Rousseau, *Rêveries* VII, *OC*, vol.1, p.1061.
37. Rousseau, *Rêveries* V, *OC*, vol.1, p.1048.
38. On Rousseau's attitude toward the imagination, see also Fiona Miller's article in this volume.

treats the imagination as a psychological domain to be controlled: 'forcé de contenir les restes d'une imagination riante mais languissante, que tant d'angois[s]es pourraient effaroucher à la fin'.[39] Just as one's imagination can be inflamed by worry, so too can it lead to greater anxiety: 'Les points où le vrai besoin se fait sentir sont toujours rares. La prévoyance et l'imagination les multiplient, et c'est par cette continuité de sentiments qu'on s'inquiète et qu'on se rend malheureux.'[40]

Caught in a seemingly inescapable vice of anxiety, originating from social, physical, intellectual and psychological sources, Rousseau turns to nature as a refuge from his torment. Nature offers him occasional moments of ecstasy and an escape from an otherwise troubled world.[41] But not all of his privileged moments of happiness occur in nature, at least not in the near state of wilderness of the île de Saint-Pierre in Switzerland. In fact, the first ecstasy described in the 'Deuxième promenade' takes place on a well-travelled road just outside central Paris at that time while Rousseau was on his way back home. The other ecstasies do, however, occur in nature.

The delight Rousseau takes in natural wildernesses echoes the solace his fictional character Saint-Preux in *La Nouvelle Héloïse* finds in nature. The pertinent scene (in Part One, Letter XXIII) is worth mentioning, for it influenced many of the people who read Rousseau's best-selling novel to start looking to nature for a solution to their emotional problems. Distraught over his separation from the woman he loves, Saint-Preux discovers in the Alps of the upper Valais region of Switzerland a renewed calm for his troubled soul.[42] The natural beauty of the place complements nicely the hospitality of the inhabitants of the sparsely populated hamlets, which Saint-Preux finds charming. The actual situation of Rousseau differs considerably, of course, from that of his fictional character, but they both share an admiration of nature.

In Rousseau's representation of it in the *Rêveries*, nature serves as a refuge for humans primarily because it affords what he viewed as two necessary preconditions for peace of mind: relative solitude[43] and a rich source of distractions. Whereas the one serves as a physical barrier, the other provides a kind of mental shield from others. The most striking difference between Rousseau and Saint-Preux is that whereas for the most part Saint-Preux enjoys the company of the mountain folk of Valais, Rousseau flees practically all forms of society at the time he writes his

39. Rousseau, *Rêveries* VII, *OC*, vol.1, p.1066.
40. Rousseau, *Rêveries* VIII, *OC*, vol.1, p.1080.
41. See also the article in this volume by Dorothy Johnson, who connects Rousseau's contemplative approach to nature and his communion with it to many landscape paintings in France from the early 1800s on.
42. Rousseau, *Julie, ou La Nouvelle Héloïse*, *OC*, vol.2, p.78-79.
43. Tzvetan Todorov evokes an analogous state which he calls 'communication restreinte'. See Tzvetan Todorov, *Frêle bonheur: essai sur Rousseau* (Paris, 1985), p.48f and 68f.

Rêveries. Along with his wife, Thérèse, the only company Rousseau keeps on the île de Saint-Pierre is the tax collector, his wife and their servants. And if lunches became too protracted, Rousseau would rise from the table to go back out into nature alone.[44]

In affording him solitude, nature represents for Rousseau a barrier between him and other humans. He employs a peculiar language, in fact, to describe his refuge in nature and his reaction to the île de Saint-Pierre:

Dans les pressentiments qui m'inquiétaient j'aurais voulu qu'on m'eût fait de cet asile une prison perpétuelle, qu'on m'y eût confiné pour toute ma vie, et qu'en m'ôtant toute puissance et tout espoir d'en sortir, on m'eût interdit toute espèce de communication avec la terre ferme de sorte qu'ignorant tout ce qui se faisait dans le monde j'en eusse oublié l'existence et qu'on y eût oublié la mienne aussi.[45]

Rousseau cherishes his confinement on the île de Saint-Pierre and wants to be locked away forever in this lovely prison of his own choosing. Incommunicado with the outside world, he could then forget it, just as it might forget him. It is evident from Rousseau's musings on nature in the *Rêveries* that he really wants to clear his mind of the tormenting, repetitive thoughts of society. Nature gives him only pleasant thoughts, whereas society on any large, organised scale causes him great anguish.

The île de Saint-Pierre serves as a metaphor of nature as a refuge. At its best, Rousseau thought in the *Rêveries*, nature allows us to be cut off from the worries of society and even our own internal worries. The very language Rousseau uses to describe his existence reflects the image of a protective barrier around him provided by nature, which releases his mind for reverie. He could engage in reverie in another prison – he thinks of the Bastille – if he had to, but the île de Saint-Pierre provides a better solution: 'il faut avouer que cela se faisait bien mieux et plus agréable-ment dans une Ile fertile et solitaire, naturellement circonscrite et séparée du reste du monde, où rien ne m'offrait que des images riantes, où rien ne me rappelait des souvenirs attristants, où la société du petit nombre d'habitants était liante et douce sans être intéressante au point de m'occuper incessamment'.[46] He emphasises the natural limits or borders to the island that close him in and allow him to commune with nature and his own undistracted thoughts even as they keep others out. The words *circonscrite* and *séparé du reste du monde* are especially significant. The word *circonscrites* (literally, 'circumscribed') had been used earlier to describe his postprandial walks.[47]

Womb-like, nature acts as a protective physical shield around Rousseau, as an asylum or refuge to which he can retreat in moments of emotional despair. In seeking solitude and fleeing other humans, Rousseau claims

44. Rousseau, *Rêveries* V, *OC*, vol.1, p.1043-44.
45. Rousseau, *Rêveries* V, *OC*, vol.1, p.1041.
46. Rousseau, *Rêveries* V, *OC*, vol.1, p.1048.
47. Rousseau, *Rêveries* V, *OC*, vol.1, p.1044.

that he is returning to mother nature. The wall-like image of the womb is implied, if not explicitly stated: 'me réfugiant chez la mère commune j'ai cherché dans ses bras à me soustraire aux atteintes de ses enfants, je suis devenu solitaire, ou, comme ils disent, insociable et misanthrope, parce que la plus sauvage solitude me paraît préférable à la société des méchants, qui ne se nourrit que de trahisons et de haine'.[48]

Nature's solitude will protect him from the reach of other human beings. The image of Rousseau in a kind of fetal position (if not a straitjacket) had been reinforced before this point in the *Rêveries*: 'dans ce séjour isolé où je m'étais enlacé de moi-même, dont il m'était impossible de sortir sans assistance et sans être bien aperçu'.[49] His solitary boat rides further give rise to such an enclosed image. Once in the middle of the lac de Bienne, Rousseau stretches out in the bottom of his boat, swayed this way and that by the water's movement for hours, 'plongé dans mille rêveries confuses mais délicieuses'.[50] Held in or confined as he is, Rousseau pays greater attention to the natural diversity around him. As images of society recede in his mind, they are replaced by those of nature, which happily distract him from his previous mournful feelings.

Nature serves therefore as a crucial form of distraction for Rousseau, and it is in this sense that it also constitutes a refuge from his mental anguish. When Rousseau sits by the edge of the lake, the lapping of its water against the shore distracts him just enough to drive away his tormented thoughts: 'là le bruit des vagues et l'agitation de l'eau fixant mes sens et chassant de mon âme toute autre agitation la plongeaient dans une rêverie délicieuse'.[51] External sensory input from nature, uncorrupted or unmediated by social forces, can cleanse the human mind of its internal turmoil.[52] But nature, especially in Switzerland, does not always provide a pure refuge. During one of his outings elsewhere, he discovers a stocking factory in 'un refuge ignoré de tout l'univers'.[53] It is an exception, however, that confirms the rule of nature as a refuge from society or the usual separation of wilderness from organised human endeavours: 'Il n'y a que la Suisse au monde qui présente ce mélange de la nature sauvage et de l'industrie humaine.'[54]

Whereas the solitude of nature provided Rousseau with a physical barrier in most if not all cases, its diversity gives him a mental buffer zone allowing him to filter out unwanted thoughts. The profusion of objects

48. Rousseau, *Rêveries* VII, *OC*, vol.1, p.1066.
49. Rousseau, *Rêveries* V, *OC*, vol.1, p.1042.
50. Rousseau, *Rêveries* V, *OC*, vol.1, p.1044.
51. Rousseau, *Rêveries* V, *OC*, vol.1, p.1045.
52. For an account of the perceptual dynamic at work in the *Rêveries*, see my 'The perceptual metamorphosis of the solitary walker', in *Approaches to teaching the 'Confessions' and 'Reveries' of the solitary walker*, p.96-103.
53. Rousseau, *Rêveries* VII, *OC*, vol.1, p.1071.
54. Rousseau, *Rêveries* VII, *OC*, vol.1, p.1071-72.

in nature occupies his mind so much that it crowds out any other thoughts:

J'errais nonchalamment dans les bois et dans les montagnes, n'osant penser de peur d'attiser mes douleurs. Mon imagination qui se refuse aux objets de peine laissait mes sens se livrer aux impressions légères mais douces des objets environnants. Mes yeux se promenaient sans cesse de l'un à l'autre, et il n'était pas possible que dans une variété si grande il ne s'en trouvât qui les fixaient davantage et les arrêtaient plus longtemps. Je pris goût à cette récréation des yeux, qui dans l'infortune repose, amuse, distrait l'esprit et suspend le sentiment des peines. La nature des objets aide beaucoup à cette diversion et la rend plus séduisante. Les odeurs suaves, les vives couleurs, les plus élégantes formes semblent se disputer à l'envie le droit de fixer notre attention.[55]

The diversity of nature, quite simply, keeps him busy.

When Rousseau turns his attention from the playful or restful contemplation of nature to the study of it through botanising, he finds another effective means of mental distraction. In fact, Rousseau abandons his books on the île de Saint-Pierre in favour of this pastime, to which Dr d'Ivernois had first introduced him and which quickly became a beneficial passion for him.[56] The combination of walking about in nature and mentally describing the plants he finds there makes him surprisingly ecstatic: 'Rien n'est plus singulier que les ravissements, les extases que j'éprouvais à chaque observation que je faisais sur la structure et l'organisation végétale.'[57] Botany also keeps Rousseau relatively busy, and an occupied body and mind keep him from worrying too much.[58] It is important, however, that he not become too intense in anything he does, for fear of increasing his anxiety. Botany strikes a perfect balance between activity and inactivity. Rousseau describes it as 'l'étude d'un oisif et paresseux solitaire', an 'oiseuse occupation'.[59] The oxymoron in this last expression highlights the ideal combination of opposites. Even when he can no longer botanise, Rousseau still has his herbarium of plants to remind him of his happy moments in nature and to help him forget his woes. It is not just nature itself in which Rousseau takes refuge, but also, at the very end of his life, in the idea or memory of nature:

C'est la chaîne des idées accessoires qui m'attache à la botanique. Elle rassemble et rappelle à mon imagination toutes les idées qui la flattent davantage. Les prés, les eaux, les bois, la solitude, la paix surtout et le repos qu'on trouve au milieu de tout cela sont retracés par elle incessamment à ma mémoire. Elle me fait oublier les persécutions des hommes, leur haine, leur mépris, leurs outrages et tous les maux dont ils ont payé mon tendre et sincère attachement pour eux. Elle me

55. Rousseau, *Rêveries* VII, *OC*, vol.1, p.1063.
56. Rousseau, *Rêveries* V, *OC*, vol.1, p.1042-43.
57. Rousseau, *Rêveries* V, *OC*, vol.1, p.1043.
58. Rousseau praises both idleness and activity. I have emphasised the active nature of his botanising expeditions. See Pierre Saint-Amand, '*Reveries* of idleness', in *Approaches to teaching Rousseau's 'Confessions' and 'Reveries' of the solitary walker*, p.127-31.
59. Rousseau, *Rêveries* VII, *OC*, vol.1, p.1069.

transporte dans des habitations paisibles au milieu de gens simples et bons, tels que ceux avec qui j'ai vécu jadis. Elle me rappelle et mon jeune âge et mes innocents plaisirs, elle m'en fait jouir derechef, et me rend heureux bien souvent encore au milieu du plus triste sort qu'ait subi jamais un mortel.[60]

This final quotation encapsulates to a large degree the admixture of pain and happiness that characterises the *Rêveries*. If the problem of coping with human misery dominates the pages of the *Rêveries*, it allows the solution to appear all the more brilliantly. The relation between the moments of misery and those of happiness for Rousseau is, ultimately, that between figure and ground, to use terms from the study of art history. The predominantly dark background of anxiety and despair that characterises the *Rêveries* makes the occasionally foregrounded ecstatic moments shine through all the more brightly. Whether by chance or design, this dramatic structure of the *Rêveries* gives it its particular poignancy and teaches Rousseau's reader the important lesson of keeping hope alive when faced with human tragedy.[61] For his own life, Rousseau found a crucial glimmer of hope in the refuge of nature.

In an age in which there were no real doctors for the soul – no psychiatrists, psychologists or psychotherapists – Rousseau's wisdom in seeking refuge in nature is nothing less than astonishing. As related in the *Rêveries*, his own life shows the tremendous therapeutic effect nature can have. Since his day, generations of people have followed Rousseau back to nature, as it were, to seek comfort from the stress of daily life in what is increasingly seen today as an age of anxiety. Rousseau not only pointed to the problem of the possible neuroses involved in living with our acute human sensibilities in modern times but also to an ingenious cure.

60. Rousseau, *Rêveries* VII, *OC*, vol.1, p.1073.
61. On the dramatic or lyrical qualities of the *Rêveries*, see also the articles by Laurence Mall and James Swenson in this volume.

II

Nature and human nature in Rousseau's *Rêveries*

JEAN-FRANÇOIS PERRIN

'Les opérations que font les physiciens': physique de l'homme naturel selon les *Rêveries du promeneur solitaire*

DEPUIS le *Discours sur l'origine de l'inégalité*, Rousseau réfléchit à la façon dont il faut s'y prendre pour valider expérimentalement sa théorie de l'homme naturel à partir des données fournies par l'observation de l'homme vivant en société; c'est ce qu'il écrit dans la note suivante:

> Quelles expériences seraient nécessaires pour parvenir à connaître l'homme naturel; et quels sont les moyens de faire ces expériences au sein de la société? [...] Ces recherches si difficiles à faire, et auxquelles on a si peu songé jusqu'ici, sont pourtant les seuls moyens qui nous restent de lever une multitude de difficultés qui nous dérobent la connaissance des fondements réels de la société humaine.[1]

Il pense encore ainsi à l'époque de l'*Emile*, comme le montre ce fragment biffé du manuscrit Favre: 'ce [que l'homme] tient de la nature vaut mieux que ce qu'il tient de ses semblables. Ce préjugé paraît légitime, c'est à l'expérience à le confirmer ou le détruire. Mais comment faire cette expérience? Il ne serait peut-être pas tout à fait inutile de chercher les moyens. [...] Mettons-nous à la place de celui qui voudrait la tenter et cherchons.'[2] Cette question est en un sens le centre de toute sa problématique et on peut suivre dans son œuvre les différentes solutions qu'il a essayé d'y trouver, depuis la déduction générale de la nature humaine dans le second *Discours*, à partir de l'hypothèse des deux passions primitives de l'homme naturel, jusqu'à la construction dans les *Dialogues* d'une fiction d'observation expérimentale portant sur 'l'homme de la nature éclairé par la raison',[3] afin de procéder à ce que le texte nomme la 'déduction' de son caractère: *J.J.*, dit Rousseau-personnage, 'est celui dont le caractère dérive le plus pleinement de son tempérament [...]. Il est ce que l'a fait la nature.'[4]

Sur ce fond, quelle serait l'originalité du dispositif des *Rêveries*? L'hypothèse que je soutiendrai est que, sur un certain plan, tout se passe comme si elles constituaient la dernière tentative de Rousseau pour valider une approche expérimentale *hic et nunc* de l'homme naturel. Une

---

. Rousseau, *Discours sur l'origine de l'inégalité*, *OC*, t.3, p.123-24.
2. Rousseau, *Emile, ou, De l'éducation*, *OC*, t.4, p.1269.
3. Rousseau, *Rousseau juge de Jean-Jacques: Dialogues*, *OC*, t.1, p.864.
4. Rousseau, *Dialogues*, *OC*, t.1, p.799.

73

telle sorte d'approche peut choquer, j'en conviens, même assez légitimement, au regard de la liberté errante d'un tel texte, du caractère authentiquement poétique de son propos et de son allure, de son irréductible souveraineté en un mot. Disons qu'il s'agit simplement ici d'essayer un angle de lecture, de tester une idée permettant d'approcher si peu que ce soit la poursuite et l'approfondissement, dans les *Rêveries*, de ce travail incessant de la pensée, dont Rousseau a bien reconnu l'exigence en écrivant dans l'*Emile* que 'quiconque a pensé pensera toujours, et l'entendement une fois exercé à la réflexion ne peut rester en repos'.[5]

Ceci supposé admis, on pourrait dégager quatre spécificités des *Rêveries* par rapport aux tentatives précédentes. Premièrement, le dispositif d'observation et de validation caractéristique des *Dialogues* y est modifié: on avait un objet observé ('J.J.'); un observateur théoriquement formé – spécialiste de la théorie de l'homme rousseauiste – (le personnage nommé 'Rousseau'); un auditeur du rapport d'étude (le personnage du 'Français'), supposé vérifier l'adéquation du caractère de 'J.J.' avec le modèle de l'homme naturel décrit dans les ouvrages de J.-J. Rousseau. Dans les *Rêveries*, ces trois figures sont unifiées dans celle du Promeneur solitaire qui joue les trois rôles d'observateur-théoricien, de sujet d'expérience et de destinataire du rapport. Cette réorganisation implique un enjeu épistémologique important quant à l'orientation même de l'entreprise de savoir, et c'est la deuxième spécificité: il s'agit du paradigme opposant d'un côté une science moderne déterminée par son appartenance au spectacle général de l'aliénation sociale, et de l'autre une sagesse orientant la quête de savoir vers le souci de soi (au sens de la philosophie antique selon Foucault ou Hadot).[6] Cela vise toute la science expérimentale des Lumières (Troisième et Septième 'promenades'), mais aussi la façon dont Montaigne a pris le problème de la connaissance de soi ('Première promenade'). A cet égard, les énoncés décrivant l'entreprise de botanique et ceux désignant l'entreprise générale des *Rêveries* sont parfaitement superposables: l'ultime quête de savoir est encadrée par la recherche de la vie heureuse; elle n'est même considérée comme possible qu'à cette condition.

Troisième spécificité: l'ambition à la systématicité 'scientifique' est rejetée catégoriquement, en faveur du simple relevé de données empiriques; Rousseau qui a tant insisté, comme penseur, sur l'importance de la théorisation, valorise désormais radicalement la posture du pur observateur, du collecteur de données empiriques, figure ici incarnée par l'homme au baromètre. Nous savons bien que cette approche recoupe un débat qui traverse toute la réflexion épistémologique des Lumières, par exemple dans les articles 'Expérimental' et 'Anatomie' de l'*Encyclopédie*. Mais on aurait tort de la réduire au partage classique de l'empirique et

5. Rousseau, *Emile*, OC, t.4, p.550.
6. Pierre Hadot, *Qu'est-ce que la philosophie antique* (Paris, 1995); Michel Foucault, *Le Souci de soi* (Paris, 1984).

du théorique, de l''expérience' et du 'système', comme on disait, car Rousseau précise encore que la collecte de données elle-même doit absolument renoncer à toute méthodologie rigoureuse sous peine de manquer son objet: 'pour le faire avec succès, il y faudrait procéder avec ordre et méthode: mais je suis incapable de ce travail et même il m'écarterait de mon but qui est de me rendre compte des modifications de mon âme et de leurs successions'.[7] Il n'y a plus rien de commun ici avec les minutieux préalables théoriques et méthodologiques de l'enquête du personnage 'Rousseau' dans le IIe dialogue: c'est que l'objet et l'orientation de l'enquête ont changé d'aspect.

Pour le mesurer, il faut donner la quatrième spécificité du dispositif. Ce qui fait la nouveauté des *Rêveries* relativement aux *Dialogues*, n'est pas la situation d'exclusion en elle-même: 'J.J.' et le Promeneur incarnent en effet le même paradoxe d'une ostracisation au cœur de la Cité; dans les deux textes également, cette rupture est comprise comme occasion inespérée de vie heureuse – à condition d'être assumée comme produit de la pure nécessité.[8] En revanche, alors que les *Dialogues* traitent les propos de 'J.J.' en discours rapporté (et rarement au discours direct),[9] la rupture inaugurale des *Rêveries* est de propulser la figure de l'ostracisé sur la scène de la parole pour lui donner à décrire et dénoncer lui-même, dès l'incipit, la situation qui lui est faite, en des termes devenus au moins aussi célèbres que la fameuse proclamation de l'imposture du premier propriétaire dans l'*Inégalité*. Tandis que l'observateur des *Dialogues*, rendant compte de son travail au 'Français', avouait l'incapacité intrinsèque de tout récit à lui faire partager authentiquement la continuité d'une fréquentation vécue au quotidien,[10] la scène énonciative des *Rêveries* installe au contraire l'observation et l'analyse de soi au cœur de la narration en première personne, une narration d'ailleurs aussitôt constituée en lecture à venir, comme conversation avec soi-même de l'homme naturel en soi. Une conversation que le titre et l'ensemble du texte présentent comme *sermo*

7. Rousseau, *Rêveries du promeneur solitaire*, *OC*, t.1, p.1000.

8. Pour les *Rêveries*, voir notamment la fin de la 'Deuxième promenade'; pour les *Dialogues*, voir par exemple l'*Histoire du précédent écrit*: 'Détaché de toute affection terrestre et délivré même de l'inquiétude de l'espérance ici-bas, je ne vois plus de prise par laquelle ils puissent encore troubler le repos de mon cœur'; ou bien ce passage de la 'suscription' du manuscrit déposé à Notre-Dame: 'Puisque tout doit rentrer dans l'ordre un jour, il suffit d'attendre [...] j'attends avec confiance, je me repose sur ta justice, et me résigne à ta volonté' (Rousseau, *Dialogues*, *OC*, t.1, p.985 et 979; voir aussi p. 857).

9. Rousseau, *Dialogues*, *OC*, t.1, p.837-42 et p.952-54.

10. Cela pour trois raisons (voir Rousseau, *Dialogues*, *OC*, t.1, p.797-99): 1) déficit d'expérience incomblable du côté du récepteur, car il recevra comme discours comparable à d'autres discours ce qui ne se soutient que d'un rapport organique à une expérience; 2) dans l'horizon d'attente des récits possibles à l'époque considérée, ce qu'il y a à dire de la réalité concrète de 'J.J.' passera pour invraisemblable; 3) certaines données recueillies sont déterminantes mais ne peuvent être dites avec décence, et seront donc tues: 'ce sont des récits qui d'ailleurs conviendraient mal dans ma bouche, et pour les faire avec bienséance il faudrait être un autre que moi' (Rousseau, *Dialogues*, *OC*, t.1, p.797).

pedestris nouvelle manière, puisqu'il ne s'agit finalement que d'y suivre au quotidien la 'marche de la nature' dans la situation de désocialisation radicale postulée. L'hypothèse – ici travaillée comme une expérience de pensée aussi radicale que possible (quoi qu'on croie ou qu'on sache de la dimension relativement fantasmatique de la posture de l'ostracisé sous surveillance)[11] – est en effet que cette situation doit révéler *activement* à l'observation un ensemble de processus moraux inatteignables tant que l'individu est normalement socialisé. Pour les observer, Rousseau a d'ailleurs surtout centré son attention sur les phénomènes relevant de l'involontaire et qu'il désigne en général sous le lexique du 'machinal' ou de l''automate'; ce lexique mécaniste avait été polémiquement reconverti dans les *Dialogues*[12] pour décrire les états d'incurie ou d'indolence heureuse, et plus fondamentalement une composante irréductible du tempérament de 'J.J.'. Dans les *Rêveries* en revanche, il apparaît comme signe symptomatique non pas tant de l'émergence de la pure nature, que d'un ensemble complexe de contradictions internes chez le Promeneur solitaire, entre ce qui procède de son tempérament ou de la nature, et ce qui se révèle activement de degrés d'aliénation sociale jusque-là méconnus.

Ces faits qui font symptôme, Rousseau les désigne dans la 'Première promenade' comme les 'modifications' de l'âme sur lesquelles il exerce son observation. Avec d'abord des éléments relevant de la relativement longue durée, comme ses rapports au mensonge, à la bienfaisance ou encore ses inquiétudes métaphysiques. Sur ce dernier point par exemple, la 'Troisième promenade' lie deux sortes d'observations quasi contradictoires: d'une part, Rousseau se félicite de la capacité durable de l'argumentaire déiste de la 'Profession de foi' à lui assurer la paix de l'âme; mais d'autre part, il constate avec angoisse cinq fois dans le texte sa perméabilité persistante aux arguments matérialistes. Tout se passe comme si sa mémoire hantée par ses anciens amis athées et un entraînement irrésistible à la controverse philosophique s'opposaient activement à la recherche de l'ataraxie.[13] C'est alors l'idée d'une nouvelle réforme morale, plus radicale encore que la première, qui s'esquisse en filigrane: en finir avec la pensée – un rêve qui se trouve au cœur de la Septième et de la Cinquième 'promenades' et qui prend dans la Troisième la forme volontariste que voici: 'Je me refuse ainsi à toutes nouvelles idées comme à des erreurs funestes qui n'ont qu'une fausse apparence et ne sont bonnes qu'à troubler mon repos. [...] je dois même me garantir du dangereux orgueil de vouloir apprendre ce que je suis désormais hors d'état de bien savoir.'[14]

---

11. Sur le côté 'travaillé' de sa posture publique, y compris lorsqu'il s'agit de visites amicales, voir Y. Seïté, 'La visite au non-écrivain', dans 'Rousseau visité, Rousseau visiteur [...] (1770-1778)', *Annales Jean-Jacques Rousseau* 42 (1999), p.209-36.
12. Particulièrement le récit d'enquête de Rousseau-personnnage auprès de 'J.J.' (*Dialogues* II, *OC*, t.1, p.844-66).
13. Voir, dans ce volume, l'article de Philip Stewart sur Rousseau et les philosophes.
14. Rousseau, *Rêveries*, *OC*, t.1, p.1023.

Parallèlement à ce genre d'observation sur la longue durée, d'autres faits sont tirés du tissu de la vie quotidienne du Promeneur: le plus ordinaire, le plus machinal, c'est-à-dire le moins contrôlé et donc finalement le moins bien connu: Rousseau retrouve ici un style d'approche de l'humain par l'incontrôlé qui lui vient de Montaigne et de Plutarque, le premier fournissant un modèle de ce que peut être l'enregistrement des micro-variations de la nature humaine saisie au jour le jour et dans tous ses états, le second enseignant la prise en considération systématique de tout ce qui de la vérité de l'homme public se décèle à son insu dans sa vie privée.[15] Ces faits sont traités à travers une grille d'analyse qu'on peut schématiser en quatre traits. Premièrement, *l'occasion*: mention d'une circonstance particulière ou d'un hasard de l'existence récente, par exemple en rangeant des papiers, ou à l'occasion d'un certain détour, ou encore de certaines visites, certaines rencontres inopinées. Deuxièmement, *la remémoration méditative*: chacune de ces circonstances insignifiantes est dite déclencher une méditation ramenant toute une série de faits oubliés ou inaperçus de l'existence passée, qui forment tout à coup un paradigme symptomatique dans l'esprit du Promeneur. Troisièmement, *le constat de méconnaissance*: ce paradigme révèle des pans entiers d'inconnu dans le caractère. Ainsi, à propos du détour à la barrière d'Enfer: 'Cette observation m'en a rappelé successivement des multitudes d'autres qui m'ont bien confirmé que les vrais et premiers motifs de la plupart de mes actions ne me sont pas aussi clairs à moi-même que je me l'étais longtemps figuré.'[16] Cette formule – 'les vrais et premiers motifs', etc. – est un syntagme figé typique de son style autobiographique, depuis les *Lettres à Malesherbes*. C'est ainsi toute l'assurance morale interne du Promeneur qui se fissure, puisque se découvrent propension au mensonge, concupiscence latente, manque d'esprit de suite dans la bienfaisance, ascendant des passions sous le regard d'autrui, inquiétudes touchant le rapport aux enfants, instabilité persistante, etc.

J'en viens à la quatrième entrée de la grille d'analyse: *la réévaluation des processus de la dénaturation sociale*. Si Rousseau dit se féliciter de ces occasions de se mieux connaître, il y trouve aussi des éléments d'approfondissement théorique. Ainsi, son dégoût présent du bienfait révélerait dans l'énergie naturelle des passions droites le moteur même de leur déformation radicale sous rapports sociaux: 'j'eus lieu de connaître que tous les penchants de la nature sans excepter la bienfaisance elle-même portés ou suivis dans

---

15. 'Ce n'est pas toujours par les actions les plus illustres que l'on peut mettre en lumière une vertu ou un vice; souvent un petit fait, un mot, une bagatelle, relèvent mieux un caractère que les combats meurtriers, les affrontements les plus importants et les sièges des cités' (Plutarque, *Vie d'Alexandre*, dans *Vies parallèles*, Paris, 2002, p.1227). Voir Rousseau: 'Plutarque excelle par ces mêmes détails dans lesquels nous n'osons plus entrer. [...] La physionomie ne se montre pas dans les grands traits, ni le caractère dans les grandes actions: c'est dans les bagatelles que le naturel se découvre' (Rousseau, *Emile*, *OC*, t.4, p.530-31).
16. Rousseau, *Rêveries*, *OC*, t.1, p.1051.

la société sans prudence et sans choix changent de nature et deviennent souvent aussi nuisibles qu'ils étaient utiles dans leur première direction'.[17] Sur ce plan d'ailleurs, on relève des énoncés interrogeant avec inquiétude le degré d'aliénation sociale du Promeneur; par exemple, dans la 'Sixième promenade': 'Peut-être sans m'en apercevoir ai-je changé moi-même plus qu'il n'aurait fallu. Quel naturel résisterait sans s'altérer à une situation pareille à la mienne?'[18] Ce que révèle l'entreprise d'analyse en cours, c'est bien un conflit de tendances profondes jusque-là inaperçues, et dont la logique ou la dialectique intriguent Rousseau; c'est pourquoi l'on trouve aussi des assertions présentant la bonté naturelle du Promeneur solitaire comme une donnée d'expérience mise en confrontation avec les autres: 'Si j'étais resté libre, obscur, isolé comme j'étais fait pour l'être, je n'aurais fait que du bien: car je n'ai dans le cœur le germe d'aucune passion nuisible.'[19]

Ce bref repérage montre que le tissu de la vie quotidienne, ou ce que Rousseau appelle l'existence 'machinale', est privilégié pour la recherche de données sur l'homme naturel en tant que savoir expérimental. La méthode des *Rêveries* consiste à élaborer ce matériau non seulement en faits signifiants, mais en un véritable système sémiotique: une sorte de langue des automatismes physiques et mentaux, susceptible de faire l'objet d'un travail de description fine et d'interprétation, à partir de l'hypothèse de conflits quasi inconscients entre logiques d'aliénation subtilement intériorisée et logiques de réappropriation selon l'amour naturel de soi. Présentant son entreprise dans la 'Première promenade', Rousseau dit vouloir pratiquer les 'opérations que font les physiciens'; c'est le lieu de rappeler que dans son traité des *Institutions chimiques* (1747-1753), il définit le travail de la nature avec les quatre éléments comme une opération de laboratoire.[20] Vingt ans après, la méthode des *Rêveries* consisterait ainsi à découvrir – et donc à produire en vue d'interprétation – les signes de ces opérations en cours chez le Promeneur solitaire. C'est sans doute l'actualisation la plus récente dans l'œuvre, de la vieille idée de 'morale sensitive' encore au programme de la carte à jouer n° 27;[21] ce n'est pas le lieu d'en développer, comme il faudrait, la dimension pratique dans les *Rêveries*, touchant l'influence de la vieillesse sur le tempérament et

---

17. Rousseau, *Rêveries*, *OC*, t.1, p.1052.
18. Rousseau, *Rêveries*, *OC*, t.1, p.1055.
19. Rousseau, *Rêveries*, *OC*, t.1, p.1057.
20. 'Pour établir un laboratoire artificiel sur le modèle de celui de la nature [...] il faut surtout connaître bien parfaitement les instruments dont elle se sert. Ces instruments sont en grand nombre: le soleil, les vents, la pluie, les eaux, les parties mêmes des corps diversement mues, diversement figurées. Mais on peut réduire cela à quatre classes géné-rales, savoir l'eau, le feu, la terre, l'air, par le concours desquels tous les corps naturels existent, se produisent, se conservent ou s'aliènent' (*Institutions chimiques*, Paris, 1999, p.63). Voir Bernadette Bensaude-Vincent, 'La nature-laboratoire', dans *Rousseau et les sciences* (Paris, 2003), p.155-74.
21. Rousseau, *OC*, t.1, p.1860.

les facultés, l'affaiblissement de l'imagination, la concentration instinctive sur le présent, etc.[22]

Dans ce questionnement, un accent puissant est porté dans certaines des Promenades, sur les déterminations du moral par le physique – voire le physiologique – lesquelles semblent bien constituer la voie royale de l'accès aux dynamiques profondes du processus observé. Ces déterminations se résument dans la notion de *tempérament* considéré comme moteur déterminant de la personnalité. En voici un exemple, tiré d'un passage de la 'Quatrième promenade' où il s'agit d'analyser une propension au mensonge en contexte conversationnel: 'C'est encore par cette première et irrésistible impulsion du tempérament que dans des moments imprévus et rapides la honte et la timidité m'arrachent souvent des mensonges auxquels ma volonté n'a point de part, mais qui la précèdent en quelque sorte par la nécessité de répondre à l'instant.'[23] Si l'on désire un autre exemple de l'autonomie d'action ainsi reconnue au tempérament, on peut relire dans la 'Huitième promenade' cet ironique désaveu de l'illusion de maîtrise rationnelle des passions à la lumière des deux composantes fondamentales du tempérament du Promeneur, déjà repérées en 'J.J.' dans les *Dialogues*: 'Et que dis-je hélas! ma raison? J'aurais grand tort encore de lui faire l'honneur de ce triomphe car elle n'y a guère de part. Tout vient également d'un tempérament versatile qu'un vent impétueux agite, mais qui rentre dans le calme à l'instant que le vent ne souffle plus. C'est mon naturel ardent qui m'agite, c'est mon naturel indolent qui m'apaise.'[24]

Cette problématique du tempérament mérite un bref détour historique: les savants de l'Age classique n'avaient pas perdu la mémoire de l'ouvrage le plus célèbre de Galien: *Quod animi mores, corporis temperamenta sequntur* ('Que les mœurs de l'âme suivent le tempérament du corps'). Certains aspects du galénisme sont réactualisés au dix-huitième siècle (dans un contexte de réévaluation de la médecine antique par les Lumières)[25] chez

---

22. '[U]n instinct qui m'est naturel, me faisant fuir toute idée attristante imposa silence à mon imagination et fixant mon attention sur les objets qui m'environnaient me fit pour la première fois détailler le spectacle de la nature que je n'avais guère contemplé jusqu'alors qu'en masse et dans son ensemble' (Rousseau, *Rêveries* VII, *OC*, t.1, p.1062).

23. Rousseau, *Rêveries*, *OC*, t.1, p.1033.

24. Rousseau, *Rêveries*, *OC*, t.1, p.1083-84. Présentant le bilan de ses observations sur 'J.J.', le personnage-Rousseau les résume d'abord au Français: 'Voilà le précis des observations d'où j'ai tiré la connaissance de sa constitution physique [...]. Ces observations offrent pour résultat un tempérament mixte formé d'éléments qui paraissent contraires: un cœur sensible, ardent ou très inflammable; un cerveau compacte et lourd' (Rousseau, *Dialogues*, *OC*, t.1, p.804).

25. Voir Jackie Pigeaud, *Aux Portes de la psychiatrie, Pinel, l'Ancien et le Moderne* (Paris, 2001), en particulier au chapitre intitulé 'La survivance de Galien'. Voir aussi Tissot: 'Galien [...] a composé un petit ouvrage très intéressant [il s'agit du *Quod animi mores corporis temperamenta sequntur*] où il prouve que les mœurs sont une suite de la constitution'; or 'l'observation journalière' le confirme, poursuit-il, 'qui prouve que les passions éprouvent chez la même personne les plus grands changements' selon les variations de leur

quelques médecins comme Le Camus ou Tissot, lequel, à lire Antoinette Emch-Deriaz,[26] pratique 'a medicine which on the surface seemed old-fashioned in its extensive use of the humoral physiology model and of the Galenic non-naturals, but which in practice was intended as a powerful vehicle for introducing the lay public to the innovative tenets of the expectant medicine'. Rousseau a déjà flirté avec cette problématique dans son traité d'éducation et dans la *Nouvelle Héloïse* (Helvétius le remarque dans *De l'homme*),[27] mais c'est surtout dans le 'Deuxième dialogue' qu'il l'intègre complètement à son système, en en faisant la base théorique de la vérification *a posteriori* des résultats de l'enquête de terrain conduite auprès de 'J.J.': 'écartons un moment tous les faits, ne supposons connu que le tempérament que je vous ai décrit, et voyons ce qui devrait naturellement en résulter dans un être fictif dont nous n'aurions aucune autre idée'.[28] Avec les *Rêveries*, ce conditionnement par le tempérament s'exprime massivement dans le vocabulaire du 'penchant', du 'goût', des 'dispositions', du 'naturel', des 'mouvements de la nature', et bien sûr aussi des sensations, données ici comme irrésistibles dans l'actualité de leur impression présente.[29] Sur un plan de la théorie fondamentale, cet accent naturaliste prononcé vise selon moi à réfuter Helvétius (*De l'homme* est publié en 1773), taxé par Rousseau de sous-estimer l'impact des différences et inégalités naturelles sous rapports sociaux, au bénéfice d'un 'tout éducatif' faussement égalitaire.[30] Il semble en effet que depuis les *Dialogues*, Rousseau ait délibérément choisi de travailler en suspendant le paramètre éducatif; 'il est ce que l'a fait la nature', dit ainsi de 'J.J' le personnage-Rousseau: 'l'éducation ne l'a que bien peu modifié'; et il

environnement physique. (J. Tissot, *Traité des nerfs et de leurs maladies*, 1778-1780, t.2, §108; Avignon, Chambeau, 1800, p.273-77).

26. Antoinette Emch-Deriaz, *Tissot, physician of the Enlightenment* (New York et Paris, 1992), p.237.

27. La section V monte des citations contradictoires tirées de la *Nouvelle Héloïse* et de l'*Emile* (touchant la détermination du caractère par le tempérament), afin de relever l'inconséquence de Rousseau touchant le rapport inné/acquis. Un centon approximatif de la *Julie*, V, 3 (donné comme abrégé des thèses de l'*Emile*), porte ainsi que 'pour changer les caractères il faudrait pouvoir changer les tempéraments', Rousseau, *OC*, t.2, p.566 et 584. Puis Helvétius cite un autre passage, montrant au contraire que le moral de l'homme est pure acquisition puisque chez les enfants, 'les défauts dont nous accusons la nature ne sont pas son ouvrage, mais le nôtre', Helvétius, *De l'homme* (Paris, 1989), t.1, p.455-56.

28. Rousseau, *Dialogues*, *OC*, t.1, p.820.

29. 'Dominé par mes sens quoique je puisse faire, je n'ai jamais su résister à leurs impressions, et tant que l'objet agit sur eux mon cœur ne cesse d'en être affecté; mais ces affections passagères ne durent qu'autant que la sensation qui les cause' (Rousseau, *Rêveries* VIII, *OC*, t.1, p.1082).

30. Voir la discussion sur ce point dans la *Nouvelle Héloïse* (V, III), *OC*, t.2, p.464 et suiv. Voir également Diderot: 'l'organisation bonne ou mauvaise constitue entre les hommes une différence que rien ne saurait réparer. Les anatomistes, les médecins, les physiologistes vous le démontreront par un nombre infini de phénomènes' (*Réfutation suivie de l'ouvrage d'Helvétius intitulé 'L'homme'*, chap. VII [composition en 1775], *Œuvres philosophiques*, éd. P. Vernière, Paris, 1990, p.611).

poursuit, contredisant ainsi une fameuse formule de l'*Emile*: 'Si dès sa naissance ses facultés et ses forces s'étaient tout d'un coup développées, dès lors on l'eut trouvé tel à peu près qu'il fut dans son âge mûr.'[31]

J'en viens à mon dernier thème qui concerne la théorie de l'amour-propre: depuis longtemps, Rousseau défend la thèse que celui-ci est le produit d'une aliénation irréversible de l'amour de soi dans le rapport à autrui. Or la situation exceptionnelle de 'J.J.' et du Promeneur solitaire les dégage précisément de tout rapport: mais dans ce désœuvrement, dit la 'Première promenade', sa 'vie morale' est 'encore active' et même 'accrue';[32] autrement dit, si les liens externes sont coupés, il reste à observer ce qui se produit sur le plan interne, c'est-à-dire comment une dénaturation sociale intégrée se comporte lorsqu'elle est déconnectée. Si les *Dialogues* posaient comme une *donnée* le peu d'amour-propre de 'J.J.', la faible part d'auto-analyse en discours direct qui lui était concédée, comme la stricte position d'observateur extérieur dévolue au personnage-'Rousseau', rendaient impossible la mise en scène du défaut d'amour-propre comme *produit d'une histoire*. En revanche, la position auto-descriptive du Promeneur méditant en première personne sur sa propre histoire intérieure, permet dans la 'Huitième promenade' d'atteindre à la production d'un *processus*: l'amour-propre personnifié y est mis en scène comme un animal de laboratoire soumis à une menace vitale, puisqu'il s'y trouve coupé de son alimentation sociale. On observe alors un comportement de survie par réversion graduelle en amour naturel de soi: 'En se repliant sur mon âme', écrit Rousseau, 'et en coupant les relations extérieures qui le rendent exigeant, en renonçant aux comparaisons et aux préférences, il s'est contenté que je fusse bon pour moi; alors, redevenant amour de moi-même il est rentré dans l'ordre de la nature.'[33] Le sentiment relatif est donc supposé capable d'entrée en autarcie jusqu'à l'involution: cette séquence inverse ainsi radicalement toute la dynamique de déformation de l'amour de soi en sentiment aliéné, sur l'irréversibilité concrète de laquelle la théorie avait jusque-là mis l'accent. Cette conjecture n'est sans doute pas sans lien avec l'ensemble de la thérapeutique de l'aliénation subie *hic et nunc*, dont le Rousseau de la 'morale sensitive' persiste à examiner sur lui-même, jusqu'aux *Rêveries*, les conditions de possibilité théoriques et pratiques.

Concluons sur trois idées: d'une part, il me paraît indispensable de penser *ensemble* les dispositifs rhétoriques mis au point dans *Rousseau juge de*

---

31. Rousseau, *Dialogues*, OC, t.1, p.799. Le 'Deuxième dialogue' oblitère ainsi l'un des postulats fondamentaux de l'*Emile*, à savoir le rôle crucial joué par l'éducation dans le processus de l'hominisation et de la socialisation: 'Si l'homme naissait grand et fort, sa taille et sa force lui seraient inutiles jusqu'à ce qu'il eut appris à s'en servir [...] abandonné à lui-même, il mourrait de misère avant d'avoir connu ses besoins'. Le traité d'éducation pose en effet que l'homme né tout achevé serait un 'parfait imbécile', un 'automate' biologique insensible et non viable (Rousseau, *Emile*, OC, t.4, p. 146 et 280).
32. Rousseau, *Rêveries*, OC, t.1, p.1000.
33. Rousseau, *Rêveries*, OC, t.1, p.1079.

Jean-Jacques et dans les *Rêveries*, où des figures vicariantes de l'ostracisé-par-hypothèse, intégrées à des dispositifs fictionnels complexes, servent à construire une simulation d'observation de l'homme naturel vivant en société: 'il fallait nécessairement', écrit-il dans l'ouverture des *Dialogues*, 'que je disse de quel œil, si j'étais un autre, je verrais un homme tel que je suis';[34] ce qui spécifie le dispositif des *Rêveries* est la venue en discours direct de 'J.J.' sous la fiction du Promeneur solitaire s'exerçant à l'observation des modifications provoquées dans l'ensemble de ses rapports par sa situation de radicale déconnexion sociale. Ce faisant, et c'est la seconde idée, Rousseau perfectionne une anthropologie méthodique des dimensions inconscientes de l'existence quotidienne, et il affine sa théorie générale sur deux points: d'une part en envisageant la possibilité sous certaines conditions d'une involution de l'amour-propre en amour de soi; d'autre part en insistant sur la surdétermination du caractère par le tempérament (au-delà d'Helvétius, se poursuit ici le dialogue avec le matérialisme 'ouvert' de Diderot sur la façon de penser la complexité des déterminations dans la définition de la structure morale de l'être humain).

Une dernière remarque enfin: la corrélation de la méditation et de la fiction est une composante caractéristique du style théorique de Rousseau. La version de l'illumination de Vincennes donnée dans le 'Deuxième dialogue' présente le passage à l'écriture et les premières investigations publiées dans la théorie de l'homme, comme transfert d'une pure élaboration mentale chaotique d'ordre visionnaire, dans le plan de l'écriture réglée pour autrui, en vue d'autrui;[35] avec les *Rêveries*, l'écriture, délivrée du souci de convaincre et de persuader, explore avec l'aisance retrouvée de la plus libre *fantaisie*, le champ conjectural d'une solitude régénérante – celle, si l'on veut, du 'dernier homme'. Dans le *Discours sur l'inégalité*, la probabilité théorique pour que l'homme naturel sorte de l'état défini par la première partie du *Discours* était si faible qu'il a fallu faire intervenir le hasard pour l'en faire sortir et reconstituer une logique de l'Histoire par une fiction vraisemblable, comme Dena Goodman l'a bien analysé dans la deuxième partie de son *Criticism in action*.[36] De même, ce qui est à penser à l'ouverture de la Deuxième promenade, est 'la plus étrange position où se puisse jamais trouver un mortel', c'est-à-dire le fait hautement improbable de sa désocialisation radicale par proscription unanime.

---

34. Rousseau, *Dialogues*, *OC*, t.1, p.665.

35. '[D]ans le feu de la jeunesse, sa vive imagination surchargée, accablée d'objets charmants [...], tenait son cœur dans une ivresse continuelle qui ne lui laissait ni le pouvoir d'arranger ses idées, ni celui de les fixer, ni le temps de les écrire, ni le désir de les communiquer. Ce ne fut que quand ces grands mouvements commencèrent à s'apaiser [...] que l'usage de la plume lui devint possible, et qu' [...] il lui vint en fantaisie de communiquer au public ces mêmes idées [...] qu'il crut être utiles au genre humain' (Rousseau, *Dialogues*, *OC*, t.1, p.828).

36. D. Goodman, *Criticism in action: Enlightenment experiments in political writings* (Ithaca, NY, 1989).

L'hypothèse ici travaillée montrerait que des *Dialogues* aux *Rêveries*, la figure paradoxale de l'ostracisé au cœur de la Cité est la fiction qui convient à la mise en scène d'une posture d'observation (rêvée comme détachée) de soi comme un autre, tant en termes d'image publique (d'image circulant dans le public)[37] qu'en termes de connaissance de soi. Que le développement de cette conjecture dans les *Rêveries* puisse et doive aussi se lire comme une méditation de la vie heureuse selon la nature, ne me paraît pas contradictoire, puisque ici la connaissance se veut construction de sagesse à l'usage de soi.

37. Je me permets de renvoyer ici à mon étude: '*Sacer estod*, une approche des enjeux théoriques et politiques dans *Rousseau juge de Jean-Jacques*', *Annales Jean-Jacques Rousseau* 46 (2005), p.79-113.

JEAN-LUC GUICHET

Nature et origine: l'accident de Ménilmontant

L'ACCIDENT qui surprit Rousseau à la descente de Ménilmontant et qu'il rapporte dans la 'Deuxième promenade' des *Rêveries du promeneur solitaire* offre un caractère à la fois exceptionnel et tout à fait central dans l'économie de la pensée et de la vie de Rousseau. Certes, un accident mobilise toujours absolument la conscience et la vie de l'individu en les suspendant à un instant vital où tout bascule et où tout se décide. Mais, dans le cas présent, ce caractère d'exception et de centralité tient à des raisons plus précises qui y ajoutent un caractère de singularité souligné explicitement dans le texte. En effet, cet événement sera une accession, il débouchera sur un état inconnu, proprement inouï, jamais expérimenté par Rousseau et qui le sera ici pour la première et dernière fois par lui: celui d'un retour effectif à l'origine et d'une véritable renaissance à partir de cette origine. L'enjeu est donc théoriquement fort. L'importance de cette question de l'origine chez Rousseau est suffisamment connue pour qu'on n'y insiste pas: notre auteur pousse l'enquête sur ce terrain de façon radicale, dans ses retranchements les plus ultimes, en économisant le plus possible présupposés et illusions rétrospectives qui abondent selon lui chez les autres penseurs. Cependant, jamais cette origine ne fait de sa part l'objet d'une expérience directe car elle est au contraire le thème d'une perte irrémédiable: ainsi, autant cette origine est pour lui, dans l'ordre des importances, une question fondamentale, autant elle est toujours secondarisée dans l'ordre de la pensée, traitée seulement indirectement et de biais, générant de ce fait une frustration en droit indépassable.

L'origine en principe chez Rousseau n'est pas une évidence ou un mythe, mais avant tout un problème et l'élucidation théorique, si éclairante soit-elle, lui laissera toujours une part ineffaçable d'opacité. La pensée de Rousseau en est affectée d'une forte tension entre l'attraction de l'origine et la constante affirmation de l'impossibilité de la régression ou de l'élucidation idéale et parfaite. La réflexion élabore alors des relais pour contourner cette impossibilité théorique et recomposer, mais seulement de biais, sur un mode risqué et hypothétique, une esquisse de cette origine comme point limite de la pensée. Ces relais, s'annexant souvent l'imagination pour brosser le tableau de l'état de nature, se fondent sur la méditation intérieure (par exemple dans la forêt de Saint-Germain où

Rousseau alla, dit-il, chercher l'inspiration pour le *Discours sur l'origine de l'inégalité*), également sur l'observation – celle-ci s'intéressant aussi bien aux animaux, aux sociétés sauvages (par l'intermédiaire des récits de voyage), qu'au sujet lui-même par la méthode du 'baromètre'[1] décrite dans la 'Première promenade' – et enfin sur le raisonnement (qu'advient-il lorsque l'on dépouille théoriquement le sujet de toutes ses acquisitions sociales et comment reconstituer les maillons de la sortie de l'état de nature de l'espèce?). Jamais, cependant, l'origine, qui se confond avec la pure nature, ne se donne apparemment à vivre directement au sujet.

L'accident de Ménilmontant, remis dans cette perspective, prend tout son sens et son ampleur: il s'agit de la seule occurrence claire chez Rousseau où s'opère de façon effective, et non plus sous l'angle de la supputation, de la réflexion ou du fantasme, un retour à l'origine et une renaissance à partir d'elle, un véritable aller-retour en une seule et même expérience. Alors que, jusqu'à présent, les thématiques fondamentales de l'origine et de la renaissance chez Rousseau ne parvenaient jamais à se croiser, la renaissance – ou la seconde naissance, par exemple, celle de l'adolescent à la vie morale – résultant d'une mutation ou de la simple proximité avec la nature et non d'un retour abouti à l'origine, cette fois la jonction s'opère. Mais du coup se pose la question décisive de la condition de possibilité de cette jonction. Notre accident apparaît comme une exception, une sorte de coup de force ou de miracle, un accident non seulement physique, mais philosophique, qui transgresse un interdit théorique, et qui atteint non seulement la personne de Rousseau victime de l'événement, mais aussi l'édifice conceptuel du système. Doit-on aller jusqu'à mettre en cause sur ce point la cohérence de la pensée de notre auteur? A cette question de la cohérence s'ajoute également celle des références, l'enjeu étant aussi de comparer la pensée de Rousseau et les métaphysiques génétiques qui lui sont contemporaines, en particulier celle de Condillac, la célèbre statue de ce dernier semblant transparaître en filigrane tout au long de notre texte. Pour répondre à ces problèmes, il va falloir patiemment explorer dans son ampleur et sa profondeur l'expérience portée par cet accident vraiment fort singulier, dû à une rencontre tout à fait contingente et inattendue.

i. L'événement

Commençons par décrire l'accident lui-même qui, dans son simple déroulement physique, déjà se singularise. C'est au retour d'une paisible promenade[2]

---

1. Comme le montre bien Jean-François Perrin dans son article pour ce volume.

2. L'événement est-il un signe mémoratif lié au père? Rousseau compatissant avec la mère, victime d'une chute, de son ami Du Peyrou, lui rapporte ce singulier souvenir: 'Une jambe cassée est un malheur que mon père eut étant déjà vieux, et *qui lui arriva de même en se promenant*, tandis que dans ses terribles fatigues de chasse qu'il aimait à la passion, jamais il

le laissant, dit-il, fort content,[3] que Rousseau, subitement, est saisi par l'événement. La description s'opère par une suite extrêmement réglée, quasi géométrique, de mouvements se croisant entre eux impitoyablement, mais impeccablement, selon de nettes perpendiculaires ou obliques. Ces mouvements sont impulsés par un jeu de forces également exactement réglées, opérant de façon tout à fait scientifique, de façon à composer ce qu'on pourrait appeler une chorégraphie newtonienne.

La foule, qui enfermait le regard de Rousseau à la manière d'un horizon clos, d'un seul coup s'écarte, comme un rideau de théâtre qui s'ouvre (selon un mouvement latéral symétrique). Un chien puissant, un danois, véritable bolide animal, surgit par l'ouverture (en angle perpendiculaire) et fond en ligne droite sur Rousseau pétrifié. Soumises au principe d'inertie, la masse et la vitesse de l'animal l'empêchent de modifier sa trajectoire. Rousseau songe alors, l'éclair d'un instant (dans une pensée qui peut sembler comique de l'extérieur, mais qui ne vise apparemment qu'à fixer le dernier état de sa pensée consciente selon encore l'esprit du baromètre),[4] à sauter en l'air, de façon perpendiculaire au sol, de telle façon que le chien passe juste en dessous de lui, véritable réflexion de stratégie balistique, mais il n'en a pas le temps et le choc le renverse selon une rotation à 180° qui lui porte la tête, dit-il, plus bas que les pieds, cette chute s'opérant dans le sens de la pente et accroissant sa force d'autant. Rousseau apprendra après son évanouissement que le cocher du carrosse que précédait le chien aura réussi en revanche, grâce à son avantage de distance et de temps de réaction, à résister à la force d'inertie et à arrêter juste à temps ses chevaux, encore des animaux donc, devant le corps de notre promeneur cette fois décidément un peu trop rêveur.

Remarquons au passage que tout est innocent ici. Le drame est seulement physique, baignant dans une ambiance de pure nécessité où rien de moral n'intervient ou ne suggère une quelconque ambiance paranoïaque de complot. De manière générale d'ailleurs, Rousseau innocente les responsables d'accident, par exemple les camarades de jeu dans son enfance dans la 'Quatrième promenade'. Cela certainement pour une raison assez simple: parce qu'un véritable accident est involontaire et que l'essence du mal véritable est d'opérer non par rencontre, mais par intention. En outre, dans le cas présent, la cause immédiate de la chute n'est pas une cause consciente. Il n'est d'ailleurs pas indifférent que

n'avait eu le moindre accident' (Rousseau, *Lettres philosophiques*, lettre à M. Du Peyrou du 2 oct. 1768, éd. Henri Gouhier, Paris, 1974, p.170-71, nous soulignons).

3. Même si ce contentement est le résultat de méditations en elles-mêmes fort tristes.

4. Il est possible cependant que le but de cette curieuse remarque de Rousseau soit également de dénoncer en général – sur le mode de la dérision – la vanité de la réflexion du sujet conscient, celui-ci se révélant en effet ici ridiculement incapable d'agir sur les choses. L'accent porté sur la passivité du sujet, jouet impuissant des événements et des causes et comme piégé par eux, est constamment appuyé dans tout le passage.

l'agent qui précipite Rousseau dans un état quasi animal soit, selon une remarquable homogénéité entre la cause et l'effet, précisément un animal.[5] Enfin, cet animal est agi plutôt qu'il n'agit: poussé par un agent humain – le carrosse[6] – par les forces physiques qui le régissent comme être de nature et par un concours de circonstances, il n'est pas plus responsable qu'une boule de billard. Mais même la responsabilité du propriétaire du carrosse, qui aurait pu être incriminée, ne l'est nullement. Il s'agit pourtant d'un comportement typique d'aristocrate écrasant de sa morgue et de ses roues tout un petit peuple des rues dont la vie est considérée comme peu de chose (rappelons la fréquence des accidents dans le Paris de l'époque, avec notamment beaucoup d'enfants, blessés, estropiés, ou tués par les carrosses).[7]

Après l'anéantissement d'un évanouissement court mais absolu, Rousseau se réveille dans les bras, dit-il, de 'trois ou quatre jeunes gens' qui lui ont porté assistance, tel un comité d'accueil l'attendant à son retour au monde, comme pour une seconde naissance. Le jeu heurté des mouvements brusques et discontinus, à angle droit, présidant à l'événement, fait place à une lente danse de mouvements évasifs et doux, continus et tout en courbe, sensibles et vitaux. La foule compacte et indifférenciée qui, tout à l'heure, obscurcissait l'horizon de Rousseau pour le livrer tout à coup seul et exposé au danger, s'est muée en un groupe restreint et identifiable de personnes recomposant un tissu cette fois véritablement humain, cercle d'attention, de proximité et de sollicitude dont le sujet est maintenant le centre.[8] Cependant, le récit ne fera qu'indiquer cette situation humaine et se focalisera sur le rapport au monde, au sensible et au corps, matière d'une expérience intérieure que nous allons maintenant analyser.

5. Ce n'est pas la première fois que l'animal est investi d'un rôle excédant celui auquel le célèbre passage du portrait métaphysique et moral de l'homme (le présentant comme une machine sans liberté aucune), dans le second *Discours*, paraissait le cantonner. Même s'il apparaît ici également comme une machine, l'animal porte en même temps une puissance et une signification qui semblent loin d'être seulement physiques. Voir à ce propos Jean-Luc Guichet, 'La pratique et l'idéal de l'apprivoisement chez Rousseau', *Annales Jean-Jacques Rousseau* 46 (2005), et *Rousseau, l'animal et l'homme* (Paris, 2006).
6. Voir l'étude de Jacques Berchtold dans ce volume sur la critique des carrosses chez Rousseau.
7. De surcroît, dans le cas présent, le personnage en question – M. de Saint-Fargeau, président de la Chambre des Vacations et janséniste réputé pour sa sévérité morale – revient, selon la *Correspondance secrète* de Métra (du 23 nov. 1776), d'un après-midi passé avec sa maîtresse...
8. Cette tendresse humaine originaire encerclant la naissance de l'humain est fortement rendue, bien après notre auteur, par un autre écrivain, un philosophe, Alain, qui décrit ainsi la venue au monde du petit d'homme: 'Tout homme fut d'abord *enveloppé dans le tissu humain*, et aussitôt après *dans les bras humains*; il n'y a point d'expérience qui précède cette expérience de l'humain; tel est son premier monde' (Alain, *Eléments de philosophie*, Paris, 1941, p.105, nous soulignons).

ii. Une expérience intérieure

Autant la description antérieure adoptait un point de vue extérieur et portait sur Rousseau pris comme objet, jouet de forces physiques pures, autant maintenant nous pénétrons dans l'expérience d'une subjectivité, à partir de son point de vue interne. Nous assistons en parallèle à une inversion radicale des mouvements par rapport au premier moment du récit. Ce premier moment était scientifiquement dominé par des forces nécessaires qui poussaient vers le sol: pesanteur, principe d'inertie, plan incliné de la pente de Ménilmontant, tout cela aboutissant à la chute finale, triomphe de ces forces.[9] Dans cette configuration, cette sorte de conspiration physico-cosmique écrasant le sujet du poids du monde, le saut ne pouvait être que tentative ratée, avortée même, comme rendue impuissante par le sentiment même de son impuissance.[10] En contraste complet, le second moment, celui du réveil, est enveloppé par une apesanteur absolue succédant paradoxalement à la chute physique,[11] état de grâce tout à fait onirique où le sujet a le sentiment de remplir de sa ténue et vaporeuse existence tous les objets qu'il aperçoit. De manière générale, les mouvements sont maintenant doux et continus. Ils ne sont plus tendus par un axe rectiligne et aimantés par un point de chute, mais, tout au contraire, sont libres, souvent giratoires et comme amortis: le bercement des bras des jeunes gens, l'avancée de la nuit et du ciel, l'ondulation de la verdure, le flux tranquille du sang. De même, l'univers solide d'oppositions dures et inexorables qui dualisait fortement l'intérieur et l'extérieur, le sujet d'un côté et le réel tendant à écraser celui-ci de l'autre, cet univers en tenaille s'efface pour céder la place à un monde de fluide unité universelle où tout communique et circule, où les flux traversent des frontières devenues transparentes et dématérialisées, sphère de la vie aérienne de l'âme sensible qui évolue librement en son sein comme en un vaste corps cosmique. A l'opposé encore, le moment ultérieur sera à nouveau une chute du sujet, cette fois dans le 'colportage' de la rumeur sociale malveillante où l'intérieur et l'extérieur s'opposeront à nouveau, et cette fois dans un rapport d'incompatibilité radicale, un rapport d'aliénation que ne contenait pas le monde physique newtonien.

9. Voir aussi l'analyse de cette promenade par Carole Martin dans son article pour ce volume.

10. L'idylle des cerises de Rousseau (*Confessions* IV, *OC*, t.1, p.135-39) par contraste apparaît rétrospectivement comme l'expérience inoubliable d'une maîtrise de la pesanteur: stabilité sur le support, chute contrôlée des cerises jusqu'à la précision de l'adresse au sein (dont on sait l'importance érotique pour Rousseau sensible aux fortes poitrines, celle de Mme de Warens ou des Valaisanes troublant Saint-Preux; voir *Julie, ou La Nouvelle Héloïse* I, lettre XXIII). Cette maîtrise, annoncée par le contrôle auparavant des chevaux par Rousseau (anticipation du geste du cocher devant le corps de Rousseau?), tranche sur sa maladresse d'enfant (*Emile* II, *OC*, t.4, p.369).

11. Phénomène bien connu des médecins comme lié à ce type de commotion. Nul doute que La Mettrie aurait réduit l'expérience vécue comme inouïe par Rousseau à un simple et banal effet de dérangement de la 'machine'.

iii. L'accession du moi à la plénitude retrouvée du sensible

Approfondissons cet état du sujet dont l'extrême singularité tient à ce qu'il est à la fois nouveau, inouï même, tout en étant cependant originaire. Ses caractéristiques objectives sont: 1°) l'amnésie entraînant ce qu'on pourrait appeler la 'désidentification du moi'; 2°) l'anesthésie, permettant la délivrance du corps et enfin; 3°) l'euphorie liée elle-même à un triple sentiment de lévitation, d'expansion fusionnelle et d'hypersensibilité, cette dernière étrangement couplée à l'anesthésie corporelle. Cet état nous fait atteindre un fond, celui de notre être sensible, prérationnel et pré-conscient, moment d'une subjectivité qui est comme antérieure au sujet, fond qui est aussi celui permanent de notre rapport au monde. La sen-sibilité devient principe absolu, elle fait monde, elle n'est plus relativisée par la raison, par un savoir quelconque, par la mémoire, par la cons-cience, même celle élémentaire du temps ou du lieu; elle est pure et absolue disponibilité à la présence, à la sensation dans sa pureté première, pureté qui retrouve celle native du monde et des choses. Il s'agit donc bien d'un retour à l'origine, celle absolue et universelle de l'être sensitif en deçà du réseau serré et étouffant de la pression humaine – ce dont la foule compacte et anonyme qui enserrait Rousseau avant l'accident était le symbole –, en deçà des rapports que les hommes ont installés entre eux-mêmes et toute chose, néantisant la pure présence du monde. Cette sensibilité est puissance de commencement et d'émerveillement pur, découvrant tout comme neuf, vivant un éternel matin du monde, une réitération indéfinie du jour de la création.

L'accident déplie alors tout son sens, son caractère unique: celui d'être une parenthèse d'absolu qui lave le sujet de son identité sociale et his-torique, qui dépouille 'le vieil homme' de son vêtement de difformité et de passé pour le rendre à un rapport originaire à lui-même et aux autres. La secousse fait voler en éclats la statue de Glaucus et redémarre la statue intérieure, originaire et vivante, de l'être sensible et de l''être-pour-le-monde'. L'on pense évidemment à la fameuse statue de Condillac, modèle que Buffon déjà avait utilisé (à vrai dire chez Buffon premier homme plutôt que statue véritable), quoique dans une version philosophiquement moins intéressante que celle du penseur sensualiste. Dans le *Traité des sensations*, cette statue ne se distanciait pas des sensations qu'elle éprouvait et se vivait elle-même comme étant ses impressions mêmes. Ainsi en était-il par exemple de l'odeur de rose que la statue découvrait avec délice et qui l'envahissait tout entière, sans reste, dans l'indifférenciation première du sujet et de l'objet.

Cette expérience rétrograde donc bien le sujet à son état originaire, au niveau du sol premier de l'être, comme par un ravissement ou un enlè-vement opportun autant qu'inattendu. En deçà du social, en deçà même de la rêverie puisque l'individu y est ramené à la pure nature qui est expérience nue de la sensation, sans le corrélat actif d'un imaginaire, cet état est celui d'une liberté et d'une plénitude fondamentales que rien ne limite. Le sujet y est délivré de toute finitude, qu'elle soit spatiale, temporelle, liée aux délimitations des objets: tout contour et toute distance, sans s'anéantir, se fluidifient, perdent leur nature d'obstacle, et le sujet accède à une sorte de divinité, de majesté par diffusion indéfinie de soi, la sensibilité devenant principe cosmique et presque mystique. L'individu n'est même plus pour lui-même une limite: il connaît un dépouillement de soi qui en fait un sujet sensible universel abandonné de façon extatique au monde, aux autres et à lui-même. Il s'agit donc bien d'une renaissance, ce qui distingue fortement cette expérience de la chute de cheval que Montaigne rapporte dans les *Essais*[12] et qui était plutôt approche de la mort que naissance à la vie. Du côté du rapport à autrui, la nature première et innocente de la relation, rendue à son principe, c'est-à-dire l'amour de soi et la pitié, peut enfin opérer, comme on le constate avec la sollicitude spontanée des passants pour le sujet anonyme en situation objective (mais nullement subjective) de détresse.

iv. Sens, processus et événement

Du coup, non seulement le chien, cause de l'accident, est, comme on l'a vu, innocent du fait de sa non responsabilité, mais il apparaît même porteur d'une signification supérieure en tant qu'instrument du destin. Rappelons en effet que l'un des symboles du destin dans l'Antiquité était précisément celui du chien accompagnant le chiffonnier, image de l'obéissance nécessaire à ce destin. L'animal naturel devient agent surnaturel d'une résurrection humaine, du passage d'un monde vieux, sédimenté, corrompu par son passé, à un monde neuf, recommencé. C'est le passeur de l'âme, délivrée du corps, d'une rive à l'autre du Styx, comme un nouveau Charon, le nocher des Enfers. Cela grâce à l'eau de l'oubli, l'eau du Léthé dans lequel les âmes, comme celle de Rousseau, se régénèrent et renaissent en mourant à ce qu'elles furent. Rappelons-nous aussi Cerbère, mais un Cerbère innocent, un Cerbère dont la brutalité involontaire est en fait tout accueillante, ouvrant à un monde qui est le même et pourtant tout autre car renouvelé.

De manière plus générale, c'est à une étrange sanctification de l'événement que nous assistons, l'événement se révélant force de conversion ou de restitution radicale. Selon en effet une structure curieusement analogue à celle du contrat social, celle de l'aliénation libératrice, l'événement de la percussion animale a arraché totalement Rousseau à lui-même pour ensuite le rendre à nouveau totalement à lui-même, mais transposé sur un autre plan et moyennant une transfiguration complète. Selon cette logique d'apparence quelque peu brutale, ou en tout cas discontinue, de la restitution sans transition à soi-même, l'homme de l'homme est dissout

12. Montaigne, *Essais*, livre II, 6.

par le destin prenant la figure de cette rencontre-événement avec l'animal et redevient l'homme de la nature.

L'événement ici est donc événement de vérité, faisant éclater l'empire du faux, celui de la véritable aliénation. Cette sorte de 'violence' de l'événement apparaît comme nécessaire dans la mesure où elle est la seule médiation, le seul passage possible entre les plans très différenciés, même opposés, que construit ici l'univers de Rousseau: le plan, d'une part, des forces newtoniennes, celles qui règlent de façon neutre la nature extérieure; le plan, d'autre part, qu'on peut appeler celui de la 'vraie vie', celle du rapport sensible à soi et au monde, du rapport qui peut être aussi celui à autrui, comme dans le monde imaginaire et idéal que décrit le premier des *Dialogues*; le plan enfin de l'aliénation sociale, celui de ce qu'on peut appeler la statue sociale de l'identité, qu'elle soit désirée ou subie. Du coup, seule la percussion d'un événement peut projeter littéralement d'un plan sur un autre, ce que ne peut faire un passage continu, obtenu par méthode ou expérience progressive. Cette supériorité de l'événement sur le processus s'explique en ce que le premier est requis afin de pouvoir traverser les discontinuités qui interrompent ou ralentissent le second et par le fait qu'il n'y ait pas de nécessité du devenir chez Rousseau. Ainsi, dans le *Discours sur l'origine de l'inégalité*, la perfectibilité humaine a besoin à chaque fois pour se déclencher de l'impulsion extérieure d'un événement – que ce soit un événement naturel ou humain, accident, invention ou initiative – comme si la causalité devait toujours faire un détour, sortir de soi pour revenir à soi, selon un circuit par l'extérieur qui l'attache à l'événement improbable, au lieu de se dérouler selon un schéma linéaire (ou même dialectique au sens de processus intégrant tous ses moments, selon une logique interne et totalisante). Mais cette nécessité de droit de l'événement, comme ce qui seul peut forcer des passages autrement impossibles, dépend en même temps de sa contingence de fait, qui fait partie intégrante de son être même d'événement, ce qui fait que l'événement chez Rousseau se fait toujours attendre et bien souvent, comme ici, surgit quand on ne l'attend plus. L'importance de l'événement apparaît en tout cas comme le symptôme de la non-totalisation dialectique de la pensée de Rousseau, de sa méfiance vis-à-vis de toute clôture systématisante de la réflexion sur elle-même, bien qu'il y ait aussi volonté indéniable de systématicité chez lui. Et même si cette systématicité passe par une très grande intégrativité des opposés dans les synthèses toujours nouvelles du devenir, ce qui donne une allure dialectique fréquente à sa pensée, cela non seulement dans le *Discours sur l'origine de l'inégalité*, mais aussi dans les autres œuvres,[13] c'est chaque fois grâce à l'effet d'un événement qui, d'une part, ne résulte pas nécessairement du processus

13. L'*Emile* par exemple, mais également *La Nouvelle Héloïse* qui voit Julie unir toutes ses contradictions – dont son ancien amant et son mari – dans sa maisonnée, ce dont son Elysée est le symbole, dans une synthèse qui cependant finalement échouera.

antérieur et, de l'autre, n'est jamais résolutoire au point d'abolir en lui toutes les contradictions.[14]

v. La question de l'origine

Mais voici venu le moment d'examiner le problème théoriquement le plus important dans notre passage: s'agit-il véritablement d'une reconstruction du sujet à partir de son origine première, auquel cas le risque serait bien celui d'une contradiction chez Rousseau puisque celui-ci rappelle sans cesse l'impossibilité théorique d'une véritable régression à l'origine? Du fait de cette impossibilité de la régression, l'histoire n'est pas chez notre auteur une aventure indéfinie et frivole, sans cours effectif, mais, au contraire, elle est sérieuse et irréversible car structurante puisqu'elle précipite des dispositions déjà inscrites en l'être, dispositions qui, sous le nom de perfectibilité, n'attendaient que l'événement extérieur qui, lui, certes, semble capricieux. Par conséquent, la perfectibilité, une fois actualisée, est comme cristallisée par son actualisation même qui bloque tout retour en arrière qu'il soit réel ou seulement de pensée. Concernant cette dernière, cette impossibilité de retour est bien de principe en ce qu'il serait contradictoire qu'un être conscient puisse remonter consciemment à l'origine de sa conscience et tout autant qu'il puisse à partir de là retracer en toute transparence le trajet idéal de sa genèse, contradiction qu'entend par exemple montrer la préface du second *Discours*.

Cependant, dans le cas de l'expérience de Ménilmontant, si cette régression advient pourtant, c'est parce qu'elle est momentanée, de l'ordre d'une parenthèse, d'une discontinuité, et non d'un véritable processus de réversion. Elle n'offre nullement le spectacle d'un trajet idéalement et intégralement récupérable par la conscience. Il s'agit en fait plutôt d'une restitution – restitution à soi, à son être fondamental et premier – que d'une reconstitution – reconstitution de soi par le regard souverain et surplombant du théoricien. Le récit est celui d'une projection, d'une plongée subite dans l'épaisseur d'un vécu, sans geste philosophique de réappropriation d'un processus. Rousseau ne se prend donc pas ici pour Condillac.[15] La seule chose précise qui soit indiquée, et qui est en effet commune avec le maître du sensualisme,[16] est l'extrême difficulté et

14. Ce qui fait que le tragique n'est jamais loin de cette 'dialectique' puisque la contradiction ne se referme pas: ainsi, malgré tout son génie et sa vertu, Julie ne parviendra cependant pas à réaliser une synthèse parfaite – l'Elysée n'étant finalement qu'un mirage, ou un déplacement – et cet échec sera peut-être bien la cause véritable de sa mort.

15. Certes ce dernier prend bien soin de déclarer dès l'ouverture du *Traité des sensations* ('Dessein de cet ouvrage'): 'Nous ne saurions nous rappeler l'ignorance dans laquelle nous sommes nés: c'est un état qui ne laisse point de traces après lui' (Condillac, *Œuvres complètes*, Paris, Houel, 1798, p.47.) Mais il n'en demeure pas moins qu'il entend reconstituer le schéma de cette genèse, par une procédure d'abord analytique, dans un système théorique vrai et définitif.

16. Ou du sensationnisme pour user d'un terme peu usité, mais plus précis et plus neutre.

lenteur de l'éveil – ici du réveil – de la conscience. Rousseau nous invite certes dans ce texte à un singulier voyage, mais pour nous plonger dans un état et nous le faire sentir, pour nous permettre d'éprouver ainsi une vérité, celle de la subsistance de cette origine en nous et de sa puissance propre de jouissance et de plénitude, de sa puissance d'existence, et non par ambition intellectuelle.

L'expérience relatée ici a une portée moins épistémologique qu'existentielle, voire ontologique. De même, la vérité en jeu est davantage de l'ordre de la révélation ou du dévoilement que d'une reconstruction conceptuelle à la différence des œuvres théoriques[17] de Rousseau aux prises avec les grands problèmes de son projet de pensée: vérité-événement et non vérité-discours, vérité vécue et non vérité logos. Par conséquent, il n'y a pas contradiction, Rousseau n'est pas pris sur le fait de transgresser ses principes. Il nous entrouvre simplement une fenêtre, fenêtre inattendue, rendue possible par la raison très contingente et simple d'un accident et d'une amnésie provisoire; il ne nous ouvre pas pour autant toute grande la porte d'entrée d'une doctrine génétique, doctrine trop dogmatique aux yeux de Rousseau pour tenter de la mettre au point et c'est précisément ce reproche de dogmatisme qu'il adresse au 'constructivisme' de Condillac et des autres philosophes du temps. Rousseau nous déploie ici une 'démonstration sensible', et non pas intellectuelle, de l'originarité et de la puissance de la sensibilité. L'origine ne peut être atteinte par la démarche de la pensée, rétrogradation qui autrement lui rendrait possible de devenir en quelque manière une *causa sui* théorique. Il s'agit d'ailleurs ici d'un sujet irréductiblement déjà formé dont l'expérience est donc celle d'une renaissance et non d'une naissance première, d'un 'revenir à soi' plutôt que d'un 'devenir soi' réédité une seconde fois.

En revanche, cette origine première étant précisément de l'ordre de la sensibilité et demeurant comme telle en nous, mais habituellement en état de mélange avec la conscience et la raison, il est possible de l'atteindre à nouveau, sans toutefois la posséder. Cependant, ce peut être seulement par une expérience de sensibilité pure et grâce à des circonstances nécessairement exceptionnelles qui délestent le sujet des niveaux plus fragiles et seconds de la conscience et de la raison et le ramènent à son état originaire. Mais cette expérience n'est possible qu'à la condition précisément qu'elle se fasse sans la pensée, laquelle ne peut donc en réfléchir le trajet qu'en en recueillant les traces après-coup, par une remémoration ultérieure forcément limitée. Il est nécessaire également que cette expérience se fasse sans la volonté et elle sera donc inévitablement fortuite et inattendue, à la fois non préméditée (c'est-à-dire sans volonté) et non

---

17. En particulier celles où la démarche analytique peut pleinement se substituer à la démarche génétique, de là par exemple le niveau supérieur de certitude du *Contrat social* par rapport au *Discours sur l'origine et les fondements de l'inégalité*.

méditée (c'est-à-dire sans pensée). Il ne s'agit bien par conséquent que d'un simple aller-retour et non de l'analyse suivie d'une genèse. La possibilité d'une telle régression à la fois subie et subite est en fait prévue par Rousseau qui, dans le second *Discours*, déclarait, à propos de la perfectibilité, que celle-ci entraîne inévitablement la possibilité pour l'homme – à cause de la vieillesse ou, précise-t-il de façon semblant rétrospectivement quasi prophétique, 'd'autres accidents'[18] – de perdre ce qu'elle lui a fait acquérir. Cependant, et heureusement, dans le cas de l'accident de Ménilmontant, cette régression est provisoire et réversible, comme un coup de sonde furtif donnée dans une profondeur obscure. Sinon, il s'agirait de l'état de déchéance qu'évoque le même passage du second *Discours*, état qui, du fait de sa gravité, n'est pas un véritable retour à l'origine (et pas davantage une sorte de parcours à l'envers du devenir humain) comme état stable et harmonieux, et qui fait descendre en deçà non seulement de l'homme de l'état de nature, mais même de l'animal, cela de façon irréversible et parfaitement stérile.

Il se confirme ainsi la singularité de cette expérience par rapport aux épisodes de rêverie que décrit Rousseau, épisodes avec lesquels il peut sembler tentant de l'identifier en raison, il est vrai, d'une unité foncière. Certes, elle partage avec eux le fait essentiel de relever du 'sentiment de l'existence' chez notre auteur, ce qui leur donne un fond incontestablement commun. De plus, le mouvement de ces épisodes est bien également de confondre le moi avec la nature en général. Cependant, si profondes que soient ces expériences, ce mouvement ne s'effectue que tendanciellement et en quelque sorte tangentiellement, c'est-à-dire sans parvenir réellement à son terme, à la différence du cas présent où il aboutit bien davantage (pas absolument toutefois, c'est-à-dire sans que le moi se confonde tout à fait avec les objets puisque précisément il est conscient de le faire et également puisqu'il s'en dégage au fur et à mesure qu'il revient à lui). En outre, ces parenthèses de rêverie s'inscrivent dans la continuité d'un rapport conscient, élaboré et actif au monde, alors que la chute de Ménilmontant est de l'ordre d'une discontinuité bien plus radicale dans le tissu du récit et de la vie, comme une fracture brisant le cours de la promenade, et donc également de la rêverie, et faisant basculer dans un véritable ailleurs, ailleurs cependant toujours présent en soi-même. Enfin, la rêverie, si accaparante soit-elle, est tout de même perméable à la réflexion qui parfois s'y actualise en la traversant d'un sentiment de précarité et de finitude[19] bien que, cependant, cette réflexion tende à s'y éteindre avec la conscience. C'est comme si la rêverie demeurait malgré sa

---

18. Rousseau, *Discours sur l'origine de l'inégalité* I, *OC*, t.3, p.142.

19. Par exemple, dans la rêverie pourtant si prenante de la 'Cinquième promenade', Rousseau certes précise qu'il y ressent son 'existence, *sans prendre la peine de penser*', mais c'est pour enchaîner immédiatement: 'De temps à autre naissait quelque faible et courte *réflexion* sur l'instabilité des choses de ce monde dont la surface des eaux m'offrait l'image' (*Rêveries* V, *OC*, t.1, p.1045, nous soulignons).

profondeur un état mixte où la pensée reste 'collée' à une surface éclatante de façon tout à fait hypnotique, sans perdre cependant absolument toute réflexivité, même si la conscience devient alors minimale, voire évanouissante, tendant ainsi à rejoindre le même état que celui de Ménilmontant, mais dans un passage infini à la limite. La différence demeure donc bien en ce que la chute du sujet lui fait traverser d'un coup cette surface et accéder immédiatement à 'l'autre côté du miroir'. Enfin, par rapport à l'origine, le mouvement de ces deux expériences est inverse: la rêverie tend à perdre le sujet dans l'objet en ne lui laissant que le sentiment indistinct de soi, le réveil après l'évanouissement de la chute rend au contraire ce sujet à lui-même, mais dans un retour à soi très progressif qui retient longtemps en lui la trace de l'état inconscient d'origine pour sembler le lui donner encore à vivre et ultérieurement à méditer.

L'épisode célèbre ainsi les noces de la sensibilité, du sujet et de l'événement. C'est en quelque sorte en frappant fort que le sujet peut être ramené à son origine sensible pure, mais selon une procédure qui exclut l'accompagnement par la pensée. Le sujet est redonné à son être originaire, mais sans que sa pensée puisse se réapproprier véritablement le bénéfice de l'opération, si ce n'est, toutefois très partiellement, par l'acte d'écriture. Ce passage atteste ainsi le caractère indépassable pour Rousseau de la sensibilité qui demeure irréductiblement la vérité première de son rapport au monde, à la nature et à lui-même. Du coup, la nature est bien un donné qui, sans doute précisément parce qu'il est fondamentalement créé (par Dieu), ne peut être intégralement reconstitué par l'esprit dans une genèse idéale et définitive.

Ainsi, ce qui fait chez Rousseau la force commune de l'origine, de la sensibilité et de la nature, est précisément le fait qu'elles sont irréductibles, même si elles peuvent être refoulées, qu'elles ne peuvent jamais être totalement dépassées, même par l'acte de les comprendre, qu'elles subsistent toujours en nous dans une opacité persistante, comme donné naturel précisément. La sensibilité constitue ainsi comme une ancre qui nous enracine dans le réel à un niveau pré-individuel, pré-réflexif, et qui nous arrime ontologiquement au monde, aux autres et à nous-mêmes.

Or, pourtant, après l'événement, après cette expérience subjective irréductible et intime, le sujet va redevenir à nouveau objet, non plus cette fois objet des lois physiques, mais de l'aliénation sociale par la circulation déréglée (par l'amour-propre) des mots et des images, des rumeurs et des regards. Le rideau social de malveillance qui s'était entrouvert pour laisser surgir un autre horizon, celui de la pure nature et de l'origine, va se refermer à nouveau sur Rousseau. Celui-ci retrouvera alors sur le mode 'horizontal', et toujours plus ou moins inquiet, du déplacement et de l'échappée – c'est-à-dire de la fugue de la promenade et de la rêverie dans un horizon indéfiniment reculé – ce que le bonheur d'une chute lui avait d'un coup délivré: la perspective entrevue d'une profondeur pleine et insondable de paix par la grâce inattendue, comme étrangement miraculeuse, d'un simple accident, semblant de prime abord tout à fait malheureux. Peut-être ainsi le sens ultime de l'épisode est-il de signifier une possibilité permanente de rédemption derrière les apparences de la chute qui n'est pas toujours celle du corps, mais peut être également celle sociale jetant le juste hors du monde des hommes. Ainsi, par le retournement inouï de la chute physique en expérience de grâce totale, le destin le plus cruel et le plus incompréhensible acquiert une réversibilité idéale et n'obscurcit plus les raisons d'espérer, mais au contraire permet paradoxalement de les cultiver par l'apparence même de son iniquité.

NATASHA LEE

A dream of human nature

Que la botanique devienne le supplément de la
société, c'est là plus qu'une catastrophe.[1]

Jacques Derrida

WRITING for no one and thinking of nothing, the conditions of Rousseau's
forced state of isolation at the end of his life serve also as the conditions for
the success of his last autobiographical writing, the *Rêveries du promeneur
solitaire*. And yet, halfway through the writing of the *Rêveries*, Rousseau
seems to admit that his project of circumscribing his self has failed: 'Le
recueil de mes longs rêves est à peine commencé', he writes 'et déjà je sens
qu'il touche à sa fin.'[2] The end is in sight not because he has achieved his
goal, but rather because he has been distracted from it: 'Un autre
amusement lui succède, m'absorbe, et même m'ôte le temps de rêver.'[3]
Botany, the harmless activity that had so often occupied his walks, has
become a substitute for uncovering the 'true' Rousseau. From finding
one's own nature to finding nature itself, the *Rêveries* stage the slippage of
signification that Diderot and d'Alembert's *Encyclopédie* had mapped out
under the heading 'Nature'. Indeed, in its spirit of pre-disciplinary distinctions, the *Encyclopédie* counted disparate definitions for the term
'nature', imbricating everything from Newton's laws to the state of
nature. In their careful substitution of the practice of botany for the
science of man, the *Rêveries* pose the fundamental Enlightenment question
of what is at stake in claiming to know human nature and make us recon-
sider Rousseau's appeal for a social ontology in the rest of his works.[4]

Throughout his political and anthropological writings, Rousseau
warned readers against introducing a historical continuum where there
was none; however critical his texts on our present mores, art and social

1. Jacques Derrida, *De la grammatologie* (Paris, 1967), p.212.
2. Rousseau, *Rêveries du promeneur solitaire* VII, *OC*, vol.1, p.1060.
3. Rousseau, *Rêveries* VII, *OC*, vol.1, p.1060.
4. As Jean Ehrard's study testifies, it would be difficult for a short article to encompass
human nature in the eighteenth century, and even within Rousseau's works. See J. Ehrard,
L'Idée de nature en France dans la première moitié du XVIIIe siècle (Paris, 1994). Roger Smith's
overview of 'human nature' in the British Enlightenment offers an excellent synthesis of the
term in France and Germany, as well as a critique of recent interpretations, from Cassirer
to Foucault. See Roger Smith, 'The language of human nature', in *Inventing human science:
eighteenth-century domains*, ed. C. Fox, R. Porter, and R. Wokler (Berkeley, CA, 1995), p.88;
and introduction, p.1-2, on the uses and history of the 'science of man'.

fabric might be, they never propose, as Voltaire quipped, that we return to nature and walk on all fours. The *Discours sur l'origine de l'inégalité*, the *Lettre à M. d'Alembert sur les spectacles*, and the *Essai sur l'origine des langues* clearly state that we have to contend with the present and that the idyllic state of nature, against which such a contemporary critique is drawn, is just that – an ideal to which one cannot return. The *Discours sur l'origine de l'inégalité* offers perhaps the author's most outspoken warning that the state of nature remains a hypothetical construct.[5] Even as modern man can be criticised for being in a state of denaturation, the natural state itself is but a hypothesis, a word without a tangible referent in the present, nor in the past, perhaps having never existed, as Rousseau suggests in the second *Discours*.[6] Just like the arbitrary neologisms that Rousseau condemned in botanical treatises of his time, the term 'natural state' remained without a material referent throughout his work, such that it could potentially mislead readers into believing such a thing actually existed.[7]

Yet, as Rousseau's first significant attempt to outline an epistemology of man before his autobiographical works, the *Discours sur l'origine de l'inégalité* offers an ambiguous foundation for his ensuing explorations of human nature. Indeed, at the same time as it breaks with the contemporary view that society can be analysed empirically and results from a knowable state of nature, the *Discours sur l'origine de l'inégalité* simultaneously posits that it is essential to have an accurate notion of the state of nature in order to evaluate our present condition, thereby establishing somewhat less than a firm basis for any resulting epistemology of man.[8] As the main epistemological projects preceeding Rousseau's autobiographical works, the *Discours sur l'origine de l'inégalité* and the *Essai* led not to an impasse between hypothesis and empirical world, nor to a separation of a fictional knowledge of man from political praxis, but to

5. Rousseau, *Discours sur l'origine de l'inégalité*, *OC*, vol.3, p.123. The chevalier de Jaucourt's definition of 'la Nature', under the rubric of poetry, mimicks Rousseau's definition, adding in his version that the state of nature might eventually be known one day. See *Encyclopédie, ou Dictionnaire raisonné des sciences, des arts & des métiers*, ed. Denis Diderot and Jean D'Alembert (Paris, 1751-1765), vol.11, p.41.

6. Rousseau, *Discours sur l'origine de l'inégalité*, *OC*, vol.3, p.123.

7. Rousseau, *Dictionnaire de botanique*, *OC*, vol.4, p.1202. In his *Lettres sur la botanique*, Rousseau is even more critical of nomenclatures; in the *Dictionnaire*, he simultaneously notes that although naming plants is essential, Renaissance botanists and, later, the brothers Bauhin confused readers by creating nomenclatures that simply refer to previous names rather than identifying a plant's traits.

8. Paul de Man remarks on this in *Allegories of reading: figural language in Rousseau, Nietzsche, Rilke, and Proust* (New Haven, CT, 1979), p.139. De Man argues that the second *Discours* should be read as relating a state of nature that cannot be known to a civil society that must be evaluated, and that this transition occurred by moving from a fictional language to one of literality, as nature fell victim to history in the process. Society, as recounted in the *Essai*, can only be understood as resulting from a double rhetorical process, and inversely, all language testifies to what de Man has called its politicality, specifically refusing the term 'political nature'. See *Allegories of reading*, p.150.

the conclusion that society results from a relation of the individual to others through language.[9] Human nature, Rousseau stated, could only be known through this conceptual language, for the identity of 'man' (or of 'giants' as humans were first named)[10] is one that is always crafted through rhetorical uses of language and through a relation to others.

It is against this background that the *Rêveries* appear as a last resort to find a science of man. Having broken with his contemporaries by critiquing the idea of natural sociability, how does Rousseau return, in his autobiographical writings, to the dream of finding human nature, of knowing what he will name his 'naturel'? And how does the genre of autobiography, and the particular text of the *Rêveries*, participate in such a project? In his last text, the *Rêveries du promeneur solitaire*, Rousseau envisages the curious possibility of retrieving the state of nature and observing himself in such a state.[11] From the first 'promenades', which outline the narrator's project to circumscribe his essence, to the shift of the 'Cinquième promenade', where the narrator turns to botany, Rousseau's search for human nature opens onto a double process of negating all sociability while figuring a new natural self in direct relation to the empirical world.[12] From the 'Cinquième promenade' to the 'Neuvième promenade', layers of sociability are reneged, as a 'direct' relation to empirical nature is established through the practice of botany, leaving the last 'promenade' to stage a new natural identity. This article will focus both on the specific ways in which the *Rêveries* raise the possibility of relating human nature to the empirical realm through first-person narrative and on what such a link might imply.[13]

The human nature sought in the *Discours sur l'origine de l'inégalité* has been reduced, in the *Rêveries*, to finding the nature of a single human. What was until then confined to the status of hypothesis was about to acquire the status of reality verified through experiment: 'Ces feuilles ne seront proprement qu'un informe journal de mes rêveries. [...] Mais il en

9. De Man notes that 'without this literalization there could be no society'. Paul de Man, *Allegories of reading*, p.156.

10. The first use of rhetoric was accidental, when, out of fear, man called another human 'Giant'. Later, after empirical comparisons granted individuals the illusion of sameness, man replaced the word 'Giant' with 'Man'. De Man stresses that the second 'deliberate and rhetorical use of the spontaneous figure is no longer innocent: the invention of the word man makes it possible for "men" to exist by establishing the equality within inequality, the sameness within difference of civil society, in which the suspended, potential truth of the original fear is domesticated by the illusion of identity'. See *Allegories of reading*, p.150.

11. C. McDonald, 'Truth and the other in Rousseau's *Confessions*', in *Rousseau's 'Confessions' and 'Reveries of the solitary walker'*, ed. John O'Neal and Ourida Mostefai (New York, 2003), p.74.

12. On Rousseau's search to liberate himself from society's claim to dominion over him, see Kevin Inston's article in this volume.

13. On the relation of political philosophy to Rousseau's work on botany, see Jonathan Strauss, 'Political force and the grounds of identity from Rousseau to Flaubert', *MLN* 117 (4 September 2002), p.808-13; and Derrida, *De la grammatologie*.

résultera une nouvelle connaissance de *mon naturel* et de mon humeur par celle des sentiments et des pensées dont mon esprit fait sa pâture journalière dans l'étrange état où je suis.'[14] Rousseau posits the existence of an innate identity that will be revealed by the mere tracing of thoughts and feelings. He had already rooted identity in feeling or sensation when he had suggested a 'sensible *cogito*'.[15] By simply tracing his daydreams and feelings, Rousseau would now be able to bring his inner nature to the fore.

Rousseau's move towards 'conceptually refilling the human nature he had virtually emptied of content in his *Discourse on Inequality*' had perhaps begun before he turned to autobiographical writing, but it is only in writing about himself, as Mark Hulliung reminds us, that Rousseau went so far as to claim to attain his nature: 'But when writing his autobiography Rousseau went much further; he presented his self as if it had always been there, preformed, waiting to display the essence that bound together all the moments of his existence into a unified whole.'[16] While Hulliung only briefly remarks on this turn to essence in the *Confessions*, the question remains as to the implications of claiming to find human nature in a text such as the *Rêveries*, which directly links identity to empirical nature.

In his monumental study of nature in the Enlightenment, Jean Ehrard notes, quoting Hazard, 'L'idée de nature "est l'idée maîtresse du siècle" tout entier.'[17] But what is, for the Rousseau of the *Rêveries*, the 'naturel'?[18] Whereas in Diderot and D'Alembert's *Encyclopédie*, Rousseau had authored the article only for the adjective 'Naturel', refraining from the areas of knowledge he understood to be hypotheses, and described in the articles under the substantives 'Le naturel' and 'Nature' written mostly by the Chevalier de Jaucourt, the *Rêveries* stage the possibility of finally attaining such knowledge. Rousseau's definition of 'naturel' in the *Encyclopédie* already points to an innate characteristic, a trait rooted in the

14. Rousseau, *Rêveries* I, *OC*, vol.1, p.1000. The italics are my own.
15. As Jacques Derrida notes in *De la grammatologie*, Rousseau's notion of the self is rooted in the individual's ability to feel – what he has named the 'sensible *cogito*' – and the *Rêveries*' project of self-knowledge can be read within such conceptions of the self. Whereas Derrida argues that Rousseau's other works systematically speak of the inability to attain self-presence, the *Rêveries* begin with the claim that such a state has been attained. On the sensible *cogito*, see Mark Hulliung, *The Autocritique of the Enlightenment* (Cambridge, 1994), p.182, and J. Perkins, *The Concept of the self in the French Enlightenment* (Geneva, 1969), p.40.
16. Hulliung, *The Autocritique of the Enlightenment*, p.232.
17. Ehrard, *L'Idée de nature*, p.20.
18. See A. Horowitz, *Rousseau, nature, and history* (Toronto, 1987); and H. Vyverberg, *Human nature, cultural diversity, and the French Enlightenment* (New York, 1989). Horowitz and Vyverberg argue that Rousseau's concept of human nature must be read as a historical and theoretical concept in that he never provides a thorough physiological analysis of human nature. This article explores how the *Rêveries* attempt to resituate human nature as a natural object among others in the empirical realm, de-socialising human nature and simultaneously positing nature as a referent in which human nature can be rooted.

body. Natural music is that of human song as opposed to that of instruments, and natural modes refer to chords that carry neither flats nor sharps – that are 'unaltered'.[19] Yet the *Encyclopédie* entry confines the quality of 'naturel' to music, which despite its foundational status in Rousseau's account of human origins, remains only metonymically related to individuals on the whole. It is the sounds humans make that can be natural, differentiating human origins and speech from artifice. The *Rêveries*, I suggest, take the further step of searching for and claiming to uncover the *subject*'s naturalness. And where the other articles on nature in the *Encyclopédie* still betray the intrinsic relationality of the concepts of nature and culture, Rousseau's last project claims to identify human nature as an isolated object.[20]

Human nature in the *Rêveries* is not simply knowable as separate from the effects of culture, it is knowable as a product of nature itself, in its original state: 'Ces heures de solitude et de méditation sont les seules de la journée où je sois pleinement moi et à moi sans diversion, sans obstacle, et où je puisse véritablement dire être ce que la nature a voulu.'[21] Albeit in a delayed temporality ('je *puisse* dire être ce que la nature *a voulu*' [emphasis added]) that underscores years misspent in the artifice of society, Rousseau claims to attain, at long last, a view of subjectivity as nature originally had created it. By claiming to find his identity outside time and society, Rousseau posits, as did d'Alembert and Jaucourt in the *Encyclopédie*, that one can uncover a natural essence of man.

The project of the *Rêveries* is presented as epistemological, one in which writing down thoughts will lead to knowing the narrator's nature: 'il en résultera *une nouvelle connaissance* de mon naturel'.[22] An objective methodology, of 'opérations' of observation, warrants the veracity of his findings, and thoughts will be included and transcribed in their entirety and original order. In couching his project in scientific terms, Rousseau further frames his project as one of finding truth:

Je ferai sur moi-même à quelque égard les opérations que font les physiciens sur l'air pour en connaître l'état journalier. J'appliquerai le baromètre à mon âme, et ces opérations bien dirigées et longtemps répétées me pourraient fournir des résultats aussi sûrs que les leurs. Mais je n'étends pas jusque-là mon entreprise. Je me contenterai de tenir le registre des opérations sans chercher à les réduire en système.[23]

19. Rousseau, 'Naturel' (adj.), and Chevalier de Jaucourt, 'Nature', in *Encyclopédie*, vol.11, p.47.

20. A less circuitous entry for 'Le Naturel' also appears in the *Encyclopédie*. D'Alembert and an anonymous author's articles on the topic describe it as a given essence of man, negatively defined as the opposite of the 'artificiel', or that which results from human industry. See *Encyclopédie*, vol.11, p.47.

21. Rousseau, *Rêveries* II, *OC*, vol.1, p.1002.

22. Rousseau, *Rêveries* I, *OC*, vol.1, p.1000.

23. Rousseau, *Rêveries* I, *OC*, vol.1, p.1000-1001. For another interpretation of this passage, see J.-F. Perrin's article in the present volume.

Natasha Lee

The experiments we are about to read resemble those of physics and, by way of analogy, Rousseau speaks of his nature as if it were a natural element like the air measured by natural philosophers with barometers. If Rousseau cuts short his use of scientific methodology to keep the image of the 'barometer' as a mere metaphor, the comparison between himself and air nevertheless establishes the object of the study as an isolated natural object whose essence can be unveiled and whose constant nature can be tracked in its various *states*. Here, as in other texts, he takes a stand against a science of systems and is careful to stress that his inquiries do not seek systematic results, but rather record the vagaries of his self as a natural object among others. Developing this idea in the 'Deuxième promenade', Rousseau perfects this methodology: 'je n'ai vu nulle manière plus simple et plus sûre d'exécuter cette entreprise que de tenir un registre fidèle de mes promenades solitaires et des rêveries qui les remplissent quand je laisse ma tête entièrement libre'.[24] He reifies his thoughts this time as physical objects that are affected by the laws of physics and can be studied by following their natural movement: 'je laisse [...] mes idées suivre leur pente sans résistance et sans gêne'.[25] It is as if his ideas are pulled by gravity, albeit in idealised experimental conditions where they would move without resistance.

In setting out to circumscribe a constant human nature, the *Rêveries* mark a new stage in the crisis of referentiality that had begun in the *Discours sur l'origine de l'inégalité* and upset its critique of rooting human identity in a given essence. Where the author's previous texts had renounced any possibility of ever knowing an original human nature – of knowing the referent to which the word 'man' referred – the *Rêveries* set out to circumscribe its essence as a referent that anchors his identity, a given object he can observe and register through the barometer of writing. Such a turn to referentiality occurs as Rousseau turns to a new genre, namely, autobiography, and it raises the question of how autobiographical writing enables him to claim access to a referential human nature.

As an author's inscription of his or her own life into text, of context into text, autobiography appears to have a privileged relation to referentiality. In his writings on the genre, de Man suggests that although autobiography seems to rest upon the text's link to a life, one could read it as itself productive of this referent, where 'the autobiographical project may itself produce and determine the life'.[26] The emblematic rhetorical figure of autobiography, de Man argues, is prosopopeia, 'by which one's name [...] is made as intelligible and memorable as a face'.[27] Therefore,

24. Rousseau, *Rêveries* II, *OC*, vol.1, p.1002.
25. Rousseau, *Rêveries* II, *OC*, vol.1, p.1002.
26. Paul de Man, 'Autobiography as de-facement', *MLN* 94/5 (December 1979), p.919-30 (p.920).
27. De Man, 'Autobiography as de-facement', p.920.

104

autobiography deals 'with the giving and taking away of faces, with face and deface, *figure*, figuration and disfiguration'.[28] Reverting to a genre concerned with substitutions of identity, presumed silence and granting of voice, Rousseau's attempt to figure his natural self rests upon an initial silence, a silencing of his social identity.

If autobiography seeks to grant a voice to what is absent, Rousseau makes it clear that the *Rêveries* serve just that purpose. Having been the object of slander by his contemporaries, the narrator declares that he is dead to the world: 'Désormais, je suis nul parmi eux.'[29] Though this death is a figurative one, it establishes the narration as 'outre-tombe', where the text relies on this preliminary condition that 'il faut que j'aie fait sans que je m'en aperçusse un saut de la veille au sommeil, ou plutôt de la vie à la mort'.[30] The *Rêveries* circumscribe and give voice to a new Rousseau on the assumption that the public persona of the author has been put to sleep, that he is as good as dead to the world.

Yet this death appears suspicious: who exactly killed whom? From the original claim that the text both results from and requires Rousseau's expulsion from the world, the narrator consistently demarcates himself from others, to consolidate and *make natural* his disappearance from society. Indeed, dividing society and the self, outside and inside, body and soul, Rousseau's text substitutes the new 'naturel' for the public Rousseau who had just been buried (three times over, in fact – once in the 'Première promenade' and twice in the 'Quatrième promenade', almost experiencing death, then discovering his obituary, his death in the public's mind).

Whereas in his other autobiographical texts, such as the *Dialogues*, Rousseau created and maintained a juxtaposition of identities, the narrator of the *Rêveries* seeks to give and take away life from others and to himself. Already, the *Rêveries* repeatedly rely on a grammatical tic, the use of the adverb 'ne que', which testifies that the uncovering of the natural self is above all an exercise in negation: 'je *ne* dois ni ne veux plus m'occuper *que* de moi', where the 'ne' that seems to negate a past Rousseau is quickly recuperated by a 'que'.[31] Just as Rousseau wrote the rivers of the île de Saint-Pierre into existence (the real island being devoid of them), his *Rêveries* can be read as the simultaneous gesture of ridding himself of all social ties and producing the very natural identity this work claims to find.

Having set out to sketch his soul in this 'situation si singulière', Rousseau had slowly discovered through the first four 'promenades' that he was not in quite as peculiar a state as he had hoped.[32] As much as he sought to

---

28. De Man, 'Autobiography as de-facement', p.920.
29. Rousseau, *Rêveries* I, *OC*, vol.1, p.1000.
30. Rousseau, *Rêveries* I, *OC*, vol.1, p.995.
31. Rousseau, *Rêveries* I, *OC*, vol.1, p.999 (emphasis added).
32. Rousseau, *Rêveries* I, *OC*, vol.1, p.1000.

attain an inner 'naturel', and although he seemed to be in a state much like that of the natural state, the four 'promenades' systematically reveal the social fabric underlying the narrator's identity. Circumscribing himself through language, the narrator must contend with the fact that other people also define him with the same material of words and that his reputation is a currency whose value he cannot control. His social existence can be erased by the mistaken publication of his obituary, but he will still be the object of slander. The foundational condition of Rousseau's project, 'où je sois pleinement moi et à moi'[33] – both the catalyst and the condition upon which human nature can be discovered – unravels as quickly as it is stated. Whereas at first the substitutions of selves seemed an empowering act, it soon becomes less appealing as a tropological game in which all can participate. Writing for no one still implies creating a self through writing, where language is a representation of a thing, and it is the thing itself that the *Rêveries* had sought to circumscribe. Just as in the *Discours sur l'origine de l'inégalité*, the *Rêveries* warn us against the fundamental politicality of language, but this time Rousseau asserts the possibility of knowing man's nature on the condition he dismiss this ever-political language, as well as other traces of man's sociability.

With each 'promenade', Rousseau thus leaves behind the trace of all sociability and, with varying degrees of success, rids his identity of any remaining commerce with humans. In the first few 'promenades', he dismisses not only his contemporaries but also any potential reading public: 'Je fais la même entreprise que Montaigne, mais avec un but tout contraire au sien: car il n'écrivait ses *Essais* que pour les autres, et je n'écris mes rêveries que pour moi.'[34] By the 'Cinquième promenade', the narrator exchanges the writing of his *Rêveries* for the practice of botany and attempts to retrieve his *naturel* through imagination. 'Les hommes', he writes, 'se garderont, je le sais, de me rendre un si doux asile où ils n'ont pas voulu me laisser. Mais ils ne m'empêcheront pas du moins de m'y transporter chaque jour sur les ailes de l'imagination.'[35] Unfortunately, Rousseau realizes, this recreation of the state of nature is also vulnerable, temporary and threatened by man's own age and weakening imagination: 'Le malheur est qu'à mesure que l'imagination s'attiédit, cela vient avec plus de peine et ne dure pas si longtemps.'[36] As much as Rousseau can take man away from society, he cannot take society away from man.

Like Julie in her garden at the Elysée, the subject of the *Rêveries* can be man himself, as nature had wanted, in a space only humans could create: *folies*, cultured nature, or the narrator's solitary walks that take place on deserted roads as he carefully avoids more travelled ones. The hero of the

33. Rousseau, *Rêveries* II, *OC*, vol.1, p.1002.
34. Rousseau, *Rêveries* I, *OC*, vol.1, p.1001.
35. Rousseau, *Rêveries* V, *OC*, vol.1, p.1049.
36. Rousseau, *Rêveries* V, *OC*, vol.1, p.1049.

Rêveries also brings to mind Victor, the wild boy of the Aveyron, the boy who had been brought up by wolves, then adopted by the French Doctor Itard. Victor dreamed that by returning to the forest, he would return to his presocial life, only to realise that what Doctor Itard had taught him could not be erased from his identity. As Itard discovers, man's only nature is to have hardly any nature at all. Humans have few instincts to return to, and they find in nature the measure of the socialisation they try to leave behind.

When even imagination fails, Rousseau turns against human nature itself to negate some of his foundational claims about humans. As Marie-Hélène Huet convincingly argues in her reading of the *Rêveries*, from the 'Sixième promenade' onwards, Rousseau relinquishes pity, one of two human instincts and the only trait that still tied him to society. As such, he begins to modify his own 'nature', to cut out any natural penchant towards sociability. If the narrator stakes a 'claim to a regained autonomy', he in fact accedes to this independence only for the first time, having previously known such autonomy only in the hypothetical state of nature.[37] He further imagines his isolated life through the fantasy of finding the ring of Gyges, which would enable him to become invisible, thus leaving his human form behind; but once again the process of separation seems incomplete as he admits he could not resist using his newly found power in society.

After ridding himself of language and engineering human nature away from pity, Rousseau uses other symbolic means of exchange to replace words, framing any social interaction as artificial. In the 'Neuvième promenade', Rousseau encounters a retired military officer and credits their uneventful meeting to the fact that the man does not know him, and Rousseau, appearing like a blank slate to this man, can be free from any particular social persona. After paying the man's passage, Rousseau regrets not having given him more money. As this gesture towards another human could testify to the naturalness of pity, Rousseau dismisses it: 'J'aurais pour ainsi dire agi contre mes propres principes en mêlant aux choses honnêtes un prix d'argent qui dégrade leur noblesse et souille leur désintéressement.'[38] Money, in the end, is decried as another artificial social code that betrays the true value of things (*'mêlant* aux choses honnêtes un prix d'argent'), something that one must leave behind in order to preserve the true, natural or asocial – autonomous or disinterested – identity of people and things.

37. Marie-Hélène Huet, 'Altered states', in *Approaches to teaching Rousseau's 'Confessions' and 'Reveries of the solitary walker'*, ed. O'Neal and Mostefai, p.125. On the status of pity as a trait that develops with society or that exists already in the natural state, see Jean Starobinski, *Jean-Jacques Rousseau: la transparence et l'obstacle* (Paris, 1957); and Derrida, *De la grammatologie*.
38. Rousseau, *Rêveries* IX, *OC*, vol.1, p.1097.

By refusing language, reading, readers and eventually writing itself, the narrator of the *Rêveries* abandons his identity as a social being. All the while the text, presented as a mere transcription of a life, assumes control of its own productivity.[39] It is through this illusion of resting upon referentiality – while they in fact create their own referent – that the *Rêveries* reintroduce the notion of knowable human nature. Furthermore, if the autobiographical genre takes its legitimacy from its very appeal to the real – from the inscription not only of a past referential life but also of the referential reading-moment to come[40] – the *Rêveries* produce a referent while excluding the very moment of reading. The legitimacy of his enterprise is achieved, Rousseau claims, no longer through the referential reading-moment, but through the referentiality of the text's object: a writing no longer for someone, but one that defines the subject through his unmediated relation to nature as an object of nature among others.

Thus while he cuts, one by one, his remaining ties to society, Rousseau recreates the natural state by placing himself in direct contact with nature: 'Au lieu de ces tristes paperasses et de toute cette bouquinerie, j'emplissais ma chambre de fleurs et de foin, car j'étais alors en ma première ferveur de botanique.'[41] A change begins to occur, from natural essence to nature as referent or the natural realm observable through botany. Literally, plants take the place of papers, observation the place of writing, and the narrator abandons for a time the search of his *naturel* to create and collect enduring signs of nature, where plants and flowers are referents, things in themselves without the intermediary of representation.

In botanising, human nature is not so much found as the natural world is reinstated. As Deleuze suggests in his reading of Rousseau, for him, 'c'est en restaurant notre rapport naturel avec les choses que nous arriverons à nous former en tant qu'hommes privés, nous préservant ainsi des rapports artificiels trop humains qui nous donnent dès l'enfance une tendance dangereuse à commander', and in this sense the 'Cinquième promenade' marks the shift from searching for the natural self to reconstituting a natural state. Isolated and brought in direct contact with tangible things, the individual would find once again a relationship to the world that is devoid of personal interest, power struggles and economic determinations.[42] Contrary to Robinson Crusoe, who recreates on his

39. In his analysis of autobiography, de Man asks: 'does the referent determine the figure, or is it the other way round: is the illusion of reference not a correlation of the figure, that is to say no longer clearly and simply a referent at all but something more akin to a fiction which then, however, in its own turn, acquires a degree of referential productivity?' De Man, 'Autobiography as de-facement', p.920.

40. As Michel Leiris describes it in his autobiographical text, it is the very real threat of the referential reading-moment that grants autobiography its legitimacy as a genre. See M. Leiris, *L'Age d'homme, précédé de De la littérature considérée comme une tauromachie* (Paris, 1973), p.10.

41. Rousseau, *Rêveries* V, *OC*, vol.1, p.1042.

42. Gilles Deleuze, *L'Ile déserte et autres textes* (Paris, 2002), p.78.

island the power relations of civil society he had not yet forgotten, Deleuze sees Rousseau as staging the conditions to live in a natural state, in which 'le vrai redressement pédagogique consiste à subordonner le rapport des hommes au rapport de l'homme avec les choses'.[43] As *Emile* suggests, re-constituting man in an originary and non-social state is difficult at best. Other than through education, one has little means of finding man in a natural state if not by setting him apart from society as an idealised collector of sorts with a non-utilitarian and disinterested passion in his own curio cabinet. If one can recreate the state of nature through an individual's direct relation to things through the practice of botany, the 'Cinquième promenade' becomes the turning point of this work. From then on, the narrator's peculiar state of isolation, like that of the natural state, is proven to be contrived. Although one can never fully attain one's inner essence, nature is nonetheless posited as a referent, a material reality that anchors the text and the narrator's identity.[44]

By the end of the *Rêveries*, we find the reconstitution of the state of nature almost complete. Having engineered human nature away from society, Rousseau can make a new attempt at the experiment of the île de Saint-Pierre, this time returning to botany without books and, most of all, with a complete lack of interest in worldly things. Trading all activity for botanising, he throws himself into this new occupation over his own writing project, and in a telling admission Rousseau says 'je m'y livre avec un tel engouement', where the book (*livre*) becomes both a verb and the action of giving oneself over to botanising.[45] Although they never quite disappear from his practice, Rousseau claims plants have replaced the books themselves, writing: 'Tout d'un coup, âgé de soixante-cinq ans passés, privé du peu de mémoire que j'avais et des forces qui me restaient pour courir la campagne, sans guide, sans livres, sans jardin, sans herbier, me voilà repris de cette folie, mais avec plus d'ardeur encore que je n'en eus en m'y livrant la première fois.'[46] The choice of distraction is by no means haphazard. It is botany's perfect disconnection from society that draws the narrator toward it, and he criticises those whose interest in

43. Deleuze, *L'Ile déserte et autres textes*, p.78.
44. Emma Spary similarly notes how natural philosophy sought to establish empirical nature as an ultimate referent, even for things social, making an 'appeal to a "nature" existing beyond society, but forming the bedrock of social interactions and moral and aesthetic standards'. See Spary, 'The "nature" of Enlightenment', in *The Sciences in enlightened Europe*, ed. W. Clarke, J. Golinski and S. Schaffer (Chicago, 1999), p.272-306 (p.296).
45. Rousseau, *Rêveries* VII, *OC*, vol.1, p.1060. Jean-Marc Drouin aptly suggests that Rousseau's interest in botany is both a therapeutic activity and a search for knowledge in and of itself. Jean-Marc Drouin, 'Les herborisations d'un philosophe: Rousseau et la botanique savante', in *Rousseau et les sciences*, ed. Bernadette Bensaude-Vincent and Bruno Bernardi (Paris, 2003), p.78; and Alexandra Cook, in Jean-Jacques Rousseau, *The Reveries of the solitary walker, Botanical writings and Letter to Franquières* ed. Christopher Kelly *et al.* (Dartmouth, 2000).
46. Rousseau, *Rêveries* VII, *OC*, vol.1, p.1061.

plants stems from a desire to exploit them for medicinal purposes.[47] The realm of plants is superior to those of geology or zoology, for the mineral and animal realms inevitably carry social implications and reflect a side of nature already tainted by social greed and intervention.[48] By restoring his direct relation to things, his instinct is found: 'n'imaginant plus, pensant encore moins, et cependant doué d'un tempérament vif qui m'éloigne de l'apathie languissante et mélancolique, je commençai de m'occuper de tout ce qui m'entourait et par un instinct fort naturel je donnai la préférence aux objets les plus agréables'.[49]

In the *Rêveries*, Rousseau posits human nature as a higher truth and simultaneously produces a seemingly objective account of empirical nature as foundational referent. Rousseau plays on the diverse significations of the term 'nature', as Ehrard reminds us: 'à la fois essence et processus, la nature est tantôt un état, tantôt un devenir. Incertitude de vocabulaire? sans doute si l'on s'abstient d'y voir simplement une négligence d'expression. L'équivoque du mot nous éclaire sur les exigences contradictoires d'une pensée vivante. Pour Rousseau, comme pour les Philosophes, la nature est à la fois un phénomène historique et une réalité trancendante.'[50] Though the 'naturel' remains a signifier without a signified, nature is named as a referent that unquestionably exists, that can be collected and catalogued, a realm of referentiality to which man also belongs as an individual 'natural' being.

Rousseau has forged for himself an asylum away from all social signs such as language or money that acquire meaning through human interactions. Social signification has been shown to be an endless circle of saving face and being unmasked. Yet in the end of the *Rêveries*, meaning remains intact in the natural world. Finding nature, the thing and no longer a substitution, Rousseau finds his 'naturel', producing an autobiography that simultaneously traces the failure of language – 'l'idée et le mot propre m'échappent également' – and yet posits the existence of a natural self.[51]

---

47. In his *Lettres sur la botanique*, Rousseau remarks to Madeleine-Catherine Delessert that teaching her daughter botany would shield her from social interactions. Rousseau, *Lettres sur la botanique*, *OC*, vol.4, p.1151.

48. Derrida similarly remarks that in the end of the *Rêveries*, rather than the original slippage from nature to art and social attachments, Rousseau's world seems to have been turned upside down, as nature supplements society and attempts at social relations fail. In this context, Derrida writes: 'Que la botanique devienne le supplément de la société, c'est là plus qu'une catastrophe. C'est la catastrophe de la catastrophe. Car dans la nature, la plante est ce qu'il y a de plus *naturel*. C'est la *vie* naturelle.' See *De la grammatologie*, p.212.

49. Rousseau, *Rêveries* VII, *OC*, vol.1, p.1066.

50. Ehrard, *L'Idée de nature*, p.751.

51. Rousseau, *Rêveries* IX, *OC*, vol.1, p.1088. Anne Garréta explores Rousseau's distrust of the proper name in her reading of the *Dialogues*; in contrast, the *Rêveries* appear as a text no longer working through the ambiguities of the name, but as a refusal of naming all together. See Anne Garréta, 'Rousseau juge de Jean-Jacques: individu, identité et référence

Autobiography could appear to be above all the tropological work that a text usually carries out in an attempt to represent a self, and as such de Man concludes that it is doomed never to produce the 'reliable self-knowledge' we expect of it. Rather, in its work of substitution, auto-biography 'demonstrates in a striking way the impossibility of closure and of totalization (that is, the impossibility of coming into being) of all textual systems made up of tropological substitutions'.[52] In Rousseau's strange project, though, this work of substitution has found a way out of its own realisation of impossibility, replacing a writing of identity with the collecting of a natural truth that does not require names.

Here, any cynicism we might have found in Rousseau is reversed. We no longer have a negative insight that situates truth in a critique of language's signification,[53] but rather, a new epistemology of the self that depends upon a turn away from language and back to things. But it also concludes with an original human nature through a direct relation to objects and without language.

It remains to be seen, however, what the implications are of positing that we can know 'human nature' outside of its social fabric. What social aspects of human nature must be pushed aside to retrieve knowledge of the 'naturel'? It is true in the end that Rousseau is still writing, still representing himself through the medium he had earlier dismissed. In 'promenade' after 'promenade', the *Rêveries* show the social scaffolding that remains behind the apparently isolated 'naturel'. It could also be stated that Rousseau does not claim to uncover natural laws that would apply to all. And yet, by the end of the *Rêveries*, Rousseau roots identity in nature, a shift in his ontological framework that reintroduces nature as a possible foundation from which to project future social models, under-standing social differences and unequal social roles as rooted in natural difference. Botany has replaced society as a context from which one gains one's identity. Such a consequence was played out in *Julie* and *Emile* and was also briefly suggested in the *Discours sur l'origine de l'inégalité*, where Rousseau imagines, for a few brief sentences, that the hypothetical state of nature could constitute epistemological grounding.[54]

du nom propre', in *Lectures de Rousseau: Rousseau juge de Jean-Jacques: Dialogues*, ed. Isabelle Brouard-Arends (Rennes, 2003), p.84.

52. De Man, 'Autobiography as de-facement', p.922.

53. De Man writes: 'We should now realize that what Rousseau calls "Truth" desig-nates, neither the adequation of language to reality, nor the essence of things shining through the opacity of words, but rather the suspicion that human specificity may be rooted in linguistic deceit.' *Allegories of reading*, p.156.

54. Rousseau writes: 'J'avoue que les événements que j'ai à décrire ayant pu arriver de plusieurs manières, je ne puis me déterminer sur le choix que par des conjectures; mais, outre que ces conjectures deviennent des raisons quand elles sont les plus probables qu'on puisse tirer de la nature des choses, et les seuls moyens qu'on puisse avoir de découvrir la vérité, les conséquences que je veux déduire des miennes ne seront point pour cela conjecturales.' Rousseau, *Discours sur l'origine de l'inégalité*, *OC*, vol.3, p.162.

The ambivalent status of nature as both hypothesis and knowable grounds for human nature is already inscribed in the *Discours sur l'origine de l'inégalité*, but the *Rêveries* develop this suggestion fully. In the context of an autobiography and in pursuing the full implications of this ideology of nature to which our narrator rallies in the end, one might well consider the stakes of a prosopopeia that seeks muteness, as Rousseau writes a self as a natural thing ceaselessly recalibrated to nature's inner workings. By the 'Neuvième promenade', he states: 'au premier instant de relâche, je redeviens ce que la nature a voulu'.[55] But it is Rousseau's 'Dixième promenade' that highlights what is at stake in relinquishing the process of self-invention to a reformulation of identity as natural, and as such raises questions about what an ideology of universal nature implies for different subjects. Namely, what are the risks of positing human nature as independent and non-social, grounded in the natural realm? Noting in the 'Huitième promenade' that he is 'seul au milieu d'eux', 'seul, malade et délaissé'[56] in the specular exercise of autobiographical prose, the narrator seeks only the mirror of nature: 'Je ne vois qu'animosité sur les visages des hommes, et la nature me rit toujours.'[57] But what then of the triumphal closing of the book, where an Easter morning brings the ultimate resuscitation of Rousseau as an isolated natural creature, yet still at the side of 'Maman' (Mme de Warens)?

In the *Rêveries*, Rousseau claims to have found himself as natural man, not simply as a recreation of a natural state as in *Julie*, the *Contrat social*, or *Emile*, but for once as something that truly exists, endowed with *amour de soi* and, by the 'Huitième promenade', spared of *amour-propre*. How did this transition occur, Rousseau asks himself? 'Naturellement'.[58] The effects of such an ideological construct are projected back onto a social unit, that of the couple. Just as the social models advocated by both *Emile* and *Julie* have taught us, Rousseau conceives of possible differentiated human natures that can endure in society. Though these two texts are often read as positing natural difference and at the same time showing the unfortunate consequences of essentialising social roles, the *Rêveries* do not propose such a disclaimer. Finding his natural self grants Rousseau the cover of anonymity and a certain relief in going unrecognised to the invalid to whom his 'face' had not been shown, yet for others it implies differential identities. In the 'Dixième promenade', Rousseau identifies his time with Mme de Warens – where 'je fis ce que je voulais faire, je fus ce que je voulais être'[59] – in terms that echo his account of the 'naturel' at

55. Rousseau, *Rêveries* II, *OC*, vol.1, p.1002.
56. Rousseau, *Rêveries* VIII, *OC*, vol.1, p.1080.
57. Rousseau, *Rêveries* VIII, *OC*, vol.1, p.1080; and *Rêveries* IX, *OC*, vol.1, p.1095.
58. In commenting upon how he came to be happy despite everyone's hatred towards him, Rousseau asks 'Comment s'est fait ce passage? Naturellement, insensiblement et sans peine.' Rousseau, *Rêveries* VIII, *OC*, vol.1, p.1076.
59. Rousseau, *Rêveries* X, *OC*, vol.1, p.1099.

the start of the book. He writes, 'il n'y a pas de jour où je ne me rappelle avec joie et attendrissement cet unique et court temps de ma vie où je fus moi pleinement sans mélange et sans obstacle et où je puis véritablement dire avoir vécu'.[60] Then, he was fully himself and knew his 'naturel', for which he would search again throughout the *Rêveries*. Yet, Rousseau's encounter with his 'naturel' is contingent upon and differentiated from Mme de Warens' own status: 'Ah! si j'avais suffi à son cœur comme elle suffisait au mien!'[61] While Rousseau finds plenitude in this state similar to that of nature, Mme de Warens seems to experience universal nature differently, differentially even, in that she is sufficient and even necessary to him. Like other natural elements around them, 'maman' was a natural being among others and restitutes his direct relation *to natural things*: 'J'avais besoin d'une amie selon mon cœur, je la *possédais*. J'avais désiré la campagne, je l'avais obtenue.'[62]

If, as we have seen, Rousseau's turn to natural things is a turn away from human relations, reinstituting man's relation to things results from human endeavour and negates a status quo of power relations. Although the utopian aims of such a shift are clear, the implications of negating humans' sociability are numerous.[63] Ultimately, Rousseau radicalises in the *Rêveries* the ambiguous incarnations he has attributed to nature throughout his work. As state of nature, it remains unknowable to us, a hypothesis from which to criticise the known quantity of present inequalities. However, as a natural realm to be studied and observed, it posits a 'real' and knowable order of things that signifies outside of any social criteria. By removing any trace of sociability from man's *naturel* and by simultaneously establishing the veracity of nature, Rousseau puts forth an image of natural man in his *Rêveries* that is entirely autonomous, one whose identity has been stripped of its social makeup. Read as the avowed failure of ever finding human nature, the *Rêveries* continue Rousseau's charge against ideologies of nature that were to emerge out of the Enlightenment. However, Rousseau's concluding view of subjectivity as a universal essence among other natural things, as restored through the practice of botany, is one that precludes any analysis of the different positions or historical processes which, according to Rousseau himself, make humans distinct.

---

60. Rousseau, *Rêveries* X, *OC*, vol.1, p.1099.
61. Rousseau, *Rêveries* X, *OC*, vol.1, p.1098.
62. Rousseau, *Rêveries* X, *OC*, vol.1, p.1099.
63. In their recent volume on Rousseau and the sciences, Bernadette Bensaude-Vincent and Bruno Bernardi quote Deleuze's article but only in regards to Rousseau's interest in things. Though this choice is entirely coherent with the book's aims to give a more detailed account of Rousseau's knowledge and teaching of sciences, it nonetheless occludes Deleuze's important remark that any restitution of man's direct relationship with things in nature must begin with a break or separation from society. See *Rousseau et les sciences*, ed. Bensaude-Vincent and Bernardi (Paris, 2003), p.10.

III

Human nature in Rousseau's *Rêveries*

JACQUES BERCHTOLD

Le carrosse et le jardinier: nature et dénaturation dans la 'Deuxième promenade'

> Le souper [au château des Luxembourg] était très
> long, parce qu'on s'y reposait avec plaisir en retour
> d'une longue promenade [...] [M. de Luxem-
> bourg] me dit qu'il se rappelle avec délices nos
> promenades; surtout, ajoute-t-il, quand en rentrant
> tous les soirs dans la cour, nous n'y trouvions *point
> de traces de roues de carrosses*.[1]

LA 'Deuxième promenade' présente un contraste très brutal entre la riche expérience d'une promenade en pleine *nature* et le retour aliénant dans le monde urbain tel qu'il a été transformé (pour le pire) par 'l'homme corrompu par l'homme'. Le sujet du discours des *Rêveries* reconquiert, grâce à l'expérience seconde de l'écriture, la substance de la vie intérieure et en particulier un triste sentiment né de la considération essentielle d'une nature dans son déclin automnal alors que l'on a soi-même conscience d'approcher de la fin de sa propre vie. Au retour de la promenade, l'accident est brutal:

Mon après-midi se passa dans ces paisibles méditations, et je m'en revenais très content de ma journée, quand au fort de ma rêverie j'en fus tiré par l'événement qui me reste à raconter.
J'étais sur les six heures à la descente de Ménilmontant *presque vis-à-vis du Galant Jardinier*, quand des personnes qui marchaient devant moi s'étant tout à coup brusquement écartées je vis fondre sur moi un gros chien danois qui s'élançant à toutes jambes *devant un carrosse* n'eut pas même le temps de retenir sa course ou de se détourner quand il m'aperçut.
[...] *Le carrosse* auquel appartenait le chien suivait immédiatement et m'aurait passé sur le corps si le cocher n'eût à l'instant retenu ses chevaux.[2]

Quel sens donner au point de détail référentiel consistant à notifier que l'on était, pour ainsi dire, en train de passer 'vis-à-vis du *Galant Jardinier*'? Pour répondre je poserai comme hypothèse que le théâtre de Dancourt, plutôt que de revêtir un statut d'intertexte à proprement parler, est du moins ici assigné à témoin.

---

1. Rousseau, *Confessions* XI, *OC*, t.1, p.549 (nous soulignons ici et ailleurs dans les citations de Rousseau et des autres auteurs).
2. Rousseau, *Rêveries du promeneur solitaire* II, *OC*, t.1, p.1004-1005. Voir J.-L. Guichet, 'Nature et origine: l'accident de Ménilmontant', étude qui paraît dans ce volume.

Insistons sur le caractère paradoxalement péjoratif du nom de l'auberge[3] sous la plume de Rousseau: la dénaturation est exprimée par la qualité oxymorique de l'expression. Une nuance dépréciative, semblablement conférée par l'épithète, apparaît par exemple dans le sens antiphrastique que donne [Corrancez?] à 'l'élégant usage' de faire courir un chien danois devant un carrosse[4] (lorsque, suite à l'accident, il témoigne de sa consternation): la formule, en conformité avec les condamnations de Rousseau, recouvre une sévère critique sociale. Chez Rousseau une valeur dépréciative s'attache aux substantifs qualifiés de 'galants' ainsi qu'à tout ce qui s'associe au champ de l'élégant badinage, de la politesse apprêtée ou des civilités mondaines sophistiquées. De façon complémentaire, un indice positif inattendu revalorise les épithètes (en principe dévalorisantes) de rustre, de rugueux ou de rustique.

En langue rousseauiste (cet auteur ne cesse-t-il pas d'enjoindre son entourage à apprendre son dictionnaire?), l'épithète dévalorise donc un substantif de sens positif: un *jardinier* est quant à lui une figure valorisée en tant qu'il s'occupe sainement, paisiblement et directement de la nature (qu'il ne se renie toutefois pas lui-même! qu'il ne se fasse pas le bourreau de cette dernière dans un espace ornemental corrigé, géométrique, stérilisant 'à la française' – un tel lieu dénaturé ne conviendrait au mieux qu'à de tristes promenades en carrosses rutilants!).

L'identité de 'jardinier' renvoie d'abord, pour tout chrétien, à l'*erreur* d'appréciation rapportée par l'Evangile de Jean (20.15) que commet Marie-Madeleine lorsqu'elle se rend dans le *jardin* pour y pleurer près du tombeau. Rencontrant le Christ ressuscité alors qu'elle n'y est pas préparée, elle ne le reconnaît pas. Motivée et justifiée par le cadre environnant, l'attribution du métier manuel devient le parangon *d'une erreur qui n'en est pas une.* Dans la christologie, Jésus sera effectivement le 'jardinier' des âmes. En formulant de façon hâtive une caractérisation d'identité née de l'intuition, la prostituée repentante de la Bible fait preuve de perspicacité à l'égard d'une vérité située dans un ordre supérieur.

Dans la perspective de la vérité recherchée, il est donc des erreurs d'appréciation qui génèrent un profit heuristique. Une leçon majeure est offerte à ce sujet précisément par l'enseigne du 'jardinier' de l'Evangile. Rousseau affectionne ces erreurs qui, au fond, n'en sont pas vraiment et en particulier le procédé psychologique qui consiste à tirer le meilleur parti

---

3. La note de Marcel Raymond *ad loc.* suggère que Rousseau nomme un cabaret. Voir Rousseau, *OC*, t.1, p.1773.

4. 'Vous êtes sûrement instruit de l'accident arrivé à M. Jean-Jacques Rousseau; votre âme honnête et sensible en a été à la fois attendrie et inquiète. Ce philosophe respectable venait de goûter le plaisir de la promenade qu'il a toujours aimé. Sur la route un danois qui précédait une voiture, *selon l'élégant usage*, l'a renversé avec violence [...]. *Quel usage outrageant pour les hommes, que de faire courir ainsi devant les voitures un gros chien qui peut renverser les enfants, les vieillards, dont les chutes sont toujours dangereuses.* [...] A la vue d'un pareil mépris pour l'humanité, mon cœur se serre d'indignation' (lettre de [Corrancez?] à Jacques Laconte, dans Rousseau, *CC* 7107, t.11, p.100).

possible d'une identité qui vous est d'abord prêtée par votre ennemi dans le dessein de vous dénigrer, de vous rabaisser, de vous tourner en dérision.

L'activité de 'jardinier' éveille de son côté une série d'échos immédiats dans l'œuvre de Rousseau. Il reçut, lors de son arrivée à Montmorency, une première fonction de gardien de jardin.[5] Il est certain que l'important développement de la figuration de Julie (un personnage qui revêt sur le plan philosophique une fonction ductile de *vecteur heuristique*), *en jardinière*,[6] représente une réflexion spéculaire, par métaphore, sur son propre rapport à l'écriture. Comme j'ai eu l'occasion de le montrer, l'exposé de l'art du jardinage de son héroïne de roman, quant à son rapport au travail de la *nature*, offre un reflet exact et fidèle des ambitions (et des fausses naïvetés aussi) de l'art de l'écriture de Rousseau.[7] Or durant la période de retraite protégée chez M. d'Epinay à Montmorency, les amis philosophes attribuèrent à Rousseau – le fait est attesté – le sobriquet de 'galant berger'. L'allusion complémentaire au *berger extravagant* engage ses associations particulières: la perturbation quichottienne s'applique à une imagination exagérément imprégnée de lectures pastorales. La première intention de son entourage est de persifler un Jean-Jacques qui nourrit, lors de ses propres promenades dans les bocages, une identification (irraisonnée et comique) aux amours des bergers de fiction. Or, rapportée à la gestation de *La Nouvelle Héloïse*, ces reconnaissances de soi en *berger extravagant* et en *galant berger* sont explicitement acceptées.[8]

Du riche roman de Cervantès émane une figure burlesque devenue entre-temps objet de 'dancourade', Sancho Pança, écuyer rustique et proche d'une nature grossière, incongrûment promu législateur et gouverneur de l'île de Barataria. Sa simplicité naturelle lui fait prendre au sérieux et à cœur une charge que des esprits nobles et compliqués ne lui avaient en réalité prêtée que pour un canular, pour se moquer de lui.[9]

---

5. Rousseau, *Confessions* IX, *OC*, t.1, p.433.

6. Rousseau, *Julie, ou La Nouvelle Héloïse* IV, *OC*, t.2, p.11.

7. Il s'agit d'un épisode majeur rédigé lors de la période féconde de Montmorency. Dans la fiction, Saint-Preux rend visite au jardin 'idéalement' réalisé de l'Elysée à Clarens (et bénéficie des explications de deux guides: la jardinière Julie elle-même, et son sage mari Wolmar, idéologue de la récusation du jardin à la française). Voir mon étude, 'L'impossible virginité du jardin verbal. Les leçons de la nature selon la Lettre IV,11 de *La Nouvelle Héloïse*', dans *Rousseauismus, Naturevangelium und Literatur* (Actes du colloque international du Neuchâtel), éd. P. Söring (Berne, 1999), p.53-83.

8. 'Voilà [...] l'austère Jean-Jacques, à près de quarante-cinq ans, redevenu tout à coup le *berger extravagant*' (Rousseau, *Confessions* IX, *OC*, t.1, p.427). L'identification au berger volontiers *assumée* par Rousseau commence par être suggérée par des quolibets – ici des Philosophes: 'Depuis mon établissement à l'Ermitage, Diderot n'avait cessé de m'y harceler, soit par lui-même, soit par Deleyre, et je vis bientôt, aux plaisanteries de celui-ci sur mes *courses boscaresques*, avec quel plaisir ils avaient travesti l'ermite en *galant berger*' (Rousseau, *Confessions* IX, *OC*, t.1, p.455). Pourquoi (son emploi est gardien du jardin de M. d'Epinay) ne pas le surnommer aussi 'galant jardinier'? Sur l'intertexte du *Berger extravagant* voir mon étude, 'Le framboisier pénétrant', *Etudes J.-J. Rousseau* 14:5 (2003-2004), p.23-49.

9. *Don Quichotte*, Seconde Partie, ch.42-55.

Certes Rousseau affectionne (mais à rebours de l'intention comique) ce thème qui avait acquis une pleine autonomie au dix-huitième siècle en étant porté avec succès au théâtre burlesque: Dancourt avait composé sa pièce *Sancho Pança gouverneur, comédie en cinq actes et en vers*, en 1712. Mais si Rousseau réhabilite implicitement le personnage (a priori ridicule), lorsqu'il en fait à plusieurs reprises, à partir de 1766, une application à lui-même,[10] il n'en admire pas plus Dancourt pour autant. Ses thèses sévères condamnant les prémisses vicieuses du rire du spectateur recherché par des auteurs de théâtre dénaturés au détriment de figures d'hommes simples, ont été clairement formulées durant la période de Montmorency (1758): 'les sots sont les victimes des méchants; ce qui, pour n'être que trop vrai dans le monde, n'en vaut pas mieux à mettre au théâtre avec un air d'approbation, comme pour exciter les âmes perfides à punir, sous le nom de sottise, la candeur des honnêtes gens'.[11]

Rousseau prononce un jugement sévère au sujet de Dancourt dans sa même *Lettre à M. D'Alembert sur les spectacles*. Il doit certes être cité le premier parmi les successeurs de Molière, mais il n'a pas la dimension de celui-ci et ne mérite somme toute qu'une vague mention au tour prétéritif: 'Je ne ferai pas à Dancourt l'honneur de parler de lui: ses pièces n'effarouchent pas par des termes obscènes, mais il faut n'avoir de chaste[s] que les oreilles, pour les pouvoir supporter. [Son théâtre ne cherche qu'à] amuser les femmes perdues.'[12] Le moins méconnu des successeurs de Molière est prolifique (quatre-vingt-dix pièces) mais, à l'exception du précoce *Chevalier à la mode* (1687), il n'atteignit jamais la grande notoriété. Dans une lettre du 14 mars 1759 à son éditeur Rey, Rousseau efface même sa brève et discrète allusion;[13] néanmoins, il le sait, Dancourt a marqué le genre de la comédie de mœurs parisiennes.[14]

Autant dire que Dancourt personnifie à lui seul le théâtre comique tel que Rousseau le condamne absolument. Or Rousseau nous habitue à des renversements dialectiques propres à l'effet de levier favorisé, à son insu, par la position ennemie elle-même. Le réemploi du Sancho de Dancourt que nous venons de rappeler en est le meilleur exemple.

Il nous paraît tout à fait significatif que *La Nouvelle Héloïse* réunisse dans une réprobation commune la mode des mondains parisiens pour les

10. Lettre de Rousseau à Du Peyrou, Paris, 1er janvier 1766; à M. de Saint-Germain, Monquin, 26 février 1770; *Rousseau juge de Jean-Jacques: Dialogues* I, *OC*, t.1, p.716. Voir mon étude: 'La sottise moquée de Lazarille, de Sancho, d'Arlequin: échos redressés dans l'œuvre de Rousseau', dans *Sottise et ineptie de la Renaissance aux Lumières*, éd. N. Jacques-Lefèvre et al., *Littérales* 34-35 (2004), p.165-81. Voir aussi l'étude de J. T. Scott dans le présent volume: 'Rousseau's quixotic quest in the *Rêveries du promeneur solitaire*'.
11. Rousseau, *Lettre à D'Alembert sur les spectacles*, *OC*, t.5, p.32.
12. Rousseau, *Lettre à D'Alembert*, *OC*, t.5, p.42.
13. Rousseau, *CC* 788, t.6, p.46.
14. Il a accédé au statut d'antonomase. Après d'autres, Mirabeau (3 février 1768) emploie dans une lettre à Rousseau le terme péjoratif de 'dancourade' pour désigner une littérature de sarcasmes opportunistes rebondissant directement sur l'actualité.

carrosses et leur goût pour le (mauvais) théâtre comique et satirique.[15] Quel sens faut-il maintenant donner au détour en direction de l'œuvre de Dancourt auquel nous convie la dénomination de *galant jardinier* apparaissant dans les *Rêveries?* Le petit successeur de Molière est en effet l'auteur d'une comédie en un acte de ce titre (1704).

En premier lieu, la dénomination *Le Galant Jardinier* marque dans l'économie de la 'Deuxième promenade' un coup d'arrêt à la communion avec la *pure nature*; d'autre part l'objet culturel référé, une éventuelle guinguette (?) nommée au diapason d'une pièce récréative (relevant d'un théâtre aux *effets dénaturants*), piteux insignes de l'univers urbain avili que l'on réintègre et qui ne se sert plus de la 'nature' (signifiant vidé de sa substance vive) que comme alibi pour servir au *spectacle artificiel visant à plaire*.

En second lieu *Le Galant Jardinier* renvoie à l'œuvre théâtrale de Dancourt, certes globalement condamnable par sa nature même, mais qui ne cesse néanmoins de *traiter sur le mode satirique de l'orgueil associé au carrosse et de tourner à juste titre en dérision cet objet d'un désir de luxe disproportionné.* Si le signal intertextuel offert par un titre de comédie permet de renvoyer à une œuvre de façon générale, Rousseau et son lecteur connaissent par ailleurs cette préoccupation objectivement intéressante et *profitable* présente chez Dancourt. Rousseau opère un renversement dialectique à partir d'un objet de valeur négative et qui reste en soi condamnable: le propos de la 'Deuxième promenade' *bénéficie* en fin de compte, par l'effet de levier, du souvenir de la condamnation des voitures et des équipages présentée au théâtre.

Dans la pièce la plus célèbre de Dancourt, *Le Chevalier à la mode* (1687), une bourgeoise veuve très riche (Mme Patin) désire accéder au titre de marquise qui permettrait à son carrosse d'être respecté au haut du pavé de la chaussée parisienne. La querelle risible autour des prérogatives du carrosse (I.i), puis l'inflation à propos de l'apparat de son équipage (I.vii-ix), est au service de la satire d'une susceptibilité dérisoire s'attachant aux droits de prééminence traduisant une hiérarchie parmi les détenteurs de voitures prestigieuses. L'accident de Rousseau en 1776 ne pourrait-il pas être considéré comme une transposition dramatisée de l'incident burlesque, éminemment artificiel et mondain (les préoccupations exposées sont au plus loin d'une relation saine à la nature), commenté à l'ouverture de la comédie satirique de Dancourt?

---

15. 'Avoir un carrosse, un suisse, un maître d'hôtel, c'est être comme tout le monde. Pour être comme tout le monde, il faut être comme très peu de gens. Ceux qui vont à pied ne sont pas du monde; ce sont des bourgeois, des hommes du peuple, des gens de l'autre monde; et l'on dirait qu'un carrosse n'est pas tant nécessaire pour se conduire que pour exister. Il y a comme cela une poignée d'impertinents qui ne comptent qu'eux dans tout l'univers, et ne valent guère la peine qu'on les compte, si ce n'est pour le mal qu'ils font. C'est pour eux uniquement que sont faits les spectacles; ils s'y montrent à la fois comme représentés au milieu du théâtre, et comme représentants aux deux côtés; ils sont personnages sur la scène, et comédiens sur les bancs' (Rousseau, *Julie* II,17, *OC*, t.2, p.252).

Lisette: Qu'est-ce donc, Madame? Qu'avez-vous? Que vous est-il arrivé? Que vous a-t-on fait? [...]

Mme Patin: [...] Quelle violence! *En pleine rue on vient de me manquer de respect.* [...] Une marquise de je ne sais comment, qui a eu *l'audace de faire prendre le haut du pavé à son carrosse,* et qui a fait reculer le mien de plus de vingt pas.

Lisette: [...] Quoi? votre personne qui est toute de clinquant, *votre grand carrosse doré qui roule pour la première fois,* deux gros chevaux gris pommelés à longues queues, un cocher à barbe retroussée, six grands laquais, plus chamarrés de galons que les estafiers d'un carrousel, tout cela n'a point imprimé de respect à votre marquise?

Mme Patin: Point du tout, c'est du fond d'un vieux carrosse, traîné par deux chevaux étiques, que cette gueuse de marquise *m'a fait insulter* par des laquais tous déguenillés. [...] Je l'ai pris sur un ton proportionné à mon équipage mais elle avec un 'taisez-vous bourgeoise', *m'a pensé faire tomber de mon haut.*

Lisette: Bourgeoise! Bourgeoise! Dans un carrosse de velours cramoisi à six poils, entouré d'une crépine d'or![16]

A la première scène du second acte, son beau-frère lui conseille d'échanger le riche véhicule et l'équipage rutilant qui ne réussissent qu'à provoquer son malheur,[17] contre une voiture plus modeste et mieux appropriée:

M. Serrefort (à Mme Patin): Je voudrais bien savoir, vous dis-je, si vous ne seriez pas mieux d'avoir un bon carrosse; mais, doublé de drap couleur d'olive, avec un chiffre entouré d'une cordelière, un cocher maigre, vêtu de brun, un petit laquais seulement pour ouvrir la portière, et des chevaux modestes, que de promener par la ville ce somptueux équipage qui fait demander qui vous êtes, ces chevaux fringants qui éclaboussent les gens de pied, et tout cet attirail, enfin qui vous fait ordinairement mépriser des gens de qualité, envier de vos égaux, et maudire par la canaille. Vous devriez, Madame Patin, retrancher tout ce faste qui vous environne.[18]

Dans *La Maison de campagne, comédie* (1687; publiée 1691), Thibaut est le premier des paysans de Dancourt à susciter le rire parce qu'il parle en patois rustique face à un Parisien poli, élégant et urbain.[19] Ce rire

16. Dancourt, *Le Chevalier à la mode,* dans *Œuvres de théâtre de M. D'Ancourt* (Aux dépens des Libraires associés, 1760), t.1, p.69-71.

17. Dans *La Femme d'intrigues,* un marquis a des chevaux exceptionnels et se montre ridiculement fier du cocher et des laquais qui complètent l'équipage (III.ii). Dans *L'Eté des coquettes* (1690), Angélique taquine Des Soupirs qui se vante de s'être donné un carrosse (scène vii; *Œuvres de théâtre de M. D'Ancourt,* t.2, p.1-70, ici p.26). Les conséquences psychosociales de l'interpénétration de la nature et de la ville apportées par les modifications de la promenade à cheval ou en carrosse dans l'espace urbain font l'objet de travaux récents d'historiens. Voir *Voitures, chevaux et attelages du XVIe au XIXe siècle,* éd. Daniel Roche (Paris, 2000) et *Humeurs vagabondes: de la circulation des hommes et de l'utilité des voyages* (Paris, 2004). Voir aussi Sandra Pascalis, Daniel Rabreau, Vincent Bradel, Jean-Pierre Husson, *La Nature citadine au siècle des Lumières: promenades urbaines et villégiatures,* Annales du Centre Ledoux, Université Paris I, t.5 (Paris, 2006); *Le Cheval à Paris,* éd. Frédéric Jiméno et Dominique Massounie (Paris, 2006); Sandra Pascalis, 'De la déambulation en ville à la parade en carrosse ou à cheval', dans *Monuments et hauts lieux de l'architecture équestre,* 9e Colloque de l'Ecole nationale d'équitation (Saumur, 2006), à paraître.

18. Dancourt, *Le Chevalier à la mode,* II.i, p.107-108.

19. '*Thibaut*: [...] ils sont venus dans un biau carrosse doré, avec six gros chevaux, et je ne sais combien de laquais derrière. *M. Bernard*: Et tout cet équipage est chez moi?

facilement provoqué dans les comédies parisiennes, au détriment du langage du paysan mal dégrossi (souvent du Suisse), est formellement condamné par Rousseau. C'est l'homme dénaturé (corrompu par les vices de l'homme social) qui ne dispose plus du sain jugement requis pour se rendre compte que c'est de la nature qu'il se moque! Tous les indices de valorisation devraient être corrigés et *inversés*. Dans la pièce, une *comtesse dont le carrosse vient de verser dans des chemins de terre mal entretenus* est annoncée. Autre déclencheur du rire: la mauvaise conduite de *chiens* de meute (ce second indice de *luxe* déçoit lui aussi les attentes non naturelles de leur propriétaire). Au terme de la chasse les *chiens se comportent mal* en saccageant le jardin et en volant la viande du souper. La pièce semble traiter du rapport manqué entre l'homme civilisé et urbain, et l'homme de la campagne et de la nature: mais l'intention comique constitue aux yeux de Rousseau une prémisse vicieuse qui implique nécessairement une compréhension ratée au départ du sujet et une mise en perspective faussée.

Dans la scène IV.ix des *Bourgeoises à la mode, comédie en cinq actes* (1692), le servile Frontin répète à deux reprises: 'Monsieur, je vais chercher un carrosse.'[20] Lorsque le littérateur et horticulteur distingué J.-B. Tschudi adresse à J.-J. Rousseau, le 26 juillet 1765, une critique d'inspiration 'rousseauiste' des bourgeoises de Metz bien réelles, qu'accaparent entièrement les frivoles exigences de leur coquetterie, il le fait certes sur le modèle satirique des lettres parisiennes adressées par Saint-Preux à Julie dans *La Nouvelle Héloïse*; mais il laisse d'abord reconnaître, comme l'a découvert le distingué commentateur Ralph A. Leigh, une terminologie mobilisant avant tout le souvenir des *Bourgeoises de qualité* de Dancourt (1700).[21]

Dix-sept ans après *Le Chevalier à la mode*, Dancourt donne au public *Le Galant Jardinier, comédie en un acte* (1704).[22] La chaise de poste d'un officier qui rentre d'Allemagne, Léandre, se rompt: l'accident le contraint à prendre place dans le carrosse où voyagent deux Parisiennes, Mme Dubuisson et sa fille Lucile. Lorsque celles-ci se rendent plus tard en carrosse à leur maison de campagne, elles ignorent que l'amoureux Léandre s'y est entre-temps fait engager *sous l'espèce d'un aide-jardinier*. Dès la première scène, la mère ne fait que se plaindre:

Thibaut: Non, le cocher est allé bouter le carrosse sous queuque hangar dans le village, car tous les vôtres sont plains de jarbes; mais ramènera les chevaux, et j'ai dit que vous aviais une belle étable, où il en tiendroit plus de vingt-quatre. *M. Bernard*: Ah! le pendart. *Thibaut*: Vous serez morgué ravi d'envisager ces chevaux-là; je n'en ai jamais vu de si gros en ma vie. Ils m'ont tout l'air d'être bien nourris' (scène iv). Voir Dancourt, *La Maison de campagne*, éd. André Blanc (Paris, 1985), p.20-21.
   20. Dans *Œuvres de théâtre de M. D'Ancourt* (1760), t.3, p.126.
   21. Rousseau, *CC* 4546, t.26, p.120; note *ad loc.*
   22. Dancourt, *Le Galant Jardinier*, dans *Œuvres de théâtre de M. D'Ancourt* (1760), t.9, p.3-70.

Mme Dubuisson: Outre la fatigue du voyage, et le mouvement de ce vilain carrosse de voiture, dont je ne saurais me remettre, j'ai une migraine si horrible, un si grand mal de tête...[23]

Dans la cinquième scène un dialogue de paysans témoigne de l'attrait fallacieux qu'exercent un beau carrosse et un bel équipage sur des esprits simples et rustiques. Bien sûr, Dancourt n'est retenu que par le seul parti à tirer de la situation sur le plan comique.

Lucas [à Mathurine]: J'ai marguenne opignion que ça est. Tatigué, que d'envieux! Que de gens fâchés dans le Village, quand ils verront Mathurine et Lucas dans un biau carrosse![24]

Aux yeux de l'auteur du *Devin du village*, une telle scène d'entretien de paysans grossiers n'est ridicule qu'accidentellement. Plus profondément dramatique est le processus de dénaturation qui voit le goût des paysans (*indûment moqués* dans les productions récréatives des marquis de Paris) perverti du fait de l'attrait qu'exercent – malheureusement – les appâts clinquants et les faux-semblants luxueux agités devant leurs yeux par les 'hommes corrompus par l'homme' de Paris déjà totalement aveuglés par leurs fausses valeurs d'urbanité mondaine. Dans la scène ix où l'aventure passée du carrosse est enfin rappelée en détail par Lucile que vient de frapper la ressemblance du visage du nouveau jardinier,[25] l'auditeur Marton propose une formule qui sonne à la fois comme une récapitulation synthétique et une revendication générique pour l'ensemble: 'c'est donc une aventure de carrosse que celle-ci?'[26] D'un point de vue rousseauiste, c'est bel et bien tristement le carrosse qui donne le la à cette histoire galante et non pas le jardinier de pacotille déguisé par amour.[27] Plus fondamentalement: la coquette galante n'est en rien l'héritière de la Marie-Madeleine de l'Evangile. En effet, contrairement à l'expérience de (faux) jardinage restituée par le récit de saint Jean, chez Dancourt le passage par l'identité d'emprunt de 'jardinier' reste platement orne-mental et récréatif et ne mène à aucune révélation enrichissante essen-tielle. Irrémédiablement 'galante', la séduction amoureuse réciproque,

23. Dancourt, *Le Galant Jardinier*, p.10.
24. *Le Galant Jardinier*, p.19. Dans *La Fête de village* (1700), satire justifiée des attitudes et prétentions de bourgeoises ridicules, des paysans naturels parlant patois sont inutilement tournés en dérision. Tout autres seront les valeurs promues dans *Le Devin du village*!
25. '*Lucile*: Un Officier qui revenait d'Allemagne: la chaise de poste rompit en chemin, il prit place dans le carrosse, je fus surprise en le voyant, il me parut embarrassé comme moi; et tant que nous avons pu nous voir, nous n'avons point cessé de nous regarder l'un et l'autre, que quand ma mère nous regardait. *Marton*: La pauvre enfant! *Lucile*: Il me donnait la main, quand nous descendions du carrosse, et il me la serrait avec tant d'ardeur' (Dancourt, *Le Galant jardinier*, p.40-41). Dans *Les Eaux de Bourbon* (1696), l'officier Valère était déjà retardé par un accident de voiture.
26. Dancourt, *Le Galant Jardinier*, p.40.
27. Scène xxiii: 'Marche de plusieurs jardiniers et paysannes, de Scaramouches, Arle-quins et autres. Les jardiniers portent sur leurs têtes des corbeilles garnies de fleurs. [...] *Entrée des jardiniers qui portent leurs corbeilles à Lucile*' (p.61).

qui ne s'est décidée que dans l'intimité du carrosse, reste désespérément frivole et mondaine.

Rappelons que Rousseau pouvait trouver dans certains moments-clés de sa biographie des occasions de rapprochements entre lui-même et des situations présentées par les dancourades, et donc des raisons d'*applications* à lui-même. Lorsque le 9 avril 1756 le rustre 'suisse' est enfin arraché à l'influence nuisible de Paris pour être bientôt établi 'gardien de jardin' dans la maison de campagne de Montmorency, il insiste sur le fait que le trajet décisif eut lieu dans le 'carrosse' de Mme d'Epinay.[28] Un sentiment d'écœurement ou de revanche prévalut-il à ce moment-là chez ce farouche adepte de la marche à pied à qui le comte Favria avait ordonné vingt-huit ans plus tôt, à Turin, de façon humiliante (alors que lui-même n'était qu'un 'laquais'), de monter derrière son carrosse en position de valet à livrée décoratif?[29]

Dans l'article 'Economie politique' rédigé pour *l'Encyclopédie* (1755), Rousseau recourt à l'exemple éloquent du carrosse. Il y fustige, on le sait, la conviction absurde des nobles et des nantis, pour qui leurs jambes sont constituées différemment que celles des humbles: comment attribuer le moindre crédit à la vision qui voudrait que le superflu inutile à ces derniers (un carrosse avec équipage) leur soit nécessaire, à eux? Rousseau envisage *a contrario* l'hypothèse d'un comportement civique et vertueux 'à la romaine', qui n'est précisément pas envisageable dans le Paris de 1755: 'Le peuple se prosternerait devant un ministre qui irait au conseil à pied, pour avoir vendu ses carrosses dans un pressant besoin de l'état.'[30]

Dans un développement oratoire fameux, le carrosse, indice de luxe ostentatoire nuisible, implique de surcroît, en tant que véhicule dangereux, l'oppression et la mise en péril de la vie des humbles piétons laborieux. Le signe extérieur de richesse (objectivement inutile et aberrant au regard de la vocation naturelle de 'l'homme de la nature') coïncide ainsi avec un instrument de brutalité: la signification métaphorique (le luxe est une agression à l'égard du pauvre) trouve une confirmation et une vérification concrètes.

Tous les avantages de la société ne sont-ils pas pour les puissants et les riches? [...] Les coups de bâton qu'il distribue, *les violences qu'il* [un homme de considération] *commet, les meurtres mêmes et les assassinats dont il se rend coupable,* ne sont-ce pas des affaires qu'on assoupit, et dont au bout de six mois il n'est plus question? [...] *l'essieu de sa chaise vient-il à rompre? tout vole à son secours:* [...] la foule l'incommode-t-elle? il fait un signe, et tout se range: un charretier se trouve-t-il sur son passage? ses gens sont prêts à l'assommer; *et cinquante honnêtes piétons allant à leurs affaires seraient plutôt écrasés, qu'un faquin oisif retardé dans son équipage.* Tous ces égards ne lui coûtent pas un sou; ils sont le droit de l'homme riche, et non le prix de la richesse. Que le tableau du pauvre est différent! plus l'humanité lui doit, plus la société lui

---

28. Rousseau, *Confessions* IX, *OC*, t.1, p.403.
29. Rousseau, *Confessions* III, *OC*, t.1, p.93.
30. Rousseau, *De l'économie politique*, *OC*, t.3, p.271.

refuse: [...] *au moindre accident qui lui arrive*, chacun s'éloigne de lui: si sa pauvre charrette renverse, loin d'être aidé par personne, je le tiens heureux s'il évite en passant les avanies des gens lestes d'un jeune duc: en un mot, toute assistance gratuite le fuit au besoin, précisément parce qu'il n'a pas de quoi la payer; mais je le tiens pour un homme perdu, s'il a le malheur d'avoir l'âme honnête, une fille aimable, et un puissant voisin.[31]

Relu sous l'éclairage de cette vision 'prémonitoire' qui s'inscrivait dans un propos ardemment révolté de dénonciation sociale, l'épisode de Ménil-montant paraît offrir une application certes personnelle mais surtout *conséquente*. Il reproduit et personnalise une situation formulée vingt-deux ans plus tôt, à titre d'hypothèse dans un cadre d'argumentation poli-tique.[32]

Dans *Julie, ou La Nouvelle Héloïse* aussi, la simplicité vertueuse de la communauté rustique n'est louée que sur fond de réprobation du clin-quant urbain. Saint-Preux loue dans une lettre la modestie et de la sim-plicité de la demeure de Clarens (V.ii). Les divers aspects du luxe sont évoqués: alors qu'ils sont moralement disqualifiés, ils servent seulement d'étayage à l'enseignement opposé: il faut parler du luxe dont il est préfér-able de se priver soi-même, pour son propre bénéfice. Julie milite à la fois contre les ornements et en faveur de simplicité et de vérité naturelles.

Elle ne compte pour superflu rien de ce qui peut contribuer au bien-être [...]; mais elle appelle ainsi tout ce qui ne sert qu'à briller aux yeux d'autrui, de sorte qu'on trouve dans sa maison le luxe de plaisir et de sensualité sans raffinement ni mollesse. [...] *Quand je lui dis à quel prix on a poussé les vernis [des carrosses parisiens], elle ne me comprend plus, et me demande toujours si ces beaux vernis rendent les carrosses plus commodes?*[33]

Le *carrosse* revêt un statut emblématique aux yeux des amants pro-vinciaux du roman: après l'exposé sur Paris le même exemple péjoratif est encore commenté à Clarens lors de la récusation des vernis et dorures.[34] La même dénonciation rigoureuse et sérieuse était déjà celle de la dis-sertation épistolaire de Béat de Muralt: celle-ci est connue des amants et

31. Rousseau, *De l'économie politique*, OC, t.3, p.271-72.
32. Rousseau préconise encore, un peu plus loin, des taxes sur les carrosses qui per-mettraient au moins à la communauté de se dédommager de l'insolente richesse du nanti: 'Si, par exemple, le gouvernement peut interdire l'usage des carrosses, il peut à plus forte raison imposer une taxe sur les carrosses, moyen sage et utile d'en blâmer l'usage sans le faire cesser. Alors on peut regarder la taxe comme une espèce d'amende, dont le produit dédommage de l'abus qu'elle punit' (Rousseau, *De l'économie politique*, OC, t.3, p.278).
33. Rousseau, *Julie* V,2, OC, t.2, p.531.
34. 'Quand je vois qu'on a voulu faire un grand palais, je me demande aussitôt pour-quoi ce palais n'est pas plus grand? Pourquoi celui qui a cinquante domestiques n'en a-t-il pas cent? Cette belle vaisselle d'argent, pourquoi n'est-elle pas d'or? *Cet homme qui dore son Carrosse, pourquoi ne dore-t-il pas ses lambris?* Si ses lambris sont dorés, pourquoi son toit ne l'est-il pas? [...] Je défie aucun homme sensé de contempler une heure durant le palais d'un prince et le faste qu'on y voit briller sans tomber dans la mélancolie' (Rousseau, *Julie*, OC, t.2, p.545-47).

admirée par eux, volontiers assumée puis reprise et prolongée.[35] Comment ne pas voir qu'une dénonciation similaire serait en même temps présente dans le discours *théâtral comique* sur lequel Rousseau choisit de ne pas poser les yeux (il mérite à ce seul titre de théâtre comique, d'être réprouvé) et tout particulièrement dans celui de Dancourt?

Il y a donc aussi *(tout de même)* des semences de profit dans un genre de *spectacle* satirique récréatif par ailleurs *dénaturant* – alors même que celui-ci reste essentiellement coupable (sur un plan moral), ne recherchant de façon démagogique que la seule adhésion de rieurs cruels. Dans la 'Deuxième promenade' des *Rêveries*, c'est afin de livrer cette leçon que Rousseau produit le *spectacle* de sa confrontation de piéton avec un carrosse circulant trop vite, de sa collision violente, de son invraisemblable et grotesque pirouette et de sa chute, *presque vis-à-vis* du 'théâtre comique' présent en arrière-plan. Celui-ci, en tant que genre littéraire, s'est trouvé ainsi personnifié et pris à témoin. Si la mobilisation du souvenir de Dancourt a apporté d'indéniables enrichissements contextuels (l'apport dépend de la compétence du lecteur), le choix de perspective différent est surtout offert à une évaluation comparative implicite qui ne saurait conclure à autre chose qu'à l'infériorité et à l'insuffisance de la dancourade; et, au terme du rappel des trop pauvres enjeux présentés par la comédie satirique, la disqualification de celle-ci peut être confirmée.

35. '[A Paris] On se montre aussi dans les visites par la parure, qui est proprement la chose à montrer, et qui est essentielle au beau monde [...]. La parure est établie en France plus que nulle part ailleurs [...]. [Le *carrosse*] contribue beaucoup à relever la parure et le pousser jusqu'à la magnificence; [...] avec la parure, le *carrosse* fait triompher les femmes' (Béat Louis de Muralt, *Lettres sur les Anglais et les Français*, t.2, Lausanne, 1972, p.111). Dans le roman de Rousseau, Julie renvoie St-Preux à leur connaissance commune de ce texte apprécié (*Julie* II,15, *OC*, t.2, p.237-38).

FIONA MILLER

Forced into freedom: Rousseau's strange self-portrait in the *Rêveries*

THE opening of the *Confessions* trumpeted Rousseau's singularity. The *Dialogues* reaffirmed it. In the *Rêveries*, Rousseau is not only different, but alone. The knell of loneliness tolls with its famous opening line – 'Me voici donc seul sur la terre' – reverberates in Rousseau's claim that he has been proscribed from society by 'un accord unanime', and reaches a crescendo when he imagines himself as the sole will remaining in a universe populated by mechanical beings rather than fellow humans.[1] This article examines Rousseau's description of his exile to solitude. Noting the sensationalist logic and language Rousseau uses to describe his ostracism from society, as well as the similarities between Rousseau's solitude in the *Rêveries* and the solitude of his natural man, I argue that Rousseau's presentation of his social exclusion is also a presentation of what it means to force a human being to be free. His strange self-portrait in the *Rêveries* teaches us about Rousseau's relationship to the materialists of his day and about a possibility that is often overlooked by his political interpreters: that natural freedom can be enjoyed even within society.

One of the more curious aspects of the *Rêveries* is that their imaginative climax, the reverie of the 'Cinquième promenade', is so unrepresentative of the work as a whole. While the *imagination créatrice* is one of Rousseau's claims to fame, the *Rêveries* more often show him with an 'imagination tarissante'.[2] It is, after all, to supplement his failing imagination that he writes at all, hoping to redouble his existence through later reading about his past reveries, and he stresses the eclipse of his imagination throughout the work.[3] 'Il y a plus de réminiscence que de création' in the products of Rousseau's tired imagination.[4]

Rousseau attributes the waning of his imaginative powers partially to age. He notes that 'l'esprit de vie s'éteint en moi par degrés', and his imagination seems to be part of a general decline in his faculties.[5] Yet the primary cause of his imaginative decline is the adversity he has faced in his later years. Because imagination threatens to magnify his misery and so to

1. Rousseau, *Rêveries du promeneur solitaire*, *OC*, vol.1, p.995, 1078.
2. Rousseau, *Rêveries*, *OC*, vol.1, p.1004.
3. Rousseau, *Rêveries*, *OC*, vol.1, p.1002, 1004, 1062, 1063, 1075.
4. Rousseau, *Rêveries*, *OC*, vol.1, p.1001, 1002.
5. Rousseau, *Rêveries*, *OC*, vol.1, p.1002.

cause him pain, his imagination slows. The potential pain of exercising the imagination is never far from the surface of Rousseau's work. He had taken to heart the Hellenistic lesson that the imagination threatened unhappiness more than it promised *ataraxia*. The imagination collects, extends and increases our woes.[6] It allows our feelings, spreading out on the wings of imagination, to permeate the universe and, by extending our existence, increases our vulnerability to others, not least because imagination encourages us to engage in the invidious comparisons spurred by *amour-propre*.[7]

Yet prior to the *Rêveries*, Rousseau stresses the promise rather than the threat of the imagination in his own case, downplaying his own susceptibility to the pain of the imagination. The exercise of his imagination had once been a route to happiness – one thinks of his description of writing *Julie, ou La Nouvelle Héloïse*, a chronicle of the lives of beings created after his own heart to please his own heart.[8] It was the way in which one yielded to the imagination that made one happy or miserable, he had maintained.[9] Imagination promises much; it sweetens our sensations and creates the beauty of which the child or the natural man remains ignorant.[10] Yet it is more often abused than properly used, and in the *Rêveries*, Rousseau begins to fear that his imagination, 'effarouchée par [ses] malheurs', would colour his reveries themselves and 'que le continuel sentiment de mes peines me reserrant le cœur par degrés ne m'accablât enfin de leur poids'. 'Dans cet état, un instinct qui m'est naturel me faisant fuir tout idée attristante imposa silence à mon imagination.'[11]

A silent imagination turns out to be a blessing rather than a curse. While Rousseau shows its promise in the 'Cinquième promenade', he welcomes his escape from it insofar as that escape returns him to himself and delivers him from the psychic torment of second-guessing the intentions of his incomprehensibly malicious contemporaries.[12] The sweetness of his existence, he discovers, had been most intense when his sentiments had been concentrated in his heart by destiny or adversity, when his sentiments 'n'allaient point s'évaporant au-dehors sur tous les objets de l'estime des hommes'.[13] Without the pressure of adversity, the affections of Rousseau's expansive soul ventured outward and attached themselves to innumerable objects, pushing him to forget himself: 'j'étais tout entier à ce qui m'était étranger et j'éprouvais dans la continuelle agitation de mon

6. Rousseau, *Rêveries*, *OC*, vol.1, p.997.
7. Rousseau, *Emile, ou, De l'éducation*, *OC*, vol.4, p.308.
8. Rousseau, *Confessions*, *OC*, vol.1, p.430-31.
9. Rousseau, *Rousseau juge de Jean-Jacques: Dialogues*, *OC*, vol.1, p.816.
10. Rousseau, *Emile*, *OC*, vol.4, p.431-32. See also *Emile*, *OC*, vol.4, p.418; *Dialogues*, *OC*, vol.1, p.808; and *Confessions*, *OC*, vol.1, p.27.
11. Rousseau, *Rêveries*, *OC*, vol.1, p.1062.
12. On the imagination as a source of Rousseau's unhappiness, see the article by John C. O'Neal in this volume.
13. Rousseau, *Rêveries*, *OC*, vol.1, p.1074.

cœur toute la vicissitude des choses humaines'.[14] When adversity blocks the expansion of his feelings and his imagination, he finds himself at home again: 'C'est à ce retour sur nous-mêmes que nous force l'adversité.'[15]

He finds that to be returned to ourselves is to be returned to the primacy of sensation as a basis of human experience. Once his imagination ceases to speak, his senses take over. The same instinct that silenced his imagination fixes his attention on the objects that surround him. For the first time, he becomes immersed in the details rather than the whole of the natural world.[16] 'Forcé de m'abstenir de penser, de peur de penser à mes malheurs malgré moi; forcé de contenir les restes d'une imagination riante mais languissante, que tant d'angoisses pourraient effaroucher à la fin; forcé de tâcher d'oublier les hommes, qui m'accablent d'ignominie et d'outrages', his expansive soul attaches him to the things around him rather than to the objects of his imagination.[17] 'Mes idées', he adds, 'ne sont presque plus que des sensations, et la sphère de mon entendement ne passe pas les objets dont je suis immédiatement entouré.'[18] Losing sight of the forest for the trees, Rousseau approaches a state reminiscent of that of natural man whose imagination depicted nothing to him, whose heart asked nothing of him, and whose soul was given over entirely to the sentiment of his own existence.[19]

The silencing of his imagination not only turns Rousseau away from the contemplation of philosophical wholes toward the sensation of particular objects, but also turns him away from a view of his contemporaries as his *semblables* and toward a view of them as matter in motion. His imagination, that is, becomes particularly mute in relation to what it tells him of his fellow human beings, and it does so, once again, because of the pain its operation now entails. Rousseau describes his contemporaries as having treated him inhumanely. Indeed, he accuses them of ceasing to be human: 'J'aurais aimé les hommes en dépit d'eux-mêmes. Ils n'ont pu qu'en cessant de l'être se dérober à mon affection.'[20] His contemporaries ceased to be human in two ways. First, they ceased to be human by ceasing to be humane. They had searched for the torment that was the most painful to Rousseau's 'âme sensible' and had 'brisé violemment tous les liens qui [l]'attachaient à eux'.[21] Not only was the world of letters ready to besmirch Rousseau's name upon his death, as the obituaries

---

14. Rousseau, *Rêveries*, *OC*, vol.1, p.1074-75.
15. Rousseau, *Rêveries*, *OC*, vol.1, p.1075.
16. Rousseau, *Rêveries*, *OC*, vol.1, p.1062.
17. Rousseau, *Rêveries*, *OC*, vol.1, p.1066.
18. Rousseau, *Rêveries*, *OC*, vol.1, p.1066.
19. Rousseau, *Discours sur l'origine de l'inégalité*, *OC*, vol.3, p.144, 158.
20. Rousseau, *Rêveries*, *OC*, vol.1, p.995. See *Dialogues*, *OC*, vol.1, p.913-14. Butterworth translates 'Ils n'ont pu qu'en cessant de l'être' (from *OC*, vol.1, p.995) as 'Only by ceasing to be humane' in Rousseau, *The Reveries of the solitary walker, botanical writings and letter to Franquières*, in *The Collected writings of Rousseau*, vol.8 (Hanover, NH, 2000), p.3.
21. Rousseau, *Rêveries*, *OC*, vol.1, p.995. See *Dialogues*, *OC*, vol.1, p.913-14.

appearing after his run-in with the Great Dane attested, but spies – 'ces mouches qu'on tient sans cesse à mes trousses' – worked to poison the public against him, robbing him of the joy of fellow-feeling and making him the object of public hatred.[22] Robbed of the sight of fellow-feeling, afflicted by the hate of those he would love, Rousseau finds his heart compressed.[23] While his loving feelings can still expand in the world of nature, they are restricted and forced back on themselves by the sight of men: 'Faut-il s'étonner si j'aime la solitude? Je ne vois qu'animosité sur les visages des hommes, et la nature me rit toujours.'[24] It is through seeing only animosity in the eyes of others that Rousseau describes himself as having been 'forcé de m'abstenir de penser', 'forcé de contenir les restes d'une imagination riante mais languissante', and 'forcé de tâcher d'oublier les hommes'.[25]

In ceasing to be humane, others became incomprehensible to Rousseau. He seeks to find someone who had resisted what he describes as one of history's first smear campaigns. But his search failed to yield fruit. None of his contemporaries had resisted the propaganda of the *philosophes*: 'La ligue est universelle, sans exception, sans retour, et je suis sûr d'achever mes jours dans cette affreuse proscription sans jamais en pénétrer le mystère.'[26] In extinguishing his lantern, the new Diogenes discovers that his failure to find a man has precipitated a revolution in his own attitudes to others. He can no longer imagine that they are his *semblables*:

Quand après avoir vainement cherché dix ans un homme il fallut éteindre enfin ma lanterne et m'écrier, il n'y en a plus. Alors je commençai à me voir seul sur la terre et je compris que mes contemporains n'étaient par rapport à moi que des êtres mécaniques qui n'agissaient que par impulsion et dont je ne pouvais calculer l'action que par les lois du mouvement. Quelque intention, quelque passion que j'eusse pu supposer dans leurs âmes, elles n'auraient jamais expliqué leur conduite à mon égard d'une façon que je pusse entendre. C'est ainsi [que] leurs dispositions intérieures cessèrent d'être quelque chose pour moi. Je ne vis plus en eux que des masses différemment mues, dépourvues à mon égard de toute moralité.[27]

Finding no other logical explanation for the behaviour of his generation, Rousseau concludes that they must not be human beings but automatons.

In coming to see his contemporaries as sites of force rather than will, Rousseau returns to a world reminiscent of the one in which natural man enjoyed his freedom, a world understood as limited by physical laws alone and as independent of other human wills. That Rousseau intends his reader to note the reminiscence is clear. He describes himself as returning

22. Rousseau, *Rêveries, OC*, vol.1, p.1090, 1095-96. For another description of Rousseau's expulsion from society, see Rousseau, *Dialogues, OC*, vol.1, p.827.
23. Rousseau, *Rêveries, OC*, vol.1, p.1090.
24. Rousseau, *Rêveries, OC*, vol.1, p.1095.
25. Rousseau, *Rêveries, OC*, vol.1, p.1066. For a similar use of the word 'forcé' in relation to his treatment by others, see *Lettre à M, Christophe de Beaumont, OC*, vol.4, p.930.
26. Rousseau, *Rêveries, OC*, vol.1, p.1077.
27. Rousseau, *Rêveries, OC*, vol.1, p.1078.

to the 'ordre de la nature' and to life lived 'sous les seules lois de la nature'.[28] He stresses that in this world he experiences a renewed natural freedom, characterised above all by a tranquillity of soul. Natural freedom for him is not the absence of impediment, but the absence of personal dependence defined either physically – that we might be beholden to another for our survival – or psychically – that we might be enchained by our own willingness to live in the eyes of others.

Rousseau's idea of freedom was never that of being able to do whatever he liked, but only ever of not being, or being made to feel, obliged to do what he did not want to do.[29] Dependence on things alone, with its concomitant independence of human wills, is the hallmark of natural freedom.[30] In the world of wills, intentions, not physical conditions, were most worrying: 'La douleur matérielle est ce qu'on sent le moins dans les atteintes de la fortune.'[31] As Rousseau had put it earlier in the same paragraph: 'Dans tous les maux qui nous arrivent, nous regardons plus à l'intention qu'à l'effet.'[32] In concluding that others are automatons, he now understands himself as the only will or as the 'seul Spectateur' in his universe.[33] As automatons have no intentions, only effects, they no longer worry him. Natural man does not rebel against necessity, nor does the Rousseau who has, or claims to have, learned 'à porter le joug de la nécessité sans murmure'.[34] Finding himself in the shoes of natural man, Rousseau sees himself as having returned to dependence on things or force, rather than to dependence on men and their wills. Depending on things alone, he is liberated, as 'dépendance des choses n'ayant aucune moralité ne nuit point à la liberté'.[35] This understanding frees him from involvement with other wills, delivering freedom from duty, opinion and *amour-propre*.[36]

Such is Rousseau's characterisation of his generation's treatment of him. It is an odd portrait. It is not odd because he writes of his adversity. While much has been made of Rousseau's paranoia, he did not invent the story of the stoning of his house at Môtiers, or the warrant issued for his

28. Rousseau, *Rêveries*, *OC*, vol.1, p.1079, 1065.
29. Rousseau, *Rêveries*, *OC*, vol.1, p.1059.
30. Rousseau, *Emile*, *OC*, vol.4, p.311.
31. Rousseau, *Rêveries*, *OC*, vol.1, p.1078.
32. Rousseau, *Rêveries*, *OC*, vol.1, p.1078.
33. Rousseau, *Discours sur l'origine de l'inégalité*, *OC*, vol.3, p.219, note XV.
34. Rousseau, *Rêveries*, *OC*, vol.1, p.1077.
35. Rousseau, *Emile*, *OC*, vol.4, p.311.
36. He also finds himself free from ever having to say he is grateful, a key part of his understanding of psychic freedom, explored at greater length in his *Dialogues* (for example, *OC*, vol.1, p.781, 710, 746) and an issue central to his break with the *philosophes*. For a discussion of Diderot's attitude towards Rousseau's ingratitude to those who were his *de facto* patrons, despite Rousseau's unwillingness to call them such, see Edward Andrew, 'The Senecan moment: patronage and philosophy in the eighteenth century', *Journal of the history of ideas* (2004), p.277-99 (p.294); and Diderot's *Essai sur les règnes de Claude et de Néron* (London, 1782).

arrest by the Parlement de Paris. He was, in fact, the object of forcible or violent action. What is odd is that he ignores examples of veritable force and uses physical terms to describe phenomena that, at least at first, appear to have nothing to do with force or physics.

Rousseau's allusions to actual physical force and to his fellow humans as mere matter in motion make sense, however, if we place them in the context of his philosophical opposition to the *philosophes*, the 'Gentlemen', Messieurs Diderot, Grimm and D'Alembert, whom he saw as directing public opinion and popularising atheistic and materialistic doctrines.[37] His characterisation of his exclusion as forced and of his fellows as having been reduced to 'êtres mécaniques' should not be attributed to mental illness or merely literary licence, for it suggests both an ironic joke and an interesting political insight.

Both the overall logic and the detail of Rousseau's self-presentation reflect his relationship to the materialists of his day and his own understanding of freedom. That Rousseau sees the flagging of his imagination as a response to pain itself reflects his understanding of human beings as sensitive creatures who, as physical beings, seek self-preservation by seeking pleasure and avoiding pain.[38] Avoiding pain is instinctual. It is not only the logical response, but, because it is natural, it is a forced or necessary one. In addition, the world to which Rousseau finds himself exiled is so similar to that in which the natural man of the *Discours sur l'origine de l'inégalité* found himself that the reader must note the similarity and understand that Rousseau is himself re-entering the world of nature or force alone. Likewise, the details of Rousseau's language emphasise the physicality of his treatment. He writes that his contemporaries 'ont brisé violemment tous les liens qui m'attachaient à eux'; he claims his changed behaviour had been 'forcé', and, most telling of all, refers to his contemporaries as having been reduced to mere matter in motion.[39] This use of language, perhaps easily attributed to metaphor in another writer, is less easily explained away in Rousseau's case both because of his careful use of language as well as his intense interest in matters of force. A merely metaphorical use of force cannot be squared with the literal definition of force he insists upon in *Du Contrat social*: 'La force est une puissance physique; je ne vois point quelle moralité peut résulter de ses effets. Céder à la force est un acte de nécessité, non de volonté; c'est tout au plus un

---

37. Rousseau, *Dialogues*, *OC*, vol.1, p.968. Also see *Rêveries*, *OC*, vol.1, p.1016, 1020. For an argument that the *philosophes* formed an identifiable party by 1753, see Robert Shackleton, 'When did the French *philosophes* become a party?', in *Essays on Montesquieu and on the Enlightenment*, ed. David Gibson and Martin Smith (Oxford, 1988), p.447-60. For Rousseau's use of 'Messieurs' to describe his foes, see *Dialogues*, *OC*, vol.1, p.774, 781, 827 and *passim*. See also, in the present volume, the article by Philip Stewart on Rousseau and the *philosophes*.
38. Rousseau, *Dialogues*, *OC*, vol.1, p.805.
39. Rousseau, *Rêveries*, *OC*, vol.1, p.995, 1066, 1078.

acte de prudence. En quel sens pourra-ce être un devoir?'[40] If he is using the language of force, it is more than likely that he is doing so consciously and for a reason.

Rousseau's description of a physical exile, effected by his natural reaction to surroundings made inhospitable to him, can and should, I believe, be read as his last laugh against materialist doctrines of his century. In seeing the people around him as automatons, Rousseau is only accepting them for what they have made themselves into. They had ceased to be human and had become automatons because they had been taught and come to believe 'le plus inique et absurde système qu'un esprit infernal put inventer', and had then been encouraged to despise Rousseau because he refused to toe their doctrinal line.[41] The Frenchman of the *Dialogues* explains Rousseau's view of the manoeuvring of the *philosophes*:

Dans l'objet de disposer par leurs disciples de l'opinion publique et de la réputation des hommes, ils ont assorti leur doctrine à leurs vues, ils ont fait adopter à leurs sectateurs les principes les plus propres à se les tenir inviolablement attachés [...] et pour empêcher que les directions d'une importune morale ne vinssent contrarier les leurs, ils l'ont sappée par la base en détruisant toute Religion, tout libre-arbitre, par conséquent tout remords.[42]

In accepting the doctrine of materialism, his generation abandoned its belief in free will and moral responsibility, abandoning en route their very humanity.

That his generation's adoption of a materialist perspective is the foundation of Rousseau's renewed freedom is Rousseau's punchline.[43] The broad outline of the joke is that by becoming sites of force and ceasing to be willing human beings, they not only cease to worry him but create his freedom.[44] As the sole will in the universe, he, like natural man, cannot help being psychically independent. To drive home the joke, Rousseau stresses that their actions, or movements, have put him in a situation in which it is now possible, or morally permissible, for him to do whatever he likes. Ironically, he is forced into the position in which he can live by the moral doctrine that had grown out of his enemies' philosophical doctrines, the doctrine summarised by Rousseau's erstwhile benefactress, Mme d'Epinay, in a single principle: 'savoir que l'unique devoir de l'homme est de suivre en tout les penchants de son cœur'.[45] By seeing himself as the centre of a materialist conspiracy conducted by mechanical beings, Rousseau ceases to see or to feel any moral connection with these 'automatons'. Because his involvements with other people are no longer

40. Rousseau, *Du Contrat social*, *OC*, vol.3, p.354.
41. Rousseau, *Rêveries*, *OC*, vol.1, p.1077.
42. Rousseau, *Dialogues*, *OC*, vol.1, p.967.
43. On Rousseau's sense of humour, see John T. Scott's article in this volume.
44. For an alternative view of Rousseau's freedom, see the article by Kevin Inston in this volume.
45. Rousseau, *Confessions*, *OC*, vol.1, p.468.

moral, because, as he understands it, he is no longer able to help them – because they would not accept his help and because all opportunities to help are only traps – Rousseau loses any sense of obligation to his community.[46] He can now do what he likes, because he need not worry that he is letting others down: 'Hors d'état de bien faire et pour moi-même et pour autrui, je m'abstiens d'agir; et cet état qui n'est innocent que parce qu'il est forcé, me fait trouver une sorte de douceur à me livrer pleinement sans reproche à mon penchant naturel.'[47] His natural *far niente* becomes innocent, because it is forced. Freed from duties to others by the machinations of his enemies, he finds that he no longer has any other rule of conduct than to follow his own inclination in everything, without constraint.[48]

Rousseau's joke can also be read as a commentary on his political thought. Rousseau is often read, through the single and therefore somewhat distorting lens of the *Contrat social*, as a precursor of Kant and a proponent of moral freedom above all other variants of freedom. Yet, Rousseau wrote of three separate sorts of freedom: natural, civil and moral.[49] It should be intriguing, to say the least, that we find him in his last work offering a meditation on natural rather than moral freedom and offering a covert explanation of exactly how a man might be forced to be free.

Interpreters have tried to show that the sort of freedom toward which Rousseau's social contract would force a person is either moral or civil. What the *Rêveries* show is that the only freedom into which one can be forced is natural freedom. To be forced to be civilly free has been interpreted in a pragmatic manner. To secure civil order and security, people must obey the law.[50] If they do not, they are punished. Rousseau is taken here to be echoing the familiar liberal insights that laws must be enforced to avoid either a plague of free-riders or anarchy, and that law, as constraint, is necessary to preserve and enlarge freedom.[51] What this line of interpretation does not and cannot explain is why being punished should be interpreted as freedom. Under the traditional liberal understanding of liberty as lack of impediment, being placed in a prison cell cannot be called freedom.

46. On his attempts to do good as traps, see Rousseau, *Rêveries, OC,* vol.1, p.1000, 1056.

47. Rousseau, *Rêveries, OC,* vol.1, p.1056.

48. Rousseau, *Rêveries, OC,* vol.1, p.1068; also see *Rêveries, OC,* vol.1, p.1056.

49. Rousseau, *Du Contrat social, OC,* vol.3, p.365.

50. For an understanding of civil freedom as 'social freedom', see Henry David Rempel, 'On forcing people to be free', *Ethics* (October 1976), p.18-34 (p.22). For civil freedom as the freedom guaranteed by obedience to law, see John Plamenatz, 'Ce qui ne signifie pas autre chose sinon qu'on le forçera d'être libre', in *Hobbes and Rousseau: a collection of critical essays,* ed. Maurice Cranston and Richard S. Peters (New York, 1972), p.318-33 (p.323).

51. See John Locke, *Second treatise of government,* §57. Also see Maurice Cranston, *The Mask of politics and other essays* (New York, 1973), p.70. On the problem of free-riders, see Timothy O'Hagan, *Rousseau* (London, 2003), p.96-101.

A better explanation of being forced to be free understands the person being forced as being pushed toward moral freedom. Under this line of interpretation, to force a person to be free means forcing a person to obey the laws he or she freely agreed to, that is, forcing a person to live up to freely-made promises.[52] This interpretation, however, is problematic because of Rousseau's insistence that force cannot touch the will, that physics cannot influence morality, and because not all residents within a political community are citizens. Neither citizens who have opted out of the social contract by 'l'acte du monde le plus volontaire', nor foreigners who find themselves taking refuge in a political community, can be understood as being bound by promises to obey the community's laws, though obey they must.[53]

The only freedom toward which a person can be forced is natural freedom. A person's will cannot be coerced, but a person can be placed in a situation in which moral relations cease to make sense or to be acceptable to his or her conscience. In such a situation, the person ceases to understand his or her connection to others as a moral relationship. Freed from moral duties, one enters a state of mind in which the actions of others, or of the state, will be perceived as forces of nature, which, however much they may affect one's body, will not trouble the tranquillity or freedom of one's mind. The Rousseau of the *Rêveries* is forced to be free when others appear to him as merely sites of force. The non-citizens of the *Contrat social*, analogously, are forced to be free when they decide that they are morally divorced from their community. Such a divorce will not be a licence for disobedience. They will need to obey the laws, but that need will be grounded in physically prudential concerns – a concern not to be punished, for instance – rather than driven by a moral motivation. Punishment for disobedience, depending on its severity, will appear as a rainy day or a natural disaster. Rousseau recognised that politics often combined right and might or freedom and force, and, while his interpreters have been right to argue that it is impossible to take the phrase 'forced to be free' literally if one assumes that the freedom in question is moral freedom, they have been wrong to assume that it must mean moral freedom. Natural freedom too can be experienced in the lap of society, albeit at the cost of having to come to understand one's contemporaries as nothing more than mechanical beings.

In telling the story of his later life in the *Rêveries* as the process of being forced to be free, Rousseau does not describe a process of actual incarceration, or physical restriction, but he does, curiously, use physical terms

52. For this interpretation, see W. T. Jones, 'Rousseau's general will and the problem of consent', *Journal of the history of philosophy* (January 1987), p.105-30 (p.115, 128). For a variant of it, see Frederick Neuhouser, 'Freedom, dependence, and the general will', in *The Philosophical review* (July 1993), p.363-95.

53. Rousseau, *Du Contrat social*, *OC*, vol.3, p.440. On the necessity of the rule of law, see *Discours sur l'origine de l'inégalité*, *OC*, vol.3, p.112.

and characterises his exile to solitude as his re-entering of a world of force devoid of will. In doing so, he laughs in the face of his philosophical enemies and offers a literal, if ironic, explanation of a process that many interpreters of his *Contrat social* have refused to take literally.

JOHN T. SCOTT

Rousseau's quixotic quest in the *Rêveries du promeneur solitaire*

ROUSSEAU'S *Rêveries du promeneur solitaire* is not celebrated for being a comic work. 'Me voici donc seul sur la terre, n'ayant plus de frère, de prochain, d'ami, de société que moi-même'[1] – this is not a funny opening line. Yet laughter plays an important role in the 'Septième promenade' of the work. The subject of this part of the work is Rousseau's account of his passion for botany, and his attempt to answer why he is attracted to this 'amusement' despite being laughably unsuited for it because of his age. 'Me voilà donc à mon foin pour toute nourriture, et à la botanique pour toute occupation.' Echoing the first sentence of the *Rêveries*, he now offers a ridiculous depiction of himself subsisting on hay and laughing at himself: 'Je m'y livre avec un engouement qui tient de l'extravagance et qui me fait rire moi-même quand j'y réfléchis.'[2]

The laughter of the 'Septième promenade' signals a change in perspective from the beginning of the work.[3] Laughing at oneself entails reflecting on oneself as though one were another, and Rousseau's phraseology – 'me fait rire moi-même quand j'y réfléchis' – suggests just such a self-distancing. Rousseau's laughter at himself suggests that he has broken free of the solipsism into which he often falls in the *Rêveries*, beginning in the opening lines of the work with his description of the unhappy solitude enforced upon him by society and culminating with his famous evocation in the 'Cinquième promenade' of the God-like self-sufficiency he attains through reverie. Laughter first occurs at the beginning of the 'Sixième promenade', when he asks himself why he habitually takes a detour on a promenade: 'j'en recherchai la cause en moi-même, et je ne pus m'empêcher de rire quand je vins à la démêler'.[4] Having laughed at the result of his search within himself in the 'Sixième promenade', Rousseau is ready to laugh at himself at the outset of the

1. Rousseau, *Rêveries du promeneur solitaire*, *OC*, vol.1, p.995.
2. Rousseau, *Rêveries*, *OC*, vol.1, p.1060. See Rousseau to François-Henri d'Ivernois, 1 August 1765 (*CC*, vol.26, p.131): 'Je raffole de la botanique: cela ne fait qu'empirer tous les jours. Je n'ai plus que du foin dans la tête, je vais devenir plante moi-même un de ces matins.'
3. For an alternative reading of the 'Septième promenade', see the article by Laurence Mall in this volume. For Mall, the stocking factory represents the intrusion of society's evil into the heart of nature.
4. Rousseau, *Rêveries*, *OC*, vol.1, p.1050.

'Septième promenade', and laughter gains an unexpected prominence in that part of the *Rêveries*.[5]

What, then, does the laughter of the 'Septième promenade' suggest about the new perspective Rousseau has gained in his work? The opening sentence of the 'Septième promenade' implies that this new perspective is in the service of the goal of his work: 'Le recueil de mes longs rêves est à peine commencé, et déjà je sens qu'il touche à sa fin.'[6] He is reaching the end of his collection of dreams, as well as of his life, but he may also be nearing the goal – 'sa fin'. In the beginning of the work, he states that his goal is to gain a 'nouvelle connaissance de mon naturel et de mon humeur par celle des sentiments et des pensées dont mon esprit fait sa pature journalière dans l'étrange état où je suis'.[7] The 'étrange état' of unhappy solitude in which Rousseau finds himself raises the problem of self-knowledge: 'Mais moi, détaché d'eux et de tout, que sais-je moi-même?'[8] This solitude also in a sense provides the conditions for the knowledge of his 'naturel', knowledge of himself apart from the influence of society, or a kind of experimental sounding of the modifications of his soul. However, solitude also threatens to become his goal as he attempts to gain a new understanding of himself, not just in isolation from his fellows, but in terms of his very isolation. By laughing at himself in the 'Septième promenade', Rousseau is reaching the self-knowledge he seeks through his very recognition of the ultimate tragicomic character of his pursuit of solitude.

Rousseau's pursuit of solitude in the *Rêveries* turns out to be quixotic. It is quixotic in the proper sense of being comically futile but also noble, a combination that makes it tragicomic rather than solely tragic or comic. The quixotic nature of Rousseau's quest in the *Rêveries* is underscored by a surprising parallel between the most important incident of laughter in the 'Septième promenade' and an episode in a work that is acknowledged as a comic masterpiece: Cervantes' *Don Quixote*. In this incident from the *Rêveries*, Rousseau recalls a botanical excursion that he once took alone, discovering a seemingly solitary place untouched by society and then laughing at himself for his vanity when his prideful reverie is interrupted by the banging noise of a stocking mill lying just behind a thicket of brush. This incident recalls an important episode from Cervantes' *Don Quixote* in which the mad knight, who has just made a pompous speech about restoring the Golden Age, finds that a mill has been creating the horrible noise rather than the dragon he had expected, and then laughs at himself in a brief moment of self-recognition. Whether or not Rousseau

5. Michael Davis notes the prominence of laughter in the 'Septième promenade' in his *Autobiography of philosophy: Rousseau's 'The Reveries of the solitary walker'* (Lanham, MD, 1999), p.212.

6. Rousseau, *Rêveries*, *OC*, vol.1, p.1060.

7. Rousseau, *Rêveries*, *OC*, vol.1, p.1000.

8. Rousseau, *Rêveries*, *OC*, vol.1, p.995.

had this passage in mind when writing his *Rêveries*, the parallel between the two episodes highlights the tragicomic nature of Rousseau's endeavour in the *Rêveries* or the ultimately quixotic character of his quest as he comes to recognise it by the 'Septième promenade'.

i. *Rêverie* and botany

Botany makes several appearances early in the *Rêveries*, for example in his account in the 'Deuxième promenade' of his ascent to Menilmontant[9] and especially in his description in the 'Cinquième promenade' of his sojourn on the île St Pierre,[10] but only in the 'Septième promenade' does Rousseau's favourite 'amusement' occupy a central place in the work. If the 'promeneur solitaire' puts body and soul into motion in order to dream, his old age makes it more difficult for his soul in particular to take wing on flights of reverie mixed with meditation, and the ambulatory activity of botanising takes the place of reverie as the principal occupation of the author.[11]

The connection between botany and the *Rêveries* – 'reverie' as an activity and the work itself – is nonetheless hinted at early in the work. When he first describes the work he is writing, Rousseau explains: 'Ces feuilles ne seront proprement qu'un informe journal de mes rêveries.'[12] The pages of his 'journal' are leaves – 'feuilles' – that he gathers together with apparent artlessness.[13] They serve a mnemonic function of recording reveries for a man whose capacity for reverie is diminished, as well as an anti-mnemonic function of distracting him from bad memories: 'Les loisirs de mes promenades journalières ont souvent été remplis de contemplations charmantes dont j'ai regret d'avoir perdu le souvenir. Je fixerai par l'écriture celles qui pourront me venir encore; chaque fois que je les relirai m'en rendra la jouissance. J'oublierai mes malheurs, mes persécuteurs, mes opprobres, en songeant au prix qu'avait mérité mon cœur.'[14]

His description of botanising is strikingly similar. Botanising occupies his eyes and his imagination with charming objects: 'J'errais non-chalamment dans les bois et dans les montagnes, n'osant penser de peur d'attiser mes douleurs. Mon imagination qui se refuse aux objets de peine laissait mes sens se livrer aux impressions légères mais douces des objets environnants. Mes yeux se promenaient sans cesse de l'un à l'autre.'[15]

---

9. Rousseau, *Rêveries*, *OC*, vol.1, p.1003.
10. Rousseau, *Rêveries*, *OC*, vol.1, p.1042-45.
11. See John C. O'Neal, 'The perceptual metamorphosis of the solitary walker', *L'Esprit créateur* XXIV (Summer 1984), p.92-102 (p.98).
12. Rousseau, *Rêveries*, *OC*, vol.1, p.1000.
13. See Eli Friedlander, *J.J. Rousseau: an afterlife of words* (Cambridge, MA, 2004), p.75.
14. Rousseau, *Rêveries*, *OC*, vol.1, p.999-1000.
15. Rousseau, *Rêveries*, *OC*, vol.1, p.1063.

Now the eyes take the place of the legs of the 'promeneur solitaire', and his eyes walk ('se promenaient') from one object to another: 'Je pris goût à cette récréation des yeux, qui dans l'infortune repose, amuse, distrait l'esprit et suspend le sentiment des peines.'[16] Like reverie, botanising, as Rousseau characterises it, is less a purposeful occupation than an 'amusement', as he first terms it at the beginning of the 'Septième promenade'.[17] Botanising is a 'diversion' in both senses of the word: something that takes him away from something else and something that amuses him. Botanising takes him away from the society that has rejected him. It not only helps him avoid feelings of revenge toward his persecutors by having him seek out pleasant objects in nature – the better to flee men – but also enables him to slip away from the memory of men, to forget men.[18] Moreover, botanising is an amusing diversion: 'Je pris goût à cette récréation des yeux [...] La nature des objets aide beaucoup à cette diversion et la rend plus séduisante. Les odeurs suaves, les vives couleurs, les plus élégantes formes semblent se disputer à l'envi le droit de fixer notre attention.'[19]

Finally, like the 'informe journal' of the *Rêveries* itself, the herbaria he artfully forms from the plants he gathers are intended to stir his tired memory to recall his botanical expeditions: 'Les fragments des plantes que j'y ai cueillies suffisent pour me rappeler tout ce magnifique spectacle. Cet herbier est pour moi un journal d'herborisations qui me les fait recommencer avec un nouveau charme et produit l'effet d'une optique qui les peindrait derechef à mes yeux.'[20] The 'journal' of his reveries and the 'journal' of his botanising merge by the 'Septième promenade', where he records his botanical excursions and discusses the purpose of the herbaria he constructs.

The similarity between his description of reverie and botany – the *Rêveries* as a journal of reveries and his herbaria as journals of his botanising – suggests that Rousseau's botanising serves a goal similar to that of his work. Or, rather, his reflections on botanising are in the service of that goal. The 'Septième promenade' is devoted to Rousseau's attempt to explain his 'penchant' for botany. The subject of the walk is not botany, but Rousseau himself: 'Or c'est une bizarrerie que je voudrais m'expliquer; il me semble que, bien éclaircie, elle pourrait jeter quelque nouveau jour sur cette connaissance de moi-même à l'acquisition de laquelle j'ai consacré mes derniers loisirs.'[21] If the goal of the *Rêveries* is to attain self-knowledge, then insight into his taste for botanising will help him 'touche à sa fin'.

---

16. Rousseau, *Rêveries*, *OC*, vol.1, p.1063.
17. Rousseau, *Rêveries*, *OC*, vol.1, p.1060.
18. Rousseau, *Rêveries*, *OC*, vol.1, p.1061, 1066, 1070, 1073.
19. Rousseau, *Rêveries*, *OC*, vol.1, p.1063.
20. Rousseau, *Rêveries*, *OC*, vol.1, p.1073.
21. Rousseau, *Rêveries*, *OC*, vol.1, p.1061.

ii. Integrity and integration

Just as botany serves as a substitute for another activity, namely, reverie, in which he can no longer participate as in the past, so too does it offer him a new understanding of himself as a solitary whole that substitutes for an understanding of wholeness no longer available to him. At the very beginning of his examination of his strange attraction to botanising Rousseau complains that his old age makes it impossible for his imagination to soar through reverie that blends into meditation. No longer can his soul 'plâne dans l'univers sur les ailes de l'imagination dans des extases qui passent toute autre jouissance'.[22] Now he must fix his imagination upon the particular objects that surround him: 'fixant mon attention sur les objets qui m'environnaient me fit pour la première fois détailler le spectacle de la nature, que je n'avais guère contemplé jusqu'alors qu'en masse et dans son ensemble'.[23]

Rousseau formerly contemplated the whole of nature, apart from particular beings; he lost himself in the whole, became one with the whole. He describes this activity in the third letter to Malesherbes: 'Mais de quoi jouissais-je enfin quand j'étais seul? De moi, de l'univers entier, de tout ce qui est, de tout ce qui peut être, de tout ce qu'a de beau le monde sensible, de l'imaginable le monde intellectuel: je rassemblais autour de moi tout ce qui pouvait flatter mon cœur, mes désirs étaient la mesure de mes plaisirs.'[24] In the *Rêveries* he describes this immersion into the whole in terms of reverie:

Plus un contemplateur a l'âme sensible plus il se livre aux extases qu'excite en lui cet accord. Une rêverie douce et profonde s'empare alors de ses sens, et il se perd avec une délicieuse ivresse dans l'immensité de ce beau système avec lequel il se sent identifié. Alors tous les objets particuliers lui échappent; il ne voit et ne sent rien que dans le tout.[25]

The 'whole' ('tout') with which Rousseau identifies here seems to be the natural whole, but the language he uses to describe this identification recalls the political whole as well, in which the citizens do not consider particular objects and feel nothing except as part of the whole. If the contemplative dreamer 'ne voit et ne sent rien que dans le tout', the citizen is no longer 'sensible que dans le tout'.[26] The parallel between the whole of nature and the political whole as the object of integrative imagination is confirmed in a subsequent passage in the 'Septième promenade': 'Je ne médite, je ne rêve jamais plus délicieusement que quand je m'oublie moi-même. Je sens des extases, des ravissements inexprimables à me fondre pour ainsi dire

22. Rousseau, *Rêveries*, *OC*, vol.1, p.1062.
23. Rousseau, *Rêveries*, *OC*, vol.1, p.1062.
24. Rousseau, *Lettres à Malesherbes*, lettre 3 (26 janvier 1761), *OC*, vol.1, p.1138-39.
25. Rousseau, *Rêveries*, *OC*, vol.1, p.1062-63.
26. Rousseau, *Emile, ou, De l'éducation*, *OC*, vol.4, p.249. See Rousseau, *Du Contrat social* II.7, *OC*, vol.3, p.381-82.

dans le système des êtres, à m'identifier avec la nature entière.'[27] Again, the 'whole' here is the entirety of nature, but Rousseau also now speaks of another 'whole': 'Tant que les hommes furent mes frères, je me faisais des projets de félicité terrestre; ces projets étant toujours relatifs au tout, je ne pouvais être heureux que de la félicité publique, et jamais l'idée d'un bonheur particulier n'a touché mon cœur que quand j'ai vu mes frères ne chercher le leur que dans ma misère.'[28] Both the whole of nature and the political whole offer a form of integration of the particular individual into a larger whole, a way to become one with the whole. This *integration* offers the individual a form of *integrity*, of wholeness.

The hope of integration and of integrity, or wholeness, now seems lost to Rousseau.[29] His decrepit imagination no longer makes it possible for him to feel at one with the whole of nature; society has rejected him, and he can no longer exist relative to the political whole. He must seek his 'bonheur particulier' in solitude. He must see himself as a whole apart from the whole of nature and from the political whole. Rousseau turns to botanising to aid him in this quest.

iii. Solitude and wholeness

Apart from the pleasures of the plants that adorn the earth, botanising as Rousseau pursues it seems to offer the possibility of contemplating little wholes unto themselves: individual plants.[30] Rousseau describes his botanising in terms of his solitude, and botanising as a flight from society thereby comes together with botanising as a desire to see and understand individual beings as wholes: 'La botanique est l'étude d'un oisif et paresseux solitaire [...]. Il se promène, il erre librement d'un objet à l'autre, il fait la revue de chaque fleur avec intérêt et curiosité.'[31] He looks at each plant as though it was an isolated whole, trying to understand its structure apart from other beings, and especially apart from any use it might serve. Each plant is a solitary whole to be viewed as it is itself by a solitary person. His reason for wanting to view the plants in this way is revealed by the continuation of his description: 'Il y a dans cette oiseuse occupation un charme qu'on ne sent que dans le plein calme des passions mais qui suffit seul alors pour rendre la vie heureuse et douce.'[32]

27. Rousseau, *Rêveries*, *OC*, vol.1, p.1065-66.
28. Rousseau, *Rêveries*, *OC*, vol.1, p.1066.
29. The Romantics, in particular, would later give voice to the lack of fusion between man and the totality of nature. See the article by James Swenson in this volume.
30. See Paul A. Cantor, 'The metaphysics of botany: Rousseau and the new criticism of plants', *Southwest review* 70 (1985), p.362-80. Compare O'Neal, 'Perceptual metamorphosis', p.99-100.
31. Rousseau, *Rêveries*, *OC*, vol.1, p.1069.
32. Rousseau, *Rêveries*, *OC*, vol.1, p.1069.

This description of the pleasures of botanising resonates with a very well-known passage from the 'Cinquième promenade' about the charms of reverie:

De quoi jouit-on dans une pareille situation? De rien d'extérieur à soi, de rien sinon de soi-même et de sa propre existence, tant que cet état dure on se suffit à soi-même comme Dieu. Le sentiment d'existence dépouillé de toute autre affection est par lui-même un sentiment précieux de contentement et de paix qui suffirait seul pour rendre cette existence chère et douce à qui saurait écarter de soi toutes les impressions sensuelles et terrestres qui viennent sans cesse nous en distraire et en troubler ici-bas la douceur.[33]

Is such self-sufficiency possible? In the 'Cinquième promenade' Rousseau seems to suggest that it is. Or almost. The paragraph that contains the famous description of God-like sufficiency begins: 'Mais *s'il* est un état où l'âme trouve une assiette assez solide pour s'y reposer tout entière et rassembler là tout son être, sans avoir besoin de rappeler le passé ni d'enjamber sur l'avenir.'[34] *If* there is such a state; but is there?[35]

Solitude may offer an experience of complete fulfilment that alone justifies our existence, whether through reverie or through botanising, but can such a state be attained, or sustained, for more than an instant? In the 'Septième promenade' Rousseau suggests a limitation to the solitary satisfactions of botanising. Having just claimed that this 'occupation oiseuse' produces a state of the soul 'qui suffit seul alors pour rendre la vie heureuse et douce', he immediately adds a cautionary note: 'mais sitôt qu'on y mêle un motif d'intérêt ou de vanité, soit pour remplir des places ou pour faire des livres [...] tout ce doux charme s'évanouit, on ne voit plus dans les plantes que des instruments de nos passions'.[36] Just as natural wholeness of natural man is ruptured by pride, so too does the entrance of vanity into botanising make it no longer possible to consider the solitary plant – or the solitary botanist – as a whole unto itself.

iv. Intimations of others

The God-like self-sufficiency Rousseau seeks through reverie and then through botanising is vulnerable to vanity, whether the conceit of fancying oneself to be divine or the pride of turning the activity to one's profit. Vanity, as Rousseau's account in the *Discours sur l'origine de l'inégalité* of the emergence of *amour-propre* suggests, entails the presence – whether actual or imagined – of another.[37] The intimation of others

---

33. Rousseau, *Rêveries*, *OC*, vol.1, p.1047.
34. Rousseau, *Rêveries*, *OC*, vol.1, p.1047 (emphasis added).
35. See Davis, *Autobiography of philosophy*, p.183.
36. Rousseau, *Rêveries*, *OC*, vol.1, p.1069.
37. Rousseau, *Discours sur l'origine de l'inégalité*, *OC*, vol.3, p.169-70.

signalled by vanity gives the lie to the search for seeing oneself as a whole in solitude.

Rousseau rejects a view of botany that sees plants in terms of means toward ends beyond themselves, and especially in terms of the 'remèdes' they offer for human ills: 'Une autre chose contribue encore à éloigner du règne végétal l'attention des gens de goût; c'est l'habitude de ne chercher dans les plantes que des drogues et des remèdes.'[38] Against this view, he joins with Theophrastus, of whom he says 'on peut regarder ce philosophe comme le seul botaniste de l'antiquité'.[39] He thereby silently rejects the teleological theory of the best known botanist of antiquity: Aristotle. Rousseau does not wish to see individual plants in terms of their relation to the whole: to the ends of nature or to the ends of mankind. He wants to see individual plants as wholes unto themselves, apart from the whole of nature or from mankind, just as he seeks to see himself as a whole apart from the natural whole and from the political whole. As he says at the outset of the 'Septième promenade', he senses that his collection of reveries 'touche à sa fin': but this 'fin' – his 'end' – is, like the plants he studies and like his botanising itself, an end unto itself.

Nonetheless, is the individual plant as Rousseau sees it an end unto itself, or, more generally, is his botanising an end unto itself? There are several reasons for thinking that this is not the case. First, and most curiously, what most attracts Rousseau about individual plants is the study of the structure of their sexual parts,[40] yet this reproductive capacity suggests that individual plants have an end beyond themselves. Second, whatever Rousseau's criticisms of the study of botany as a search for medicinal remedies, he himself also pursues botany in part for other ends. Not only is botany a 'diversion', which has the curious status of being an aimless end or an endless aim, but he, too, looks to this 'amusement' for a remedy. While apothecaries seek in plants remedies for human physical ills, in studying these plants Rousseau looks for a remedy to social or moral ills from which he suffers. In addition to 'diverting' his imagination from dwelling upon these ills, his attempt to look at individual plants as wholes unto themselves is part of his quest to see himself as solitary and thereby regain psychic wholeness or integrity.

A common reading of the *Rêveries* is that it is Rousseau's attempt to regain something like the wholeness of primitive man, and this interpretation appeals in particular to his attempts to recapture the 'sentiment d'existence', for example in the 'Cinquième promenade'. This reading of the work is correct insofar as it goes. Yet, just as interpreters of the *Discours sur l'origine de l'inégalité* must wrestle with the historical and epistemological status of the state of nature – 'un état qui n'existe plus,

38. Rousseau, *Rêveries*, *OC*, vol.1, p.1063.
39. Rousseau, *Rêveries*, *OC*, vol.1, p.1063.
40. Rousseau, *Rêveries*, *OC*, vol.1, p.1043.

qui n'a peut-être point existé, qui probablement n'existera jamais'[41] – so is it requisite for readers of the *Rêveries* to ask about the nature of the state of solitary wholeness Rousseau seeks.

One clue about the status of the condition Rousseau hopes to attain through the remedy of botany comes within his criticism of the instrumentalist view of the science. He criticises the French in particular for their medicinal obsession with plants, and has a Frenchman compliment an Englishman's garden: 'voilà un fort beau jardin d'apothicaire'.[42] He comments further: 'A ce compte le premier apothicaire fut Adam. Car il n'est pas aisé d'imaginer un jardin mieux assorti de plantes que celui d'Eden.'[43] Rousseau evokes the Garden of Eden, a time free of evil. Adam alone inhabits this garden; Eve and evil have not yet sullied the creation. In Eden we need no cure, and in isolation we are complete. 'Je le vois se rassasiant sous un chêne, se désaltérant au premier ruisseau, trouvant son lit au pied du même arbre qui lui a fourni son repas, et voilà ses besoins satisfaits.'[44] In this sense, then, Rousseau wishes to return to nature. Declaiming against doctors, he claims that 'maintenant sous les seules lois de la nature, j'ai repris par elles ma première santé'.[45] Yet Rousseau can no longer fully become one with nature, or escape society. He is still ill: he has acquired reflection and the social passions, including the vanity that sullies the unique solace of the solitary botanist. He cannot become a whole unto himself.

v. A botanist errant

Given Rousseau's description of the complete solace of botanising properly pursued, what is curious about the botanical expeditions he recounts in the 'Septième promenade' is that the very vanity he says must not enter into botanising enters into his stories. He relates three such expeditions at the end of the 'Septième promenade', but the first is most interesting for the present interpretation, since it is the only one in which he is alone and thus engaged in the solitary quest that involves his self-understanding as a whole unto himself. And it is here that he again laughs at himself.

In a work consumed with the question of recollection, Rousseau begins his account of the first botanical expedition by explicitly appealing to its memorable character, although he does not specify what about the story is particularly memorable: 'Je me rappellerai toute ma vie une herborisation que je fis un jour du côté de la Robaila montagne du justicier Clerc. J'étais seul, je m'enfonçai dans les anfractuosités de la montagne et

41. Rousseau, *Discours sur l'origine de l'inégalité*, *OC*, vol.1, p.123.
42. Rousseau, *Rêveries*, *OC*, vol.1, p.1064.
43. Rousseau, *Rêveries*, *OC*, vol.1, p.1064.
44. Rousseau, *Discours sur l'origine de l'inégalité*, *OC*, vol.3, p.135.
45. Rousseau, *Rêveries*, *OC*, vol.1, p.1065.

de bois en bois, de roche en roche je parvins à un réduit si caché que je n'ai vu de ma vie un aspect plus sauvage.'[46]

Alone in his retreat, where the interlacing of the trees 'fermaient ce réduit de barrières impénétrables', and where 'l'horreur de cette solitude' is broken only by the chirping of some unfamiliar birds, Rousseau soon forgets his botany and his plants. His mind is entertained by a new thought:

je me mis à rêver à mon aise en pensant que j'étais là dans un refuge ignoré de tout l'univers où les persécuteurs ne me déterreraient pas. Un mouvement d'orgueil se mêla bientôt à cette rêverie. Je me comparais à ces grands voyageurs qui découvrent une île déserte, et je me disais avec complaisance: sans doute je suis le premier mortel qui ait pénétré jusqu'ici; je me regardais presque comme un autre Colomb.[47]

Just at the moment when he thinks of his persecutors – of other human beings – pride ('orgueil') is mixed into his reverie. When he was able to ascend from reverie to meditation, and identify himself with the whole of nature, such an admixture of pride was absent. In the third letter to Malesherbes, just after the passage cited above, for example, he writes of stealing away for the day to be alone: 'J'allais alors d'un pas plus tranquille chercher quelque lieu sauvage dans la forêt, quelque lieu désert où rien ne montrant la main des hommes [...] quelque asile où je pusse croire avoir pénétré le premier et où nul tiers importun ne vint s'interposer entre la nature et moi.'[48] However, in the *Rêveries*, now that he tries to see himself as a whole unto himself through the aid of botany, others intrude upon his reverie and transform it. The thought of others brings himself back to himself, to his individuality. And also the end of his individuality – to his death; he imagines that his persecutors will be unable to disinter him ('me déterreraient') and that he is 'le premier mortel' to discover this isolated spot. This intimation of others and of his mortality in turn spurs his pride to think of immortality. He thinks of himself as 'un autre Colomb'; he looks at himself ('me regardais') as he would like to be looked at by others.

Our hero's prideful reverie is soon interrupted by a discovery: that there are in fact others:

Tandis que je me pavanais dans cette idée j'entendis peu loin de moi un certain cliquetis que je crus reconnaître; j'écoute: le même bruit se répète et se multiplie. Surpris et curieux je me lève, je perce à travers un fourré de broussaille du côté d'où venait le bruit, et dans une combe à vingt pas du lieu même où je croyais être parvenu le premier j'aperçois une manufacture de bas.[49]

What is most interesting about the story is Rousseau's reaction to this discovery. After an initial 'sentiment de joie de me retrouver parmi des

46. Rousseau, *Rêveries*, *OC*, vol.1, p.1070.
47. Rousseau, *Rêveries*, *OC*, vol.1, p.1071.
48. Rousseau, *Lettres à Malesherbes*, lettre 3 (26 janvier 1761), *OC*, vol.1, p.1139-40.
49. Rousseau, *Rêveries*, *OC*, vol.1, p.1071.

humains où je m'étais cru totalement seul', his fear of his persecutors returns, and he imagines that the men in this isolated factory must be part of the 'complot universel'.[50] His obsessive meditations earlier in the *Rêveries* on this plot provide some of the most compelling fodder for the charge of insanity: 'cet accord universel est trop extraordinaire pour être purement fortuit'.[51] By the 'Septième promenade', however, he is able to laugh: 'je finis par rire en moi-même et de ma vanité puérile et de la manière comique dont j'en avais été puni'.[52] Rousseau's laughter is directed at himself, and this discovery is a self-discovery.

vi. The laugher of the knight of the sorrowful face

What do we make of Rousseau's laughter in the service of his goal of self-knowledge? We are aided in thinking about the meaning of the solitary walker finding a stocking mill where he believed he had discovered total solitude by an episode in *Don Quixote* that it resembles.

While the present interpretation of the *Rêveries* does not depend upon any actual influence of *Don Quixote* on the work, or any allusion to Cervantes' work, the similarity between the two episodes is striking enough to raise the possibility that he intends to remind the reader of Cervantes' work. Further potential evidence for such direct influence comes from his evocation in the 'Septième promenade' of pastoral imagery and references to the Golden Age also found in the relevant part of *Don Quixote*. For example, as part of his discussion of the misguided medicinal understanding of botany he writes: 'l'on n'ira pas chercher des guirlandes pour les bergères parmi des herbes pour les lavements. [...] Toute cette pharmacie ne souillait point mes images champêtres.'[53] Likewise, Rousseau's frequent use of the verb 'errer', which is unique to the 'Septième promenade', further recalls the knight errant himself: 'J'errais nonchalamment dans les bois et dans les montagnes.'[54]

Furthermore, Rousseau was certainly familiar with Cervantes' masterpiece, and he alludes to the work a number of times in his writings. In his *Epître à Monsieur Parisot* of 1742, for example, he refers to himself as 'le nouveau Don Quichotte',[55] and in the 'Entretien sur les romans' in *Julie, ou La Nouvelle Héloïse* he has 'N' respond to 'R's admission that his characters will seem fanciful to his contemporaries by comparing the work to *Don Quixote*: 'Un homme qui vit dans le monde ne peut s'accoutumer aux idées extravagantes, au pathos affecté, au déraisonnement continuel de vos bonnes gens. Un solitaire peut les goûter; vous en

50. Rousseau, *Rêveries, OC*, vol.1, p.1071.
51. Rousseau, *Rêveries, OC*, vol.1, p.1010.
52. Rousseau, *Rêveries, OC*, vol.1, p.1071.
53. Rousseau, *Rêveries, OC*, vol.1, p.1064; see also p.1067.
54. Rousseau, *Rêveries, OC*, vol.1, p.1063.
55. Rousseau, *Epître à Monsieur Parisot, OC*, vol.2, p.1140.

avez dit la raison vous-même. [...] Mais les longues folies n'amusent guère: il faut écrire comme Cervantes, pour faire lire six volumes de visions.'[56] The mention of 'un solitaire' enjoying such stories here is particularly intriguing when trying to establish whether Rousseau had his quixotic forbearer in mind when writing the 'Septième promenade' of the *Rêveries*.

The parallel episode from *Don Quixote* occurs early in the work, in a long section that begins with the mad knight's reflections on the Golden Age and that is devoted to his adventures with real goatherds and would-be shepherds lost in pastoral reveries.[57] Within this context, then, Don Quixote and his squire, Sancho Panza, have an adventure described in the chapter heading as 'the most incomparable and singular adventure ever concluded with less danger by a famous knight'.[58] Lost and in search of water, the two men are frightened by 'the sound of rhythmic pounding, along with a certain clanking of irons and chains, that, accompanied by the clamorous fury of' the water, would have put terror in any heart other than Don Quixote's', explains the narrator.[59] The intrepid Knight of the Sorrowful Face, undaunted, resolves to fight what he imagines must be a terrible dragon, and his speech to his cowering squire evokes the idea of the Golden Age that frames this section of the work: 'know that I was born, by the will of heaven, in this our iron age, to revive the one of gold, or the Golden Age, as it is called'.[60] After a long and fearful night, Don Quixote greets the dawn by setting off on his announced adventure:

They must have gone another hundred paces when, as they turned a corner, there appeared, clear and plain, the unmistakable cause of the terrible-sounding and, for them, terrifying noise that had kept them frightened and perplexed the whole night. And it was – if you have not already guessed, O reader, in sorrow and anger! – six wooden fulling hammers that with their alternating strokes were responsible for the clamor.[61]

After a moment of melancholy, Don Quixote cannot help himself from laughing (for the first time in the work), although he laughs at the sight of Sancho trying to restrain his own laughter. Sancho bursts out laughing and mockingly repeats his master's speech about restoring the Golden Age. Don Quixote is not quite ready to laugh at himself, however, and he grows angry at Sancho and threatens to hit him. 'I do not deny', he says, 'that what happened to us is deserving of laughter, but it does not deserve

56. Rousseau, *Julie, ou La Nouvelle Héloïse, OC*, vol.2, p.18. In addition, Rousseau alludes to knight errantry in *Emile* when discussing how to direct pity toward humanitarian virtue: 'Mais ferons-nous d'Emile un chevalier errant, un redresseur des torts, un Paladin?' (*Emile*, p.544; see also p.743).

57. See Miguel de Cervantes y Saaveydra, *Don Quixote*, translated by Edith Grossman (New York, 2003), Part I, chapter 9, p.76.

58. Cervantes, *Don Quixote*, Part I, chapter 20, p.141.

59. Cervantes, *Don Quixote*, Part I, chapter 20, p.141.

60. Cervantes, *Don Quixote*, Part I, chapter 20, p.142.

61. Cervantes, *Don Quixote*, Part I, chapter 20, p.149-50.

to be told, for not all persons are wise enough to put things in their proper place.'[62] This is the first time that Don Quixote beholds himself as he truly is, or at least the first time he sees himself through another's eyes. Don Quixote glimpses his ridiculousness, the peculiarly tragicomic aspect of his noble yet benighted quest to re-establish the Golden Age that would inspire the adjective 'quixotic'.

vii. The laughter of the 'promeneur solitaire'

Like Don Quixote, the 'promeneur solitaire' is able to laugh at himself – even without the instigation of a squire – when he reflects upon his vanity and the comic manner in which he was abused of it. This laughter is a commentary on his own quest for a kind of Golden Age: to regard himself as a whole in solitude.

The comic possibilities of the errant botanist's quest to regard the individual plants he studies as wholes unto themselves – the model for his own attempt at self-understanding – are, in retrospect, evident from the outset of his descriptions of his botanising. When he first describes his botanising at length, in the 'Cinquième promenade', he describes his ambition in mock epic terms:

J'entrepris de faire la *Flora petrinsularis* et de décrire toutes les plantes de l'île sans en omettre une seule avec un détail suffisant pour m'occuper le reste de mes jours. On dit qu'un Allemand a fait un livre sur un zest de citron, j'en aurais fait un sur chaque gramen des prés, sur chaque mousse des bois, sur chaque lichen qui tapisse les rochers; enfin je ne voulais pas laisser un poil d'herbe, pas un atome végétal qui ne fut amplement décrit.[63]

The risible characterisation of his ambition continues in the 'Septième promenade':

résolu de refaire un herbier plus riche que le prémier, en attendant que j'y mette toutes les plantes de la mer et des Alpes et tous les arbres des Indes, je commence toujours à bon compte par le mourron, le cerfeuil, la bourache et le séneçon; j'herborise savamment sur la cage de mes oiseaux et à chaque nouveau brin d'herbe que je rencontre, je me dis avec satisfaction, voilà toujours une plante de plus.[64]

His descriptions are laughable both because of the combination of ludicrous particularity – 'voilà toujours une plante de plus' – and absurd universality – 'toutes les plantes de la mer et des Alpes et tous les arbres des Indes'. Part and whole, particular and general, are brought together in a ridiculously impossible conjunction.

Like botany, the *Rêveries* involve the question of the relationship between wholes and parts, of Rousseau's inquiry into what it means to be

62. Cervantes, *Don Quixote*, Part I, chapter 20, p.150-51.
63. Rousseau, *Rêveries*, *OC*, vol.1, p.1043.
64. Rousseau, *Rêveries*, *OC*, vol.1, p.1061.

unable to be a part of the whole – whether the natural whole or the political whole – and his quest to regard himself as a whole unto himself. If human beings could ever exist as such wholes, such as Rousseau describes natural man in the state of pure nature, however, the problem of the relationship between whole and part is integral to human beings once they become aware of themselves. The consciousness of our very individuality is predicated upon being able to see ourselves as though we were another. Rousseau writes the *Rêveries* in order better to understand 'mon naturel', as he says, but to understand himself as an individual (and it is only in the 'Septième promenade' that 'Jean-Jacques' refers to himself by name)[65] requires understanding himself both as a part of a whole – of nature, of humankind, of society – and as a whole unto himself. The human condition is caught in a tragicomic situation between the extremes of particularity and generality, wholes and parts.

Rousseau says at the outset of the 'Septième promenade' that he senses that his collection 'touche à sa fin'. He has indeed reached the end and the goal. He is ready to laugh at his human, all-too-human, condition, the annihilation of his very individuality through death. His laughter at the outset of the 'Septième promenade' is the laughter of an ageing man who realises the ridiculousness of a favourite 'amusement' suited to a younger man. The vanity at which he laughs in the episode of the stocking mill is first spurred by reflection that he has found a solitary spot from which his persecutors will be unable to 'disinter' him. In the third and last botanical expedition he recalls, he laughs at the 'humilité dauphinoise' of the Squire Bovier, who would not presume to tell him that the berries he was devouring were reputed to be deadly.[66] At the end of the 'Septième promenade', Rousseau reflects on the herbaria he constructs to remind him of his botanical expeditions, including the one that ends in laughter, the one of which he says: 'Je me rappellerai toute ma vie.'[67] These herbaria are mnemonic devices, but they also soon promise to become memorials – remembrances of the dead: 'Elle me rappelle et mon jeune âge et mes innocents plaisirs, elle m'en fait jouir derechef, et me rend heureux bien souvent encore au milieu du plus triste sort qu'ait subi jamais un mortel.'[68] These are the last words of the 'promenade' devoted to laughter.

65. Rousseau, *Rêveries*, *OC*, vol.1, p.1068.
66. Rousseau, *Rêveries*, *OC*, vol.1, p.1072.
67. Rousseau, *Rêveries*, *OC*, vol.1, p.1070.
68. Rousseau, *Rêveries*, *OC*, vol.1, p.1073.

LAURENCE MALL

'Dieu est juste; il veut que je souffre; et il sait que je suis innocent': le problème du mal dans les *Rêveries* de Rousseau

Le constat du Vicaire savoyard, 'Je vois le mal sur la terre'[1] double implicitement celui qui ouvre le texte des *Rêveries*: 'Me voici donc seul sur la terre'.[2] C'est ce lien, sans doute, entre solitude absolue et mal qui distingue la méditation des *Rêveries*. Là où le Vicaire proclamait: 'Mais quel que soit le nombre des méchants sur la terre, il est peu de ces âmes cadavéreuses, devenues insensibles, hors leur intérêt, à tout ce qui est juste et bon',[3] le climat glacé des relations humaines dans les *Rêveries* ne permet plus guère aux âmes sensibles et justes, s'il en reste, de se manifester. Certes de rares épisodes surgissent qui mettent occasionnellement en scène des êtres procurant un certain plaisir au 'je': tel brave vieil invalide, telles fillettes joueuses ('Neuvième promenade'). Mais que prouvent ces rencontres anonymes, sinon que les hommes, qui sont 'indifférents [...] en ce qui se rapporte à moi', 'peuvent encore m'intéresser et m'émouvoir comme les personnages d'un Drame que je verrais représenter'?[4] Lorsque l'individu nommé Rousseau est en cause, l'agir de tous vise le pâtir d'un seul. A l'innocence singulière du seul homme bon sur la terre répond le désir universel de lui nuire. Telle serait une pure définition de l'injustice. Car le 'je' des *Rêveries* est radicalement incapable de faire le mal, cela est répété à l'envi. C'est 'un infortuné qui jamais ne fit, ne voulut, ne rendit de mal à personne';[5] 'pour du mal, il n'en est entré dans ma volonté de ma vie, et je doute qu'il y ait aucun homme au monde qui en ait réellement moins fait que moi'.[6] Par contre le mal fait, voulu et rendu par les autres est si actif qu'il absorbe systématiquement le bien. De fait, une des pires perversions réside dans cette inversion: 'tout ce que la nature a mis d'heureuses dispositions dans mon cœur est *tourné* par ma destinée, et par ceux qui en disposent au préjudice de moi-même ou d'autrui'.[7] La passivité s'impose chez le 'je' dès lors que le 'seul bien qui soit désormais en

---

1. Rousseau, *Emile, ou, De l'education*, *OC*, t.4, p.583.
2. Rousseau, *Rêveries du promeneur solitaire*, *OC*, t.1, p.995.
3. Rousseau, *Emile*, *OC*, t.4, p.596.
4. Rousseau, *Rêveries*, *OC*, t.1, p.1057.
5. Rousseau, *Rêveries*, *OC*, t.1, p.1078.
6. Rousseau, *Rêveries*, *OC*, t.1, p.1059.
7. Rousseau, *Rêveries*, *OC*, t.1, p.1055; nous soulignons.

[sa] puissance est de [s]'abstenir d'agir de peur de mal faire sans le vouloir et sans le savoir'.[8] Dorénavant, 'je ne puis plus regarder une bonne œuvre qu'on me présente à faire que comme un piège qu'on me tend et sous lequel est caché quelque mal'.[9] Il en résulte chez lui une véritable indifférence face à autrui: 'Qu'ils me fassent désormais du bien ou du mal tout m'est indifférent de leur part'; sur la terre, 'on ne peut plus m'y faire ni bien ni mal'.[10] Rousseau est au-delà du bien et du mal tels qu'ils se manifestent dans le monde qui l'entoure.

Dans la lettre à Christophe de Beaumont Rousseau avait brièvement retracé l'essence de son travail génétique sur le mal.[11] Différemment, dans les *Dialogues* sont longuement (infiniment, diront certains) exposées les causes possibles et les manifestations, patentes et latentes, de la méchanceté de 'ces messieurs' en particulier et de ses contemporains en général. L'incrédulité perce à chaque page, l'angoisse du mystère hante le texte entier, mais il importe encore de détailler le mal du complot dans toutes ses infernales ramifications. Dans les *Rêveries*, ce mal qui imprègne la vie est d'emblée un fait inexpugnable – 'tout est fait',[12] *consumatum est* – dont la genèse immédiate n'a plus guère d'intérêt: qu'importent les causes particulières quand la cause générale est entendue, et perdue? Rousseau s'interroge néanmoins sur sa présence, conformément au projet d'examen contenu dans ce texte autobiographique. Dire 'qu'il y a des actions sans principes et des effets sans cause' 'répugne à toute philosophie', avait fort raisonnablement écrit Rousseau à Voltaire dans sa lettre sur la Providence.[13] Face à l'énigme qu'est la méchanceté universelle à son égard, quels schémas explicatifs peuvent s'offrir? Comment rendre compte de cette accumulation catastrophique de maux?

L'analyse psychologique, pour négligeable qu'elle soit face à l'ampleur du désastre, n'est pas entièrement absente. Rousseau admet ainsi un excès initial de confiance, lequel s'est retourné en son contraire: 'quand on est une fois sorti de son naturel, il n'y a plus de bornes qui nous retiennent'; 'j'ai passé rapidement à l'autre extrémité'.[14] Une porte est ici entr'ouverte sur la paranoïa, tout près d'être admise. Une certaine instabilité logique laisse elle aussi entrevoir, au ras de la conscience, le trouble mental

8. Rousseau, *Rêveries*, *OC*, t.1, p.1051.
9. Rousseau, *Rêveries*, *OC*, t.1, p.1055.
10. Rousseau, *Rêveries*, *OC*, t.1, p.998, 999.
11. D'où vient la différence entre être et paraître? 'Je la trouvai dans notre ordre social, qui, de tout point contraire à la nature que rien ne détruit, la tyrannise sans cesse, et lui fait sans cesse réclamer ses droits. Je suivis cette contradiction dans ses conséquences, et je vis qu'elle expliquait seule tous les vices des hommes et de tous les maux de la société. D'où je conclus qu'il n'était pas nécessaire de supposer l'homme méchant par sa nature, lorsqu'on pouvait marquer l'origine et le progrès de sa méchanceté' (Rousseau, *Lettre à M. Christophe de Beaumont*, *OC*, t.4, p.966-67).
12. Rousseau, *Rêveries*, *OC*, t.1, p.997.
13. Rousseau, *Lettre à Voltaire sur la Providence*, *OC*, t.4, p.1065.
14. Rousseau, *Rêveries*, *OC*, t.1, p.1056.

grossissant les imaginations de la méchanceté d'autrui, dans l'anticipation de l'agression virant à la hantise. La 'Huitième promenade' présente en effet ces deux propositions contradictoires: 'je ne m'affecte point du mal que je prévois mais seulement de celui que je sens' et 'le mal que m'ont fait les hommes ne me touche en aucune sorte: la crainte seule de celui qu'ils pourraient me faire encore est capable de m'agiter'.[15]

Plus troublante est cette éphémère remise en question: 'un innocent persécuté prend longtemps pour un pur amour de la justice l'orgueil de son petit individu'.[16] Dans son examen de conscience, décidé à extirper la racine du mal en lui, Rousseau mentionne l'amour-propre dont il a longtemps été victime. Mais l'entreprise a été victorieuse; son amour-propre renversé en amour de soi 'est rentré dans l'ordre de la nature et [l']a délivré du joug de l'opinion'.[17] Le sentiment de son innocence absolue et ses jugements envers autrui ne sauraient être attribués à la blessure d'un amour-propre hypertrophié, puisque ce dernier n'existe même plus. Les fautes mêmes, détaillées par exemple à partir de l'acte du mensonge dans la 'Quatrième promenade', finissent toutes absoutes: 'Pour moi qui ne trouve à me reprocher que des fautes j'en accuse ma faiblesse et je me console; car jamais mal prémédité n'approcha de mon cœur.'[18] Si les méditations des *Rêveries* peuvent avoir pour objet, entre autres, de mettre chez le 'je' ses 'dispositions intérieures' 'en meilleur ordre et [de] corriger le mal qui y peut rester', l'entreprise est finalement aisée, l'excès de souffrance et la solitude ayant décanté les scories de l'existence sociale: comment le mal perdurerait-il dans un cœur 'purifié à la coupelle de l'adversité'?[19]

Par contre la familière explication du mal moral chez les autres est évoquée très brièvement dans la 'Sixième promenade': 'C'est la force et la liberté qui font les excellents hommes. La faiblesse et l'esclavage n'ont jamais fait que des méchants.'[20] Le méchant est l'homme social ligoté par l'amour-propre, prisonnier de l'opinion, esclave de la comparaison. Tout dégénère entre les mains de l'homme, et dans les mains des hommes des *Rêveries*, plus que partout. Ma destinée, écrit Rousseau, est 'l'œuvre' des 'passions d'autrui'.[21] Ces passions sociales mauvaises, l'auteur du second *Discours* et de l'*Emile* en a longuement analysé la genèse; elles ont pu être rationnellement comprises, Rousseau affirme ailleurs l'avoir montré et démontré.[22] Pourtant, au présent du texte elles ne sont plus compréhensibles; leur direction et effets passent l'entendement. 'Quelque

15. Rousseau, *Rêveries*, *OC*, t.1, p.1080, 1084.
16. Rousseau, *Rêveries*, *OC*, t.1, p.1079.
17. Rousseau, *Rêveries*, *OC*, t.1, p.1079.
18. Rousseau, *Rêveries*, *OC*, t.1, p.1075.
19. Rousseau, *Rêveries*, *OC*, t.1, p.999, 1000.
20. Rousseau, *Rêveries*, *OC*, t.1, p.1057.
21. Rousseau, *Rêveries*, *OC*, t.1, p.1011.
22. Voir Rousseau, *Lettre à Beaumont*, *OC*, t.4, p.935-37.

intention, quelque passion que j'eusse pu supposer dans leurs âmes, elles n'auraient jamais expliqué leur conduite à mon égard d'une façon que je pusse entendre.'[23] A ce degré d'intensité et de systématicité chez les autres, le mal n'est plus d'aucune façon explicable; il est fondamentalement irrationnel. Les contemporains de Rousseau se sont tous jetés dans l'opinion qu'il est 'un monstre affreux tel qu'il n'en exista jamais' et ce 'sans explication, sans doute, sans honte'.[24] Rousseau lie le syntagme 'les hommes' au terme de 'destinée',[25] l'un comme l'autre recélant le mystère d'une force impersonnelle échappant aux lois communes de l'intelligibilité, celle de la causalité en particulier: 'Ma raison ne me montrant qu'absurdités dans toutes les explications que je cherchais à donner à ce qui m'arrive, je compris que les causes, les instruments, les moyens de tout cela m'étant inconnus et inexplicables devaient être nuls pour moi.' D'où cette proposition: 'je devais regarder tous les détails de ma destinée comme autant d'actes d'une pure fatalité où je ne devais supposer ni direction, ni intention, ni cause morale'.[26]

L'évocation d'une fatalité impersonnelle prend naturellement des accents stoïciens, surtout dans la 'Huitième promenade'. 'J'ai appris à porter le joug de la nécessité sans murmure', affirme le 'je', en dépit de l'évidence. 'L'homme sage qui ne voit dans tous les malheurs qui lui arrive[nt] que les coups de l'aveugle nécessité n'a point ces agitations insensées.'[27] On a fort justement mis en valeur l'influence de la philosophie antique du 'souci de soi' manifestée par endroits dans les *Rêveries* et la thérapeutique de soi envers soi qui s'y dessine.[28] Mais affectivement l'approche stoïcienne du mal est notoirement insatisfaisante. A ce point la raison ne saurait être ni consolée ni consolante, et si l'incitation à la résignation et donc au repos peut être bénéfique à celui qui souffre, la notion d'aveugle nécessité, elle, ne l'est pas. Il faut qu'une volonté supérieure dirige les actions des hommes à son égard; et il faut que cette volonté soit bonne malgré la méchanceté humaine. L'accord de tous, 'universel', 'est trop extraordinaire pour être purement fortuit'.[29] Le mal présent aurait-il été écrit de toute éternité? 'Toutes les volontés, toutes les fatalités, la fortune et toutes les révolutions ont affermi l'œuvre des hommes, et un concours si frappant qui tient du prodige ne peut me laisser douter que son plein succès ne soit écrit dans les décrets éternels.'[30] Dieu seul posséderait la clé de l'énigme qu'est ce mal inouï qui s'abat sur

---

23. Rousseau, *Rêveries*, *OC*, t.1, p.1078.
24. Rousseau, *Rêveries*, *OC*, t.1, p.1076.
25. 'Laissons donc faire les hommes et la destinée' (Rousseau, *Rêveries*, *OC*, t.1, p.1010).
26. Rousseau, *Rêveries*, *OC*, t.1, p.1079.
27. Rousseau, *Rêveries*, *OC*, t.1, p.1077, 1078.
28. Carole Dornier, 'Writing the inner citadel: the therapeutics of the soul in Rousseau's *Rêveries d'un* [sic] *promeneur solitaire*', dans *Subject matters*, éd. Paul Gifford et Johnnie Gratton (Amsterdam et Atlanta, 2000), p.60-74.
29. Rousseau, *Rêveries*, *OC*, t.1, p.1010.
30. Rousseau, *Rêveries*, *OC*, t.1, p.1010.

lui. Un passage important marque clairement deux abandons: l'abandon *de* l'explication historique et sociale des passions mauvaises, et l'abandon *à* la croyance religieuse: 'je ne puis m'empêcher de regarder désormais comme un de ces secrets du Ciel impénétrables à la raison humaine la même œuvre que je n'envisageais jusqu'ici que comme un fruit de la méchanceté des hommes'.[31]

Les voies de Dieu sont impénétrables. Le constat est banal parce que rien, jamais, ne pourra le détruire. Le mystère du mal infligé à l'innocent, ou du juste persécuté est omniprésent dans les *Rêveries*. L'homme bon est 'au milieu du plus triste sort qu'ait subi jamais un mortel', et les maux dont il souffre, il ne les a pas mérités.[32] 'Bonjour, mon ami Job', pourrait gravement dire Rousseau, comme Voltaire l'avait rieusement fait.[33] De fait, il est aisé de remplacer Job par Rousseau dans les propos suivants de Ricoeur: 'par hypothèse ou par construction, Job est innocent; il faut qu'il soit juste pour que le problème soit posé dans toute son acuité: comment est-il possible qu'un homme entièrement juste soit si totalement souffrant?'; 'Job c'est le degré zéro de la culpabilité joint à l'extrême de cette souffrance; de cette rencontre naît le scandale lui-même extrême.'[34] La phrase de mon titre, tirée de la 'Deuxième promenade', pose dans les termes les plus nus le classique problème théologique du mal moral: 'Dieu est juste; il veut que je souffre; et il sait que je suis innocent'. Et Rousseau d'ajouter, de façon provocante: 'Voilà le motif de ma confiance'.[35] Le jeu entre les trois termes également nécessaires – justice, souffrance et innocence – dans son scandaleux illogisme ou son énigmatique logique nourrit les théodicées. L'acceptation passive du mal suppose une invisible justice à venir, en exige même la certitude.[36] L'intuition de cette justice se manifeste dans ce que Rousseau avec son époque appelle ordre.[37] Il trouve dans l'ordre moral correspondant à l'ordre physique que révèle la nature les appuis dont, dit-il, 'j'ai besoin pour supporter les misères de ma vie'.[38] Il sera un jour dédommagé de ses souffrances,[39] et c'est cette pensée qui entraîne la résignation: 'Laissons donc faire les hommes et la destinée; apprenons à souffrir sans murmure; tout doit à la fin rentrer dans l'ordre,

31. Rousseau, *Rêveries*, *OC*, t.1, p.1010.

32. Rousseau, *Rêveries*, *OC*, t.1, p.173, 1021.

33. C'est la première phrase de l'article 'Job' du *Dictionnaire philosophique* de Voltaire, éd. Christiane Mervaud, *OCV*, t.35-36 (1994), p.243.

34. Paul Ricoeur, *Finitude et culpabilité II: la symbolique du mal* (Paris, 1960), p.293.

35. Rousseau, *Rêveries*, *OC*, t.1, p.1010.

36. 'Dieu est juste; j'en suis convaincu, c'est une suite de sa bonté; l'injustice des hommes est leur œuvre et non pas la sienne', ce que d'ailleurs le Vicaire affirme sans le comprendre, ajoute-t-il (Rousseau, *Emile*, *OC*, t.4, p.593-94).

37. Sur la notion d'ordre en relation avec le problème du mal au dix-huitième siècle, voir les pages fondamentales de Bronisław Baczko, *Rousseau: solitude et communauté*, trad. Claire Brendhel-Lamhout (Paris, La Haye, 1974), p.168-204.

38. Rousseau, *Rêveries*, *OC*, t.1, p.1019.

39. L'idée de dédommagement à venir intervient souvent chez Rousseau. Dans les *Rêveries*, voir par exemple la 'Troisième promenade', p.1019 et 1021.

et mon tour viendra tôt ou tard.'[40] Thème traditionnel de l'Eglise chrétienne appelant les pauvres et les opprimés à un triomphe futur, l'espoir de l'ordre à venir opposé au désordre sur terre permet seul l'énonciation de la proposition 'Le tout est bien'.[41] Rousseau reprendrait ici la position adoptée dans la *Lettre à Voltaire sur la providence*, qui est aussi celle du Vicaire. C'est peut-être même la croyance intimement nécessaire en une justice qui appelle la croyance en Dieu, comme le soutient Grœthuysen.[42] Nous le savons: dans l'œuvre de Rousseau nombreuses sont les pages évoquant la nature consolante de la religion. Il est parfois brutalement pragmatique sous ce rapport et les *Rêveries* ne font pas exception. En simplifiant (à peine), on peut poser que Rousseau croit en Dieu parce qu'il en a besoin.[43]

Mais le *philosophe* Rousseau a aussi su percevoir et analyser tout autrement la présence du mal. Ernst Cassirer avait écrit: 'No help from above can bring us deliverance. We must bring it about ourselves and be answerable for it. With this conclusion Rousseau finds the new approach to the problem of evil [...]. Rousseau's ethical and political theory places responsibility where it had never been looked for prior to his time.'[44] Plus récemment, Susan Neiman célèbre à son tour le changement majeur que désigne l'intelligence rousseauiste du problème du mal:

Despite its initial appearance, Rousseau's discussion is so new and profound that it radically changed our construction of the problem of evil. Although the eighteenth century was dominated by discussions of the question, it's fair to say that Rousseau was the first to treat the problem of evil as a *philosophical* problem, as well as to offer the first thing approaching a solution to it.[45]

Il a dégagé la réflexion sur le mal de sa gangue théologique pour en faire un problème susceptible au moins théoriquement d'une solution politique. Le mal moral et le mal naturel sont liés en relation de cause à effet dans le strict cadre de l'évolution dynamique des sociétés et des actions humaines, et non plus dans une relation fixe de faute du pécheur à punition divine. A la Providence chez lui jamais n'est attribuée la présence du mal sur la terre; simplement, la Providence 'ne veut point le mal

40. Rousseau, *Rêveries*, *OC*, t.1, p.1010.
41. On notera qu'à la différence du chrétien, Rousseau n'espère pas le pardon, seulement la justice qui lui est due; lui-même ne peut pardonner à ses injustes persécuteurs; comment le ferait-il, puisqu'il n'a plus en face de lui que des hommes dépourvus de moralité? Voir là-dessus Marie-Hélène Cotoni, 'Le Christianisme de Rousseau au temps des *Rêveries du promeneur solitaire*', *Etudes Jean-Jacques Rousseau* 10 (1998), p.57-75.
42. 'Dieu existe précisément parce qu'il n'y a pas de justice sur terre et que la conscience ne peut être trompée dans son attente, parce que la conscience exige qu'il y ait une justice'. (Bernard Grœthuysen, *J.-J. Rousseau*, Paris, 1949, p.298).
43. Rousseau rejoindrait ici le Freud de *Die Zukunft einer Illusion*.
44. Ernst Cassirer, *The Philosophy of the Enlightenment*, trad. Fritz C. A. Koelln et James P. Pettegrove (Boston, 1951), p.157.
45. Susan Neiman, *Evil in modern thought: an alternative history of philosophy* (Princeton, NJ et Oxford, 2002), p.41.

que fait l'homme en abusant de la liberté qu'elle lui donne, mais elle ne l'empêche pas de le faire'.[46] Dans l'opposition au matérialisme domine l'accent sur la liberté et la responsabilité de l'homme, qui fait son histoire et produit le mal qui accompagne inévitablement le développement des passions sociales. Cependant le mal quintessencié dans la notion de complot et qu'incarnent les méchants ne peut être interprété dans les termes de l'œuvre philosophique ancienne que jusqu'à un certain point. Les hommes 'nuls' des *Rêveries* évoquent certes ces maléfiques hommes de l'homme qui hantent la société moderne où 'chacun trouve son compte dans le malheur d'autrui'.[47] Le bien qui peut être encore exercé ne l'est qu'avec peine par une humanité composée d'hommes 'incités par leur amour-propre et contraints par toutes leurs lois'.[48] L'univers social cauchemardesque des *Rêveries* serait l'exaspération, l'aboutissement forcené de cette évolution historique déjà extrême dessinée dans le second *Discours*. Mais alors, le diagnostic ancien se dissout dans l'excès. Tout se passe comme si, à force d'intelligibilité et par la force de son aveuglante clarté cette thèse historique du mal, poussée à son comble dans le malheur résonnant dans les *Rêveries*, avait fini par se renverser en son contraire et était devenu un mystère quasi sacré.

Dans l'imagination du 'je', parce que la méchanceté de l'homme n'est proprement plus humaine, le mal ne peut être que mystérieux, et irréparable. 'Cherchons, je trouverai peut-être enfin un homme [...]. J'ai cherché vainement, je ne l'ai point trouvé.'[49] Plus d'humanité, plus d'histoire. Partant, en sortant de l'ordre de l'histoire on sort de l'ordre des valeurs, de l'ordre des possibles, de l'ordre de la liberté. L'agir est mort, les solutions politiques sont nulles et non avenues. Le mal moral et social, dans son ampleur et sa profondeur, échappe désormais à toute prise intellectuelle, lesté d'un poids métaphysique. Que Dieu intervienne directement ou pas, 'tout est fait'.

Mais le mal comme douleur, le mal subi, qui est parfois adversité, parfois haine de la part d'autrui, parfois solitude et angoisse, n'affecte jamais que le 'moi': dans les *Rêveries*, la souffrance des autres, l'adversité en général, l'énigme universelle de la punition des bons sur terre ne sont pas véritablement en cause – Dieu veut que *je* souffre. De la sorte, en un sens le mal dans les *Rêveries*, c'est d'abord et surtout le malheur, et le malheur personnel. Il s'ensuit que le traitement du mal ici est d'abord et surtout, sans doute, d'ordre lyrique. L'émotion y est première, et on songe au mot de Valéry: 'le lyrisme est le développement d'une exclamation'.[50] Cependant la force même du blocage ('Me voici donc seul sur la terre,

---

46. Rousseau, *Emile*, *OC*, t.4, p.587.
47. Rousseau, *Discours sur l'origine de l'inégalité*, note IX, *OC*, t.3, p.202.
48. Rousseau, *Rêveries*, *OC*, t.1, p.1057.
49. Rousseau, *Rêveries*, *OC*, t.1, p.1077.
50. Paul Valéry, *Tel quel*, dans *Œuvres*, éd. Jean Hythier, 2 vols. (Paris, 1960), t.2, p.549.

n'ayant plus de [...] societé que moi-même')[51] dans son excès produit des hypostases: Moi, les Autres, qui projettent le texte dans le domaine de la généralisation. L'état de déréliction, l'attente de la mort, la solitude mais aussi le bonheur intense dans la nature sont de ces 'expériences fondamentales de l'être humain' qui constituent, comme l'écrit Dominique Combe, 'les états de conscience du sujet lyrique'.[52] C'est bien ce que le 'je' des *Rêveries* quintessencie. Le mal n'a proprement plus de remède, sinon dans l'énonciation purement lyrique de l'innocence absolue, divine du 'je' seul homme sur la terre. Ce dernier texte de Rousseau n'offre certes pas une solution nouvelle au problème du mal mais une nouvelle prise d'angle. L'élucidation des états affectifs et psychiques intimes, qui fait la matière des *Rêveries*, altère le traitement théologique ou philosophique du problème. La puissance active de la subjectivité en œuvre est précisément ce qui génère une capacité d'élargissement telle que la promenade dans les *Rêveries* s'ouvre aux confins du terrain de l'allégorie. J'aborderai deux points à l'égard de la dynamique lyrique qui équilibre en les exagérant chacune subjectivité et généralité: la domination radicale de la subjectivité dans l'éthique; et l'inscription poétique de la dichotomie du bien et du mal dans la promenade.

La réflexion philosophique vivante est explicitement écartée dans la 'Troisième promenade' ('Je me refuse ainsi à toutes nouvelles idées');[53] les idées anciennes ne sont plus désormais que des croyances. Mais cela même fortifie l'assentiment intérieur' du 'je' face à ses propres convictions. On a assez dit sans doute que la religion de Rousseau est singulièrement personnelle. La formule lapidaire de Masson suffira ici: 'Dieu avec soi, Dieu en soi, Dieu en Jean-Jacques, Jean-Jacques Dieu, voilà sa religion.'[54] Mais il y a plus. Le rejet de toute communication authentique avec autrui et l'envahissement du mal dans toutes les consciences font que la certitude intérieure est désormais *nécessairement* le seul critère d'évaluation de ce qui constitue le bien et le mal. Rien, ni personne, pas même Dieu, ne peuvent contrarier ou amoindrir le jugement proféré par le 'je' à son propre égard. Ce dernier déclare: 'je me juge moi-même avec autant de sévérité peut-être que je serai jugé par le souverain juge après cette vie'; 'ma conscience m'assure qu'un jour je serai jugé moins sévèrement que je ne me suis jugé moi-même'.[55] La souffrance personnelle peut facilement être interprétée comme un signe d'élection (Dieu veut que je souffre) quand tous les autres ont cessé de vivre d'une vie morale communicable, c'est-à-dire manifeste: les 'dispositions intérieures' de ses contemporains ont cessé 'd'être quelque

51. Rousseau, *Rêveries*, *OC*, t.1, p.995.
52. Dominique Combe, 'La référence dédoublée: le sujet lyrique entre fiction et autobiographie', dans *Figures du sujet lyrique*, éd. Dominique Rabaté (Paris, 1996), p.39-63 (p.60).
53. Rousseau, *Rêveries*, *OC*, t.1, p.1023.
54. Pierre Maurice Masson, *La Religion de J. J. Rousseau*, 3 vol. (Paris, 1916), t.2, p.293.
55. Rousseau, *Rêveries*, *OC*, t.1, p.1028, 1035.

chose pour moi', déclare Rousseau qui poursuit: 'je ne vis plus en eux que des masses [...] dépourvues à mon égard de toute moralité'.[56] Parallèlement, le bonheur solitaire dans la nature peut être érigé par Rousseau en preuve de sa bonté et de la sienne seule lorsque le mal est tout entier concentré dans les rapports sociaux. De fait, au regard du monde perdu, l'être de Rousseau protégé du mal en lui, seul rescapé en somme, témoigne forcément d'un miracle.[57] C'est à partir de la différence qu'est ce miracle que peut se constituer ou se reconstituer une éthique désormais entièrement personnelle et intériorisée, qui ne s'autorise plus de l'accord des autres hommes, qui échappe aux débats, aux questions et aux doutes parce que plus personne, autre que Rousseau, n'existe pour en rendre compte, pour la contester ou l'entériner; 'Mes contemporains ne seront jamais rien pour moi.'[58]

Au Dieu éthique de faire connaître son accord; Dieu, qui dans la lettre à la Providence ne s'occupe pas des individus,[59] veut ici que Jean-Jacques Rousseau souffre, en personne. Or si Dieu sait que le 'je' est innocent, il sait nécessairement que les autres sont coupables. C'est en cela sans doute qu'il est juste: il a élu un homme, un seul, pour représenter et sauver l'humanité innocente. L'autre Dieu, le dieu ordonnateur traditionnel, ne disparaît pas;[60] il se révèle dans ce qu'il révèle: l'harmonie profonde et exceptionnelle entre le 'je' et la nature, tous deux, témoignages de l'existence de l'ordre. Aucun homme coupable jamais ne saurait être heureux dans la nature, d'où, d'ailleurs, une solitude du 'je' aussi inévitable en son sein qu'elle l'est en société. Rousseau donne l'exemple d'une bonté sans exemple par l'image de son bonheur, rare et menacé mais aussi réel, finalement, que le malheur caché des autres hommes: 'J'aime encore mieux être moi dans toute ma misère que d'être aucun de ces gens-là dans toute leur prospérité.'[61] Il n'accepte la présence et la caution divines que si elles l'autorisent, dans et par leur mystère, à définir lui-même ce qui constitue le mal et le bien, le malheur et le bonheur suprêmes, pour lui et les autres. Il se décrit dès la première ligne des *Rêveries* comme 'seul sur la terre'; mais n'en sera-t-il pas de même après la mort? Le 'je' des *Rêveries* ne manquerait pas, sans doute, d'approuver et de faire sien ce vœu du Vicaire: 'J'aspire au moment où, délivré des entraves du corps je serai *moi* sans contradiction, sans partage, et n'aurai besoin que de moi pour être heureux.'[62]

---

56. Rousseau, *Rêveries*, OC, t.1, p.1078.
57. Alexis Philonenko appelle Rousseau dans les *Rêveries* 'le miraculé de la conscience morale'. Voir son *Jean-Jacques Rousseau et la pensée du malheur*, 3 vol. (Paris, 1984), t.3, p.295.
58. Rousseau, *Rêveries*, OC, t.1, p.998.
59. Dieu ne s'inquiète pas 'de la manière dont chaque individu passe cette courte vie' (Rousseau, *Lettre à Voltaire*, t.4, p.1069).
60. Comme l'écrit Charles Taylor, Rousseau 'ran his inner voice in tandem with the traditional way of understanding and recognizing universal good' (*Sources of the self: the making of modern identity*, Cambridge, MA, 1980, p.362).
61. Rousseau, *Rêveries*, OC, t.1, p.1075.
62. Rousseau, *Emile*, OC, t.4, p.604-605.

L'individualisme extrême n'exclut pas néanmoins les possibles d'un élargissement tout aussi extrême du cas individuel à l'humanité tout entière. Rousseau dans les *Rêveries* confère à sa solitude personnelle une profondeur ou une épaisseur historiques. Il n'a pas abandonné sa théorie du mal social, mais elle est ici à la fois concentrée et fragmentée. 'Les jours où je ne vois personne, je ne pense plus à ma destinée, je ne la sens plus, je ne souffre plus, je suis heureux et content sans diversion, sans obstacle.'[63] Sont ici martelées les bribes incantatoires du bonheur anxieux. Ces jours-là ne sont-ils pas toujours menacés? Le mal social constitue une force de perturbation toujours renouvelée. En cela la dynamique historique du mal est réactivée dans les *Rêveries* en réduction et en filigrane. On peut rejoindre ici Jacques Proust qui avait posé que 'les *Rêveries* ne s'expliquent pas tant par les *Dialogues* et les *Confessions* que par l'*Inégalité* [le second *Discours*], dont elle sont, comme le *Contrat*, – mais sur le plan strictement subjectif, – la suite logique et l'exacte contrepartie.'[64] Ayant cessé de penser, ne cherchant plus à combattre le mal vertueusement puisque le terme même de vertu n'a plus de sens, livré aux sensations, Rousseau serait en deçà du mal comme le sauvage du second *Discours*; se profilent les premiers temps de la bonté originelle. A l'extrême inverse, les hommes, tous les autres, sont au-delà du mal, l'ayant poussé à un point tel que la bonté même, son contraste constructif, s'est retirée du monde. L'homme de l'homme a tué l'homme moral, alors que l'homme de la nature n'attend plus de le voir naître. Le durcissement des dichotomies parallèles bien/mal et 'je'/ils permet de déchiffrer une inscription en pointillé mais saisissante de l'histoire anthropologique de Rousseau. Saisissante, parce qu'évidemment les plans temporels sont enchevêtrés: l'homme naturel a survécu à la perversion la plus entière de l'ordre social, laquelle précède donc la renaissance de ce même homme. La topographie si riche des *Rêveries* acquiert par là une dimension poétiquement temporelle; les promenades livreraient l'accès aux lieux de la plus profonde mémoire humaine, lieux du bien (nature isolée) et du mal (lieux de réunion des hommes ensemble), le texte décrivant le va-et-vient du 'je' entre ces lieux. La manufacture de bas au milieu de la plus déserte solitude, dans la 'Septième promenade', figure admirablement dans son ironique mélan-colie l'intrusion du mal social au sein de la nature dans une sorte de juxtaposition en palimpseste des époques immenses que dessinait le second *Discours*. De fait, certains épisodes des *Rêveries* pourraient être traités comme des chronotopes où le 'je' rencontre le mal, où la nature, logée dans le promeneur comme le promeneur s'y loge, se trouve

63. Rousseau, *Rêveries*, *OC*, t.1, p.1082.
64. Jacques Proust, 'Le premier des pauvres', *Europe* 391-92 (nov.-déc. 1961), p.13-21 (p.14). Je ne partage cependant pas son interprétation optimiste des *Rêveries*: 'A travers la poésie, *par* la poésie, Rousseau retrace sans se lasser les linéaments de la société future, démocratique et égalitaire que le *Contrat social* avait préfigurée en son temps' (p.20).

violemment ou progressivement projetée dans l'univers de sa perversion.[65] Ailleurs, les développements temporels s'évanouissent dans l'indétermination d'un temps hors du temps: la 'Cinquième promenade' laisse entrevoir l'expérience d'un bonheur insulaire échappé à l'Histoire, à la morale et à la société, au-delà du bien et du mal. C'est à cette condition que le 'je' échappe à l'étau du malheur.

Il me semble que c'est par là que le traitement du mal dans les *Rêveries* peut être qualifié de lyrique, l'expérience vécue la plus particulière et la plus ponctuelle ou immédiate s'offrant comme source de méditations intimes mais toujours ouvertes sur une généralité philosophique, c'est-à-dire susceptibles d'intéresser encore l'Humanité, à défaut des contemporains.[66] Si c'est dans sa plus grande solitude que le 'je' est le plus humain, l'expression pure de sa propre expérience sensible et affective du monde peut encore livrer à l'Homme sa vérité. La tonalité particulière du texte provient sans doute de cette étrangeté: la généralité fleurissant 'au fond de l'abîme'[67] résonne dans un vide, que viennent pourtant peupler les lecteurs, happé par la force de la dichotomie douloureuse et inflexible qui structure le texte et en produit la résonnance.[68] Sont-ils sensibles à cette résonnance qu'ils rejoignent le 'je' en sa solitude, sans doute. En ce sens, le lyrisme seul est l'esquisse fragile d'une solution au problème du mal tel qu'il est appréhendé et vécu dans les *Rêveries*.

Chez Rousseau, le mal n'est pas principalement une question théologique; c'est un problème social et politique qu'une anthropologie historique seule aura pu mettre en lumière. Les grandes œuvres – le second *Discours, Du Contrat social, Emile, La Nouvelle Héloïse* – ont offert un diagnostic et imaginé des remèdes dans cette optique. Or, dans les *Rêveries*, toute vision raisonnée d'un remède au mal social actuel est évacuée, parce que le mal, devenu universel chez les contemporains de Rousseau, n'a plus de mesure, ni de détermination, ni donc d'origine. A sa place, une angoissante énigme: le 'je', seul sur la terre, est innocent; et Dieu dans sa justice, pourtant, veut qu'il souffre. Dieu, ici, ne fait que rendre manifeste le scandale insoluble de cette innocence absolue et absolument persécutée, et rendre nécessaires une simple résignation au désordre et une croyance en un ordre à venir. Le mal, de fait, n'est plus tant un problème à résoudre qu'une expérience personnelle et solitaire du malheur chez le 'je' 'tranquille au fond de l'abîme'. Les perspectives anthropologiques, politiques,

65. La 'Neuvième promenade' présente plusieurs épisodes de cette nature, comme la rencontre du garçonnet affectueux à Clignancourt à laquelle succèdent les soupçons hostiles de son père, ou l'épisode des oublies à Passy suivi de l'évocation des faux plaisirs à la Chevrette.
66. Voir Jean-Michel Maulpoix, *La Voix d'Orphée: essai sur le lyrisme* (Paris, 1989), p.185. Sur la qualité lyrique des *Rêveries*, voir l'étude de James Swenson dans le présent volume.
67. Rousseau, *Rêveries, OC*, t.1, p.999.
68. John C. O'Neal, dans son article dans ce même volume', fait écho à ce caractère dramatique des *Rêveries* qui provient, selon lui, du contraste poignant entre le récit du malheur et celui du bonheur dans le texte de Rousseau.

sociales sont pourtant préservées dans les *Rêveries* mais dotées d'une dimension affective et poétique qui les dramatise, les exaspère ou les affaiblit selon l'angle. La solitude – née du mal – nourrit une subjectivité hypertrophiée au cœur absolu du texte. La voix de ce 'je' ne dit pas l'origine du mal, ni sa fin, mais l'intensité des états affectifs d'un être traversé par le malheur, et parfois le bonheur. L'expression déchirante de cette solitude, et la célébration des victoires fragiles du bonheur intime ont finalement remplacé l'analyse de ce mal qui écrase le 'je'. Délivré du livre, et livré aux feuillets, Rousseau ici libère des visions vives de sa conception de l'existence qu'aucun système ne saurait saisir sans les écraser. Si donc la force philosophique du traitement rousseauiste du mal est de toute évidence ailleurs que dans les *Rêveries*, c'est dans ce dernier texte qu'est sa force poétique, tout aussi évidemment. Par le prestige d'une voix originale, le mal comme malheur et le bien comme bonheur ont pris ici des accents littéralement inouïs au dix-huitième siècle.

SYLVIE ROMANOWSKI

Un étranger pas comme les autres: la voix du maître[1]

ROUSSEAU inaugure les *Rêveries* avec une déclaration qui sonne aussi comme une conclusion, 'Me voici donc seul sur la terre', et une question qui n'est nullement rhétorique, 'Mais moi, détaché d'eux et de tout, que suis-je moi-même?'[2] Cet essai commence par une analyse du nouveau type d'étranger qu'est le narrateur, puis continue avec l'hypothèse que cet étranger s'oppose complètement à celui du texte précédent de Rousseau, c'est-à-dire *Rousseau juge de Jean-Jacques: Dialogues*. Une fois redéfini le narrateur des *Rêveries*, la place de la nature pourra être cernée plus précisément. Enfin, cet essai proposera que le nouvel étranger de Rousseau est proche comme un grand frère d'un autre étrange sujet également scandaleux, celui du marquis de Sade, un nouvel étranger qui, indépendamment et avant Sade, élabore un projet de maîtrise complète sur lui-même et sur la nature.

Il est facile de noter une abondance de passages dans les *Rêveries* où Rousseau se décrit comme étant un étranger: dans une 'étrange position', 'seul et délaissé', avec des 'idées étrangères', 'retranché de la société humaine', 'réduit à moi seul', 'séquestré de la société des hommes'.[3] Il se décrit comme étant étranger par rapport à l'univers dans les trois dimensions du temps, de l'espace, et du langage. D'abord il souligne le fait que l'étrangeté est symétrique car les autres hommes sont 'étrangers, inconnus, nuls enfin pour moi puisqu'ils l'ont voulu', 'désormais nuls pour moi'.[4] La présence du complot, de la persécution, qui précédemment avait toujours laissé un espoir de ne pas être totale (j'y reviendrai dans mon analyse des *Dialogues*), est maintenant accomplie dans le temps et absolue: 'tout est fait', 'tout est fini'.[5] Les moyens de la persécution lui étant 'inconnus et inexplicables',[6] il peut tomber dans la 'résignation' et la 'tranquillité' parce que les hommes, ne lui laissant rien, 'se sont tout ôté à

1. Je remercie Pierre Ferrand pour sa lecture attentive de cet essai et pour ses commentaires.

2. Rousseau, *Rêveries du promeneur solitaire* I, *OC*, t.1, p.995.

3. Rousseau, *Rêveries* I, *OC*, t.1, p.995; *Rêveries* II, *OC*, t.1, p.1004; *Rêveries* I, *OC*, t.1, p.1000; *Rêveries* V, *OC*, t.1, p.1047; *Rêveries* VIII, *OC*, t.1, p.1075; *Rêveries* IV, *OC*, t.1, p.1004.

4. Rousseau, *Rêveries* I, *OC*, t.1, p.995, 1060.

5. Rousseau, *Rêveries* I, *OC*, t.1, p.997, 999.

6. Rousseau, *Rêveries* VII, *OC*, t.1, p.1079.

eux-mêmes'; il insiste sur la symétrie de la situation: 'nous sommes également hors d'état, eux de les aggraver et moi de m'y soustraire'.[7]

La solitude prend une dimension spatiale à l'échelle du cosmos, simultanément dans la hauteur comme dans la profondeur. Il se voit comme s'il était venu d'un espace d'en haut, comme parachuté 'dans une planète étrangère', ou tombé dans un espace profond, et se trouvant 'précipité dans un chaos incompréhensible', 'tranquille au fond de l'abîme'.[8] Rousseau serait-il un extra-terrestre? Il est aussi en-dehors du temps, et dans une temporalité également paradoxale, à la fois infinie et instantanée. Avec les expressions de la première phrase comme 'donc', 'n'ayant plus de frère, de prochain, d'ami, de société que moi-même', il marque avec clarté la différence entre le passé et sa situation présente dans 'un saut [...] de la vie à la mort'.[9] C'est d'une part un moment très bref, qui n'est pas le moment de la mort, mais 'un intervalle' avant sa 'dernière heure', dans ses 'derniers jours';[10] d'autre part un présent infini où le temps est comme aboli, 'où le temps ne soit rien' et 'où le présent dure toujours sans néanmoins marquer sa durée et sans aucune trace de succession' dans 'un bonheur suffisant, parfait et plein'.[11]

Pour décrire cet état particulier, inédit, les mots semblent lui manquer, et son langage désigne clairement qu'il ne peut que s'en approcher. Il remarque dès le début que cette 'situation si singulière mérite assurément d'être examinée et décrite', mais que cela sera difficile, et procédant par la négative il suggère que ce qu'il va faire pourrait être comparé à une opération scientifique: des mesures barométriques 'pourraient fournir des résultats', mais il n'étendra pas jusque là son 'entreprise'.[12] Vient ensuite la deuxième tentative de décrire cette entreprise, par contraste avec celle de Montaigne, qu'il refuse aussi.[13] Parfois il utilise, comme approximation, une comparaison plus audacieuse: il est 'impassible comme Dieu même',[14] et dans l'extase de la 'Cinquième promenade', il 'se suffit à soi-même comme Dieu'.[15] Est-il avec Dieu? est-il à la place de Dieu? quels sont cet autre temps et cet autre espace au-dessus des mortels?

7. Rousseau, *Rêveries* I, *OC*, t.I, p.996-97.
8. Rousseau, *Rêveries* I, *OC*, t.I, p.999, 995, 999.
9. Rousseau, *Rêveries* I, *OC*, t.I, p.995.
10. Rousseau, *Rêveries* I, *OC*, t.I, p.998, 999.
11. Rousseau, *Rêveries* V, *OC*, t.I, p.1046.
12. Rousseau, *Rêveries* I, *OC*, t.I, p.1000-1001.
13. Rousseau, *Rêveries* I, *OC*, t.I, p.1001. Marcel Raymond, dans la note 2 se rapportant à cette page (*OC*, t.I, p.1770) remarque que Rousseau tire Montaigne dans un sens que celui-ci n'a pas voulu pour bien montrer que Rousseau veut être unique. Voir l'étude d'Emmanuel Martineau pour une analyse du sens du mot 'entreprise', et de 'cette étrange temporalité de départ des *Rêveries* [...] à peine une temporalité parce qu'elle ne se distend plus' dans 'Nouvelles réflexions sur les *Rêveries*: la "Première promenade" et son "projet"', *Archives de philosophie* 47 (1984), p.245.
14. Rousseau, *Rêveries* I, *OC*, t.I, p.999.
15. Rousseau, *Rêveries* V, *OC*, t.I, p.1047.

Pour analyser cet état quasi indescriptible, revenons en arrière sur l'œuvre qui a précédé et suscité l'écriture des *Rêveries*, à savoir *Rousseau juge de Jean Jaques: Dialogues*, dont le double échec encouru auprès des deux instances du pouvoir dans l'ancien régime – il n'a pu ni le montrer au roi ni le consacrer à Dieu sur l'autel de Notre-Dame – a précipité la crise racontée dans l'*Histoire du précédent écrit*, que je considère comme essentielle à la compréhension des *Rêveries*.[16] L'*Histoire du précédent écrit*, marquant le passage de Rousseau à sa nouvelle situation, annonce qu'il va faire un portrait de 'l'homme jugé', et qu'il sera intéressant de 'savoir comment un pareil homme osa parler de lui-même'.[17] Qui est cet homme si audacieux qui ose parler? C'est le sujet qui parle dans les *Rêveries*, mais qui semble ne pas avoir droit à la parole, et qui fera scandale en parlant. Ce n'est pas du tout l'homme des *Dialogues*, que je vais analyser brièvement pour montrer le contraste complet entre les sujets parlant dans ces deux œuvres.

Partons de l'observation que les *Dialogues* mettent en scène, longuement, théâtralement, et avec espoir, un procès de J. J. en trois *Dialogues* portant successivement sur l'appréciation de la situation présente de J. J., sur la personne de J. J. examinée de près, et sur la lecture approfondie et attentive de ses œuvres. La situation de J. J. dans le 'Premier dialogue', c'est qu'il est un 'monstre, l'horreur du genre humain', un 'pestiféré', qui 'se fait abhorrer de tout le monde', 'pas même capable du pacte que les scélérats font entre eux', qui fait figure d'assassin passible des supplices les plus graves: 'Figurez-vous des gens qui commencent par se mettre chacun un bon masque [...] qui s'arment de fer jusqu'aux dents [...] lui mettent un bâillon dans la bouche, lui crèvent les yeux, l'étendent à terre.'[18] Ceci ne rappelle-t-il pas le supplice de Damiens par lequel Foucault inaugure *Surveiller et punir*, un supplice qui a eu lieu quelque treize ans avant la rédaction des *Dialogues*, avec ceci de pire dans le cas de Rousseau: aucun arrêt officiel n'autorise ce supplice conduit par des gens anonymes et cachés 'qui surprennent ensuite leur ennemi'[19] comme pour un lynchage. Dans le 'Premier dialogue', J. J. fait figure d'homme à bannir, à exiler comme 'cas unique depuis que le monde existe' selon 'une loi toute nouvelle dans le code du genre humain', pire que la peine capitale imaginée par les Romains: 'l'interdiction du feu et de l'eau [...] les choses nécessaires à la vie'.[20] Comme le montre Jean-François Perrin, Rousseau renoue ici avec la longue tradition, héritée de l'antiquité, de considérer l'homme criminel comme ayant un 'caractère *consacré* de la victime

---

16. Je suis l'interprétation de Michel Martinez sur le sens du 'donc' au début des *Rêveries* comme se rapportant à l'échec des *Dialogues*. Voir son étude 'A propos de "l'événement imprévu": genèse et cohérence des *Rêveries*', *Littératures* 12 (1985), p.48-60.

17. Rousseau, *Histoire du précédent écrit*, *OC*, t.1, p.988. Ici je ne suis pas d'accord avec la note 3 de Raymond (*OC*, t.1, p.1760) que Rousseau se modère soudainement; au contraire, il est à la fois conscient du scandale que cause sa parole et il y est profondément indifférent.

18. Rousseau, *Rousseau juge de Jean-Jacques: Dialogues*, *OC*, t.1, p.705, 713, 676, 705, 756.

19. Rousseau, *Dialogues*, *OC*, t.1, p.756.

20. Rousseau, *Dialogues*, *OC*, t.1, p.707.

émissaire', comme étant 'proclamé *homo sacer*' et ayant un caractère 'anomique nécessaire à l'existence même de la Loi dans son exercice effectif'.[21] Les *Dialogues* mettent en scène de manière détaillée une autre forme de procès qui serait équitable et qui, en remplaçant l'arbi-traire de l'arrestation et la cruauté des supplices, participe au combat pour une meilleure justice mené par le siècle des Lumières. Ce texte montre la transformation des peines qui vise à restreindre à la fois l'autorité supérieure et l'arbitraire populaire, selon Foucault: 'la critique des supplices [...] était la figure où venait se rejoindre [...] le pouvoir illimité du souverain et l'illégalisme toujours en éveil du peuple'.[22]

Ce procès est suivi de deux examens complémentaires et nécessaires à verser dans le dossier de l'homme et de l'œuvre, puisque les deux ont été l'objet de condamnations dans l'ignorance: dans le 'Deuxième dialogue', l'observation étroite d'un individu dans son comportement quotidien, intellectuel, et moral, et dans le Troisième, une lecture des textes suivie et attentive. Car ce sont finalement les textes qui convainquent, on pourrait presque dire convertissent, le Français d'exonérer Rousseau et de le considérer comme un 'ami de la justice et de la vérité' qui est en train de 'préparer et remplir peut-être l'œuvre de la providence'.[23]

Ainsi la victime émissaire est réintégrée dans l'esprit de son lecteur auparavant hostile qui envisage même de 'former avec lui une société sincère et sans fraude'.[24] Le jugement équitable rétablit la justice, démasque l'hypocrisie et la hargne des Messieurs qui se réclament aussi des Lumières, remplaçant le mécanisme pénal de l'ostracisme de la victime, bouc émissaire sacré, par un autre droit également sacré, le 'droit sacré d'être entendu dans sa défense', 'ce grand principe, base et sceau de toute justice, sans lequel la société humaine croulerait par ses fondements, [...] si sacré, si inviolable'[25] qu'il s'appliquerait même aux assassins. Le 'Premier dialogue' fait le procès de l'intolérance vis-à vis de J. J. des Messieurs 'encore plus abominables que lui', le deuxième plaide pour un jugement basé sur une collecte des faits exhaustive qui exige de 'tout voir', 'tout entendre', 'tenir note de tout, avant de prononcer sur rien',[26] et le 'Troisième dialogue' administre une sévère leçon d'honnêteté intellec-tuelle affirmant l'exigence élémentaire de lire l'œuvre avant de la juger: 'après l'avoir lu moi-même j'ai su bientôt à quoi m'en tenir'.[27]

---

21. Que soit chaleureusement remercié ici Jean-François Perrin, qui m'a communiqué le texte de son article, '*Sacer estod*: une approche des enjeux politiques et théoriques dans *Rousseau juge de Jean-Jacques*', *Annales de la société Jean-Jacques Rousseau* 46 (2005), p.79-113. Les mots soulignés dans la citation le sont par leur auteur.

22. Michel Foucault, *Surveiller et punir* (Paris, 1975), p.91.

23. Rousseau, *Dialogues*, *OC*, t.i, p.973.

24. Rousseau, *Dialogues*, *OC*, t.i, p.974.

25. Rousseau, *Dialogues*, *OC*, t.i, p.737, 731.

26. Rousseau, *Dialogues*, *OC*, t.i, p.793.

27. Rousseau, *Dialogues*, *OC*, t.i, p.933.

La représentation de l'examen de Rousseau, de la lecture de ses œuvres, et de sa réhabilitation possible dans la société, est à fois théâtrale et utopique. René Girard, un des premiers à avoir analysé en profondeur les mécanismes du bouc émissaire dans la culture et la religion, démontre que le mécanisme du théâtre est bien semblable à celui des rites religieux et pénaux axés autour de la victime émissaire qui permet à la violence d'être éliminée dans un acte fondateur de la société: 'le drame représenté sur le théâtre doit constituer une espèce de rite'[28] qui a pour fonction de frôler 'le gouffre où s'abîment les différences et elle [la tragédie] reste marquée par l'épreuve'.[29] La tragédie, et cette œuvre de Rousseau, ne sont pas 'étrangères au drame essentiel de l'homme, à la tragédie de la violence et de la paix, à tout amour comme à toute haine'.[30] Utopique, cette œuvre en tant que représentation et en tant qu'action bénéfique est destinée à échouer: tout d'abord parce que l'idéal d'un jugement par un jury impartial, après collecte de l'évidence et audition de l'accusé, est strictement impossible selon le droit français de l'époque. On a fortement l'impression d'un vœu pieux, d'un souhait qui tient de l'imaginaire quand on lit la conclusion dite par le personnage Rousseau: 'Ajoutons-y de plus la douceur de voir encore deux cœurs honnêtes et vrais s'ouvrir au sien.'[31] Mais une vision, qui occupe à peu près cinq pages, du 'monde idéal' avait inauguré l'œuvre: 'Figurez-vous donc un monde idéal semblable au nôtre, et néanmoins tout différent', où les hommes sont 'bornés de toutes parts par la nature et par la raison'.[32] Le 'figurez-vous' ici est repris en écho par le 'figurez-vous', déjà cité, du supplice à venir. L'œuvre finit, logiquement, sur l'évocation de l'espoir que 'l'ordre naturel se rétablit tôt ou tard' et sur la consolation 'pour sa dernière heure',[33] même si le monde idéal du début n'est pas encore restauré.

Rien de tel dans les *Rêveries*: ni vision de l'idéal entrevu sur la route de Vincennes (une des rares œuvres de Rousseau qui ne la comporte pas),[34] ni réintégration de la victime émissaire dans la société. Les *Rêveries* s'opposent presque sur toute la ligne à l'entreprise des *Dialogues*.

Alors que ceux-ci montraient l'idéal, suivi du supplice de la victime émissaire, puis de son procès et de sa réhabilitation, les *Rêveries* montrent une conduite opposée. Ici, la vision de l'idéal de la nature et de l'homme naturel n'existe pas, mais l'idéal est déplacé ailleurs. J'y reviendrai après avoir analysé la différence qui me paraît esssentielle entre le J. J. des *Dialogues* et le narrateur des *Rêveries*. A première vue, on pourrait

---

28. René Girard, *La Violence et le sacré* (Paris, 1972), p.403.
29. Girard, *La Violence et le sacré*, p.405.
30. Girard, *La Violence et le sacré*, p.406.
31. Rousseau, *Dialogues*, *OC*, t.1, p.976.
32. Rousseau, *Dialogues*, *OC*, t.1, p.668, 672.
33. Rousseau, *Dialogues*, *OC*, t.1, p.973, 976.
34. Voir l'article de Tanguy L'Aminot sur les autres évocations de l'illumination de 1749: 'Satori à Vincennes', dans *Spiritualité de Jean-Jacques Rousseau. Etudes Jean-Jacques Rousseau*, t.10 (Montmorency, 1998), p.105-20.

constater que le fait d'être un étranger d'une autre sorte n'est pas unique aux *Rêveries*, car dans les *Dialogues* il est décrit avec des termes semblables comme 'séquestré', habitant 'les régions éthérées' et 'au-dessus des vapeurs de notre atmosphère', 'ayant le goût de la rêverie'.[35] Ce qui n'existe pas dans les *Rêveries*, et ceci est capital, c'est la réhabilitation de la victime émissaire. Au contraire: le narrateur des *Rêveries* insiste sur le caractère irrémédiable de son exclusion. Une des grandes différences entre les deux œuvres, c'est que dans les *Dialogues*, J. J. commence comme bouc émissaire mais est réhabilité à la fin par au moins deux personnes grâce à une nouvelle forme de justice; dans les *Rêveries*, il commence comme victime émissaire mais le reste jusqu'à la fin. Ainsi se profile un élément de réponse à la question posée plus haut, qui ose parler ainsi? C'est la seule personne qui n'a pas parlé, précisément la victime. Mais est-il, reste-t-il, une vraie victime? Il est temps d'examiner ce que le narrateur des *Rêveries* dit sur lui-même: qu'il est un étranger total, dans le temps, dans l'espace, dans un ailleurs indicible sauf par une métaphore le comparant à Dieu.

L'évocation d'un tête-à-tête avec Dieu nous mettra sur la voie de ce qu'est le narrateur: 'impassible comme Dieu même', jugé spécialement par Dieu qui 'veut que je souffre' malgré son innocence, 'on se suffit à soi-même comme Dieu'; il 'atteste le ciel', et jure 'à la face du ciel'.[36] De plus, il s'imagine qu'étant 'invisible et tout-puissant comme Dieu', il aurait été 'bon comme lui',[37] et même meilleur: à sa place il aurait fait de meilleurs miracles que ceux du cimetière de Saint-Médard qui ont contribué à discréditer le mouvement janséniste au dix-huitième siècle. La phrase, non dépourvue d'humour, vaut la peine d'être citée en entier: 'Ministre de la Providence et dispensateur de ces lois selon mon pouvoir, j'aurais fait des miracles plus sages et plus utiles que ceux de la légende dorée et du tombeau de Saint-Médard.'[38]

Ce que je voudrais souligner ici, c'est que le narrateur, loin d'être une victime, montre qu'il a acquis une position de maîtrise. Cette position ne s'acquiert pas dans un instant, mais est l'effet d'un triple processus comportant trois étapes complémentaires.[39] L'étape préliminaire est vécue dans un passé récent (résultant des événements narrés dans l'*Histoire du précédent écrit*): c'est le détachement du monde, subi passivement du fait de l'injustice et de l'incompréhension des hommes. Ensuite, dans le présent, vient l'engagement personnel dans cette voie par le moyen de décisions prises consciemment et volontairement. Viennent enfin des résolutions à suivre dans l'avenir. Toutes ces actions sont nécessaires pour établir sa

35. Rousseau, *Dialogues*, *OC*, t.1, p.826, 815, 816.
36. Rousseau, *Rêveries* I, *OC*, t.1, p.999; *Rêveries* II, *OC*, t.1, p.1010; *Rêveries* V, *OC*, t.1, p.1047; *Rêveries* IV, *OC*, t.1, p.1034, 1025.
37. Rousseau, *Rêveries* VI, *OC*, t.1, p.1057.
38. Rousseau, *Rêveries* VI, *OC*, t.1, p.1058.
39. Je m'inspire, en la transformant, de la 'triade' des 'trois dimensions du temps' de Jean Starobinski dans *La Transparence et l'obstacle* (Paris, 1971), p.425.

maîtrise sur lui-même, sur le monde, sur les hommes; de plus, il faut que ce cycle – passé subi, action présente de la volonté, résolutions engageant l'avenir – soit répété pour maintenir la maîtrise. Ce sont ces mécanismes de la maîtrise rousseauiste que je vais analyser dans les paragraphes suivants, afin de pouvoir situer la place de la nature dans cette entreprise.

Le détachement du monde est d'abord vécu passivement, comme une destinée qui le met dans l'ʼétrange positionʼ qui prévaut dans la ʻPremière promenadeʼ, mais qui ne dure pas longtemps, car dès la fin de cette ʻpromenadeʼ, il prend la première résolution qui engage son présent et son avenir: ʻUne situation si singulière mérite assurément d'être examinée et décrite, et c'est à cet examen que je consacre mes derniers loisirs.ʼ[40] Si le langage descriptif semblait lui faire défaut pour décrire cette situation si extraordinaire, au contraire le langage devient puissant et efficace lors-qu'il s'occupe de réaliser son projet de maîtrise grâce à une abondance de verbes actifs. On retrouve ici la distinction entre verbes constatifs et verbes performatifs élaborée par J. L. Austin: ʻa performative sentence or a performative utterance […] indicates that the issuing of the utterance is the performing of an action – it is not normally thought of as just saying something'.[41] La répétition de tels verbes (comme ʻattesterʼ, ʻjurerʼ, cités plus haut) ne laisse aucun doute sur l'utilisation délibérée de cette sorte de langage dès la ʻPremière promenadeʼ: ʻécartons donc de mon esprit tous les pénibles objetsʼ, ʻlivrons-nous tout entier à la douceur de converser avec mon âmeʼ.[42] La ʻTroisième promenadeʼ qui décrit sa vie passée est particulièrement abondante en ce genre d'expressions. Il annonce son projet sous forme déclarative et descriptive: ʻcessant donc de chercher parmi les hommesʼ, de vouloir se ʻreposer sur un terrain qui [lui] était étrangerʼ, il veut ʻse reposer sur une assiette tranquille où [il] p[ût] [s]e fixerʼ.[43] C'est chose faite quelques paragraphes plus loin: il prend des résolutions, ʻFixons une bonne fois mes opinionsʼ, ʻsoyons pour le reste de ma vie ce que j'aurai trouvé devoir êtreʼ et il s'y tient: ʻJ'exécutai ce projetʼ, ʻje persistaiʼ, ʻje me décidaiʼ.[44] Si quand même quelques ʻdoutes décourageantsʼ reviennent encore de temps à autre troubler [s]on âmeʼ,[45] il a une parade à cela aussi. Rousseau fait appel à sa mémoire: ʻj'ai besoin de me rappeler mes anciennes résolutionsʼ, et l'effet se fait immédiatement sentir dans la phrase suivante: ʻJe me refuse ainsi à toutes nouvelles idées comme à des erreurs funestes qui n'ont qu'une fausse apparence et ne sont bonnes qu'à troubler mon repos.ʼ[46] A la destinée subie passivement suivent des actes répétés de la volonté montrant comment le langage le

40. Rousseau, *Rêveries* I, *OC*, t.1, p.1000.
41. J. L. Austin, *How to do things with words*, 2ᵉ éd. (Cambridge, MA, 1975), p.6-7.
42. Rousseau, *Rêveries* I, *OC*, t.1, p.999.
43. Rousseau, *Rêveries* III, *OC*, t.1, p.1012.
44. Rousseau, *Rêveries* III, *OC*, t.1, p.1016-17.
45. Rousseau, *Rêveries* III, *OC*, t.1, p.1023.
46. Rousseau, *Rêveries* III, *OC*, t.1, p.1023.

maintient dans la maîtrise de soi. Ce langage est paradoxal. A la persuasion discursive, on pourrait presque dire procédurale, des *Dialogues* qui se voulait efficace (l'échec ne provient pas de l'œuvre, mais du refus des autorités royale et divine de l'entendre), s'oppose le langage performatif des *Rêveries* qui ne vise pas à persuader autrui, donc qui n'est plus sujet à réussir ou à faillir dans l'arène du discours, un langage performatif qui (se) crée un moi autonome – mais un langage qui doit être constamment réitéré.

L'incident de la 'Quatrième promenade' quand il n'ose pas dire la vérité sur ses enfants illustre cette nécessité: pourquoi est-il si furieux contre lui-même quand il n'a pas remis à sa place la jeune fille qui le questionnait, quand il savait bien qu'elle voulait le coincer dans un mensonge? Lisons sa réponse: 'Il est donc certain que ni mon jugement ni ma volonté ne dictèrent ma réponse et qu'elle fut l'effet machinal de mon embarras.'[47] Or un homme pleinement maître de lui-même devrait surmonter un effet 'machinal' qui lui fait dire des choses sans réfléchir. Il est conscient d'avoir dérogé à son projet de maîtrise et s'efforce aussitôt de se rattraper par un acte performatif, auto-réflexif: 'Oui, je le dis et le sens avec une fière élévation d'âme, j'ai porté dans cet écrit la bonne foi, la véracité, la franchise aussi loin, plus loin même, au moins je le crois, que ne fit jamais aucun autre homme.'[48] Le mépris pour les 'êtres mécaniques qui n'agissaient que par impulsion',[49] pour les actions irréfléchies, instinctives, involontaires, parcourt les *Rêveries*. Alors, quand il commet lui-même de telles actions, qui sont 'plutôt l'effet du délire de l'imagination qu'un acte de la volonté', il a deux réactions possibles: soit il en ressent une honte vite suivie d'une reprise de la maîtrise de soi quand il comprend sa propre défaillance et résoud de ne plus y tomber; soit il l'examine de près pour se comprendre, par exemple au début de la 'Sixième promenade', selon le principe que 'Nous n'avons guère de mouvement machinal dont nous ne puissions trouver la cause dans notre cœur, si nous savions bien l'y chercher'.[50] Mais c'est une action qui demande à être répétée, les verbes performatifs n'étant valables que dans le moment où on les prononce. Dans la 'Neuvième promenade', par exemple, le même cycle opère que dans la 'Première': d'abord, l'aliénation subie, imposée, car 'le regard de la bienveillance [...] m'est désormais refusé parmi les humains'; ensuite viennent des actes volontaires, l'abandon des enfants, le maintien de son incognito vis-à-vis du vieux soldat et le refus de lui faire l'aumône alors qu'il en mourait d'envie, et le maintien de ses 'propres principes' de ne pas mêler 'aux choses honnêtes

47. Rousseau, *Rêveries* IV, *OC*, t.1, p.1034.
48. Rousseau, *Rêveries* IV, *OC*, t.1, p.1035.
49. Rousseau, *Rêveries* VIII, *OC*, t.1, p.1078.
50. Rousseau, *Rêveries* IV, *OC*, t.1, p.1035; *Rêveries* VI, *OC*, t.1, p.1050.

un prix d'argent' et de ne jamais secourir les gens 'dans le commerce ordinaire de la vie'.[51]

Cette répétition présente dans toutes les *Rêveries*, même dans la 'Dixième' qui est un essai à part (la place me manque pour l'analyser),[52] pourrait donner l'impression que Rousseau n'avance pas, mais en fait le sentiment de maîtrise existe dès le début. Dès la 'Première promenade' il se déclare 'affranchi de toute nouvelle crainte et délivré de l'inquiétude de l'espérance', pour ensuite pouvoir affirmer être 'pleinement moi et à moi', car il faut qu'il 'agisse librement, sans contrainte', et qu'il soit 'délivré du joug de l'opinion'.[53] On pourrait multiplier les exemples du vocabulaire de l'affranchissement et de la liberté. L'examen le plus prolongé se trouve dans la 'Quatrième promenade' où il pose la question s'il est jamais permis de mentir. La réponse est plutôt dans le sens de la rigueur augustinienne qui n'admet pas le mensonge bénin ou pragmatique;[54] l'essentiel cependant dans cette *Rêverie*, ce n'est pas de choisir entre plusieurs morales que lui offriraient la société ou la religion, c'est qu'il veut se conduire selon une seule règle, la sienne: 'par le dictamen de ma conscience, plutôt que par les lumières de ma raison'.[55] Pour renforcer ceci, il insiste dans des termes appuyés: 'je me juge moi-même avec autant de sévérité peut-être que je serai jugé par le souverain juge après cette vie'.[56] On l'a déjà vu, Rousseau se voyait en face à face avec Dieu, et en disant cette phrase tempérée à peine par le 'peut-être', ne veut-il pas dire qu'il est déjà souverain juge de lui-même. Ce même sentiment apparaît dans une maxime péremptoire dans la 'Sixième promenade': 'C'est la force et la liberté qui font les excellents hommes.'[57] Il faut cependant éviter un malentendu: malgré l'importance du vocabulaire religieux, noté par Marie-Hélène Cotoni,[58] il ne s'agit pas pour Rousseau de prendre la place de Dieu, ni de procéder à sa 'propre divinisation'.[59] Il est plus juste de dire avec Robert Derathé que Rousseau veut être 'indépendant *comme* Dieu'

51. Rousseau, *Rêveries* IX, *OC*, t.1, p.1089, 1097.

52. Cette *Rêverie* montre aussi la répétition du triple cycle passivité dans le passé-décision au présent-résolution pour l'avenir. Après un 'premier moment' et un 'enchaînement inévitable', il revendique son passé ('je fus ce que je voulais être', *OC*, t.1, p.1098-99) et prend une résolution, non vis-à-vis de lui-même mais vis-à-vis de Mme de Warens, de lui 'rendre un jour' (p.1099) l'assistance qu'il avait reçue d'elle.

53. Rousseau, *Rêveries* I, *OC*, t.1, p.997; *Rêveries* II, *OC*, t.1, p.1002; *Rêveries* VI, *OC*, t.1, p.1052; *Rêveries* VIII, *OC*, t.1, p.1079.

54. Voir l'analyse de J.-F. Perrin dans 'Du droit de taire la vérité au mensonge magnanime: sur quelques arrière-plans théoriques et littéraires de la *Quatrième promenade*', *Littératures* 37 (1997), p.115-30.

55. Rousseau, *Rêveries* IV, *OC*, t.1, p.1028.

56. Rousseau, *Rêveries* IV, *OC*, t.1, p.1028.

57. Rousseau, *Rêveries* VI, *OC*, t.1, p.1057.

58. 'Le "christianisme" de Rousseau au temps des *Rêveries du promeneur solitaire*', dans *Etudes Jean-Jacques Rousseau* 10 (1998), p.57-75.

59. Maurice Blanc, 'La 5e promenade ou comment, par la rêverie, Jean-Jacques Rousseau procède à sa propre divinisation', dans *Jean Jacques au présent* (Genève, 1978), p.11-15.

(nous soulignons).[60] Rousseau utilise la comparaison qui égale le maître souverain à Dieu, non la métaphore qui remplace un être par un autre.

Pour un homme qui revendique la maîtrise, la capacité d'agir 'librement, sans contrainte', d'être 'délivré du joug de l'opinion', et de jouir de lui-même 'en dépit d'eux' [des hommes],[61] quelles peuvent bien être la place et la valeur de la nature? Notons d'abord le simple fait que dans les *Dialogues* la nature n'est pas décrite; même si J. J. est l'homme de la nature, celle-ci ne figure que dans quelques allusions rapides aux promenades que J. J. aime faire pour éviter une 'oisiveté absolue', tout comme il pourrait 'bêcher dans un jardin',[62] mais sans accorder beaucoup d'importance à ces gestes. Parlant de la nature, Rousseau explique dans les *Rêveries* que tant qu'il vivait dans le monde, la nature ne lui servait pas bien comme refuge: 'Ce n'est qu'après m'être détaché des passions sociales [...] que je l'ai retrouvée avec tous ses charmes',[63] et cela concorde avec l'interprétation déjà esquissée, que les *Dialogues* représentent une œuvre discursive pleinement engagée dans le monde, la dernière tentative de persuader son public. Au contraire, dans les *Rêveries*, la rêverie elle-même et les promenades dans la nature occupent une place de choix, bien que, si l'on regarde le texte dans son ensemble, la nature occupe une place prépondérante seulement dans les Deuxième, Cinquième, et Septième 'promenades'. L'homme des *Rêveries* construit sa maîtrise, c'est-à-dire qu'il ne s'agit pas d'un état, mais d'une activité consciente et continue qui doit agir pour maintenir cette maîtrise dans la durée: quelle est donc la place de la nature dans son entreprise?

De même que l'espace, la temporalité, et le rapport à Dieu étaient paradoxaux, de même le rapport à la nature est double lui aussi, comportant deux aspects qui semblent se contredire, mais qui en fait s'étaient l'un l'autre. Le premier aspect, c'est que la nature est le seul lieu où Rousseau puisse être libre de toute contrainte. Notons cependant que la nature ne représente pas une évasion ou une fuite, mais bien un choix délibéré; l'identification avec elle fait partie de son projet. L'autre aspect, qui représente aussi un choix, c'est la maîtrise sur la nature. Finalement, identification (avec) et domination (sur) sont deux faces du projet personnel de Rousseau, pas si opposées que l'on pourrait croire, que je voudrais examiner maintenant.

Il s'identifie avec la nature en tant que celle-ci correspond étroitement à son esprit qui peut donc prendre une résolution, par exemple après la lapidation: si l'île lui plaît, c'est parce que le 'séjour si charmant' lui permet de mener 'une vie si convenable à mon humeur', qu'il est 'résolu d'y finir [s]es jours' et d''exécuter ce projet'.[64] C'est lui qui va vers la

60. Robert Derathé, 'Jean-Jacques Rousseau et le Christianisme', *Revue de métaphysique et de morale* 53 (1948), p.413.

61. Rousseau, *Rêveries* VI, *OC*, t.1, p.1052; *Rêveries* VIII, *OC*, t.1, p.1079, 1084.

62. Rousseau, *Dialogues*, *OC*, t.1, p.845.

63. Rousseau, *Rêveries* VIII, *OC*, t.1, p.1083.

64. Rousseau, *Rêveries* V, *OC*, t.1, p.1041.

nature, non la nature qui le séduit. La nature ne lui sert que si elle peut servir son projet d'auto-suffisance, en lui donnant 'un bonheur suffisant, parfait et plein', où 'on se suffit à soi-même comme Dieu'.[65] On retrouve ici la vision de la nature comme plénitude, la chaîne des êtres décrite par A. O. Lovejoy qui note sa persistence à l'époque des Lumières, pourtant une époque où la science montre plutôt une tendance expérimentale, peu encline à garder une croyance héritée du platonisme. Lovejoy pense que cette idée 'tended chiefly, in the period with which we are now concerned, to make man not unbecomingly sensible of his littleness in the scheme of things, and to promote a not wholly unsalutary modesty and self-distrust'.[66] Chez Rousseau, c'est tout le contraire, car loin d'être ramené à la modestie, il en conçoit une expansion de son être: 'Je sens des extases, des ravissements inexprimables à me fondre pour ainsi dire dans le système des êtres, à m'identifier avec la nature entière.'[67] C'est ce même état qu'il ressent lors de sa chute accidentelle, lorsqu'il se réveille après avoir été renversé par un gros chien: il se trouve pendant 'un moment délicieux' dans 'un calme ravissant'.[68] Dans ce célèbre passage de la 'Deuxième promenade', tout à fait exceptionnellement Rousseau est à la fois passif et heureux dans cette brève extase: c'est peut-être l'exception qui confirme la règle que tout ce qu'il obtient comme satisfaction provient d'un choix délibéré. Cet état est, comme il le dit lui-même, 'trop singulier'[69] et exige la description. Cependant, dans la narration qui suit cette description, on retrouve le triple schéma habituel: ayant subi un choc malgré lui, il se trouve aliéné, retranché du monde et entouré de gens faux et perfides, et il prend une résolution performative accompagnée d'une certitude quant à son avenir: 'apprenons à souffrir sans murmure; tout doit à la fin rentrer dans l'ordre, et mon tour viendra tôt ou tard'.[70] L'épisode de la 'Septième promenade', où il découvre une manufacture de bas après s'être promené fièrement 'presque comme un autre Colomb'[71] sur une île qu'il croyait déserte, est l'inverse de l'exceptionnelle 'Deuxième promenade', et beaucoup plus typique, car ici il tombe malgré lui dans le monde humain qui lui est hostile. A la page suivante de la 'Septième promenade', l'identification à la nature revient: quand Rousseau consomme des fruits nocifs sans le savoir, il ne commet pas d'erreur vis-à-vis de la nature, étant persuadé 'que toute production naturelle agréable au goût ne peut être nuisible au corps [...] que par son excès'.[72]

---

65. Rousseau, *Rêveries* V, *OC*, t.1, p.1046, 1047.
66. A. O. Lovejoy, *The Great chain of being: a study of the history of an idea* (1936; Cambridge, MA, 1964), p.200.
67. Rousseau, *Rêveries* VII, *OC*, t.1, p.1065-66.
68. Rousseau, *Rêveries* II, *OC*, t.1, p.1005.
69. Rousseau, *Rêveries* II, *OC*, t.1, p.1005.
70. Rousseau, *Rêveries* II, *OC*, t.1, p.1010.
71. Rousseau, *Rêveries* VII, *OC*, t.1, p.1071.
72. Rousseau, *Rêveries* VII, *OC*, t.1, p.1072.

Il possède une confiance presque totale dans la nature, la nocivité ne provenant que d'une faute humaine.

L'identification est un mode de rapport avec la nature pour Rousseau; l'utilisation systématique de la nature, disons même l'exploitation, en est un autre. Ainsi la 'Cinquième promenade', la plus centrée sur l'identification, sur l'autosuffisance et le bonheur, est aussi celle où Rousseau se montre le plus exploiteur. C'est avec un réel plaisir de mainmise rationnelle qu'il entreprend un recensement des plantes dans l'île, dans l'espace comme dans le temps, l'"ayant divisée en petits carrés dans l'intention de les parcourir l'un après l'autre en chaque saison'.[73] La colonisation par les lapins ne fait que souligner son entreprise dominatrice, dont il se moque doucement tout en en étant très fier: la colonie des animaux réussira dans l'espace de la 'petite île' comme dans le temps où les lapins 'commençaient à peupler avant mon départ et où ils auront prospéré sans doute s'ils ont pu soutenir la rigueur des hivers'.[74] Dans 'l'instabilité des choses de ce monde' Rousseau utilise la nature pour fixer ses sens et pour rester dans 'un état simple et permanent'.[75] Finalement, la domination et l'utilisation de la nature ne sont positives que si elles vont de pair avec l'identification et si elles y mènent. Le choix d'étudier les plantes de préférence aux minéraux et aux animaux illustre ceci: le travail pour extraire les minéraux et pour attraper ou disséquer les animaux pourrait mener à une domination encore plus grande, mais en fait empêche l'immédiateté, alors que l'herborisation comporte dans la même phrase *l'identification* – 'Brillantes fleurs [...] venez purifier mon imagination [...] Attiré par les riants objets qui m'entourent, je les considère, je les contemple' – et *la maîtrise* dans laquelle il glisse insensiblement, 'je les compare, j'apprends enfin à les classer, et me voilà tout d'un coup aussi botaniste'.[76] La conclusion ne laisse point de doute sur ce double rapport: Rousseau est 'celui qui ne veut *étudier* la nature que pour trouver sans cesse de nouvelles raisons de *l'aimer*'.[77]

L'homme des *Rêveries* est donc celui qui veut être le maître de lui comme de l'univers, pour reprendre les mots d'Auguste dans *Cinna* de Corneille. On a eu beau chasser Rousseau comme bouc émissaire, le mettre au ban de la société, cet *homo sacer* n'a pas été éliminé, il a même fait le contraire: il a parlé, non plus pour convaincre le public comme dans les *Dialogues*, mais pour se construire comme maître.[78] Ne se

73. Rousseau, *Rêveries* V, *OC*, t.1, p.1043.
74. Rousseau, *Rêveries* V, *OC*, t.1, p.1044.
75. Rousseau, *Rêveries* V, *OC*, t.1, p.1045, 1046.
76. Rousseau, *Rêveries* VII, *OC*, t.1, p.1068.
77. Rousseau, *Rêveries* VII, *OC*, t.1, p.1068 (nous soulignons). Sur l'utilisation de la nature dans le projet d'autonomie, voir les articles suivants: Tobin Siebers, 'Rousseau and autonomy', *Stanford French review* 17 (1993), p.7-24; Pierre Bayard, 'Ecriture et espace intérieur dans les *Rêveries*', *Littératures* 11 (1984), p.43-53; et Eric Gans, 'The victim as subject: the esthetico-ethical system of Rousseau's *Rêveries*', *Studies in Romanticism* 21 (1982), p.3-31.
78. Sur la prise de la parole de la victime, voir Gans, 'The victim as subject'.

retrouve-t-on pas en territoire sadien, où l'homme veut être souverain? Ce que dit Georges Bataille sur Sade pourrait être dit de Rousseau: 'Sade *parle*, mais il parle au nom de la vie silencieuse [...] l'homme solitaire dont il est le porte-parole ne tient compte en aucune mesure de ses semblables: c'est dans sa solitude un être souverain, ne s'expliquant jamais, ne devant de comptes à personne'; 'l'homme puni pour une raison qu'il imagine injuste, ne peut accepter de se taire. Le silence serait un accord donné à la peine' (souligné par Bataille).[79] Rousseau, l'étranger radical mis au ban, n'est-il pas comme Sade dans sa prison, ayant 'cette libre disposition de soi',[80] donc capable de contester certaines hypocrisies et aveuglements de la civilisation des Lumières, dont le discours théorique sur l'égalité et la justice ne se manifestait pas toujours dans la pratique; tout comme Sade, qui, selon Bataille, cherche 'le combat sur le terrain de l'homme moral, auquel le langage appartient. Le langage fonde la punition, mais le langage seul en conteste le bien-fondé'.[81] Le rapprochement entre Sade et Rousseau pourrait surprendre: Michel Delon les a appelés 'deux frères ennemis',[82] ce qui déjà marque une certaine relation, que le même auteur analyse dans un autre article comme une rencontre entre deux penseurs qui sont 'sur les marges des Lumières', Rousseau refusant 'l'équivalence entre progrès et bonheur', et Sade dénonçant 'la convergence du bonheur individuel et de la prospérité collective'.[83] Certaines analyses, comme celle de Joan DeJean,[84] voient au contraire une affinité entre Rousseau et Sade; Perrin propose que 'Sade élabore des scénarios analogues' à ceux de Rousseau, 'sans doute pour réfléchir aux mêmes choses'.[85] A quelles choses Rousseau réfléchit-il dans les *Rêveries* et comment celles-ci rejoignent-elles les préoccupations de Sade? Une brève discussion des enjeux historiques servira de conclusion à cette étude de Rousseau comme étranger.

Si l'on considère le contexte historique de la dernière partie du dix-huitième siècle, comme étant le moment du 'déclin de la mentalité chrétienne et communautaire' et celui de la 'montée de l'individualisme', le 'glissement d'un modèle de promotion collective à un modèle de promotion individuelle',[86] alors la préoccupation de Rousseau, qui annonce

79. Georges Bataille, *L'Erotisme* (Paris, 1957), p.210-11.
80. Bataille, *L'Erotisme*, p.217.
81. Bataille, *L'Erotisme*, p.211-12. Sur Sade comme l'accomplissement du 'projet des Lumières', voir Marcel Hénaff, 'Sade et le projet des Lumières', dans *Lire Sade: actes du premier colloque international sur Sade aux USA*, éd. Norbert Sclippa (Paris, 2004), p.21-43.
82. Michel Delon, 'Sade face à Rousseau', *Europe* 522 (1972), p.48.
83. M. Delon, 'Sade contre Rousseau en marge des Lumières', *Magazine littéraire* 389 (2000), p.42.
84. Ce que Joan DeJean dit de Wolmar s'applique aussi au sujet des *Rêveries*: tous deux ont 'a sense of invulnerability and omnipotence [...] worthy of the epithet Sadean', dans *Literary fortifications: Rousseau, Laclos, Sade* (Princeton, NJ, 1984), p.181.
85. Perrin, 'Sacer estod', *Annales de la Société Jean-Jacques Rousseau* 46 (2005), p.79-113.
86. Guy Chaussinand-Nogaret, 'De l'aristocratie aux élites', dans *Histoire des élites en France du XVIe au XXe siècle* (Paris, 1991), p.256. Voir surtout le chapitre 'De la compétition à la Révolution', p.246-66.

en cela celle de Sade, c'est la redéfinition de l'individu en dehors des cadres traditionnels de la famille, des ordres, des professions, et de la confession religieuse. Lorsque ces cadres sont remis en question, l'individu reste à repenser. La critique d'une certaine tendance des Lumières à croire au bien-fondé de la raison, et de la reconnaissance raisonnable des qualités individuelles, est frappante chez Rousseau, par exemple dans le fragment suivant: 'La voix de la nature et celle de la raison ne se trouveraient jamais en contradiction si l'homme ne s'était lui-même imposé des devoirs qu'il est ensuite forcé de préférer toujours à l'impulsion naturelle'.[87] Environ deux décennies plus tard, Sade pousse la logique de l'individu auto-déterminateur au-delà de ces contradictions: 'L'homme est sujet à deux faiblesses [...] Partout il faut qu'il *prie*, partout il faut qu'il *aime*', la première faiblesse étant basée sur 'la terreur et l'espoir' et la deuxième sur 'délicatesse et sentiments'.[88] Ce que Rousseau et Sade entreprennent, c'est une réflexion sur l'identité du nouvel individu qui n'est plus *donnée* par son statut juridique, héréditaire, social, mais qui passe par le travail, le mérite, l'écriture, et qui est toujours à *faire* dans une création continue. Ce que souligne Béatrice Didier au sujet de Sade ne s'applique-t-il pas, avec une modification évidente, au Rousseau des *Rêveries*: 'le lieu clos où s'exprime le désir par le discours et dont le renfermement même est libérateur, puisque l'œuvre affirme son double triomphe sur l'espace, le temps et la mort'.[89] L'imagination de Rousseau n'est pas renfermée comme chez Sade, car Rousseau trouve son appui dans la nature grâce à laquelle il triomphe; Sade trouvera son appui ailleurs. Mais le principe de répétition opère chez les deux auteurs: témoin les verbes performatifs, les nombreuses résolutions de Rousseau, tout comme les répétitions avec des variations infinies des crimes, outrages, et positions sexuelles dans, par exemple, *Les Cent-vingt journées de Sodome*. Cet homme, étranger à l'ancien régime dont il se détache, l'homme moderne en train d'émerger, se construit comme tel par le travail, y compris le travail langagier de la fiction.[90] Comme le dit Starobinski, 'L'invention de soi n'en a jamais fini de fournir les preuves de son authenticité'.[91] Celui qui est mis, ou qui se met, au ban de la société de l'ancien régime, c'est l'homme de la modernité qui va se définir, se construire et s'affirmer, une entreprise qui durera jusqu'à ce que le sujet soit de nouveau remis en question, disloqué et fragmenté dans notre époque de la post-modernité.

87. *Fragments politiques*, *OC*, t.3, p.475.
88. Sade, 'Idée sur les romans', dans *Œuvres complètes* (Paris, 1967), t.10, p.5 (souligné par Sade).
89. Béatrice Didier, 'Le château intérieur de Sade', *Europe* 522 (1972), p.64.
90. Au sujet de la difficulté du projet moderne d'écrire le moi, voir l'article de Philip Stewart dans ce volume.
91. Jean Starobinski, 'La mise en accusation de la société', dans *Jean-Jacques Rousseau* (Neuchâtel, 1978), p.37.

PHILIP STEWART

'Ebranlé mais non convaincu': Rousseau parmi les philosophes

LA philosophie personnelle de Rousseau connut un moment originel, c'est sa période d'association et de 'cohabitation' si l'on peut dire avec les philosophes, dont notamment Diderot, Condorcet et Grimm: une saison en enfer, à en croire le récit qu'il nous donne dans la 'Troisième promenade' des *Rêveries*. Je propose ici un petit retour sur cet épisode, tellement décisif qu'il sous-tend l'image que Rousseau se fait de lui-même de 1750 environ jusqu'à la fin de sa vie.

A vrai dire, les sarcasmes de Rousseau par rapport au nom de 'philosophe' commencent dès le premier *Discours*: 'Qu'il serait doux de vivre parmi nous, si la contenance extérieure était toujours l'image des dispositions du cœur; si la décence était la vertu; si nos maximes nous servaient de règles; si la véritable philosophie était inséparable du titre de philosophe!'[1] Remarque ambiguë, bien entendu, Rousseau étant toujours, à l'époque, l'ami des 'philosophes' qui d'ailleurs ne font pas encore un corps pleinement identifié comme tel. Emploi générique donc, supposé désigner des hordes de soi-disant philosophes – avec déjà une dose d'aigreur cependant qui ne tardera pas à s'accentuer. Pour l'instant le mot *philosophe* renvoie surtout à la grande tradition philosophique, ce qui veut dire aux *livres* de philosophie. Ainsi, toujours dans le même *Discours*: 'Que contiennent les écrits des philosophes les plus connus? Quelles sont les leçons de ces amis de la sagesse? A les entendre, ne les prendrait-on pas pour une troupe de charlatans criant, chacun de son côté sur une place publique: Venez à moi, c'est moi seul qui ne trompe point?'[2] De même, le Vicaire savoyard fait allusion surtout aux livres de philosophie, qui pour lui se révèlent être un vaste réservoir de négativisme:

Je consultai les philosophes, je feuilletai leurs livres, j'examinai leurs diverses opinions. Je les trouvai tous fiers, affirmatifs, dogmatiques, même dans leur scepticisme prétendu, n'ignorant rien, ne prouvant rien, se moquant les uns des autres, et ce point, commun à tous, me parut le seul sur lequel ils ont tous raison. Triomphants quand ils attaquent, ils sont sans rigueur en se défendant. Si vous

---

1. Rousseau, *Rêveries du promeneur solitaire*, OC, t.3, p.7. Deux autres études dans le présent volume traitent aussi des rapports entre Rousseau et les philosophes. Voir celles de Jean-François Perrin et de Fiona Miller.
2. Rousseau, *Rêveries*, OC, t.3, p.27.

pesez les raisons, ils n'en ont que pour détruire; si vous comptez les voix, chacun est réduit à la sienne; ils ne s'accordent que pour disputer.[3]

Dans *Julie* il s'agit encore quelquefois de ce genre d'allusion vague: 'Laissons là toutes ces vaines disputes des philosophes sur le bonheur et sur la vertu; employons à nous rendre bons et heureux le temps qu'ils perdent à chercher comment on doit l'être, et proposons-nous de grands exemples à imiter plutôt que de vains systèmes à suivre.'[4] Dans ce contexte rhétorique c'est évidemment toujours, pour Saint Preux, la leçon pratique, le bon exemple, qui prime les beaux préceptes.

Mais lorsque Mme de Wolmar censure les 'dignes apologistes du crime, qui ne séduisirent jamais que des cœurs déjà corrompus',[5] pense-t-elle encore à cette bande classique? Car Saint Preux a déjà rencontré pendant son séjour parisien des 'philosophes' modernes dont la conversation 'apprend à plaider avec art la cause du mensonge, à ébranler à force de philosophie tous les principes de la vertu, à colorer de sophismes subtils ses passions et ses préjugés, et à donner à l'erreur un certain tour à la mode selon les maximes du jour'.[6] Et Rousseau n'avait-il pas déclaré d'entrée de jeu que son roman 'doit déplaire aux dévots, aux libertins, aux philosophes'?[7] Qu'on y compare tel passage des *Dialogues*: Rousseau 'savait que les grands, les vizirs, les robins, les financiers, les médecins, les prêtres, les philosophes, et tous les gens de parti qui font de la société un vrai brigandage, ne lui pardonneraient jamais de les avoir vus et montrés tels qu'ils sont'.[8] Nos philosophes sont là en fort mauvaise compagnie, une coterie de charlatans parmi d'autres.

C'est bien de ceux-ci, évidemment, qu'il s'agit dans la 'Troisième promenade':

Je vivais alors avec des philosophes modernes qui ne ressemblaient guère aux anciens. Au lieu de lever mes doutes et de fixer mes irrésolutions, ils avaient ébranlé toutes les certitudes que je croyais avoir sur les points qu'il m'importait le plus de connaître: car, ardents missionnaires d'athéisme et très impérieux dogmatiques, ils n'enduraient point sans colère que sur quelque point que ce pût être on osât penser autrement qu'eux. Je m'étais défendu souvent assez faiblement par haine pour la dispute et par peu de talent pour la soutenir; mais jamais je n'adoptai leur désolante doctrine.[9]

Il ressort de ces remarques essentiellement deux idées: un athéisme contre lequel Rousseau se révolte, et la timidité ou l'insécurité d'un Rousseau qui n'ose peut-être les contrer, ou qui y réussit mal, comme il l'indique, quand il entreprend de le faire: 'Ils ne m'avaient pas persuadé mais ils m'avaient

3. Rousseau, *Emile, ou, De l'éducation*, *OC*, t.4, p.568.
4. Saint Preux dans Rousseau, *Julie, ou La Nouvelle Héloïse*, *OC*, t.2, p.47.
5. Rousseau, *Julie*, *OC*, t.2, p.359.
6. Rousseau, *Julie*, *OC*, t.2, p.233.
7. Rousseau, *Julie*, *OC*, t.2, p.2.
8. Rousseau, *Rousseau juge de Jean-Jacques: Dialogues*, *OC*, t.1, p.267.
9. Rousseau, *Rêveries*, *OC*, t.1, p.1015-16.

inquiété. Leurs arguments m'avaient ébranlé sans m'avoir jamais convaincu; je n'y trouvais point de bonne réponse mais je sentais qu'il y en devait avoir. Je m'accusais moins d'erreur que d'ineptie, et mon cœur leur répondait mieux que ma raison.'[10] S'alignant ainsi implicitement avec Pascal – 'le cœur a des raisons que la raison ne connaît point' – contre la pensée dite libertine, Rousseau met en avant le besoin de croire 'ce que' (pour emprunter le mot de Voltaire) 'la raison ne croit pas'.[11]

Rousseau ne se réclame jamais de 'la foi', bien entendu, dans la mesure où ce mot désigne ordinairement une doctrine révélée aux prophètes d'antan; c'est exactement ce qu'il ne peut supporter: 'Que d'hommes entre Dieu et moi!', s'exclame le Vicaire savoyard.[12] Mais Rousseau est très proche, ne serait-ce qu'à son insu, d'un autre chercheur qui a été amené comme lui à rejeter toutes philosophies à la mode pour trouver son propre salut par les même moyens: il s'agit du mélancolique Cleveland de Prévost: 'me défiant de tout ce qui m'était suggéré par ma raison, il ne me restait guère d'autres règles de conduite que le sentiment'.[13] Rousseau pour sa part, tout en s'appliquant assidûment à une tâche qu'il veut raisonnable voire logique, ne laisse pas, comme il l'avouera, de pencher du côté de ses prédispositions: 'Je ne doute point, il est vrai, que les préjugés de l'enfance et les vœux secrets de mon cœur n'aient fait pencher la balance du côté le plus consolant pour moi. On se défend difficilement de croire ce qu'on désire avec tant d'ardeur.'[14] C'est ainsi qu'il découvre son unique voie, la religion du cœur: 'Je me dis enfin: Me laisserai-je éternellement ballotter par les sophismes des mieux-disants [...] Leur philosophie est pour les autres; il m'en faudrait une pour moi. Cherchons-la de toutes mes forces tandis qu'il est temps encore afin d'avoir une règle fixe de conduite pour le reste de mes jours.'[15] Se laisser 'ballotter' par leurs 'sophismes': c'est le mot que Rousseau emploie souvent – notamment dans *Julie* ('je hais les sophismes', dit Julie)[16] – pour désigner un argument qui le rebute mais qu'il ne sait comment réfuter. Il dit bien qu'il s'est mal défendu...

10. Rousseau, *Rêveries*, *OC*, t.1, p.1016.

11. '[L]a foi consiste à croire ce que la raison ne croit pas, ce qui est encore un autre miracle' (article 'Inondation' du *Dictionnaire philosophique*, *OCV*, t.36).

12. Rousseau, *Emile*, *OC*, t.4, p.610.

13. Antoine Prévost, *Le Philosophe anglais, ou histoire de M. Cleveland*, t.2 des *Œuvres de Prévost* (Grenoble, 1977), p.576. C'est Rousseau lui-même qui a attesté son intense relation avec ce roman: 'La lecture des malheurs imaginaires de Cleveland, faite avec fureur et souvent interrompue, m'a fait faire je crois plus de mauvais sang que les miens' (*Confessions*, *OC*, t.1, p.220).

14. Rousseau, *Rêveries*, *OC*, t.1, p.1017.

15. Rousseau, *Rêveries*, *OC*, t.1, p.1016.

16. Rousseau, *Julie*, *OC*, t.2, p.68.

Le processus ainsi déclenché, que Rousseau dit s'être depuis longtemps déterminé à accomplir avant ses quarante ans,[17] est déjà le résultat d'un choix fondamental entre deux approches opposées: la première serait de se dire (à l'instar de Descartes) qu'il vaut mieux rester dans l'incertitude jusqu'à ce que l'expérience et la sagesse vous conduisent vers une philosophie sûre. L'autre, de tout miser sur l'acuité du raisonnement actuel, sans différer, et s'en tenir là. Toute la 'Troisième promenade' est en effet organisée autour de cette alternative, en cernant avec soin la valeur attribuée à l'épigraphe tirée de Solon: 'Je deviens vieux en apprenant toujours'. Eh bien non, pas sur les choses essentielles; Rousseau avait opté dès le départ, comme il va le raconter, pour la vigueur du raisonnement contre la maturation à long terme de l'âme et de l'esprit: 'Fixons une bonne fois mes opinions, mes principes, et soyons pour le reste de ma vie ce que j'aurai trouvé devoir être après y avoir bien pensé.'[18]

Il y a dans l'œuvre de Rousseau plusieurs allusions à cette période d'intense travail intérieur. On penserait au Vicaire savoyard même si Rousseau n'avait pas dit explicitement que c'en est la transposition.[19] Mais c'est dans les *Rêveries* qu'il en donne l'analyse la plus détaillée et la plus définitive. Citons donc le Vicaire:

Je compris encore que loin de me délivrer de mes doutes inutiles, les philosophes ne feraient que multiplier ceux qui me tourmentaient et n'en résoudraient aucun. Je pris donc un autre guide, et je me dis: consultons la lumière intérieure, elle m'égarera moins qu'ils ne m'égarent, ou du moins mon erreur sera la mienne, et je me dépraverai moins en suivant mes propres illusions, qu'en me livrant à leurs mensonges.[20]

Sous couvert d'une réussite qualifiée ('elle m'égarera moins'), le Vicaire-Rousseau concède d'avance néanmoins une nette possibilité d'erreur, faiblement justifiée par l'idée qu'elle restera personnelle ('du moins mon erreur sera la mienne') et ne peut contaminer personne d'autre. Erreur pour erreur, illusion vaut mieux que 'mensonges'.

Mais quelle est la différence? Cela ne peut pas signifier qu'*ils* ont *voulu* l'induire en erreur, lui Rousseau; non, le mensonge n'est tel que par le jugement du destinataire, qui *sent* que leurs opinions sont insupportables. Mensonge ici veut dire faux raisonnement, alors que la raison du cœur ne peut qu'être – *au moins partiellement*, mais cette partie *essentiellement* – vraie. Ayant dû confesser qu'il ne peut se garantir d'erreur sur un plan strictement rationnel, Rousseau est bien obligé de se rabattre sur la consolation d'avoir été de bonne foi et d'avoir trouvé une solution qui sinon

---

17. 'Dès ma jeunesse j'avais fixé cette époque de quarante ans comme le terme de mes efforts pour parvenir et celui de mes prétentions en tout genre' (Rousseau, *Rêveries*, OC, t.1, p.1014).

18. Rousseau, *Rêveries*, OC, t.1, p.1016.

19. 'Le résultat de mes pénibles recherches fut tel à peu près que je l'ai consigné depuis dans la *Profession de foi du vicaire savoyard*' (Rousseau, *Rêveries*, OC, t.1, p.1018).

20. Rousseau, *Emile*, OC, t.4, p.569.

vraie objectivement est néanmoins bonne pour lui. Il a fait son choix et c'est tout; comme il l'écrit à Voltaire en 1756: 'dites-moi qui s'abuse, du sentiment ou de la raison'.[21] C'est la même chose que d'opter (comme il le fait dans la même lettre) pour la bonté de Dieu aux dépens de sa puissance.[22]

Il n'en reste pas moins qu'on peut se tromper, ou pour le dire d'une autre manière, comme dans les *Rêveries*, on peut ne pas réussir à lever les 'difficultés' plantées par les philosophes:

J'avoue encore que je ne levai pas toujours à ma satisfaction toutes ces difficultés qui m'avaient embarrassé, et dont nos philosophes avaient si souvent rebattu mes oreilles. Mais, résolu de me décider enfin sur des matières où l'intelligence humaine a si peu de prise, et trouvant de toutes parts des mystères impénétrables et des objections insolubles, j'adoptai dans chaque question le sentiment qui me parut le mieux établi directement, le plus croyable en lui-même, sans m'arrêter aux objections que je ne pouvais résoudre, mais qui se rétorquaient par d'autres objections non moins fortes dans le système opposé.[23]

Il s'est décidé à retenir l'acquit d'une réflexion une fois faite, et à ne plus tenir compte des problèmes, ne plus s'arrêter 'aux objections que je ne pouvais résoudre'. Le tout est de s'en tenir une fois pour toutes aux conclusions de son enquête.

Ainsi, selon le récit des *Rêveries*, Rousseau s'est toujours rassuré au moins d'avoir fondé définitivement un système non seulement adéquat mais satisfaisant, se consolant que, même philosophiquement défectueux, c'était le fruit d'un prodigieux effort, égal à n'importe quel autre, et qu'il importe désormais par-dessus tout de ne jamais, jamais le révoquer en doute:

J'ai senti que remettre en délibération les mêmes points sur lesquels je m'étais ci-devant décidé était me supposer de nouvelles lumières ou le jugement plus formé ou plus de zèle pour la vérité que je n'avais lors de mes recherches, qu'aucun de ces cas n'étant ni ne pouvant être le mien, je ne pouvais préférer par aucune raison solide des opinions qui dans l'accablement du désespoir ne me tentaient que pour augmenter ma misère, à des sentiments adoptés dans la vigueur de l'âge, dans toute la maturité de l'esprit, après examen le plus réfléchi, et dans des temps où le calme de ma vie ne me laissait d'autre intérêt dominant que celui de connaître la vérité.[24]

C'est à ce propos qu'il rejette le mot de Solon, se cramponnant à ce qu'a solidement fondé une raison saine et vigoureuse. Qui sait si même la voix intérieure ne se serait pas avec le temps affaiblie, si on allait tout remettre constamment en question?

Ce que décèle néanmoins la façon même dont Rousseau décrit cet épisode, c'est que le résultat est, je ne dis pas un échec, mais un succès

21. Lettre du 18 août 1756, D6973 (*CC*, t.17, p.292).
22. '[P]ourquoi vouloir justifier sa puissance aux dépens de sa bonté?'
23. Rousseau, *Rêveries*, *OC*, t.1, p.1017-18.
24. Rousseau, *Rêveries*, *OC*, t.1, p.1021.

incomplet et fort qualifié. Fragile conquête, il faut la protéger à tout prix; il faut endiguer le doute en reléguant les 'objections' aux ténèbres extérieures où le raisonnement humain ne peut pénétrer. Il y a un point où Rousseau bute, se bloque, se refuse à toute logique ultérieure: 'selon la coutume des ignorants j'ai très peu de foi aux démonstrations qui dépassent ma portée', écrit-il à Voltaire.[25] C'est là le prix de la paix:

Depuis lors, resté tranquille dans les principes que j'avais adoptés après une méditation si longue et si réfléchie, j'en ai fait la règle immuable de ma conduite et de ma foi, sans plus m'inquiéter ni des objections que je n'avais pu résoudre ni de celles que je n'avais pu prévoir et qui se présentaient nouvellement de temps à autre à mon esprit. Elles m'ont inquiété quelquefois mais elles ne m'ont jamais ébranlé.[26]

Ces 'crises'[27] sont la trace, un reste du dialogue en fait jamais terminé avec les philosophes: huit occurrences du vocable *objection(s)* sont autant d'échos de voix de philosophes ne cessant d'avancer des propositions que Rousseau n'arrive jamais tout à fait à conjurer. Encore une fois, c'est comme si Rousseau visait la tranquillité du Cleveland qui pouvait dire: 'Toute la force des preuves qui m'ont jeté quelque temps dans le doute n'a pu prévaloir sur celle du sentiment.'[28]

Ainsi, le doute n'étant pas à tout jamais vaincu, l'essentiel maintenant est de ne pas flancher: 'C'est ainsi que raisonnant avec moi-même je parvins à ne plus me laisser ébranler dans mes principes par des arguments captieux, par des objections insolubles et par des difficultés qui passaient ma portée et peut-être celle de l'esprit humain.'[29] Comme l'indique la fin de cette phrase, Rousseau vise implicitement une autre justification de son effort: nous sommes à la limite du possible humain; ce qui dépasse les compétences de mon esprit, il n'y a peut-être personne qui puisse y atteindre.

C'est cette détermination qui le rend, non absolument sûr, mais 'inébranlable': 'Voilà le principe inébranlable qui sert de base à ma sécurité.'[30] Les sept occurrences du mot *ébranler* dans cette 'Troisième promenade' traduisent aussi l'obsession en fonction de laquelle elle tourne en rond, martelant sans arrêt, en mille formules plus élégantes les unes que les autres, la résolution définitive – et pourtant constamment renouvelée – d'imposer silence à la raison comme condition du repos. Les nombreuses mentions du doute dans cette même promenade ne laissent pas de trahir un trouble persistant que Rousseau voudrait à chaque fois expliquer en partie par des facteurs extérieurs:

25. D6973, *CC*, t.17, p.292.
26. Rousseau, *Rêveries*, *OC*, t.1, p.1018.
27. Rousseau, *Rêveries*, *OC*, t.1, p.1021.
28. Prévost, *Cleveland*, livre xv, p.624.
29. Rousseau, *Rêveries*, *OC*, t.1, p.1022.
30. Rousseau, *Rêveries*, *OC*, t.1, p.1028.

Il est vrai qu'au milieu des outrages sans nombre et des indignités sans mesure dont je me sentais accablé de toutes parts, des intervalles d'inquiétude et de doutes venaient de temps à autre ébranler mon espérance et troubler ma tranquillité. Les puissantes objections que je n'avais pu résoudre se présentaient alors à mon esprit avec plus de force pour achever de m'abattre précisément dans les moments où, surchargé du poids de ma destinée, j'étais prêt à tomber dans le découragement. Souvent des arguments nouveaux que j'entendais faire me revenaient dans l'esprit à l'appui de ceux qui m'avaient déjà tourmenté.[31]

Même si ce sont ses malheurs qui les provoquent, il ne nie pas la force jamais tout à fait surmontée non seulement des objections irrésolues, mais des nouvelles qu'il ne cesse d'inventer, et qui l'assaillent périodiquement. Frêle bonheur; mais, comme il dit, c'est bon pour lui.

C'est ainsi que dans les *Rêveries* Rousseau ne peut que confirmer une dernière fois une décision ancrée dans ses années terribles, qui l'en a libéré, et qui affirme à la fois l'impuissance de ses arguments et la fermeté désormais non-négotiable de ses plus chères convictions. Cette fois-ci ce n'est plus tellement le triomphe du cœur sur la raison mais l'alliance du cœur et de l'ancienne raison, celle qui fut une fois bonne. Rousseau s'y accroche jusqu'à la fin, non affranchi des doutes, mais avec acharnement: 'Que tous les philosophes viennent ergoter contre: ils perdront leur temps et leurs peines. Je me tiens pour le reste de ma vie, en toute chose, au parti que j'ai pris quand j'étais plus en état de bien choisir.'[32]

Je ne me suis efforcé ici que de déconstruire en quelque sorte certaines affirmations de Rousseau, notamment celles se rapportant à une prétendument inébranlable certitude, acquise une fois pour toutes à un moment donné. Avec ce risque: il n'est que trop probable que le bilan d'une telle déconstruction de la pensée de Rousseau ne se révèle un tant soit peu tautologique, dans la mesure où il semble qu'on n'affirme rien dont au fond Rousseau ne se soit rendu compte – et qu'il n'ait dit aussi à sa manière. C'est ce qu'ont montré Jacques Derrida et Paul de Man. On n'arrive finalement qu'à faire une paraphrase, comme si Rousseau avait tant dit qu'il ne nous a rien laissé de nouveau à dire sur son compte. Mais ce n'est pas un vain exercice s'il sert à conforter cette autre vérité que nous a soulignée Derrida, qui est qu'on ne saurait attester la 'présence' (disons en l'occurrence la certitude) qu'en se servant d'un langage qui ne peut manquer de trahir en même temps la possibilité de l'incertitude.[33] Nier c'est aussi affirmer malgré qu'on en ait: *inébranlable* implique en même temps *ébranlé*.

---

31. Rousseau, *Rêveries*, *OC*, t.1, p.1020.

32. Rousseau, *Rêveries*, *OC*, t.1, p.1022-23.

33. Comme le dit, en paraphrasant, Paul de Man, 'In his relationship to writing, Rousseau is not governed by his own needs and desires, but by a tradition that defines Western thought in its entirety: the conception of all negativity (non-being) as absence and hence the possibility of an appropriation or a reappropriation of being (in the form of truth, of authenticity, of nature, etc.) as presence'. (*Blindness and insight*, New York, 1971, p.114).

Cette considération nous ramène vers une autre des préoccupations des *Rêveries*, à savoir la vérité intérieure, voire la sincérité. Rousseau le dit assez, ce n'est pas facile d'être en tout point sincère. Il hésite à tirer la conclusion que ce dilemme appelle peut-être: que le moi est fuyant quand on cherche à le fixer, à le *dire* sans ambiguïté. Proclamer la vérité absolue sur un être qui n'est pas une *chose*, qui est un diffus amalgame d'étincelles innombrables mais qu'on voudrait *uni*, c'est un projet qui n'est jamais fini, et cela justement parce que chaque nouvelle tentative manque son but.[34] Ou semble le manquer, parce qu'il ne reste pas en place, et cela jusqu'à la fin.

---

34. Sur le caractère moderne du projet autobiographique, voir l'étude de Sylvie Romanowski dans ce volume.

KEVIN INSTON

Nature as the possibility of change and resistance

THIS article aims to demonstrate how the aesthetic experience of reverie, by figuring the ever-present possibility of reimagining social reality, functions in an analogous manner to the metaphor of the pure state of nature in the *Discours sur l'origine de l'inégalité*. Unlike his predecessors who sought, through their depiction of nature, to offer a natural justification for the structures and institutions of civilisation, Rousseau's image of nature differs radically from society, divesting that sphere of any essentialist dimension. He arrives at this image through a negative procedure that strips away the social institutions (laws, governments, property, language, family life) which are taken for granted in civil society to show how those institutions are not fixed in nature and are therefore open to questioning and transformation. Through this procedure, the negativity of nature – man's fundamental lack of essence and the absence of any fundamental foundation for the social – defines society as that which is lacking in any determinate or substantial form. So nature functions as a signifier of social lack that at once indicates the impossibility of conceiving society as a plenitude, and yet also reveals how that impossibility gives us the freedom to question and rethink the terms of social truth.[1] The negativity of Rousseau's image of nature thereby shows the contingency of the political field. In other words, the absence of a pre-established order or natural form of society makes politics possible as a realm of constant contestation, modification and transformation – and at the same time, this absence of a natural origin also limits politics, since incompleteness excludes political closure and thus any person's, or any power's, total mastery of the social field.

We find a similar dynamic at work in the moment of reverie. Reverie figures how the feeling of pure existence is synonymous with the dispersal of particular content or identity. The movement away from specificity towards abstraction, the emptying out of determinate content that occurs

---

1. For a more developed discussion of this interpretation of the Rousseauean state of nature, see Kevin Inston, 'Jean-Jacques Rousseau, précurseur de Claude Lefort: le politique comme résistance à la politique', *Etudes Jean-Jacques Rousseau* 14-15 (December 2003), p.271-83. Philippe Lacoue-Labarthe offers a similar reading of Rousseau's state of nature when he describes it as a figure of transcendental negativity. See his *Poétique de l'histoire* (Paris, 2002).

in reverie works to dislodge the malevolent persona imposed on Jean-Jacques by his enemies and to expose the self's founding indeterminacy.[2] Just as the image of nature functions to resist the oppressive historical closure Rousseau detects in earlier theorisations of the origin, the unstructured and open nature of reverie, as we shall see, functions to resist the oppressive force of Rousseau's persecutors' depiction of him as a threat to social peace. The ten loosely-related prose poems that make up the *Rêveries* acquire unity through their illustration of the subject's inalienable freedom to retreat from a constraining social order[3] – however definitive it may appear – and rethink his relationship with the collective sphere.

i. The relationship between the persecutor and the persecuted

I accept the currently developing trend among Rousseauists to read Rousseau's writing of persecution taking full account of the fact that he did endure systematic persecution. A consequence of this recognition is that we discover that the writing in which he deals with his persecution has literary and philosophical validity.[4] The *Rêveries* arguably document Rousseau's attempt to come to terms with and resist the terror of persecution without entering into a dialectical struggle that would merely reinforce authoritarian relations. The initial reception of his earlier autobiographical writings, the *Confessions* and *Rousseau juge de Jean-Jacques: Dialogues*, makes clear that resistance to his misrepresentation by others cannot be performed through a counter-representation of the self. Any dogmatic attempt to undermine his enemies' depiction of him would prove counterproductive since he would still be operating within the deadlock of an adversarial system. This becomes apparent when Rousseau discusses the futility of past attempts at resistance to the terror of his persecution: 'je n'ai fait en me débattant que m'enlacer davantage et leur donner incessamment de nouvelles prises qu'ils n'ont eu garde de négliger'.[5] Active negation of his enemies merely reaffirms their position of apparent omnipotence, since Rousseau can only define himself in opposition to their misrepresentation of him, thereby reinforcing the same

2. On the way in which the *Rêveries* both produce and disfigure Rousseau's identity, see the article by Natasha Lee in this volume.

3. For a view of Rousseau's 'enforced' freedom, see the article in this volume by Fiona Miller.

4. See Armand Farachi, *Rousseau ou l'état sauvage* (Paris, 1997), p.103-24 and Erik Leborgne, 'Présentation', *Dialogues de Rousseau juge de Jean-Jacques* (Paris, 1999), p.7-50.

5. Rousseau, *Rêveries du promeneur solitaire*, *OC*, vol.1, p.996.

power dynamic he sought to disavow.[6] He thus remains their 'plaything', dependent on their acceptance of his self-representation.

It is from this aporia that his desire for a new mode of writing arises. Before exploring the specificity of this project, we shall consider the way in which he re-evaluates his relationship with his enemies and with himself. Rousseau reaches a degree of resignation in relation to his persecutors and their indelible hatred of him, by recognising the paradox surrounding their attempts to annihilate him. Their efforts to reduce Rousseau to nothing by banishing him prove self-cancelling, for 'ils ont d'avance épuisé toutes leurs ressources; en ne me laissant rien ils se sont tout ôté à eux-mêmes'.[7] What Rousseau thus uncovers in his examination of their antagonism is the mutually constitutive and subversive nature of their relationship. His enemies' power over him depends on subordinating and excluding him and yet that act of exclusion and subordination also questions that power, implying that it is in some way threatened by him. In the mutual dependence of this struggle for self-assertion, neither party can attain victory over the other. Realising this fact proves paradoxically liberating and de-alienating. His adversaries, by taking him to the limits of despair and depriving him of even any 'lueur d'espérance',[8] have in fact liberated him from their yoke, forcing him to face the impossibility of their fight.

Victory for his enemies would entail an experience of loss. Each party can only define itself in relation to what the other party is not and is thus entangled in an impossible relationship with that other that mutually affirms and negates its position. His enemies' illusion of power over him becomes subverted from within by their binding dependence on him which signals the fundamental impotence that that illusion hides. By tormenting and ostracising him to an extreme degree, they merely confront, as does he, the void at the root of their struggle:

Dans cet état, affranchi de toute nouvelle crainte et délivré de l'inquiétude de l'espérance, la seule habitude suffira pour me rendre de jour en jour plus supportable une situation que rien ne peut empirer, et à mesure que le sentiment s'en émousse par la durée ils n'ont plus de moyens pour le ranimer. Voilà le bien que m'ont fait mes persécuteurs en épuisant sans mesure tous les traits de leur animosité.[9]

---

6. My interpretation of Rousseau's relationship with his enemies is informed by Ernesto Laclau's and Chantal Mouffe's theorisation of antagonism. They reject the traditional understanding of antagonism as a conflict between two opposed groups with fully constituted identities and interests. By contrast, they argue that antagonisms occur because we are unable to attain a complete identity, and we therefore construct an 'enemy' whom we make responsible for this failure. See their *Hegemony and socialist strategy* (London, 1985), p.122-34; and Laclau, *New reflections on the revolution of our time*, ed. Laclau (London, 1990), p.3-59.

7. Rousseau, *Rêveries*, *OC*, vol.1, p.996.

8. Rousseau, *Rêveries*, *OC*, vol.1, p.996.

9. Rousseau, *Rêveries*, *OC*, vol.1, p.997.

It is this fact that frees Rousseau from his enemies' grip, but far from leading to a state of plenitude, it exposes him to the negativity of his situation: 'Tout est fini pour moi sur la terre. On ne peut plus m'y faire ni bien ni mal. Il ne me reste plus rien à espérer ni à craindre en ce monde, et m'y voilà tranquille au fond de l'abîme, pauvre, mortel, infortuné, mais impassible comme Dieu même.'[10] He sees through the fantasy of his enemies' omnipotence by stripping them of 'tout ce qu'ils avaient d'imaginaire' and reducing them 'à leur juste valeur' (little more than nothing). He acknowledges the ultimate impotence underlying any quest for power: the act of domination requires an object to dominate; absolute domination would cancel itself, since by depriving the object of its independent status, it would make the need for domination unnecessary or futile. At the bottom of the abyss, in a state of destitution, he becomes as impassive as God, realising that the impossibility of his situation provides its own internal point of resistance. The more his enemies attempt to annihilate him, to push him to the limits of the human, that is, to treat him as non-human, the more they reaffirm the irreducibility of his humanity, the impossibility of ever totally dominating him, his inalienable freedom. Awareness of this impasse opens a space in which Rousseau can begin to experiment with self-representational modes, free from the need to dislodge the imposing edifice of public opinion.

ii. A new mode of self-representational writing

To escape from the deadlock of his relationship with his enemies, Rousseau has to find a representational mode that reinscribes the contingent and constructed character of their depiction of him. Just as the negativity of nature functions to negate all determinacy by highlighting the irreducible incompleteness of the social that leaves it forever susceptible to contestation and change, so the autobiographical project of the *Rêveries* divests the self of its imaginary social determination, thereby uncovering its lack of determinate nature and its openness to redefinition. Rousseau opens the autobiography with the question: 'Mais moi détaché d'eux et de tout, que suis-je moi-même?'[11] To attempt to answer this question, as his renegotiation of his relationship with his enemies implies, he has to excavate his present situation through a movement from the other to the self. The attempt at self-understanding therefore already implicates the social or others from which Rousseau seeks to distinguish himself in order to create a space in which new understandings and more fluid representations of the self can emerge. The social acts as the defining limit of his own singularity. The non-separation of the writing subject from its wider context modulates the extreme feeling of solitude expressed by the

10. Rousseau, *Rêveries*, *OC*, vol.1, p.999.
11. Rousseau, *Rêveries*, *OC*, vol.1, p.995.

opening sentence and suggests that its extremity should be understood as a poetic figure. The figure of the asociality of the self functions, like the asociality of the metaphor of nature, to attest the radical difference that the social system cannot determine fully. All systems, even an apparently universal systematic process of ostracism, have gaps that frustrate their claim to full intelligibility and mastery. Their incompleteness creates a permanent opening for critical freedom and transformation.

The need to resume his autobiographical project grows out of a feeling of otherness vis-à-vis social structures. Rousseau describes how he feels suddenly estranged from what he has perceived as normality, as if he had fallen on to an alien planet where nothing bears any relation to the self and its worldview: 'Tiré, je ne sais comment de l'ordre des choses, je me suis vu précipité dans un chaos incompréhensible où je n'aperçois rien du tout; et plus je pense à ma situation présente et moins je puis comprendre où je suis.'[12] This feeling of estrangement confronts him with the illusory nature of what he has taken for reality, creating a transitional space in which he can reflect on social forms, and rethink them, in an attempt to bridge the gap he has detected in social structures. This transitional space is evoked in a metaphor that situates Rousseau in a state between waking and sleeping, life and death. He describes how he has been living in a dream-state, where he imagines himself tormented by terrible indigestion and restless sleep, and how, when he eventually wakes up, he is relieved of pain and amongst friends: 'Oui, sans doute, il faut que j'aie fait sans que je m'en aperçusse un saut de la veille au sommeil, ou plutôt de la vie à la mort.'[13] This enigmatic sentence implies the necessity of death or self-dispossession for the creative process of his autobiographical project to take effect. His desire to represent the self afresh has as its precondition the loss of self or more precisely the dissolution of those points of reference that gave it imaginary consistency. Withdrawal from the social sphere into the uncertainty of a self dispossessed of its social identity clears a space for creativity to occur.[14]

We find a powerful figure of a state of dispossession, where the identity of the self gives way to reveal its founding void, in the 'Deuxième promenade'. This state occurs after a Great Dane leaps on Rousseau, when he is engaged in a reverie, knocking him unconscious. This violent moment takes the self back to its openness to the radically different, to that which refuses integration or categorisation within existing structures of representation. Rousseau has the sensation of being suspended in time

12. Rousseau, *Rêveries, OC*, vol.1, p.993.
13. Rousseau, *Rêveries, OC*, vol.1, p.995.
14. Michael Davis also brings out the tension that underlies Rousseau's autobiographical project in the *Rêveries*, affirming that 'it is only the alienated self that seeks itself. The only motive for seeking oneself is the feeling of having lost oneself. Accordingly, society of some sort is a precondition for solitude.' *The Autobiography of philosophy: Rousseau's 'The Reveries of the solitary walker'* (Oxford, 1999), p.95.

where the sense of possibility for transformation, implied by his feeling of being reborn to life, surges through him, sensitising him to all that surrounds him.[15] His feeling of life in death becomes reinforced by the fact that when he finally inquires about his location, he is informed that he is at la Haute-Borne, the upper limit, which, for Rousseau, was tantamount to saying he was on Mount Atlas, the closest point to heaven. His proximity to death places him at the very limits of self-(non-)representation where he briefly experiences himself as an absence or lack; that experience of the self as a lack does not imply nothingness but rather the potential for creation and change. The eruption of new energies and intense affects that occur with the event of the 'Deuxième promenade' unsettles the oppressive force of his enemies' system of control by revealing the singularity of the self, its resistance to systematisation. Any determination of the self becomes redefined no longer in terms of its determinability but rather in the sense that the self is indefinitely determinable.

iii. Reverie as a potential site of transformation and resistance

The metaphors of self-dispossession culminate in an extensive exploration in the 'Cinquième promenade' of the reveries on the île de Saint-Pierre during his exile from France. These ecstatic moments reveal how a heightened sense of being, the feeling of pure existence, coincide with the dispersal of particular content or identity, with a loss of self. Reverie involves a drifting away from *amour-propre* – egotistical or systematic domination – by allowing multifarious sense impressions, affects, and ideas to enter into contact with one another. The turn towards reverie comes at a time when Rousseau feels duty-bound to retreat from social interaction so as to avoid making the chains of his social relations heavier:

Ne pouvant plus faire aucun bien qui ne tourne à mal, ne pouvant plus agir sans nuire à autrui ou à moi-même, m'abstenir est devenu mon unique devoir, et je le remplis autant qu'il est en moi. Mais dans ce désœuvrement du corps mon âme est encore active, elle produit encore des sentiments, des pensées, et sa vie interne et morale semble encore s'être accrue par la mort de tout intérêt terrestre et temporel.[16]

Rousseau feels powerless to mediate the depravity of his state by acting in accordance with a certain set of moral values or principles. A pure negation of the authoritarian relations from which he has decided to take flight would, as we have suggested, merely hold Rousseau in a state of permanent opposition. In order to avoid causing his relation to degenerate further, he adopts a less aggressive form of resistance to his state of terror and oppression. His reveries, as a source of creative energy and

15. Rousseau, *Rêveries*, *OC*, vol.i, p.1005.
16. Rousseau, *Rêveries*, *OC*, vol.i, p.1000.

emotional intensity, come to replace object-oriented action as a source of hope and metamorphosis.

The reverie, through its lack of an 'objet bien déterminé ni constant', disrupts the desire for mastery and knowledge.[17] The aesthetic experience of reverie could be described as one of passive activity.[18] Whereas it is passive in the sense that the self's striving for identity and knowledge is immobilised, it is active in the sense that potentially incommensurable elements converge, making possible a movement towards new systems, structures and representations. By yielding to what is heterogeneous and indeterminate, Rousseau exposes the chimera of his enemies' feeling of superiority, gained from a false sense of understanding and full-representation. Thus, power is redefined, from their power over him to his own openness to what is not yet defined or indefinable.

The tendency towards abstraction in reverie gives rise to a tenuous impression of the instability or transience of the objective world, of the lack of order that subtends its semblance of order:

Tout est dans un flux continuel sur la terre: rien n'y garde une forme constante et arrêtée, et nos affections qui s'attachent aux choses extérieures passent et changent nécessairement comme elles. Toujours en avant ou en arrière de nous, elles rappellent le passé qui n'est plus ou préviennent l'avenir qui souvent ne doit point être: il n'y a rien là de solide à quoi le cœur se puisse attacher. Aussi n'a-t-on guère ici-bas que du plaisir qui passe; pour le bonheur qui dure je doute qu'il y soit connu.[19]

The reverie becomes a spacing in time where the absence of origins or essential foundations for the self and its wider context appear, stemming the flow of history as a fully rational or teleological movement towards predetermined ends. Like the metaphor of nature, which denaturalises man's socialisation through its discontinuity with what precedes and succeeds it, the reverie allows the instability of the outside world to surface, highlighting the discrepancy between its present organisation and its susceptibility to multiple reorganisations. Rousseau's presentation of this moment of the reverie anticipates, to some extent, what Jean-Luc Nancy terms finite history.[20] Finite history does not refer to finished history as the revelation of the authentic form or 'Idea' of humanity, but as the opening to a history devoid of purpose or goal, that is, to the

---

17. Rousseau, *Rêveries*, *OC*, vol.1, p.1044.

18. This reading of Rousseauean reverie is assisted by Lyotard's notion of active passivity. Lyotard defines active passivity not as the action of the subject, but as a passive openness to a multiplicity of affects and intensities. See *Economie libidinale* (Paris, 1974), p.287-311. Similarly, the listener of music, for Rousseau, occupies a position that is at once active and passive. The listener gives himself over to the music; his passivity merges with activity when music excites in him the passions it expresses. See *Essai sur l'origine des langues*, *OC*, vol.5, p.419-517, and Marian Hobson, *The Object of art* (Cambridge, 1982), p.295.

19. Rousseau, *Rêveries*, *OC*, vol.1, p.1046.

20. 'Finite history' in *The State of theory: history, art, and critical discourse*, ed. David Carroll (New York, 1982), p.149-73 (p.162).

heterogeneity of our existence. This link is reinforced by the fact that in the *Discours sur l'origine de l'inégalité*, man becomes historic, thereby acceding to humanity, precisely at the moment when he assumes his latent faculty of perfectibility, his inalienable freedom to change that comes from his essential indeterminacy. His rupture from his symbiosis with nature exposes him to the possibility of his own death or that of his kind. His becoming human thus coincides with an experience of himself as a lack, that is, with an awareness of his possible absence through death. This limit experience takes him beyond his quasi-nothingness in nature by signalling his potential to be something. The sensation of pure existence of the reverie, as a moment of self-dispossession, figures our perfectibility, our potentiality, by uncovering the active passivity within us that makes us responsive to what is not yet knowledge or perhaps more precisely to that which refuses knowledge and thus at once provides the condition and limit of our search for critical awareness. As we have seen, for man to develop beyond his originary nothingness, to open up to his potentiality, he has to imagine his absence.[21] Perfectibility, the affirmative condition of our freedom to change, thus proves inseparable from negativity. All human endeavour is circumscribed by this constitutive negativity, which at once enables man's originating powers, by creating the openness necessary for transformation to occur and also disables them, by ruling out the possibility of completion or mastery.

The constant flux of the world excludes the possibility of perfect harmony and happiness as a realisable state. If such a state of perfect happiness were to exist, it would, as Rousseau implies, negate time.[22] Rousseau momentarily experiences perfect happiness during his reveries on the île de Saint-Pierre. Such moments clearly bring to mind Rousseau's atemporal, unchanging myth of nature where man exists in a pre-human state.[23] Just as that myth does not provide the foundation for an ideal society, such moments of perfect happiness in the flight of daydream do not constitute the basis of a quest in Rousseau to found a transparent self-sufficient community. In the same way that the absolute harmony of the pure state of nature restricts man to a purely physical level of existence where he has no need to take advantage of the faculty of perfectibility which defines him as human, perfect self-sufficiency would involve the obliteration of the self. Both images imply that absolute fullness coincides with nothingness in so far as it excludes human agency.

21. For a discussion of the importance of finitude for human development, see Rousseau, *Discours sur l'origine de l'inégalité*, *OC*, vol.1, p.143.

22. Rousseau, *Rêveries*, *OC*, vol.1, p.1046.

23. Rousseau foregrounds the sterility and closure of the atemporal pure state of nature when, in the *Discours sur l'origine de l'inégalité*, he writes: 'Il n'y avait ni éducation ni progrès, les générations se multipliaient inutilement; chacune partant toujours du même point, les siècles s'écoulaient dans toute la grossièreté des premiers âges, l'espèce était déjà vieille, et l'homme restait toujours enfant' (*OC*, vol.3, p.160).

Rousseau uncovers, in the *Lettres à Malesherbes*, the indivisibility of fantasy and negativity when he writes how his instants of blissful communion with nature subside to reveal 'le néant de mes chimères' and that '[q]uand tous mes rêves se seraient tournés en réalités, ils ne m'auraient pas suffi; j'aurais imaginé, rêvé, désiré encore'.[24] What Rousseau terms his 'vide inexplicable'[25] provides the affirmative condition of his capacity to move beyond the shortcomings of his present situation to imagine the future, which, by its very status as the unconditioned, will always involve the work of imagination. As the *Rêveries* illustrate, Rousseau constantly reinscribes the opacity, excess and deep uncertainty that form the necessary obverse of the self-transparent subject and that disallow its actualisation in the concrete world.[26] He thus points to the incomplete separation of all enlightenment from myth, which, by preventing closure or full understanding, defines critical awareness as an open-ended process that occurs within an insoluble dialectic of transparency and opacity.

iv. Conclusion

In the same way that Rousseau's metaphor of nature seeks to undermine the corrupt and authoritarian structures of history, by figuring the absence at their root, the moment of reverie uncovers the illusory character of his enemies' claim to total mastery and control, by pointing to the irreducibility of the self to a single representation. The contingency of the self and the social, their lack of essence, allows for their permanent redefinition. The *Rêveries*, like the second *Discours*, urge us to pass through the fantasies of domination and completeness that limit critical freedom and that reject the possibility of change, by revealing the negativity from which the need for such fantasies arises. This process, far from rejecting fantasy outright, reminds us that the recourse to fantasy is inevitable because there is no authentic order of reality and that it is the collusion of fact with fiction, and fantasy with reality, which by excluding total objectivity gives us the liberty to question and reimagine the terms of social truth. Fantasy becomes dangerous when we deny its inevitability and take it for fact. The contingent and fictional dimension of the identity of the self and its wider context do not result in ethical nihilism, which would imply that we could represent ourselves and our social space in any way we choose, without any sense of ethical and political responsibility.

24. Rousseau, *Lettres à Malesherbes*, *OC*, vol.1, p.1140.
25. Rousseau, *Lettres à Malesherbes*, *OC*, vol.1, p.1140.
26. Rousseau's presentation of the feeling of pure existence as a blurring of the boundaries between self and loss of self, affirmation of the temporal and its negation, and reality and fiction pre-empts Žižek's interpretation of the Cartesian *cogito*. I shall explore the links between Rousseau's Cartesianism and Žižek's modern reinterpretation of the *cogito* in a future essay. See Žižek, *The Ticklish subject: the absent centre of political ontology* (London, 1999).

Rather, it actually makes our search for a just mode of representation all the more urgent, since it leaves any identity, as Rousseau's discussion of his enemies' portrayal of him indicates, forever susceptible to authoritarian determinations that disavow their contingency, and thereby seek an oppressive state of closure.

OURIDA MOSTEFAI

De Vincennes à Ménilmontant: promenade et projet autobiographique dans les *Rêveries du promeneur solitaire*

> Me voici donc seul sur la terre, n'ayant plus de frère, de prochain, d'ami, de société, que moi-même.
> [...]
> Les voilà donc étrangers, inconnus, nuls enfin pour moi puisqu'ils l'ont voulu.[1]

LES *Rêveries du promeneur solitaire* s'ouvrent sur le constat d'une séparation et d'une aliénation réciproques entre Jean-Jacques et ses contemporains. 'Me voici donc', 'Les voilà donc', le parallélisme de la construction tout autant que la reprise de la conjonction attirent l'attention sur l'étrange parallélisme entre les deux positions. Jean-Jacques est seul, mais les autres sont devenus étrangers, inconnus et nuls, acquérant ainsi les qualités négatives qui avaient servi à le caractériser. La forme restrictive de la construction appliquée à Jean-Jacques – 'plus de [...] société que moi-même' – s'est transformée en l'affirmation positive de la négativité des autres (étrangers, inconnus et nuls) tandis que l'opposition entre 'Me voici' et 'Les voilà' renforce grammaticalement l'idée de leur éloignement et leur distance. Le texte s'ouvre ainsi étrangement sur la figure de la conclusion, de l'aboutissement: donc, et enfin. Mais si le 'donc' suppose l'acceptation en prémisses d'une affaire conclue et résolue, il ramène également le lecteur en arrière, par le rappel qu'il suggère de ce qui précède au texte. Ce double 'donc' est ainsi orienté simultanément vers un avant et un après, tout comme le projet autobiographique est encadré par ce qui précède et par ce qui doit suivre. La tâche reste inachevée tant que la question demeure: 'Mais moi, détaché d'eux et de tout, que suis-je moi-même? Voilà ce qu'il me reste à chercher.'[2]

Dès l'ouverture des *Rêveries*, Rousseau s'inscrit dans le prolongement de son projet autobiographique: 'ce qu'il me reste à chercher'. Or, ceci n'implique pas pour autant l'adoption d'un processus linéaire. Car si les références aux *Confessions* et aux *Dialogues* sont fréquentes, et qu'elles s'accompagnent même de reprises en écho de certains passages, les *Rêveries*

---

1. Rousseau, *Rêveries du promeneur solitaire*, *OC*, t.i, p.995.
2. Rousseau, *Rêveries*, *OC*, t.i, p.995.

se présentent sous le signe de la discontinuité. Tout en déclarant son intention d'entreprendre 'le projet d'écrire la suite de mes *Confessions*',[3] Rousseau a conscience que ce titre ne convient plus à sa démarche: 'Ces feuilles peuvent donc être regardées comme un appendice des *Confessions*, mais je ne leur en donne plus le titre, ne sentant plus rien ǎ dire qui puisse le mériter', car '[q]u'aurais-je encore à confesser.'[4] Renonçant à la forme dialoguée, qu'il avait jugée 'la plus propre à discuter le pour et le contre',[5] les *Rêveries* abandonnent de surcroît ce qui était le projet central des *Confessions* et des *Dialogues*, déclarant 'j'ai perdu pour jamais l'idée de ramener de mon vivant le public sur mon compte, et même ce retour, ne pouvant plus être réciproque, me serait désormais bien inutile. Les hommes auraient beau revenir à moi, ils ne me retrouveraient plus.'[6]

L'impossibilité du retour réciproque reprend ici en écho la curieuse figure géométrique du cercle et de la ligne sur laquelle se refermait le *Discours sur l'origine de l'inégalité*: 'c'est ici le dernier terme de l'inégalité, et le point extrême qui ferme le cercle et touche au point d'où nous sommes partis'.[7] Le parcours qui avait mené Rousseau de l'état de nature originel à la société de l'inégalité se concluait dans un mouvement de circularité par 'un nouvel Etat de nature différent de celui par lequel nous avons commencé, en ce que l'un était l'Etat de nature dans sa pureté, et que ce dernier est le fruit d'un excès de corruption'.[8] Une fois de plus, comme dans le *Discours sur l'origine de l'inégalité*, le chemin parcouru entre Rousseau et les autres a rendu visible la distance ou 'l'espace immense qui sépare ces deux états'[9] et confirmé l'impossibilité de la réconciliation. A quoi bon espérer le retour de Rousseau parmi les hommes? Il n'est plus même possible d'envisager un examen de soi selon un tracé linéaire: 'la ligne'. Seule la figure de la circularité, 'le cercle', peut encore faire sens ici: le cercle du retour qui n'en est pas un, de la clôture conçue comme une ouverture.

C'est pourquoi la 'Première promenade' débute par le constat d'une fin: 'Tout est fini pour moi sur la terre. On ne peut plus m'y faire ni bien ni mal. Il ne reste plus rien à espérer en ce monde, et m'y voilà tranquille au fond de l'abîme, pauvre mortel infortuné, mais impassible comme Dieu même.'[10] C'est par la résignation à son inéluctable destinée, et l'abandon de toute résistance jugée à présent futile car 'aussi pénible qu'infructueuse'[11] que l'auteur peut affirmer qu''un plein calme est

3. Rousseau, *Rêveries*, *OC*, t.1, p.1003.
4. Rousseau, *Rêveries*, *OC*, t.1, p.1000.
5. Rousseau, 'Du sujet et de la forme de cet écrit', dans *Rousseau juge de Jean-Jacques: Dialogues*, *OC*, t.1, p.663.
6. Rousseau, *Rêveries*, *OC*, t.1, p.997-98.
7. Rousseau, *Discours sur l'origine de l'inégalité*, *OC*, t.3, p.191.
8. Rousseau, *Discours sur l'origine de l'inégalité*, *OC*, t.3, p.191.
9. Rousseau, *Discours sur l'origine de l'inégalité*, *OC*, t.3, p.192.
10. Rousseau, *Rêveries*, *OC*, t.1, p.999.
11. Rousseau, *Rêveries*, *OC*, t.1, p.996.

rétabli dans mon cœur'.[12] Ce calme est le résultat de l'acceptation de la mort, et de la souffrance: 'Ils ont arraché de mon cœur toutes les douceurs de la société.'[13] De fait, la perspective de la mort, 'la mort de tout intérêt terrestre et temporel',[14] oriente ici toute la réflexion. Il est tout à fait juste de dire que 'les *Rêveries* ne sont pas simplement une suite des *Confessions*, mais bien une réévaluation très poussée des acquis antérieurs dans la perspective de la mort'.[15] Les *Rêveries* sont fondamentalement et nécessairement des méditations sur la mort, celle-ci étant ce qui réoriente l'entreprise autobiographique, et tente de lui donner de nouveau un sens.

'Seul pour le reste de ma vie', écrit Rousseau, 'puisque je ne trouve qu'en moi la consolation, l'espérance et la paix je ne dois ni ne veux plus m'occuper que de moi. C'est dans cet état que je reprends la suite de l'examen sévère et sincère que j'appelais jadis mes *Confessions*.'[16] Afin de comprendre la signification du nouveau retour sur soi signalé ici par Rousseau, et d'évaluer la transformation opérée dans le projet autobiographique par l'acceptation de la mort, nous nous proposons d'examiner la promenade de Ménilmontant, la première véritable promenade décrite dans les *Rêveries*, et qui nous paraît occuper une place particulière dans le projet des *Rêveries*.

Le long passage consacré à la promenade de Ménilmontant met en scène successivement une promenade, une herborisation, une méditation, un accident, une rêverie et un retour. Elle s'organise selon la figure de la ligne et du cercle, suivant le tracé d'un parcours qui ramène le promeneur à un point de départ qui n'est plus exactement le lieu d'origine. C'est à proprement parler une suite, un enchaînement de promenades, et à ce titre une introduction à la richesse et la complexité du genre auquel s'essaie Rousseau. Texte d'introduction, elle sert également d'exemple et d'illustration pour l'ensemble du projet d'écriture. En outre, elle constitue un moment de rupture, car elle contient 'un accident imprévu [qui] vint interrompre le fil de mes idées et leur donner pour quelque temps un autre cours'.[17] Certains critiques ont pu conjecturer que l'accident pourrait être l''événement aussi triste qu'imprévu'[18] auquel la première promenade fait mystérieusement allusion.[19] Quoi qu'il en soit, Rousseau tient à souligner le caractère singulier et exemplaire de cet événement.

Le récit de la promenade débute par la mention d'une date précise: celle du jeudi 24 octobre 1776, marquant ainsi son caractère événementiel

---

12. Rousseau, *Rêveries*, *OC*, t.1, p.997.

13. Rousseau, *Rêveries*, *OC*, t.1, p.998.

14. Rousseau, *Rêveries*, *OC*, t.1, p.1000.

15. Jean-François Perrin, 'Vie automate et quête de soi dans les *Rêveries du promeneur solitaire*', *Romanische Zeitschrift für Literaturgeschichte* 23 (1999), p.331-39 (p.338).

16. Rousseau, *Rêveries*, *OC*, t.1, p.999.

17. Rousseau, *Rêveries*, *OC*, t.1, p.1003.

18. Rousseau, *Rêveries*, *OC*, t.1, p.997.

19. Voir l'introduction aux *Rêveries* de Marcel Raymond, Rousseau, *OC*, t.1, p.LXXXIII.

et historique. Rousseau narre la promenade qui le conduisit ce jour-là de son appartement parisien jusqu'aux faubourgs de la capitale. Remontant les boulevards jusqu'à la rue du Chemin Vert, notre promeneur gagne les villages de Ménilmontant et de Charonne. Cette première promenade révèle la démarche du promeneur solitaire, elle met en place le dispositif et le protocole adopté par Rousseau durant 'les promenades qui suivirent le projet d'écrire la suite de mes *Confessions*'.[20] Il s'agit de faire coïncider la déambulation et une nouvelle philosophie de l'existence explicitement conçue en opposition aux pratiques sociales en vigueur. Le parcours du promeneur est orienté selon un sens qui le mène du centre de la ville à la périphérie des faubourgs pour le ramener chez lui: selon un cercle et une ligne. Si le marcheur emprunte les nouveaux axes qui furent aménagés en promenades au siècle des Lumières afin d'accommoder l'activité sociale et mondaine de la promenade, il a grand soin de rythmer l'heure de ses promenades à contre-courant des habitudes mondaines. Le promeneur construit son parcours solitaire sur des lieux de socialisation, investissant les lieux au moment où ils ont été délaissés par la foule: 'les promeneurs de la ville s'étaient déjà retirés; les paysans aussi quittaient les champs jusques aux travaux d'hiver'.[21] Contrairement à l'usage mondain en vigueur, les promenades de Rousseau sont des entretiens solitaires dans lesquels nulle place n'est faite à la conversation: lors de ses déambulations Rousseau est seul, ou bien accompagné de Thérèse, mais celle-ci n'étant jamais une campagne de conversation, il est le seul locuteur. Et lorsqu'en chemin, Rousseau croise des individus, ceux-ci restent étrangers au promeneur, et extérieurs à la promenade.

Les promenades de Rousseau n'ont ni but ni destination précise. Rousseau ne se rend nulle part; il se promène pour se promener, et pour penser librement, comme le faisait Montaigne. Dans ses *Rêveries* Rousseau réaffirme un penchant de longue date pour cet exercice de sa liberté: 'J'aime marcher à mon aise et m'arrêter comme il me plaît.'[22] Mais cette liberté ne signifie pas libertinage, la promenade n'entraînant pas le moindre égarement du cœur ni de l'esprit. A cet égard, rien de plus éloigné de l'éthique rousseauiste que la déclaration faite en ouverture au *Neveu de Rameau*: 'J'abandonne mon esprit à tout son libertinage. Je le laisse maître de suivre la première idée sage ou folle qui se présente [...]. Mes pensées, ce sont mes catins.'[23] Anti-mondaine, anti-libertine, la promenade rousseauiste n'est pas le pur fruit du hasard: le cheminement du promeneur suit la topographie de la ville selon un parcours tracé d'avance. La promenade est orientée géographiquement: les pas du promeneur le conduiront nécessairement dans la direction de l'axe qu'il a emprunté.

20. Rousseau, *Rêveries*, *OC*, t.1, p.1003.
21. Rousseau, *Rêveries*, *OC*, t.1, p.1004.
22. Rousseau, *Confessions*, *OC*, t.1, p.172.
23. Denis Diderot, *Le Neveu de Rameau*, *OC*, t.12, Paris, 1989, p.69-70.

Dans la promenade de Ménilmontant, le chemin que prend Rousseau de la porte Saint-Antoine le mène inévitablement, presque machinalement, aux faubourgs de l'est de Paris.[24] Le promeneur quitte la ville sans qu'aucune description de l'espace urbain ne soit donnée au lecteur: seul le nom des rues est mentionné dans cette promenade, d'autres ne seront pas aussi précises. Aucune description des rues, des passants, aucune allusion aux odeurs ni aux sons de la ville, ou à tous les objets qui seront peints et analysés par Louis-Sébastien Mercier, Rétif de La Bretonne et leurs contemporains. Rousseau parcourt la ville d'un bout à l'autre, il arpente ses boulevards et ses avenues, mais ce faisant, il efface systématiquement toutes les traces de son expérience urbaine. Les rues de Paris n'intéressent plus Jean-Jacques, qui ne remarque rien, ni le bruit ni même la saleté qui avaient fait si forte impression sur lui lors de son arrivée à Paris. On est très loin ici des évocations des *Confessions*: 'En entrant par le faubourg St. Marceau je ne vis que de petites rues sales et puantes, de vilaines maisons noires, l'air de la malpropreté, de la pauvreté, des mendiants, des chartiers, des ravaudeuses, des crieuses de tisanes et de vieux chapeaux.'[25] Ni ce que les *Confessions* nommaient le 'côté défavorable' ni le 'côté brillant' de Paris[26] n'éveillent la sensibilité de ce piéton, entièrement absorbé dans l'acte de marcher. Ce silence et cette occultation sont significatifs: la ville est un non-lieu pour le promeneur, elle n'est ni le lieu ni l'objet de la pensée. Ce n'est qu'une fois hors de la ville, et dans la nature, que Rousseau peut enfin renouer avec la réflexion, et la philosophie.

Dans le temps du récit, en dépit de la distance réelle, les boulevards et avenues font immédiatement place aux sentiers et aux prairies: 'Je suivis après dîner les boulevards jusqu'à la rue du Chemin-vert par laquelle je gagnai les hauteurs de Ménilmontant.'[27] Une fois dans la nature, voilà notre promeneur transformé en herborisateur. Celui qui s'était gardé de toute observation dans l'espace urbain jette à présent les yeux sur le moindre détail. Se livrant à l'observation des plantes, il saisit des spécimens de plantes rares, et dépose soigneusement ses heureuses découvertes dans un livre. Autrefois, les promenades s'effectuaient pour Rousseau en compagnie de livres, mais à présent qu'il n'aspire plus à l'état d'écrivain, le livre a été transmué en objet utilitaire, et le savoir subordonné à la pratique. Mais, s'il a renoncé à la lecture, l'herboriste ne s'abandonne pas pour autant à l'oisiveté: il est au contraire tout entier absorbé par son activité. Un attachement méticuleux et un soin attentif orientent et concentrent son regard, l'obligeant à fixer une attention quasi myope sur 'ces menues observations'.[28]

24. Pour une analyse de la thématique de la machine dans les *Rêveries*, voir l'article de Jean-François Perrin précédemment cité.
25. Rousseau, *Confessions*, *OC*, t.1, p.159.
26. Rousseau, *Confessions*, *OC*, t.1, p.282.
27. Rousseau, *Rêveries*, *OC*, t.1, p.1003.
28. Rousseau, *Rêveries*, *OC*, t.1, p.1004.

Ce n'est qu'une fois l'observation minutieuse et détaillée des plantes accomplie, et son travail achevé, que le promeneur s'autorisera à la contemplation du paysage qui l'entoure. Enfin, il découvre autour de lui la campagne à la fin des vendanges, un paysage mêlant douceur et tristesse. Par un effet d'analogie, voyant le mouvement de sa vie reflété dans le dessèchement et le flétrissement de la nature à l'automne, le promeneur quitte la contemplation mélancolique pour se livrer à la réflexion sur soi et la méditation. Grâce à la nature, il renoue avec la tradition philosophique, rétablissant le lien entre la promenade et la pensée et met ainsi en application le principe du projet autobiographique: 'Je me disais en soupirant, qu'ai-je fait ici bas? J'étais fait pour vivre et je meurs sans avoir vécu.'[29]

Face à la nature qui l'entoure, et qui lui renvoie l'image de sa décadence et de sa mortalité, le promeneur fait son examen sur la signification de son existence, cet examen même que Rousseau s'est fixé comme objet des *Rêveries*, 'Que suis-je moi-même?' Le retour sur soi, sur ses origines, sur le déroulement de sa vie et de sa carrière, redouble ainsi le mouvement de la promenade. Placé tel qu'il l'est à la périphérie de la ville qu'il avait quittée à la suite de la condamnation d'*Emile* en 1762, l'écrivain peut enfin faire le retour sur soi, sur son parcours d'écrivain proscrit qui l'a conduit à travers l'exil pour le ramener à Paris. Par un mouvement de circularité, la réflexion le ramène au début de sa carrière, et permet l'examen de sa vie entière: 'je récapitulais les mouvements de mon âme dès ma jeunesse, et pendant mon âge mûr, et depuis qu'on m'a séquestré de la société des hommes, et durant la longue retraite dans laquelle je dois achever mes jours'.[30] La rêverie méditative offre un véritable récapitulatif de l'entreprise autobiographique, une vision synoptique qui redouble la contemplation du paysage par le promeneur.

Il est tout à fait significatif que ce soit à la suite de ces 'paisibles méditations' sur la mort qu'intervient l'accident de Ménilmontant[31] car celui-ci va fournir une application pratique à la question théorique qui vient d'être soulevée mais qui est restée en suspens. 'L'événement qui me reste à raconter' opère une rupture dans la description de la promenade. Le temps et le lieu sont brusquement réintroduits: 'J'étais sur les dix heures à la descente de Ménilmontant presque vis-à-vis du galant jardinier.'[32] La chute quasi fatale provoquée par le gros chien danois courant devant un carrosse semble obéir à un motif rhétorique: celui de signaler le retour à la ville comme un retour à la négativité sociale, en désignant métaphoriquement les dangers de la ville par une illustration des fameux embarras de Paris. L'apologue de la marche et de ses bienfaits manque

29. Rousseau, *Rêveries*, *OC*, t.1, p.1004.
30. Rousseau, *Rêveries*, *OC*, t.1, p.1004.
31. Pour une analyse détaillée de l'épisode de l'accident de Ménilmontant, voir dans ce volume l'article de Jean-Luc Guichet.
32. Rousseau, *Rêveries*, *OC*, t.1, p.1004.

d'être écrasé par un carrosse, soulignant une fois de plus l'incompatibilité de ces deux formes de sociabilité, de ces deux philosophies de la vie. L'énorme distance sociale qui sépare le propriétaire de la voiture (M. Le Pelletier de Saint-Fargeau) et le modeste piéton qu'est Jean-Jacques Rousseau ne suffit pas à empêcher la rencontre, et le choc qui en résulte. Les *Dialogues* avaient déjà relaté un accident fort semblable:

Je l'ai vu dans la rue St-Honoré faire presque sous un carrosse une chute très périlleuse; on court à lui, mais sitôt qu'on reconnaît J. J. tout se disperse, les passants reprennent leur chemin, les marchands rentrent dans leurs boutiques, et il serait resté seul dans cet état, si un pauvre mercier, rustre et mal instruit ne l'eut fait asseoir sur son petit banc, et si une servante tout aussi peu philosophe ne lui eut apporté un verre d'eau.[33]

Le passage des *Dialogues* évoquait l'insensibilité et l'indifférence cruelles des Parisiens refusant toute aide au malheureux, en contraste avec le petit peuple vertueux, représenté par le mercier et la servante. Par cette illustration de la distance séparant les hommes corrompus de la bonté originelle, il s'agissait pour le personnage du 'Français' de démontrer 'l'animosité' de 'toute la génération présente'[34] envers J.J., et de faire mesurer l'étendue de cet 'accord unanime'[35]: 's'il avait besoin d'une assistance réelle on le verrait périr avec joie sans lui donner le moindre secours'.[36] Les *Rêveries* donnent de la ville une vision plus optimiste en mettant en scène le promeneur entouré de bons samaritains, pleins de sollicitude et de bienveillance. Revenant à lui 'entre les bras de trois or quatre jeunes gens'[37] aidé par 'ceux qui m'avaient relevé et qui me soutenaient encore lorsque je revins à moi'[38] assisté encore par '[u]n Monsieur que je ne connaissais pas et eut la charité de m'accompagner quelque temps',[39] le promeneur découvre autour de lui des citadins attentionnés, sensibles à sa souffrance et préoccupés de son intérêt.

Son réveil après l'accident est décrit comme l'expérience du bonheur de renaître parmi les hommes: 'cette première sensation fut un moment délicieux. Je naissais dans cet instant à la vie.'[40] Tout se passe comme si se concrétisait dans ce moment le rêve formulé sans grand espoir dans la 'Première promenade' que le complot disparaisse: 'Je m'imagine [...] que je vais me réveiller bien soulagé de ma peine en me retrouvant avec mes amis.'[41] Revenu à lui, le promeneur découvre la possibilité d'une nouvelle

33. Rousseau, *Dialogues*, *OC*, t.1, p.882.
34. Rousseau, *Dialogues*, *OC*, t.1, p.881.
35. Rousseau, 'Du sujet et de la forme de cet écrit', dans *Dialogues*, *OC*, t.1, p.662; Rousseau, *Rêveries*, *OC*, t.1, p.995.
36. Rousseau, *Dialogues*, *OC*, t.1, p.882.
37. Rousseau, *Rêveries*, *OC*, t.1, p.1005.
38. Rousseau, *Rêveries*, *OC*, t.1, p.1006.
39. Rousseau, *Rêveries*, *OC*, t.1, p.1006.
40. Rousseau, *Rêveries*, *OC*, t.1, p.1005.
41. Rousseau, *Rêveries*, *OC*, t.1, p.995.

existence, sans bagage, sans histoire: 'je ne me souvenais de rien'.[42] Un 'calme ravissant'[43] l'envahit, et il goûte un 'moment délicieux' auquel il 'ne trouve rien de comparable dans toute l'activité des plaisirs connus'.[44]

Le bonheur après la chute, en somme: comment ne pas voir dans ce récit une réécriture du récit de l'illumination de Vincennes? Inséparable du projet autobiographique, le récit de l'illumination se présente comme un schéma explicatif permettant de rendre compte de la singularité et de l'infortune de la destinée de Jean-Jacques Rousseau. Il fonctionne comme le mythe fondateur de l'œuvre: le moment fatidique de l'entrée dans la carrière des lettres, et dans le malheur, comme l'expriment les *Confessions*: 'A l'instant de cette lecture je vis un autre univers et je devins un autre homme. [...] Tout le reste de ma vie et de mes malheurs fut l'effet inévitable de cet instant d'égarement.'[45] L'illumination fait l'objet d'une série de réécritures dans l'œuvre, Rousseau revenant sur cet épisode à deux reprises: dans une lettre à Malesherbes et dans les *Dialogues*. Examinons ces deux passages conjointement:

J'allais voir Diderot alors prisonnier à Vincennes; j'avais dans ma poche un *Mercure de France* que je me mis à feuilleter le long du chemin. Je tombe sur la question de l'académie de Dijon qui a donné lieu à mon premier écrit. Si jamais quelque chose a ressemblé à une inspiration subite, c'est le mouvement qui se fit en moi à cette lecture; tout à coup, je me sens l'esprit ébloui de mille lumières; des foules d'idées vives s'y présentèrent à la fois avec une force et une confusion qui me jeta dans un trouble inexprimable; je sens ma tête prise par un étourdissement semblable à l'ivresse. Une violente palpitation m'oppresse, soulève ma poitrine; ne pouvant plus respirer en marchant, je me laisse tomber sous un des arbres de l'avenue, et j'y passe une demi-heure dans une telle agitation qu'en me relevant j'aperçus tout le devant de ma veste mouillé de mes larmes sans avoir senti que j'en répandais.[46]

Une malheureuse question d'académie qu'il lut dans un *Mercure* vint tout à coup dessiller ses yeux, débrouiller ce chaos dans sa tête, lui montrer un autre univers, un véritable âge d'or, des sociétés d'hommes simples, sages, heureux, et réaliser en espérance toutes ses visions, par la destruction des préjugés qui l'avaient subjugué lui-même, mais dont il crut en ce moment voir découler les vices et les misères du genre humain. De la vive effervescence qui se fit alors dans son âme sortirent ces étincelles de génie qu'on a vu briller dans ses écrits durant dix ans de délire et de fièvre, mais dont aucun vestige n'avait paru jusqu'alors, et qui vraisemblablement n'auraient plus brillé dans la suite si cet accès passé il eut voulu continuer d'écrire.[47]

Ces deux récits s'organisent autour de la métaphore de la lumière, frappant soudainement le personnage comme la foudre sans qu'il puisse réagir. Emporté par l'étourdissement et l'ivresse, ou le délire et la fièvre, Rousseau est impuissant face à cette masse de lumière éblouissante qui

---

42. Rousseau, *Rêveries*, *OC*, t.1, p.1005.
43. Rousseau, *Rêveries*, *OC*, t.1, p.1005.
44. Rousseau, *Rêveries*, *OC*, t.1, p.1005.
45. Rousseau, *Confessions*, *OC*, t.1, p.315.
46. Rousseau, *Lettre à M. de Malesherbes*, *OC*, t.1, p.1135.
47. Rousseau, *Dialogues*, *OC*, t.1, p.828-29.

déferle sur lui. Seul dans le trouble et la confusion, il est représenté dans un véritable état de détresse, couvert de larmes, plongé dans le délire, terrassé par la fièvre. Si cet état de trouble et d'effervescence ressemble fort à un mal, voire un accès de folie, c'est qu'il n'y a point d'intervention divine, ni d'interprétation philosophique pour donner un sens à cette lumière: une fois l'accès passé, l'individu demeure seul, et abattu. Ce qui ressemblait à une inspiration n'est suivi d'aucun signe de confirmation, et la vive effervescence ne peut que s'épuiser en étincelles.

Clairement inspirés par la tradition du récit de conversion, ces récits de l'illumination sont remarquables par la manière dont ils reprennent ce modèle pour le subvertir aussitôt. L'illumination de Vincennes est la reprise négative par Rousseau d'un récit canonique, la fausse conversion étant modelée sur la vraie. Il suffit pour s'en convaincre de juxtaposer les récits de Rousseau avec un passage tiré du *Testament* d'Ignace de Loyola:

Un jour, il allait par dévotion à une église, distante d'un peu plus d'un mille de Manrèse, et qui, je crois, est celle de Saint-Paul; le chemin longe la rivière; occupé à ses dévotions, il s'assit quelque temps, la face tournée vers la rivière, qui coulait plus bas. Pendant qu'il était assis là, les yeux de son esprit commencèrent à s'ouvrir. Ce ne fut pas une vision, mais il comprit et connut beaucoup de choses, aussi bien des choses spirituelles que des choses de la foi et de la science; et cela dans une telle lumière qu'elles lui paraissaient toutes choses nouvelles. Et il n'est pas possible d'expliquer les points particuliers qu'il comprit alors, bien qu'ils fussent nombreux; mais seulement qu'il reçut une grande lumière dans l'entendement; de manière que, lorsqu'il recueille tous les secours qu'il a reçus de Dieu, et toutes les choses qu'il a apprises durant toute sa vie jusqu'à l'âge de soixante-deux ans passés, et qu'il les réunit en une somme, il ne lui semble pas que cela atteigne ce qu'il reçut en cette seule circonstance.[48]

Malgré la distance qui sépare ces deux textes, la filiation est claire et permet de mesurer la dette de Rousseau envers ce modèle, tout autant que son originalité. Les *Confessions* reprennent explicitement la notion d'égarement ('cet instant d'égarement') si fondamentale dans le cheminement du pèlerin, pour qui elle constitue une épreuve permanente. D'autre part, comme dans le testament de Loyola, l'illumination est vécue comme une expérience double: celle d'une extraordinaire ouverture de l'esprit, et celle d'une perte, de tout ce qui a échappé à la conscience à ce moment-là et ne pourra jamais être recouvré. Ainsi, lorsque Loyola additionne le savoir accumulé durant toute sa vie, il a conscience que cette quantité ne pourra jamais égaler celle aperçue par 'les yeux de l'esprit': 'il ne lui semble pas que cela atteigne ce qu'il reçut en cette seule circonstance'. De même Rousseau exprime un regret qu'il quantifie: 'Oh Monsieur si j'avais jamais pu écrire le quart de ce que j'ai vu et senti sous cet arbre'; et constate la perte: 'Tout le reste est perdu, et il n'y eut d'écrit sur le lieu même que la prosopopée de Fabricius.'[49]

48. Ignace de Loyola, *Exercices spirituels. Testament* (Paris, 2002), p.45-46.
49. Rousseau, *Lettre à M. de Malesherbes*, OC, t.1, p.1136.

L'accident de Ménilmontant va reprendre la thématique de la conversion, pour en donner cette fois une version positive. Eliminées les idées d'égarement ou de perte, dans leur sens figuré comme littéral. Le promeneur ne s'égare pas, il ne perd ni son chemin, ni le spécimen de plante rare découvert dans la nature 'que malgré l'accident', dit-il, 'qui m'arriva le même jour j'ai retrouvé dans un livre que j'avais sur moi et placé dans mon herbier'.[50] L'accident de Ménilmontant inaugure un bonheur véritable et total qui forme un contraste frappant avec le malheur de l'illumination. Les deux récits fonctionnent de fait comme l'envers l'un de l'autre: l'agitation, le violent éblouissement, et la confusion du premier faisant place dans le second au calme, à la clarté, et à la douceur du ravissement. L'illumination inaugurait le malheur de la vie d'auteur; l'accident de Ménilmontant marque quant à lui le début d'une nouvelle vie:

On me demanda où je demeurais; il me fut impossible de le dire. Je demandai où j'étais; on me dit, à la haute borne; c'était comme si l'on m'eut dit au mont Atlas. Il fallut demander successivement le pays, la ville, et le quartier où je me trouvais. Encore cela ne put-il suffire pour me reconnaître; il me fallut tout le trajet de là jusqu'au boulevard pour me rappeler ma demeure et mon nom.[51]

En ce sens, on peut dire que: 'Là encore la promenade est l'espace d'une rencontre fulgurante avec la vérité de soi-même, comme elle le fut à Vincennes.'[52]

Jean-Jacques renaît, tout entier au sentiment de son existence, dans un état d'innocence originelle. La question posée n'est pas le 'qui suis-je' du projet autobiographique: c'est le 'où suis-je' qui ancre ici Jean-Jacques dans son existence. Ce n'est qu'en revenant sur ses pas, et retraçant son chemin à travers la topographie de Paris qu'il retrouve la mémoire; finalement il se 'rappelle', dit-il, 'ma demeure et mon nom'.[53] La marche à travers la ville s'effectue avec une facilité remarquable: 'Je fis ainsi la demie lieu qu'il y a du Temple à la rue Plâtrière, marchant sans peine, évitant les embarras, les voitures, choisissant et suivant mon chemin tout aussi bien que j'aurais pu faire en pleine santé.'[54] De retour chez lui, il retrouve ses proches qui l'accueillent et le soignent dans ce qui constitue la dernière étape de cette promenade, celle qui boucle la boucle, et referme le cercle et la ligne de ce parcours.

Ce n'est que le lendemain qu'il apprendra son état réel, c'est-à-dire sa défiguration. Le portrait qu'il donne de son visage et de son corps accidenté est véritablement monstrueux, et évoque ceux que les *Dialogues* soupçonnaient ses ennemis de forger à son insu. Or, ici, la figure

50. Rousseau, *Rêveries*, *OC*, t.i, p.1003.
51. Rousseau, *Rêveries*, *OC*, t.i, p.1006.
52. Alain Montandon, *Sociopoétique de la promenade* (Clermont-Ferrand, 2000), p.105.
53. Rousseau, *Rêveries*, *OC*, t.i, p.1006.
54. Rousseau, *Rêveries*, *OC*, t.i, p.1006.

monstrueuse de Jean-Jacques ne suscite aucune angoisse, et pas le moindre malaise. Au contraire, c'est fièrement, comme des stigmates, qu'il exhibe les traces de son accident: 'J'avais la lèvre supérieure fendue en dedans jusqu'au nez [...] quatre dents enfoncées, [...] toute la partie du visage [...] enflée et meurtrie, le pouce droit foulé et très gros, le pouce gauche grièvement blessé, le bras gauche foulé, le genou gauche aussi très enflé [...].'[55] Ce portrait de Jean-Jacques en monstre se clôt sur une évaluation fort optimiste: 'Mais avec tout ce fracas rien de brisé, pas même une dent, bonheur qui tient du prodige dans une chute comme celle-là.'[56]

Il semblerait que la promenade de Ménilmontant ait permis à Rousseau de franchir un pas décisif dans la connaissance par l'expérience de la mort. Ayant échappé à la mort, il l'a vaincue, et grâce à l'accident, chassé la peur. Ayant vu son sang couler sans sentir 'ni mal ni crainte ni inquiétude',[57] il peut se livrer tout entier au sentiment de son existence avec liberté et légèreté, comme il l'exprime durant son retour chez lui: 'Je marchais très bien, très légèrement, sans sentir ni douleur ni blessure quoique je crachasse toujours beaucoup de sang.'[58] Tout comme Montaigne, Jean-Jacques a fait l'essai de la mort par le résultat conjugué de la réflexion et de l'expérience, et a compris que philosopher c'est apprendre à mourir. Si l'inquiétude peut faire place à l'indifférence, et l'indignation à la confiance, c'est que Jean-Jacques est à présent convaincu que son cas est destiné à demeurer, même après sa mort. Le témoignage qu'il donne dans les *Rêveries* est littéralement celui d'un survivant, de celui qui, revenu de l'expérience de la mort, ne craint plus qu'elle ne donne à ses ennemis l'occasion de s'emparer de son œuvre.

Ainsi donc, les *Rêveries* ne cèderont-elles plus à l'angoisse des *Dialogues*, même si l'auteur continue de s'efforcer de rétablir la vérité une fois de plus travestie par les ennemis. La certitude de son innocence au regard de Dieu lui permet d'accepter paisiblement sa condition: 'Dieu est juste; il veut que je souffre; et il sait que je suis innocent.'[59] La seconde promenade se clôt ainsi sur un appel à 'l'Etre parfait que j'adore' et une profession de foi: 'tout doit à la fin rentrer dans l'ordre, et mon tour viendra tôt ou tard'.[60] Tandis que la mort était dans les *Confessions* et les *Dialogues* ce qui entretenait sans cesse l'angoisse de l'écriture, les *Rêveries* semblent avoir réussi à neutraliser cette angoisse, non en la rejetant mais en l'absorbant. L'angoisse de la mort qui nourrissait le projet autobiographique a été dépassée. Le manuscrit des *Rêveries* ne suscite plus l'angoisse que provoquait celui des *Confessions* ou des *Dialogues*. Sa disparition possible,

55. Rousseau, *Rêveries*, *OC*, t.1, p.1006.
56. Rousseau, *Rêveries*, *OC*, t.1, p.1006.
57. Rousseau, *Rêveries*, *OC*, t.1, p.1005.
58. Rousseau, *Rêveries*, *OC*, t.1, p.1006.
59. Rousseau, *Rêveries*, *OC*, t.1, p.1010. Voir l'étude de Laurence Mall sur le sujet de cette citation dans le présent volume.
60. Rousseau, *Rêveries*, *OC*, t.1, p.1010.

l'impossibilité de sa reproduction, tous les scénarios noirs des *Confessions* et des *Dialogues* ont été neutralisés. Ainsi que le déclare Rousseau: 'Qu'on épie ce que je fais, qu'on s'inquiète de ces feuilles, qu'on s'en empare, qu'on les supprime, qu'on les falsifie, tout cela m'est égal désormais.'[61] Rousseau a enfin accepté la mortalité de son texte, et la possibilité d'une mort sans 'survivance'.[62]

61. *Rêveries, OC*, t.1, p.1001.
62. Derrida définit un manuscrit comme: 'un texte mortel [...] exposé à une mort sans survivance' (*Demeure: Maurice Blanchot*, Paris, 1998, p.135).

ZEV TRACHTENBERG

The exile and the moss-trooper: Rousseau and Thoreau on walking in nature

AMONG those whose thoughts and feelings about nature echo throughout modern western culture, Rousseau and Thoreau stand out, in an intricate duet. They are, it has been said, respectively a parent and a child of Romanticism,[1] that cultural movement dedicated to cultivating a certain type of experience of the natural world. Due to this shared lineage, it is unsurprising that a family resemblance exists between the two men: the caricature of both shows them as solitary walkers through nature, enjoying their escape from conventional society by marvelling at the beauty of plants. I will begin this essay by highlighting some points of their resemblance. I will go on to show that, this resemblance notwithstanding, in their respective accounts of walking Rousseau and Thoreau present different identities to their readers. Though for each the activity of walking in effect constitutes his identity, they frame the meaning of walking in terms of two distinct existential positions, two ways of being in the world. I shall articulate their positions, drawing primarily on the 'Cinquième promenade' of the *Rêveries du promeneur solitaire* and Thoreau's essay 'Walking'. Whereas in his walking through nature Rousseau takes on the identity of an exile, banished from society, Thoreau walks as a 'moss-trooper', someone who dwells on the border between society and nature, crisscrossing between them.

Implicit in the writers' distinct identities are distinct attitudes toward the natural settings of their walks. Comparing them reveals an important fact about Rousseau's position. We might expect Rousseau's famous elevation of nature as the moral standard for human life throughout his works to be expressed in an appreciation for the physical processes at work in the natural world. Indeed, in his botanising, he evinces this interest. But as he presents himself in the *Rêveries*, Rousseau seems to demonstrate a superficial interest in nature. What he values about his walks is not that he experiences the features of his actual surroundings, but rather the surroundings are useful to him as a pathway to what he values ultimately: his experience of his self. By contrast, for Thoreau what is valuable in his walks is his experience of a feature of the natural world itself, an

---

1. See Thomas McFarland, *Romanticism and the heritage of Rousseau* (Oxford, 1995); and Perry Miller, 'Thoreau in the context of international romanticism', in *Nature's nation* (Cambridge, MA, 1967), p.175-83.

experience he can have nowhere else: the experience of wildness. The comparison with Thoreau thus helps us understand that, finally, for Rousseau, the purpose of walking is not to encounter and find value in the natural world.

i. Shared steps

For both Rousseau and Thoreau, the significance of walking is linked to its directionality: from society to nature. 'It is no use', Thoreau says, 'to direct our steps to the woods if they do not carry us thither. [...] In my afternoon walk I would fain forget all my morning occupations and my obligations to society.'[2] For him, walking simply means the retreat from society. Being unable to forget his social engagements while walking undermines the experience; the purpose of walking is precisely to shake off the entanglements of social life. Rousseau likewise holds that his walking holds no value if he carries his social engagements with him into the woods. In the 'Huitième promenade' he describes how, when he was active in society, 'j'y portais l'agitation des vaines idées qui m'avaient occupé dans le salon [...] J'avais beau fuir au fond des bois, une foule importune me suivait partout et voilait pour moi toute la nature. Ce n'est qu'après m'être détaché des passions sociales et de leur triste cortège que je l'ai retrouvée avec tous ses charmes.'[3] Rousseau shares with Thoreau this core understanding of walking, which links an authentic ('unveiled') experience of nature with detachment from society.

The movement from society to nature for both authors represents a disengagement from relations with others in order to attain solitude. Indeed, the opportunity it provides for solitude is the main value of the experience of nature; solitude offers a prospect for happiness neither man is able to find in society. As Tzvetan Todorov observes, Rousseau affirms 'd'un bout à l'autre des écrits autobiographiques' that he is happiest when he is alone.[4] Thoreau declares as much directly: 'I find it wholesome to be alone the greater part of the time. To be in company, even with the best, is soon wearisome and dissipating. I love to be alone.'[5] But we must recognise the complexity in both authors' attitudes toward solitude. For neither is it a simple matter of misanthropy: they both insist on their own sociability. The second sentence of the *Rêveries* contains Rousseau's description of himself as 'le plus sociable et le plus aimant des humains'.[6]

---

2. Henry David Thoreau, 'Walking', in *Collected essays and poems* (New York, 2001), p.225-55 (p.229).
3. Rousseau, *Rêveries du promeneur solitaire* VIII, *OC*, vol.1, p.1083.
4. See Tzvetan Todorov, *Frêle bonheur: essai sur Rousseau* (Paris, 1985), p.47.
5. Henry David Thoreau, *Walden*, in *A Week on the Concord and Merrimack rivers, Walden, The Maine woods, Cape Cod* (New York, 1985), p.321-588 (p.430).
6. Rousseau, *Rêveries* I, *OC*, vol.1, p.995.

Thoreau similarly affirms 'I think that I love society as much as most.'[7] While they embrace solitude, they hardly endorse solitariness – even (or especially) when the solitary life involves a complete immersion in the natural world.

The two writers' ambivalence is expressed by paradigmatic figures in their works. These figures seem to occupy equivalent positions in the thinkers' respective views: they represent natural man. For Rousseau, of course, the natural man is the savage of the first part of the *Discours sur l'origine de l'inégalité*. For Thoreau, that role is assigned to an unnamed Canadian wood-chopper.[8] 'In him', Thoreau writes, 'the animal man chiefly was developed. In physical endurance and contentment he was cousin to the pine and the rock.'[9] Both Rousseau's and Thoreau's natural men are identified by their solitary lives, marked by emotional self-containment. But both writers are quite clear that these exemplary *solitaires* are not fully realised human beings. Despite its declensionist cast, the second part of the *Discours sur l'origine de l'inégalité* tells the story of the achievement of human potential: 'Voilà donc toutes nos facultés développées, la mémoire et l'imagination en jeu, l'amour propre intéressé, la raison rendue active et l'esprit arrivé presqu'au terme de la perfection, dont il est suscept-ible.'[10] And while Thoreau presents the wood-chopper as an admirable man, he repeatedly emphasises his ultimate limitation: 'the intellectual and what is called spiritual man in him were slumbering like an infant'.[11] Like Rousseau's savage, Thoreau's wood-chopper conveys a sense that the solitary life in nature involves lack as well as fulfilment.

Rather than being drawn to solitude out of a distaste for human contact as such, then, both authors seem to be forced into solitude by a distaste for the forms of human contact their societies make available to them. Thus both Rousseau and Thoreau make essentially the same suggestion, to the effect that the preference for solitude is an appropriate response to the realities of his society, because neither society can provide for the kind of direct human connection each desires. Rousseau and Thoreau both appeal to the same cliché to express this thought. Rousseau has St Preux confide to Julie: 'moi, je ne suis seul que dans la foule';[12] Thoreau affirms: '[w]e are for the most part more lonely when we go abroad among men than when we stay in our chambers'.[13] Actual solitude is more fulfilling than the psychic displacement induced by interactions with other people.

To explain the paradox of loneliness in company, both authors allude to the phenomenon of etiquette: norms of courteous behaviour, and in

---

7. Thoreau, *Walden*, p.434.
8. See Thoreau, *Walden*, p.437-42.
9. Thoreau, *Walden*, p.439.
10. Rousseau, *Discours sur l'origine de l'inégalité* II, *OC*, vol.3, p.174.
11. Thoreau, *Walden*, p.439; see also p.441-42.
12. Rousseau, *Julie, ou La Nouvelle Héloïse*, *OC*, vol.2, p.231.
13. Thoreau, *Walden*, p.430.

particular the polite language of conventional social interaction. Although Rousseau distances himself somewhat from the rhetorical excesses of St Preux's deployment of the cliché, the character does echo the author's frequently repeated analysis of fashionable social deportment as a mode of self-concealment.[14] For example, describing the effusive shows of affection in Parisian salons, St Preux observes that '[l]'honnête intérêt de l'humanité, l'épanchement simple et touchant d'une âme franche, ont un langage bien différent des fausses démonstrations de la politesse, et des dehors trompeurs que l'usage du monde exige'.[15] This lament over the opaque quality of polite social relations restates a theme first presented in the *Discours sur les sciences et les arts*, which begins with the observation that refined *mœurs* enable people to hide their true feelings from each other, and elaborated in the *Discours sur l'origine de l'inégalité*, which explains the phenomenon in terms of the development of *amour-propre*.

For Thoreau, courtesy is likewise a kind of mask, one which conceals the boredom that the experience of each other in society induces: 'We meet at meals three times a day, and give each other a new taste of that musty old cheese that we are. We have had to agree on a certain set of rules, called etiquette and politeness, to make this frequent meeting tolerable.'[16] Thoreau suggests that the genuinely meaningful 'outpourings' St Preux misses in the salons are rare in any event; he implies that conventional social life is not the place to find them: 'Certainly less frequency would suffice for all important and hearty communications.'[17] Indeed, Thoreau follows his chapter on solitude with one entitled 'Visitors', in which he declares that his withdrawal from the social life of Concord to his cabin at Walden Pond made his less frequent conversations with people more valuable.

Both Rousseau and Thoreau are thus repelled from social life by the polite language of conventional social interaction. Perversely, that language impedes true communication and is an obstacle to each man's professed sociability. It is precisely because their desire for sociability is frustrated by conventional society that they feel alienated from it. They flee by walking into nature, seeking to preserve the integrity of the self from the distortions society imposes. Rousseau describes the importance of walking to him in the *Confessions*: 'Jamais je n'ai tant pensé, tant existé, tant vécu, tant été moi, si j'ose ainsi dire, que dans ceux [les voyages] que j'ai faits seul et à pied.'[18] He reiterates his association of walking with the intensification of identity in his announcement of his project for the

---

14. For Rousseau's disclaimer, see the footnote at the beginning of *Julie* II.xiv, *OC*, vol.2, p.231, and also Julie's response in *Julie* II.xv, *OC*, vol.2, p.236-38.
15. Rousseau, *Julie*, *OC*, vol.2, p.231-32.
16. Thoreau, *Walden*, p.430.
17. Thoreau, *Walden*, p.430.
18. Rousseau, *Confessions* IV, *OC*, vol.1, p.162.

Rêveries: he will 'tenir un registre fidèle de mes promenades solitaires [...] Ces heures de solitude et de méditation sont les seules de la journée où je sois pleinement moi.'[19] Walking is no less essential to Thoreau's sense of self: he declares 'I cannot preserve my health and spirits, unless I spend four hours a day at least – and it is commonly more than that – saun-tering through the woods and over the hills and fields, absolutely free from all worldly engagements.'[20] For both authors, in sum, walking is a technique for preserving selfhood, possible only in an escape into nature from the confines of conventional social existence.

ii. The exile and the moss-trooper

The similarities between Rousseau and Thoreau are likely not accidental, though they do not seem to be the result of direct reflection by the latter on the works of the former.[21] However, it is not necessary to trace the precise channels of transmission here. For, against this background of their similarity, my goal now is to explore their differences. I want to show how, although Rousseau and Thoreau are both walkers in the sense we have seen, ultimately their paths diverge.

For both Rousseau and Thoreau walking through nature helps preserve their selfhood: for each, walking affirms his identity; in his account of walking, each author expresses the identity he presents to his reader, and reveals how the activity of walking contributes to it. The two identities Rousseau and Thoreau present are, respectively, those of 'exile' and 'moss-trooper'. Let us examine each in turn, explaining what it means to its claimant. We will then go on to consider the distinct experiences of nature gained through walking under each identity, and the attitude toward nature each experience reflects.[22]

Rousseau begins the *Rêveries* by proclaiming his status as an outcast: 'Me voici donc seul sur la terre, n'ayant plus de frère, de prochain, d'ami, de société que moi-même. [...] [J'ai] été proscrit par un accord unanime.'[23] As Jean Starobinski argues, Rousseau deliberately embraced the identity of the exile, as a critique of the opacity social relations impose between people:

---

19. Rousseau, *Rêveries* II, *OC*, vol.1, p.1002.

20. Thoreau, 'Walking', p.227.

21. While it is likely that Thoreau discussed Rousseau's works and ideas with his circle of intellectual colleagues in Concord, it is notable that Rousseau's name scarcely appears in his journals, and no works of Rousseau's are listed among the books Thoreau owned or borrowed (see Robert Sattelmeyer, *Thoreau's reading: a study in intellectual history, with bibliographical catalogue*, Princeton, NJ, 1988, p.263).

22. For a more detailed comparison see L. Gary Lambert, 'Rousseau and Thoreau: their concept of nature', PhD dissertation, Rice University, 1969.

23. Rousseau, *Rêveries* I, *OC*, vol.1, p.995.

Rousseau se fait un étranger pour protester contre le règne de l'aliénation, qui rend les hommes étrangers les uns aux autres. [...] La décision par laquelle il épouse la cause de la vérité absente l'entraîne à revendiquer le destin de l'exil. [...] Il a établi sa demeure dans la vérité et c'est pourquoi il va devenir un sans-demeure, un homme qui fuit d'asile en asile, de retraite en retraite.[24]

The île de Saint-Pierre is, of course, one such asylum, indeed the one Rousseau declares he would have been happy to have occupied the remainder of his days: 'j'aurais voulu qu'on m'eut fait de cet asile une prison perpétuelle, qu'on m'y eut confiné pour toute ma vie'.[25] The island's isolation corresponds perfectly to his self-conception: 'elle est très agréable et singulièrement située pour le bonheur d'un homme qui aime à se circonscrire'.[26]

Rousseau's deployment of the idea of exile exploits a political metaphor, by which nature is 'outside' of society. Hence it implies a demarcation or border between the two realms. Rousseau presents himself as one who has been forced across this border: an exile from society, he is now left to find refuge in nature.[27] Note that Thoreau deploys the same political metaphor for the relation between society and nature, but he applies it to his own case very differently than does Rousseau. Whereas Rousseau presents himself as having been displaced from one realm to the other, Thoreau declares that he moves back and forth across the line: 'I feel that with regard to Nature I live a sort of border life, on the confines of a world into which I make occasional and transient forays only, and my patriotism and allegiance to the State on whose territories I seem to retreat are those of a moss-trooper.'[28]

Thoreau uses the term 'moss-trooper' as a pun. He was an avid observer of mosses, trooping around Concord to find them.[29] But 'moss-trooper' also refers to the bandits who lived in the mossy borderlands between Scotland and England in the seventeenth century: they would cross the border to steal from the English and then return home with their loot.[30] Thus, Thoreau presents himself as one who goes back and forth across the border between society and nature: in one direction to gain something of value, but then back again to a place which is convenient and perhaps necessary, but not ultimately fulfilling. To repeat Starobinski's observation, Rousseau's life as an exile condemns him to constant movement. But Rousseau laments that movement as forced upon

24. Jean Starobinski, *Jean-Jacques Rousseau: la transparence et l'obstacle* (Paris, 1957), p.51.

25. Rousseau, *Rêveries* V, *OC*, vol.1, p.1041.

26. Rousseau, *Rêveries* V, *OC*, vol.1, p.1040.

27. On the subject of nature as refuge in Rousseau's *Rêveries*, see the article by John C. O'Neal in this volume.

28. Thoreau, 'Walking', p.251.

29. There are twenty-two references to moss in the index of the 1906 edition of his journal. See *The Writings of Henry David Thoreau*, ed. Bradford Torrey (Boston, 1906), vol.14, p.411.

30. See Thoreau, *Collected essays and poems*, p.681, n.167.32.

him, and it takes place only in one realm: outside of society. By contrast, Thoreau's self-identification as a moss-trooper embraces movement, specifically movement between the two realms: his life is not settled in one or the other, but shuttles between both. In the words of Roderick Nash, 'For an optimum existence, Thoreau believed, one should alternate between wilderness and civilization, or, if necessary, choose for a permanent residence "partially cultivated country." The essential requirement was to maintain contact with both ends of the spectrum.'[31]

Thus, both Rousseau and Thoreau assert identities that orient them with respect to the border between society and nature. The difference between the identities they offer suggests two different meanings for walking and points further to the difference between their respective understandings of the role the experience of nature plays in their lives. For Rousseau-the-exile, walking means solace: finding in natural settings experiences which console him for the social life to which he has no access. For Thoreau-the-moss-trooper, walking means renewal: finding in natural settings experiences which strengthen his ability to live in society on his return. Precisely how, then, do the roles of exile and moss-trooper inflect the activity of walking with different meanings, reflecting different attitudes toward nature associated with those identities?

iii. Rousseau's morning botanising and afternoon reveries

Rousseau tells us that on the île de Saint-Pierre he had two main types of experience, pursued at different times of day: in the mornings he would botanise, in the afternoon he would meander around the island in reverie.[32] His morning walks involved a rigorous, systematic project of cataloguing all the plants of the island.[33] Indeed, Rousseau's actual botanising was quite accomplished and shows the skill with which he engaged in that activity.[34] However, his descriptions of his botanising in both the 'Cinquième promenade' and the *Confessions* place little stress on the care or rigour he evidently mustered on his morning expeditions around the island. To the contrary, in the 'Cinquième promenade' he stresses 'les ravissements, les extases' he experienced while observing his

31. Roderick Nash, *Wilderness and the American mind*, 3rd edn (New Haven, CT, 1982), p.93.

32. The accounts in both the 'Cinquième promenade' and the *Confessions* agree on this division of his day.

33. Rousseau wished to compose a *Flora petrinsularis* – a systematic catalogue of all the plants on the île de Saint-Pierre as they appeared throughout the seasons (*Rêveries* V, *OC*, vol.1, p.1046). Interestingly, Thoreau had a similar project: in 1852 he 'began, systematically and in earnest, the vast project of keeping track of every stage of every plant' in Concord. See Robert D. Richardson, Jr., *Henry Thoreau: a life of the mind* (Berkeley, CA, 1986), p.271.

34. See Alexandra Cook's article in this volume.

specimens, and in the *Confessions* he describes himself as wandering carelessly, mechanically plucking plants more or less at random.[35]

It is notable that Rousseau understates the intellectual dimension of his botanising in the 'Cinquième promenade', stressing instead its affective qualities. For in so doing he minimises the difference between his experience of nature in his morning expeditions and in his afternoon reveries. As we shall see more fully in a moment, in reverie the object of his experience was, ultimately, himself: he luxuriated in the sentiment of his existence. But a passage in his account of his stay on the île de Saint-Pierre from the *Confessions* indicates how botanising might block that sentiment. He notes that botany is only pleasurable to those who have a certain intellectual capacity: 'Quelque élégant, quelque admirable, quelque diverse que soit la structure des végétaux, elle ne frappe pas assez un œil ignorant pour l'intéresser. Cette constante analogie et pourtant cette variété prodigieuse qui règne dans leur organisation ne transporte que ceux qui ont déjà quelque idée du système végétal.'[36] Compare the situation of a botaniser marvelling at nature to the situation of Rousseau's natural man, the savage of the *Discours sur l'origine de l'inégalité*: 'Le spectacle de la Nature lui devient indifférent, à force de lui devenir familier. C'est toujours le même ordre, ce sont toujours les mêmes révolutions; il n'a pas l'esprit de s'étonner des plus grandes merveilles; et ce n'est pas chez lui qu'il faut chercher la Philosophie dont l'homme a besoin, pour savoir observer une fois ce qu'il a vu tous les jours.'[37] The savage is simply incapable of botanising. Instead, Rousseau goes on immediately to say, 'Son âme, que rien n'agite, se livre au seul sentiment de son existence actuelle.'[38] By contrast, Rousseau argues throughout the *Discours sur l'origine de l'inégalité* that the savage's self-containment is inaccessible to social man. Concomitant with the growth of reason, which suits man to live in society, is the growth of *amour-propre*, which condemns social man to living only 'dans l'opinion des autres, et c'est pour ainsi dire de leur seul jugement qu'il tire le sentiment da sa propre existence'.[39] By implication, the very abilities that enable one to carry out the observations involved in botanising – and thus take pleasure in the spectacle of Nature – render it harder to experience the pure sentiment of existence, precisely because they distance one from the savage condition.

By focusing one's attention on nature, botanising takes one out of the self. But Rousseau also suggests that it points past nature, to God. In the 'Septième promenade' he declares that examining the structure of the various plants he discovers allows him to admire 'la main qui me fait jouir

35. Rousseau, *Rêveries* V, *OC*, vol.1, p.1043; Rousseau, *Confessions* XII, *OC*, vol.1, p.641.
36. Rousseau, *Confessions* XII, *OC*, vol.1, p.641.
37. Rousseau, *Discours sur l'origine de l'inégalité* I, *OC*, vol.3, p.144.
38. Rousseau, *Discours sur l'origine de l'inégalité* I, *OC*, vol.3, p.144.
39. Rousseau, *Discours sur l'origine de l'inégalité* II, *OC*, vol.3, p.193. See also *OC*, vol.3, p.152.

de tout cela'.[40] In the *Confessions* he abstracts from the specific activity of botanising to the general experience of nature: 'Je ne trouve point de plus digne hommage à la divinité que cette admiration muette qu'excite la contemplation de ses œuvres.'[41] We can see Rousseau's botanising as a version of the engagement in nature recommended by the Savoyard Vicar, who eschews revelation in favour of natural theology: 'J'ai donc refermé tous les livres. Il en est un seul ouvert à tous les yeux, c'est celui de la nature. C'est dans ce grand et sublime livre que j'apprends à servir et adorer son divin auteur.'[42] The Vicar, however, insists that for someone to learn of God from nature requires a degree of rationality that would distinguish that person from natural man. The book of nature is opened to all, but they must develop the capability to read it. Imagine he were a solitary man in nature, he demands; 'si j'exerce ma raison, si je la cultive, si j'use bien des facultés immédiates que Dieu me donne, j'apprendrais de moi-même à le connaître'.[43] Nature reveals the divine – but not to the savage who is closest to it.

It follows that the very intellectual capacity that allows people to experience God through nature at the same time cuts them off from the sentiment of their own existence. It is not surprising, then, that Rousseau downplays the intellectual labour involved in his morning botanising. We can presume that his morning walks would take him out of himself, and toward God. But he insists that his afternoon reveries plunge him into himself, and render him God-like. Nature, he implies, has only an instrumental role in this project. For what Rousseau seeks from nature is a setting in which, through reverie, he can drift through his consciousness into the sentiment of his own existence.[44] The île Saint-Pierre offers a variety of suitable destinations, typically involving gently flowing water: he lies in his boat off shore, or sits at the water's edge or next to a brook.[45] The undulating motion and the soothing sound induce what seems strikingly like a form of meditation: a melting away of the boundaries of his consciousness that allows him to experience everything as himself, and himself as everything. This experience has profound value to him, as he explains:

40. Rousseau, *Rêveries* VI, *OC*, vol.1, p.1069.
41. Rousseau, *Confessions* XII, *OC*, vol.1, p.642.
42. Rousseau, *Emile, ou, De l'éducation* IV, *OC*, vol.4, p.624-25.
43. Rousseau, *Emile* IV, *OC*, vol.4, p.625.
44. The connection between reverie and the sentiment of existence is widely discussed; see, for example, Temmer, 'Rousseau and Thoreau'; Starobinski, *La Transparence et l'obstacle*; Robert C. Carroll, 'Rousseau's bookish ontology', *SVEC* 79 (1971), p.103-52; Marcel Raymond, *Jean-Jacques Rousseau: la quête de soi et la rêverie* (Paris, 1966); and Mike Spikes, 'Rousseau's *Les Rêveries* and Thoreau's *Walden*: discontinuous self-portraits', MA thesis, Indiana University, 1982.
45. The importance of water to Rousseau's reveries is discussed by Byron R. Wells, 'Rêve de la nature, nature du rêve: essai sur la *Cinquième promenade*', *Romance quarterly* 37 (1990), p.131-40. See also Starobinski, *La Transparence et l'obstacle*, p.321-25.

De quoi jouit-on dans une pareille situation? De rien d'extérieur à soi, de rien sinon de soi-même et de sa propre existence, tant que cet état dure on se suffit à soi-même comme Dieu. Le sentiment de l'existence dépouillé de toute autre affection est par lui-même un sentiment précieux de contentement et de paix qui suffirait seul pour rendre cette existence chère et douce à qui saurait écarter de soi toutes les impressions sensuelles et terrestres qui viennent sans cesse nous en distraire et en troubler ici-bas la douceur.[46]

What Rousseau attains here is, of course, the self-sufficiency he associates with the savage man of the state of nature. But that self-sufficiency is not the result of being somehow 'closer' to nature, except insofar as closeness to nature just means distance from society. In the sentiment of existence he experiences the opposite of social life: he feels free of dependence on others. The contentment and peace that accompany the sentiment are the opposite of the alienation and anxiety that are the products of social interaction. He takes pleasure in the sentiment of existence not because it involves an embrace of nature, but rather because it allows an escape from *amour-propre*.

The sentiment of existence, in sum, is Rousseau's best refuge from the psychic distortions imposed by life in society. The experience of that sentiment was the ultimate asylum he sought in his long career as an exile. But although Rousseau describes the happiness he derives from the sentiment of existence as perfect, he almost immediately undercuts this claim. For he goes on to characterise that happiness as merely second best: a consolation for the pleasures no longer available to him in society: 'un infortuné qu'on a retranché de la société humaine et qui ne peut plus rien faire ici-bas d'utile et de bon pour autrui ni pour soi, peut trouver dans cet état à toutes les félicités humaines', that is, in the experience of existence.[47] He develops this idea in the 'Sixième promenade', where he strongly asserts that genuine happiness is to be found not alone, but through moral interaction with others: 'Je sais et je sens que faire du bien est le plus vrai bonheur que le cœur humain puisse goûter.'[48] Rousseau's insistence that through the plots of his enemies 'ce bonheur a été mis hors de ma portée'[49] reinforces the notion that the happiness he finds in the sentiment of existence is no more than a consolation.[50]

Rousseau thus takes solace in the sentiment of existence for the pleasures he cannot have in society; his experience of himself functions as a refuge from the society that denies him those pleasures and from which he must flee as an exile. Insofar as he gains access to the sentiment of existence in natural settings, he attributes those meanings – solace, refuge, place of exile – to nature. Thus, in the *Confessions*, he recounts how, while

46. Rousseau, *Rêveries* V, *OC*, vol.1, p.1047.
47. Rousseau, *Rêveries* V, *OC*, vol.1, p.1047.
48. Rousseau, *Rêveries* VI, *OC*, vol.1, p.1051.
49. Rousseau, *Rêveries* VI, *OC*, vol.1, p.1051.
50. See Starobinski, *La Transparence et l'obstacle*, p.330.

drifting in his boat he would exclaim, 'ô nature, ô ma mère, me voici sous ta seule garde', immediately after he refers to the pleasure he gained from his 'rêveries sans objet'.[51] From the standpoint of his identity as an exile, his walks in nature have value precisely because they facilitate his access to the sentiment of existence. To an exile nature does not, as it does to a botaniser, possess an intrinsic interest as a source of wonder or as evidence of the divine. Indeed, Rousseau suggests that nature is not even strictly necessary to an exile's search for refuge; he declares in the 'Cinquième promenade' that he could have the same experience in the Bastille. Notwithstanding his concession that 'il faut avouer que cela se faisait bien mieux et plus agréablement dans une île fertile et solitaire',[52] he hints that the sensuous particularity of the experience of nature appreciated by the botaniser might distract from the experience of the sentiment of existence. The sentiment makes existence 'chère et douce à qui saurait écarter de soi toutes les impressions sensuelles et terrestres qui viennent sans cesse nous en distraire'.[53] Appreciating the value of the sentiment of existence, if not indeed having it at all, demands that one ignore the actual sensations that come with attending to natural surroundings. Finding refuge and solace in the self requires that we ignore the appeal of the natural world to our senses.

Rousseau's account of his stay on the île de Saint-Pierre is a proof-text for the attitude toward natural settings expressed in his writings. Though he acknowledges his botanising in his description of his daily routine, he gives much more attention to the activity associated with his identity as an exile: pursuing the sentiment of existence. The attitude towards nature that dominates his account is therefore not the one he associates with botanising, but rather the one he associates with walking to pleasing sites for reverie. The 'Cinquième promenade' depicts an experience in which the natural setting serves as a refuge, providing solace to the soul wearied by its social alienation.[54] But we must observe that in fulfilling this function for Rousseau, nature itself seems to disappear. Quite literally, as they induce his meditative awareness of the sentiment of existence, his natural surroundings seem to slip from his consciousness. Therefore, more generally, we realise that it is not really the actual elements of the natural world – the particular plants and streams – that Rousseau values. He regards nature as a refuge only because natural settings facilitate reverie, which in turn is valuable only because it leads to the genuine consolation of the sentiment of existence. The value that walking through nature has for Rousseau, finally, is that it provides a pathway to the self.

---

51. Rousseau, *Confessions* XII, *OC*, vol.1, p.644.
52. Rousseau, *Rêveries* V, *OC*, vol.1, p.1048.
53. Rousseau, *Rêveries* V, *OC*, vol.1, p.1047.
54. See John C. O'Neal's article on this subject in the present volume.

iv. Thoreau and the treasure of wildness

That Rousseau values the natural settings of his walks more because they facilitate his experience of himself than because they provide an experience of nature can be confirmed by considering not only the differences between the identities he and Thoreau assume as walkers but also the different attitudes toward nature each identity conveys. To deepen our understanding of Rousseau's attitude as an exile, let us contrast it with the way nature is experienced from within the identity of the moss-trooper that Thoreau presents in his essay 'Walking'.

Whereas Rousseau's walking itself has the character of a reverie, Thoreau presents walking as a crusade.[55] As John O'Neal observes, Rousseau 'walks in no set pattern. Here Rousseau rejoins one of the key themes of his century – *le hasard*, random chance.'[56] By contrast, for Thoreau, walking is a purposive enterprise – a kind of quest – to 'reconquer this Holy Land from the hands of the Infidels'.[57] In walking, Thoreau seeks to recover something 'holy' in the landscape, something that is not acknowledged by the 'infidels' – the members of conventional society – who occupy it. The holy aspect of nature is something intrinsic to it, a feature of nature itself. That feature is wildness. Thoreau uses the idea of holiness to imply that in virtue of their wildness natural settings are inherently valuable.[58] It is precisely the prospect of experiencing wildness that motivates Thoreau to walk across the landscape.

Thoreau's investment of value in nature casts Rousseau's position into sharp relief. Unlike for Thoreau, for Rousseau what is valuable about a natural setting is not a feature of the setting itself, but a feeling to which it is conducive. Note that for Rousseau that feeling could be had elsewhere: recall that he claims he could gain what he values, the sentiment of existence, even in the Bastille. But it is quite inconceivable that Thoreau could have the experience he seeks inside the Concord Town Jail – a place with which he was, of course, acquainted.[59] Unlike for Thoreau, for Rousseau the experience sought from walking is not linked in an essential way to nature.

---

55. Thoreau, 'Walking', p.225.

56. John C. O'Neal, *Seeing and observing: Rousseau's rhetoric of perception* (Saratoga, CA, 1985), p.132.

57. Thoreau, 'Walking', p.225.

58. It should be noted that wildness is not to be found only in the wilderness. Walking reveals its presence even in familiar, domesticated landscapes: 'The walker in the familiar fields which stretch around my native town sometimes finds himself in another land than is described in their owners' deeds, as it were in some far-away field on the confines of the actual Concord, where her jurisdiction ceases, and the idea which the word Concord suggests ceases to be suggested' (Thoreau, 'Walking', p.251-52).

59. Thoreau spent the night of 23 or 24 July 1846 in jail for refusing to pay his taxes, due to his opposition to the war with Mexico. See Richardson, *Life of the mind*, p.175.

Nonetheless, it is of course true that Rousseau, like Thoreau, sees walking in nature as the pursuit of something valuable: for the former an experience of the self, for the latter an experience of wildness. What makes these two goals valuable to each? As we have seen, for Rousseau the experience of pure selfhood constituted by the sentiment of existence serves as the refuge left to him when he is exiled from society; his walks in nature allow him to feel self-sufficient. For Thoreau, however, the experience of wildness strengthens the self for its struggle to maintain its integrity within society; the encounter with wildness enhances his self-reliance. It is in this sense that wildness is the treasure that Thoreau-the-moss-trooper brings back across the border after his forays from society into nature. Let us examine more closely just how this treasure enriches him.

Thoreau conceives wildness as the condition of life: both what is alive and what provides vitality: 'Life consists with wildness. The most alive is the wildest. Not yet subdued to man, its presence refreshes him.'[60] That reinvigoration is the goal of Thoreau's walking. 'When I would recreate myself', writes Thoreau, 'I seek the [...] most dismal swamp. [...] The wild-wood covers the virgin mould, – and the same soil is good for men and for trees.'[61] Walking is an immersion in the virgin mould – the compost of life – which, for Thoreau, symbolises the fundamental natural processes that drive the cycle by which death gives birth to life. The power of nature is the power of decomposition, without which the recomposition of new life would not take place. We are literally, physically, dependent on that power, as the crops we require from farmers' fields are dependent on compost. That power no doubt challenges human sensibility: even as avid a nature-lover as Thoreau expresses his disgust at the smell of a rotting horse carcass near his cabin.[62] But the challenge is valuable, he insists: 'We need to witness our own limits transgressed, and some life pasturing freely where we never wander.'[63]

The transgression of our limits is valuable because it forces us to recognise our limits as limiting: we see that they obscure a wider view, we comprehend that they are not the final bounds of thought. This is the treasure Thoreau-the-moss-trooper seeks in wildness, and carries back to his life in town. Wildness is what we encounter but cannot fully grasp when we transcend the limits that organise our conventional experience of the natural world. It reveals that we live according to a set of limits, to which we might acquiesce as given and fixed. Thus wildness enriches us by underwriting our efforts to live freely within society. For to have those limits transgressed is to have their hold on us loosened, opening the possibility of determining the bounds of one's life for oneself. In this way

60. Thoreau, 'Walking', p.240.
61. Thoreau, 'Walking', p.242.
62. Thoreau, *Walden*, p.575-76.
63. Thoreau, *Walden*, p.575.

Thoreau's walks help him to withstand society: they reaffirm his belief that the social conventions he confronts have no ultimate claim, but that his own convictions about how to live are worth living by.[64]

As a moss-trooper Thoreau does not imagine himself as making his home apart from society; his walks are expeditions out of society, for the purpose of gaining something from nature that will benefit him when he returns. The benefit is his sense of self-reliance, which is fostered by his experience of wildness. But nature affirms his integrity in virtue of its own: the experience of wildness can only be had in nature; what he values is a feature of nature itself. Rousseau, however, does imagine himself as living apart from society; his walks are taken in search of solace for that unhappy situation. He walks in nature in order to find likely settings for reverie, places that facilitate his experience of the sentiment of existence. But there is nothing of intrinsic interest or value to him about these natural settings; they serve his purpose, but are not unique in that respect. In his pursuit of the sentiment of existence he, unlike Thoreau, has no engagement with the natural processes underlying nature as a setting. It is true that as a botaniser he does evince an interest in nature itself. But that interest is suppressed in the *Rêveries*, where his presentation of himself as an exile dominates his account of his walking.[65]

64. See Thoreau, *Walden*, p.331.

65. I wish to acknowledge the assistance of Kristin Morgan with the initial research for this essay, and of Cornelia Lambert, with the final editorial revisions. I am grateful also to my colleagues David Levy, Henry McDonald and Amy Olberding for their comments. I am particularly grateful to Alan Trachtenberg, and most especially to Leo Marx whose generous guidance regarding Thoreau was invaluable.

IV

The formal or aesthetic nature of Rousseau's *Rêveries*

JAMES SWENSON

The solitary walker and the invention of lyrical prose

> la révolution lyrique moderne n'est pas une
> manière de s'expérimenter soi-même, d'éprouver la
> profondeur de sa vie intérieure ou à l'inverse de
> l'abîmer dans la profondeur de la nature. C'est
> d'abord un mode spécifique d'énonciation, une
> manière d'accompagner son dit, de la déployer
> dans un espace perceptif, de le rythmer dans une
> marche, un voyage, une traversée.[1]

ONE of the defining features of European romanticism, by universal
agreement, is the renewal of lyric poetry. With Goethe in Germany and
then Blake, Coleridge, Wordsworth and their successors in England,
lyricism rediscovers possibilities of expression that we today generally find
lacking in eighteenth-century neo-classical verse. At the same time, the
'lyric' appears as a major generic category on the same level as epic and
drama.[2] In the canonical account of Hegel's *Aesthetics*, the lyric is defined
as poetry in which the poet, speaking in his own person, develops and
expresses his emotions and subjective inwardness.[3] But no account of
romantic lyricism can ignore the concurrent development of the *sentiment
de la nature*, and the renewal of expression is constantly accompanied by
the development of a descriptive discourse that is, in all the best poetry of
the period, intensely concrete and detailed.[4] The attempt to reconcile
description and expression (or nature and mind, in thematic terms) is
classically called 'imagination'. The success of such a reconciliation can
never be taken for granted; indeed, it has often been questioned whether
such a reconciliation is in fact the project of a poet such as Wordsworth,
much less Byron. Nevertheless, it is clear that the crux of what romantic
lyricism means for us lies in the possibility that the expression of subjectivity

---

1. Jacques Rancière, *La Chair des mots: politiques de l'écriture* (Paris, 1998), p.20.

2. See Gérard Genette, *Introduction à l'architexte* (Paris, 1979). See also in the present
volume Carole Martin's study on reverie and promenade as literary genres.

3. See G. W. F. Hegel, *Aesthetics: lectures on fine art*, translated by T. M. Knox (Oxford,
1975), p.1111-57.

4. See W. K. Wimsatt's classic essay, 'The structure of romantic nature imagery', in *The
Verbal icon: studies in the meaning of poetry* (New York, 1960), p.103-16.

and the description of nature might occur within the unified movement of a single poetic discourse.

The situation in France, where romanticism often appears to have been delayed by thirty years or more with respect to England and Germany, presents a curious anomaly. In France before 1820 (possibly before 1830), in the work of authors such as Staël, Chateaubriand, Constant and Sénancour, romanticism in general and romantic lyricism in particular is a *prose* phenomenon. The argument presented here is that romantic lyricism is in fact invented in prose and that this invention occurs in Jean-Jacques Rousseau's *Rêveries du promeneur solitaire*. In many respects, this thesis is entirely traditional: romanticism begins with the 'Cinquième promenade'. The privilege granted to this text did not originate with literary historians but with the poets of the following generation, notably Hölderlin and Wordsworth. Hölderlin's well-known references to this text in poems such as the odes 'An die Deutschen', 'Rousseau', 'Mnemosyne', and above all the great hymn 'Der Rhein', all focus on the scene of Rousseau drifting in his skiff in the middle of the lac de Bienne. The famous passage on the 'one life' in Wordsworth's peroration to book II of the *Prelude* refers to the same passage clearly, if more discreetly, in its characterisation of the 'bliss ineffable' the poet feels as the 'sentiment of Being spread[s] / O'er all that moves, and all that seemeth still'.[5] Both poets, moreover, grant a signal importance to Rousseau's 'süße Gaabe zu hören',[6] the critical moment in the 'Cinquième promenade' when consciousness is reduced to a minimal perception of heard rhythm.

We will take from the tradition established by Wordsworth and Hölderlin the working hypothesis that Rousseau's invention is located in the justly famous ecstatic passages of the Deuxième and Cinquième 'promenades', and will therefore seek to distinguish these experiences and the language that describes them from ecstatic and lyrical passages in earlier works. This assumption further encourages us to develop a reading of the *Rêveries* as a whole that is explicitly oriented around these passages, taking them to be the text's centre and culmination. In this light, Rousseau's innovation will appear to be something other than the introduction of rhythmic values into prose. As powerful as the rhythms of the *Rêveries* are, Rousseau's style was already established in the great works composed ten to twenty years earlier (and great prose writers of every era, after all, have exploited rhythm and other 'poetic' effects). The 'lyrical prose' of the *Rêveries* needs to be understood primarily as what Rancière calls 'un mode spécifique d'énonciation', a particular way of giving voice to the experience of

5. William Wordsworth, *The Prelude*, bk II, l.419-21 (1805 version), in *The Major works*, ed. Stephen Gill (Oxford, 2000), p.402. The connection between this passage and the 'Cinquième promenade' was pointed out by Marshall Brown in *Preromanticism* (Stanford, CA, 1991), p.402 n.27.

6. 'sweet gift of hearing'. Friedrich Hölderlin, 'Der Rhein'/'The Rhine', in *Selected poems and fragments*, translated by Michael Hamburger (Harmondsworth, 1998), p.204-205.

objects encountered in the course of solitary walks. Our analysis will thus begin with the fundamental figure of the solitary walker.

A pathological form of solitude, often leading to suicide, was long considered as definitive of the romantic hero: Werther, René, Adolphe, Obermann... The *Rêveries* open with a radicalisation of this position: 'Me voici donc seul sur la terre, n'ayant plus de frère, de prochain, d'ami, de société que moi-même.'[7] Solitude has long been a valorised theme in Rousseau's writing and in particular in his representation of his own character. The *Lettres à Malesherbes*, for example, are explicitly couched as an apology for his taste for solitude; Rousseau's withdrawal from society is both an expression of his unique temperament and a conscious choice that can be fully justified on moral grounds.[8] As Rousseau's obsession with the conspiracy against him deepens in the later autobiographical writings, this representation undergoes a significant shift. The radical solitude we find in the *Rêveries* is rather a condition that has been imposed on him and which he then accepts or resigns himself to. It is further represented as an absolute solitude, and no longer a relative or occasional one. The happiness Rousseau feels on the île de Saint-Pierre leads him to dream of being perpetually imprisoned there, deprived of all communication with the outside world.[9] This radicalisation occurs along (at least) three vectors: rhetorical, epistemological, and practical or moral.

The rhetorical dimension appears in a particularly clear light in Rousseau's presentation of his project in the 'Première promenade'. In the *Confessions*, Rousseau primarily pursued the eminently rhetorical goal of convincing his contemporaries of his innocence. The *Dialogues*, in turn, were addressed to future generations who might judge him with a more impartial eye. They are thus particularly concerned with the problem of the correct mode of reading, and the transmission and integrity of the physical manuscript is a subject of great concern.[10] The *Rêveries*, however, are written, as Rousseau tells us, for himself alone.[11] The discourse seeks to exclude itself from the social exchange of messages and images, and in particular from serving as the basis for judgements by others of its author's character and the morality of his life. Correlatively, his concern for the fate of the manuscript seems to have entirely disappeared. Traditional rhetorical modes of composition and argumentation certainly persist, but the refusal in principle to inscribe a place for a *destinataire* has

---

7. Rousseau, *Rêveries du promeneur solitaire* I, *OC*, vol.1, p.995.

8. Rousseau, *Quatre lettres à M. le président de Malesherbes, contenant le vrai tableau de mon caractère et les vrais motifs de toute ma conduite*, *OC*, vol.1, p.1130-47.

9. See Rousseau, *Rêveries* V, *OC*, vol.1, p.1041, 1048.

10. See Rousseau, *Rêveries* I, *OC*, vol.1, p.998. See the observations of Jean-François Perrin on the *Dialogues* in his article for the present volume.

11. See particularly the contrast with Montaigne: Rousseau, *Rêveries* I, *OC*, vol.1, p.1001.

very real and strong effects.[12] Notably, the reconstructive role ascribed to the reader in the *Confessions* and the various warnings issued by Rousseau to his reader about how he should not be read (or that he should not be read), so frequent in other texts, are absent here.[13] Such readers as the text may encounter will no longer be called upon to form an image of Rousseau, to judge him as the Frenchman and 'Rousseau' judged 'J.-J.', even to try to understand him. The only authentic response possible is a complete identification with Rousseau's experience, an identification that must take place beyond social determinations and in complete abstraction from a consideration of Rousseau's person.

Primary among the goals that the *Rêveries* do allow themselves is self-knowledge: 'Seul pour le reste de ma vie, [...] je reprends la suite de l'examen sévère et sincère que j'appelai jadis mes *Confessions*. Je consacre mes derniers jours à m'étudier moi-même.'[14] Just as the discourse has only himself as a *destinataire*, so this knowledge is only intended to help himself. The philosophy of his materialist friends, Rousseau tells us, 'est pour les autres; il m'en faudrait une pour moi'.[15] The epistemological dimension of solitude requires that this quest take place in the complete absence of all social determinations. 'Mais moi, détaché d'eux [i.e., *mes semblables*] et de tout, que suis-je moi-même?'[16] A similar process of stripping-away animated the project of the *Discours sur l'origine de l'inégalité*, with its image of the statue of Glaucus, and reappeared in the preamble to the Neuchâtel manuscript of the *Confessions*.[17] But in those cases the methodological question called for a process of historical regression allowing for a distinction between the natural and the acquired. Here there is no genealogy of the acquisition of social determinations; the discovery of and eventual resignation to the conspiracy allows them to be stripped away in the present so that the self can be apprehended directly. Like natural man in the second *Discours* (but unlike the young Genevan apprentice of the *Confessions*), the solitary walker is radically self-sufficient. The self must be *autofoundational*, depending on no one and nothing else, and in this respect the only possible point of comparison is God himself. 'De quoi jouit-on

12. On the persistence of rhetoric, see Marcel Raymond, *Jean-Jacques Rousseau: la quête de soi et la rêverie* (Paris, 1962), p.197; Jean Starobinski, 'Rêverie et transmutation', in *Jean-Jacques Rousseau: la transparence et l'obstacle*, 2nd edn (Paris, 1971), p.415; Edouard Guitton, 'A propos du projet "descriptif" de Rousseau', in *Le Préromantisme, hypothèque ou hypothèse* (Paris, 1975), reprinted in *Rêveries sans fin: autour des Rêveries du promeneur solitaire*, ed. Michel Coz and François Jacob (Orléans, 1997), p.89-97. On the suppression of the *destinataire*, see Pierre Bayard, 'Ecriture et espace intérieur dans les *Rêveries*', *Littératures* 11 (1984), p.45-53, reprinted in *Rêveries sans fin*, p.61-72.

13. See the extensive citations collected by Yves Vargas, 'Ne me lisez point', in *Les Promenades matérialistes de Jean-Jacques Rousseau* (Pantin, 2005), p.206-13.

14. Rousseau, *Rêveries* I, *OC*, vol.1, p.999.

15. Rousseau, *Rêveries* III, *OC*, vol.1, p.1016.

16. Rousseau, *Rêveries* I, *OC*, vol.1, p.995.

17. Rousseau, *Discours sur l'origine de l'inégalité*, Préface, *OC*, vol.3, p.122-24, and 'Ebauches des *Confessions*', *OC*, vol.1, p.1149.

dans une pareille situation? De rien d'extérieur à soi, de rien sinon de soi-même et de sa propre existence, tant que cet état dure on se suffit à soi-même comme Dieu.'[18]

As for the final, practical or moral dimension of solitude in the *Rêveries*, we must return to the fundamental passivity with which it is experienced. Rousseau may depend upon no one in his solitude, but his knowledge and thus enjoyment of that autonomy are the result of the actions of others, leading solitude to take on the character of an 'aveugle nécessité' or a 'destinée'.[19] The extreme point of this passivity is reached at the end of the 'Deuxième promenade' where Rousseau sees the universal success of the plot against him as prodigious, even properly miraculous, and thus 'écrit dans les décrets éternels'.[20] Such passivity begins as an existential situation, but it also dictates a moral attitude. Henceforth, says Rousseau repeatedly, he cannot reasonably expect to accomplish a good action. At any moment when the possibility of a moral action seems to present itself, he can be sure that it is merely a lure, a trap laid for him by his persecutors: 'Le plus grand soin de ceux qui règlent ma destinée ayant été que tout ne fût pour moi que fausse et trompeuse apparence, un motif de vertu n'est jamais qu'un leurre qu'on me présente pour m'attirer dans le piège où l'on veut m'enlacer.'[21] Morality thus requires him to abstain from action: 'Ne pouvant plus faire aucun bien qui ne tourne à mal, ne pouvant plus agir sans nuire à autrui ou à moi-même, m'abstenir est devenu mon unique devoir.'[22] A negative morality of this sort has a long history in Rousseau's thought. Natural man in the second *Discours* is good rather than virtuous because he instinctively avoids harming others but never rises to self-abnegation.[23] In the *Confessions*, he describes as a 'grande maxime de morale, [...] d'éviter les situations qui mettent nos devoirs en opposition avec nos intérêts, et qui nous montrent notre bien dans le mal d'autrui'.[24] Once again, what we see in the *Rêveries* can best be described as a radicalisation. In those prior contexts, the moral precept called on us to avoid actions harmful to others; here it is action, as such, that is to be avoided.

The connection between negative morality and materialist psychology is therefore deepened in terms of the understanding of the nature of the moral subject as well as of the possibility of moral action. For the world of the *Rêveries* is fundamentally a world structured by the plot of the

18. Rousseau, *Rêveries* V, *OC*, vol.1, p.1047. See also the other comparison with God in the 'Première promenade', *OC*, vol.1, p.999.

19. 'Nécessité' occurs sixteen times in the text and 'destinée' (generally 'ma destinée') no fewer than twenty-seven times.

20. Rousseau, *Rêveries* II, *OC*, vol.1, p.1010.

21. Rousseau, *Rêveries* VI, *OC*, vol.1, p.1051; see also vol.1, p.1055.

22. Rousseau, *Rêveries* I, *OC*, vol.1, p.1000.

23. See Rousseau, *Discours sur l'origine de l'inégalité*, *OC*, vol.3, p.156.

24. Rousseau, *Confessions* II, *OC*, vol.1, p.56. See Etienne Gilson, 'La méthode de M. de Wolmar', in *Les Idées et les lettres* (Paris, 1932), p.275-98.

materialists. If 'toute la génération présente' has entered into the plot, it is because 'toute la génération présente' has adopted materialist philosophy.[25] And they act in accordance with their opinions. The 'planète étrangère' where Rousseau suddenly finds himself, without 'prochain, ni semblables, ni frères', is in fact a materialist world.[26] A world without intersubjective relations is a world in which moral action is inconceivable:

je commençai à me voir seul sur la terre, et je compris que mes contemporains n'étaient par rapport à moi que des êtres mécaniques qui n'agissaient que par impulsion et dont je ne pouvais calculer l'action que par les lois du mouvement. Quelque intention, quelque passion que j'eusse pu supposer dans leurs âmes, elles n'auraient jamais expliqué leur conduite à mon égard d'une façon que je pusse entendre. C'est ainsi que leurs dispositions intérieures cessèrent d'être quelque chose pour moi. Je ne vis plus en eux que des masses différemment mues, dépourvues à mon égard de toute moralité.[27]

Rousseau thus finds passivity as a moral principle increasingly difficult to differentiate from passivity as a psychological or even physiological fact. The justification of abstinence from action based on the impossibility of actually doing good in the situation created by the conspiracy is interlaced with another analysis in which it is the desire to avoid entanglements – the continuing obligations that a single act of *bienfaisance* can generate – that seems to be determinative. A sense of compulsion turns pleasure into a sad duty. In abstaining from action in such situations, Rousseau is merely following the impulsion of his 'tempérament' or 'penchant naturel', for which moral analysis provides an *a posteriori* justification rather than a motive: 'Hors d'état de bien faire et pour moi-même et pour autrui, je m'abstiens d'agir; et cet état qui n'est innocent que parce qu'il est forcé, me fait trouver une sorte de douceur à me livrer pleinement sans reproche à mon penchant naturel.'[28] Rousseau frequently uses the term 'machinal' to describe his behaviour and ascribes particular weight to the effect of his 'tempérament'.[29] Like the young Emile, the Rousseau of the *Rêveries* lives in a world of rigorous physical necessity and material causality in which intersubjectivity has no place.[30]

25. Rousseau, *Rêveries* II, *OC*, vol.1, p.1009, and III, vol.1, p.1020. See also Philip Stewart's and Fiona Miller's articles in the present volume.

26. Rousseau, *Rêveries* I, *OC*, vol.1, p.999.

27. Rousseau, *Rêveries* VIII, *OC*, vol.1, p.1078.

28. Rousseau, *Rêveries* VI, *OC*, vol.1, p.1056.

29. In the 'Quatrième promenade' the subtle distinctions between lies and fictions depend upon the mechanical operation of temperament: 'Telles furent mes règles de conscience sur le mensonge et sur la vérité. Mon cœur suivait machinalement ces règles avant que ma raison les eût adoptées, et l'instinct moral en fit seul l'application. [...] En ceci comme en tout le reste mon tempérament a beaucoup influé sur mes maximes, ou plutôt sur mes habitudes; car je n'ai guère agi par règle ou n'ai guère suivi d'autres règles en toute chose que les impulsions de mon naturel' (Rousseau, *Rêveries* IV, *OC*, vol.1, p.1032-33).

30. See Rousseau, *Emile, ou, De l'éducation* II, *OC*, vol.4, p.320. See also the commentary by Yves Vargas, *Introduction à l'*Emile*' de Rousseau* (Paris, 1995), p.66: 'Ce que cette

He is alone in a world of things. Relations with things now occupy the entire domain of intersubjectivity; the lyrical beauties of description can entirely displace the persuasive aims of eloquence.

The figure of the solitary walker dominates early romantic lyric. It is the fundamental figure of Wordsworth's entire corpus, from the *Descriptive sketches* to 'I wandered lonely as a cloud'. On the very first page of *The Prelude*, the poet, echoing Milton's Adam and Eve, exclaims

> The earth is all before me: with a heart
> Joyous, nor scared at its own liberty,
> I look about, and should the guide I chuse
> Be nothing better than a wandering cloud,
> I cannot miss my way.[31]

It is the movement through the landscape of the solitary walker and his way of encountering objects that allows the *sentiment de la nature* to take the form of a poem. With certain changes in thematic repertory and emotional register, it will continue to provide a fundamental framework at least through Baudelaire and perhaps well beyond him.[32]

The importance of walking has deep roots in Rousseau's earlier life and work.[33] The early books of the *Confessions* are filled with weeks of foot travel during which Rousseau experiences the rhythmic movement of the body through space as a liberation of both imagination and intellect that allows him to be truly himself: 'Jamais je n'ai tant pensé, tant existé, tant vécu, tant été moi, si j'ose ainsi dire, que dans [les voyages] que j'ai faits seul et à pied.'[34] Solitary walks are from the beginning the happy face of the so-often painful process of composition. 'C'est à la promenade au

"éducation négative" doit retenir hors du champ de la nature puérile tient en peu de mots: les hommes. Pour que l'enfance conserve sa nature il faut empêcher les hommes d'occuper – c'est-à-dire d'usurper – la place des *choses*. Les préceptes et les historiettes qui émaillent le livre II consistent à éliminer toute dimension humaine dans un monde enfantin pourtant surabondant en humanité, à chosifier les actes, à pétrifier les intentions.'

31. Wordsworth, *Prelude*, bk I, l.15-19, *Major works*, p.375. For notably 'lyrical' examples of the figure, see John Keats, 'To autumn', in *Complete poems*, ed. Jack Stillinger (Cambridge, MA, 1982), p.360-61; Percy Bysshe Shelley, 'Stanzas written in dejection – December 1818 – near Naples', in *Shelley's poetry and prose*, ed. Donald H. Reiman and Neil Fraistat, 2nd edn (New York, 2002), p.135-36; Alphonse de Lamartine, 'Le Lac', in *Méditations poétiques*, *Œuvres poétiques complètes*, ed. Marius-François Guyard (Paris, 1963), p.38-40; and Victor Hugo, 'Tristesse d'Olympio', in *Les Rayons et les ombres*, *Œuvres poétiques*, ed. Pierre Albouy (Paris, 1964), vol.1, p.1093-98.

32. Here one could cite many of the poems of the 'Tableaux parisiens' section of *Les Fleurs du mal*, and more or less the totality of the *Petits poèmes en prose*. See Charles Baudelaire, *Œuvres complètes*, ed. Claude Pichois (Paris, 1975), vol.1, p.82-104 and vol.1, p.273-363. See also Walter Benjamin's remarks on the *flâneur* in 'The Paris of the Second Empire in Baudelaire', in *Selected writings*, ed. Michael W. Jennings (Cambridge, MA, 2003), vol.4, p.19-22.

33. On Rousseau's walking in nature, see the article by Zev Trachtenberg in this volume.

34. Rousseau, *Confessions* IV, *OC*, vol.1, p.162.

milieu des rochers et des bois, c'est la nuit dans mon lit et durant mes insomnies que j'écris dans mon cerveau.'[35]

What has changed in the *Rêveries*, at least in principle, is the relation between the pedestrian moment that generates ideas and gives sentences their rhythm and the later moment at the writing desk when they are aligned. The self-censoring function of logical and rhetorical composition will now be dropped: 'Je dirai ce que j'ai pensé tout comme il m'est venu et avec aussi peu de liaison que les idées de la veille ont ordinairement avec celles du lendemain.'[36] The *Rêveries* are to be an 'informe journal' in which nothing will interfere with the direct recording of the soul's barometric variations, a 'registre fidèle de mes promenades solitaires et des rêveries qui les remplissent quand je laisse ma tête entièrement libre, et mes idées suivre leur pente sans résistance et sans gêne'.[37] Promenade (or walking) and reverie are thus strictly coextensive; there is no promenade without reverie and no reverie without promenade. Walking literally frees Rousseau's mind and makes it possible for his thoughts to be entirely his own, to be the pure expression and result of his natural impulsions. In this light, everything that passes through his head is equally characteristic, equally expressive of his nature, and equally important. For the solitary walker in Rousseau as well as Wordsworth, there are no wrong paths; he cannot miss his way. Walking is a figure for random experience or, more precisely, for the meaningfulness of any experience whatsoever as one's own experience.

It is the temporality of reverie that provides a guarantee for this meaningfulness of whatever the walker encounters, of whatever happens to him or in him. The privileged time of the *Rêveries* is a pure present that cannot be sapped by either regret or anticipation. After the crisis of the *Dialogues*, Rousseau claims, he is now calm, happy and at peace with his situation: 'C'est dans cet état déplorable qu'après de longues angoisses, au lieu du désespoir qui semblait devoir être enfin mon partage, j'ai retrouvé la sérénité, la tranquillité, la paix, le bonheur même, puisque chaque jour de ma vie me rappelle avec plaisir celui de la veille, et que je n'en désire point d'autre pour le lendemain.'[38] This indifference is not, Rousseau emphasises, 'l'ouvrage de ma sagesse, elle est celui de mes ennemis'.[39] More precisely, it is due to the astounding and universal success of the plot, which is so great that his condition cannot be worsened: 'Dans tous les raffinements de leur haine, mes persécuteurs en ont omis un que leur animosité leur a fait oublier; c'était d'en graduer si bien les effets qu'ils pussent entretenir et renouveler mes douleurs sans cesse en me portant

35. Rousseau, *Confessions* III, *OC*, vol.i, p.114.
36. Rousseau, *Rêveries* I, *OC*, vol.i, p.1000.
37. Rousseau, *Rêveries* II, *OC*, vol.i, p.1002.
38. Rousseau, *Rêveries* VIII, *OC*, vol.i, p.1077.
39. Rousseau, *Rêveries* VIII, *OC*, vol.i, p.1081.

toujours quelque nouvelle atteinte. S'ils avaient eu l'adresse de me laisser quelque lueur d'espérance ils me tiendraient encore par là.'[40]

The resource that his persecutors have lost is precisely the operation of Rousseau's own imagination, his ability to anticipate further torments, to suffer from fear and hope. With the decline of his imaginative powers in old age,[41] Rousseau finds himself 'dominé par [s]es sens'.[42] The pleasure of causing joy in others, described in a lengthy series of anecdotes in the 'Neuvième promenade', can only function in the present when the effects can be read immediately in the other's face; merely knowing that one has done so fails to produce the effect.[43] On the other hand, he can continue to suffer from the persecution he is subject to when he encounters 'un signe, un geste, un coup d'œil' expressive of malignity,[44] but the effect only lasts as long as he is in its immediate presence: 'tant que l'objet agit sur [mes sens] mon cœur ne cesse d'en être affecté, mais ces affections passagères ne durent qu'autant que la sensation qui les cause. La présence de l'homme haineux m'affecte violemment, mais sitôt qu'il disparaît l'impression cesse; à l'instant que je ne le vois plus je n'y pense plus.'[45] In this world of pure sense experience, where imagination plays less and less of a role, Rousseau need neither fear new torments (they have already done their worst) nor hope for respite (since they have succeeded in enrolling everyone).[46] As in many of Rousseau's texts the fundamental ill is foresight, a form of imagination that creates suffering in the present by anticipating it in the future: 'La prévoyance! la prévoyance qui nous porte sans cesse au-delà de nous et souvent nous place où nous n'arriverons point; voilà la véritable source de nos misères.'[47] Just as the young Emile is to be spared it for as long as possible, so it is precisely the lack of such a form of imagination that makes natural man so content with his lot that he has no motive to try to improve it.[48]

40. Rousseau, *Rêveries* I, *OC*, vol.1, p.996.

41. See Rousseau, *Rêveries* II, *OC*, vol.1, p.1002 ('mon imagination déjà moins vive ne s'enflamme plus comme autrefois') and p.1004 ('mon imagination tarissante'); V, vol.1, p.1049 ('à mesure que l'imagination s'attiédit'); VII, vol.1, p.1066 ('les restes d'une imagination riante mais languissante'); and VIII, vol.1, p.1075 ('mon imagination tarie et mes idées éteintes').

42. Rousseau, *Rêveries* VIII, *OC*, vol.1, p.1082.

43. See in particular Rousseau, *Rêveries* IX, *OC*, vol.1, p.1093: 'De mon côté, quand j'ai bien réfléchi sur l'espèce de volupté que je goûtais dans ces sortes d'occasions, j'ai trouvé qu'elle consistait moins dans un sentiment de bienfaisance que dans le plaisir de voir des visages contents. Cet aspect a pour moi un charme qui, bien qu'il pénètre jusqu'à mon cœur, semble être uniquement de sensation. Si je ne vois la satisfaction que je cause, quand même j'en serais sûr je n'en jouirais qu'à demi.'

44. Rousseau, *Rêveries* IX, *OC*, vol.1, p.1094.

45. Rousseau, *Rêveries* VIII, *OC*, vol.1, p.1082. See also *Rêveries* VI, *OC*, vol.1, p.1056-57.

46. Rousseau, *Rêveries* I, *OC*, vol.1, p.997.

47. Rousseau, *Emile* II, *OC*, vol.4, p.307. See also *Confessions* III, *OC*, vol.1, p.106: 'La prévoyance a toujours gâté chez moi la jouissance.'

48. See Rousseau, *Discours sur l'origine de l'inégalité*, *OC*, vol.3, p.143-44, and the commentary by Jacques Derrida, *De la grammatologie* (Paris, 1967), p.259-66.

The purity of this present is argued for in positive terms in Rousseau's repeated definitions of happiness as an 'état simple et permanent', opposed to fugitive moments of pleasure 'qui nous laisse encore le cœur inquiet et vide, qui nous fait regretter quelque chose avant, ou désirer quelque chose après'.[49] This is the state Rousseau claims to have experienced on the île de Saint-Pierre, the thematic and emotional centre of the *Rêveries*: 'un état où [...] le présent dure toujours sans néanmoins marquer sa durée et sans aucune trace de succession, sans aucun autre sentiment de privation ni de jouissance, de plaisir ni de peine, de désir ni de crainte que celui seul de notre existence [...]; tant que cet état dure celui qui s'y trouve peut s'appeler heureux, non d'un bonheur imparfait, pauvre et relatif [...], mais d'un bonheur suffisant, parfait et plein'.[50] The other great ecstatic moment of the *Rêveries*, the revelation of pure self-consciousness following the accident at Ménilmontant, is likewise one in which Rousseau is 'tout entier au moment présent', the delightful calm assured by an absence of pain, fear or worry.[51]

Rousseau's theoretical account of the purity of this present is careful to exclude both past and future. But it is above all the future, with its train of restless desire, anxiety, fear and foresight, that must be set aside for happiness to be attained. The relation to the past, on the other hand, is more ambivalent. Memory is indisputably one of the major themes and devices of the *Rêveries* – memory of reveries, to be precise. Some of the most important 'promenades', at least in my perspective here – particularly the Cinquième and Septième, but also the fragmentary Dixième – did not take place in the present time of composition but years before. But this represents an expansion of the present and not its division; the relation to the past is not one of regret or nostalgia, even in the Cinquième and Dixième 'promenades'. For there is no difference between a reverie and the memory of a reverie: 'En voulant me rappeler tant de douces rêveries, au lieu de les décrire j'y retombais. C'est un état que son souvenir ramène.'[52] It is precisely this facility to fall back into a past reverie in writing it or reading it that justifies the existence of this text without an external reader. We might say, then, that a reverie upon a reverie is less an act of remembering, in which an older self reflects upon the experiences of an earlier self whom he no longer is, than an act of reliving, of establishing the uninterrupted continuity of a self that is as much beyond temporal determinations as we have already seen it to be beyond social ones. As Jean Starobinski puts it, 'écrire n'est pas seulement un acte de réflexion, une remémoration à distance, mais une reviviscence.

49. Rousseau, *Rêveries* V, *OC*, vol.1, p.1046.
50. Rousseau, *Rêveries* V, *OC*, vol.1, p.1046-47. Julie and Wolmar's happiness at Clarens is described by Saint-Preux in similar terms; see Rousseau, *Julie, ou La Nouvelle Héloïse*, IV, 10, and V, 2, *OC*, vol.2, p.466-67, 553.
51. Rousseau, *Rêveries* II, *OC*, vol.1, p.1005.
52. Rousseau, *Rêveries* II, *OC*, vol.1, p.1003.

Ecrire, c'est revivre. Et s'il est vrai d'abord qu'écrire, ce n'est pas rêver, tout l'effort de Rousseau vise à supprimer la *différence* entre la parole et ce qu'elle exprime. Effort de nature poétique, même s'il ne prend que rarement et par intermittence l'allure de la prose poétique.'[53] This continuity is an immediate and unconditional source of happiness: 'En me disant, j'ai joui, je jouis encore.'[54] Rousseau can thus continue to enjoy his happy days on the île de Saint-Pierre, which he will never see again, just as much as – *just as*, for the identity is qualitative and not just quantitative – if he had in fact been imprisoned there rather than exiled from it.[55] The accuracy or inaccuracy of Rousseau's recollection of this experience is entirely beside the point. The true experience is in the reverie that (re)creates it.[56] The temporality of reverie and the rhythm of walking allow for an integral appropriation of past experience in the present; it must have an object (it cannot be empty), but the particular content of that object is fundamentally indifferent.

Now, at this point the happiness engendered by reverie may seem entirely self-reflexive and even self-sustaining. The random experience of walking may be in danger of slipping from any-experience-whatever to no-experience-in-particular. In other words, we might ask, is nature in the end necessary for reverie? My answer to this will be yes, but a cautious yes. The culminating moments of the 'Cinquième promenade', to be discussed below, emphasise the absolutely minimal character of the sensory stimulus (the lapping of the water) necessary to sustain reverie. The literary tradition we have been taking as our guide further encourages us to give a relatively open definition, one that would for example include cultivated landscapes as well as wild ones, the stocking factory on the Robaila as well as the gorge where Rousseau finds it. Baudelaire's 'Le Cygne' is by no means about nature in the Wordsworthian sense, but he does in fact treat the Parisian streetscape in very much the same way that Wordsworth treats the Wye valley.[57] We will thus maintain a formal definition of 'nature' as simply what the solitary walker encounters in the state of reverie, the object in which he experiences the continuity of his existence: Rousseau's periwinkle, Wordsworth's 'spots of time', Chateaubriand's thrush, but also Proust's uneven paving stones.[58] It is because it is encountered by the solitary walker in reverie

53. Starobinski, 'Rêverie et transmutation', p.417.
54. Rousseau, 'Art de jouir et autres fragments', *OC*, vol.1, p.1174.
55. Rousseau, *Rêveries V*, *OC*, vol.1, p.1049.
56. See Robert Osmont, 'Contribution à l'étude psychologique des *Rêveries du promeneur solitaire*', *Annales Jean-Jacques Rousseau* 23 (1934), p.7-135.
57. Baudelaire, 'Le Cygne', in *Les Fleurs du mal*, *Œuvres complètes*, vol.1, p.85-87; Wordsworth, 'Lines written a few miles above Tintern Abbey', in *Major works*, p.131-35.
58. Rousseau, *Confessions VI*, *OC*, vol.1, p.226; Wordsworth, *Prelude XI*, *Major works*, p.565-68; François-Auguste-René, vicomte de Chateaubriand, *Mémoires d'outre-tombe III*, ed. Maurice Levaillant and Georges Moulinier (Paris, 1951), vol.1, p.76; Marcel Proust,

that the natural object becomes inherently poetic and its description can occur as 'lyrical' expression.

In order to see precisely how in the *Rêveries* Rousseau invents this possibility and with it lyrical prose, it is necessary to distinguish between the experience of nature in other works and that described in the *Rêveries* themselves. The best point of comparison is to be found in the third *Lettre à Malesherbes*:

> Mais de quoi jouissais-je enfin quand j'étais seul? De moi, de l'univers entier, de tout ce qui est, de tout ce qui peut être, de tout ce qu'a de beau le monde sensible, et d'imaginable le monde intellectuel: je rassemblais autour de moi tout ce qui pouvait flatter mon cœur, mes désirs étaient la mesure de mes plaisirs. Non, jamais les plus voluptueux n'ont connu de pareilles délices, et j'ai cent fois plus joui de mes chimères qu'ils ne font des réalités. [...]
> Bientôt de la surface de la terre j'élevais mes idées à tous les êtres de la nature, au système universel des choses, à l'être incompréhensible qui embrasse tout. Alors, l'esprit perdu dans cette immensité, je ne pensais pas, je ne raisonnais pas, je ne philosophais pas; je me sentais avec une sorte de volupté accablé du poids de cet univers, je me livrais avec ravissement à la confusion de ces grandes idées, j'aimais à me perdre en imagination dans l'espace, mon cœur resserré dans les bornes des êtres s'y trouvait trop à l'étroit, j'étouffais dans l'univers, j'aurais voulu m'élancer dans l'infini. Je crois que si j'eusse dévoilé tous les mystères de la nature, je me serais senti dans une situation moins délicieuse que cette étourdissante extase à laquelle mon esprit se livrait sans retenue, et qui, dans l'agitation de mes transports, me faisait écrire quelquefois: 'O grand Etre! O grand Etre!' sans pouvoir dire ni penser rien de plus.[59]

One of the reasons this passage is particularly instructive is that it is one of the most intensely lyrical paragraphs to be found in Rousseau's corpus, leaving nothing to be envied with respect to comparable passages in the *Rêveries*. Indeed, on a purely stylistic level it would be entirely at home in the 'Cinquième promenade'. One finds the same narrative use of the imperfect, designating habitual action but serving to create a sort of temporal suspension;[60] the alternation of binary and ternary structures; the mounting and cascading rhythms.[61] Thematically, the emphasis throughout is on the notions of totality and infinity, culminating in an ecstatic identification with the universe that can only be expressed as a pure exclamation. The section elided here contains a first moment of relatively detailed observation ('l'or des genêts et la pourpre des bruyères [...] la majesté des arbres [...] la délicatesse des arbustes [...] l'étonnante variété des herbes et des fleurs'), followed by a moment of imaginative

A la recherche du temps perdu, ed. Jean-Yves Tadié (Paris, 1987, vol.4, p.445-6). On Rousseau's relation to this tradition, see Jean-François Perrin, 'La scène de réminiscence avant Proust', *Poétique* 102 (1995), p.193-213.

59. Rousseau, *Lettres à Malesherbes* III, *OC*, vol.1, p.1138-39, 1141.

60. This use of the imperfect is generally referred to in narratology as the *itératif*; see Gérard Genette, 'Discours du récit', in *Figures III* (Paris, 1972), p.147-53.

61. The best available account of Rousseau's rhythms is in Osmont, 'Contribution à l'étude psychologique des *Rêveries*'.

fabulation in which Rousseau populates the forest with 'êtres selon mon cœur'. The key moment occurs at the beginning of the second paragraph cited above, when Rousseau raises both his eyes and his mind from the surface of the earth to the heavens; detail is entirely subsumed in totality. 'Tous les êtres de la nature' are brought together, in a regularly mounting rhythm, into 'le système universel des choses', which in turn is a reflection of 'l'être incompréhensible qui embrasse tout'. This sort of communion with the whole of nature always represents that totality as a harmonious order or system that expresses the divine nature.

The 'Septième promenade' refers a number of times to ecstatic experiences of precisely this sort:

Plus un contemplateur a l'âme sensible, plus il se livre aux extases qu'excite en lui cet accord [l'harmonie des trois règnes]. Une rêverie douce et profonde s'empare alors de ses sens, et il se perd avec une délicieuse ivresse dans l'immensité de ce beau système avec lequel il se sent identifié. Alors tous les objets particuliers lui échappent, il ne voit et ne sent rien que dans le tout.[62]

And a few pages later, Rousseau reiterates this vision: 'Je sens des extases, des ravissements inexprimables à me fondre pour ainsi dire dans le système des êtres, à m'identifier avec la nature entière.'[63] This is clearly a strong experience, perhaps the strongest of all possible experiences. And given the importance of an ecstatic identification with nature in both the Deuxième and Cinquième 'promenades', it is tempting to take it as the key to the *Rêveries*. Marc Eigeldinger, for example, writes:

la démarche poétique ne consiste pas à demeurer prisonnier des détails des phénomènes, elle passe de l'étude analytique à la vision synthétique, de l'observation de l'objet à l'identification avec l'univers. [...] La rêverie s'ouvre aux dimensions du cosmos de manière que le moi du rêveur se mêle à la totalité à laquelle il participe par une fusion ontologique, comparable à celle qui se produit à la suite de l'accident de Ménilmontant.[64]

But a careful reading of the 'Septième promenade' shows that, for the author of the *Rêveries*, this experience is decidedly in the past.[65] These pages are in fact devoted to explaining Rousseau's discovery of botany and the particular pleasures and consolations that it brings. The taste for botany is a response to the drying up of his imagination and the

62. Rousseau, *Rêveries* VII, *OC*, vol.1, p.1062-63.
63. Rousseau, *Rêveries* VII, *OC*, vol.1, p.1065-66.
64. Marc Eigeldinger, 'Les *Rêveries*, solitude et poésie', in *Jean-Jacques Rousseau: quatre études* (Neuchâtel, 1978), p.120.
65. This fact is most clearly recognised by Jean Terrasse, 'Dieu, la nature, les fleurs: sur une page des *Rêveries*', *Index des 'Fragments autobiographiques' et de la 'Lettre à Voltaire'; précédé d'une édition critique de la 'Lettre à Voltaire sur la Providence'; et suivi des Actes du colloque de Nice (28-30 juin 1978) sur Jean-Jacques Rousseau et Voltaire*, ed. Gilbert Fauconnier (Geneva and Paris, 1979), p.593-615; reprinted in *Rêveries sans fin*, p.73-88. Terrasse concludes that reverie as such is in the past, which does not seem to me to be justified. Starobinski's distinction (in 'Rêverie et transmutation') between 'rêverie première' and 'rêverie seconde' articulates a different version of a similar problem.

disappearance of the ecstatic mode of reverie as ontological fusion: 'Dans cet état, un instinct qui m'est naturel, me faisant fuir toute idée attristante, imposa silence à mon imagination et, fixant mon attention sur les objets qui m'environnaient me fit *pour la première fois* détailler le spectacle de la nature, que je n'avais guère contemplé jusqu'alors qu'en masse et dans son ensemble.'[66] The characteristic movement of the *Rêveries* is in fact precisely the opposite of the one described by Eigeldinger. Each of the passages just cited referring to ecstatic experiences is immediately followed by assertions of the present need for a more 'fixed' or 'circumscribed' mode of perception of nature.[67] In his old age, Rousseau abandons the synthetic vision and identification with the universe as a totality for analytic observation of the detail of nature. This is the fundamental significance of the centrality of botany in the text. What remains to be explained is the different nature of the ecstatic experience that nonetheless occurs.

Both the Deuxième and Cinquième 'promenades' display a poetic and narrative pattern that confirms the distinction that we have seen in the Septième. In both cases there is a moment of ecstasy that represents, in a sense still to be determined, a sort of participation in nature. In both cases there is also the development of a dialectic between detail and totality. But the relation between these elements is no longer what it was in the third *Lettre à Malesherbes*. In the first place, the pole of totality has shrunk from the entirety of existence to the comprehensive view of the landscape; the place given to detailed observation of nature in the form of botany has grown correlatively. More important, in both cases, the moment of ecstasy has been entirely dissociated from the experience of totality and is lodged instead in a particular form of contemplation or observation of details.

The pattern develops with particular clarity in the 'Deuxième promenade', where the section we are concerned with recounts the events of a single day. The introductory passage preceding the narrative proper develops the theme of the decline of imagination in old age; here the emphasis falls less on botanical detail than on the substitution of reminiscences for the flights of imagination.[68] The narrative breaks up into five clearly distinct sections. After the moment of 'herborisation', the detailed observation and naming in Latin of rare plants, comes a turn to the comprehensive view of the landscape. This is in turn followed by the

66. Rousseau, *Rêveries* VII, *OC*, vol.1, p.1062 (my emphasis).
67. 'Plus un contemplateur...' continues: 'Il faut que quelque circonstance particulière resserre ses idées et circonscrive son imagination pour qu'il puisse observer par partie cet univers qu'il s'efforçait d'embrasser'; 'je sens des extases' continues: 'je ne puis plus comme autrefois me jeter tête baissée dans ce vaste océan de la nature, parce que mes facultés affaiblies et relâchées ne trouvent plus d'objets assez déterminés, assez fixes, assez à ma portée pour s'y attacher fortement et que je ne me sens plus assez de vigueur pour nager dans le chaos de mes anciennes extases' (vol.1, p.1063, 1066).
68. Rousseau, *Rêveries* II, *OC*, vol.1, p.1002.

narration of the mechanics of the accident itself, the ecstatic moment of reawakening, and finally the slow reconstitution of social identity during the trip home. At first sight, then, the pattern might seem to follow that described by Eigeldinger, as Rousseau explicitly describes a turn from detail to totality: 'Enfin, après avoir parcouru en détail plusieurs autres plantes que je voyais encore en fleurs, et dont l'aspect et l'énumération qui m'était familière me donnaient néanmoins toujours du plaisir, je quittai peu à peu ces menues observations pour me livrer à l'impression non moins agréable mais plus touchante que faisait sur moi l'ensemble de tout cela.'[69] But what this *vue d'ensemble* gives rise to is no ontological fusion, no experience of ecstasy, but merely an entirely traditional, even banal analogy:

La campagne encore verte et riante, mais défeuillée en partie et déjà presque déserte, offrait partout l'image de la solitude et des approches de l'hiver. Il résultait de son aspect un mélange d'impression douce et triste trop analogue à mon âge et à mon sort pour que je ne m'en fisse pas l'application. Je me voyais au déclin d'une vie innocente et infortunée, l'âme encore pleine de sentiments vivaces et l'esprit encore orné de quelques fleurs, mais déjà flétries par la tristesse et desséchées par les ennuis.[70]

Rhythmically, each of these sentences is built around a series of binary constructions, which themselves flow in a three-two-three pattern ('verte et riante', 'défeuillé et déserte', 'image de la solitude et des approches de l'hiver'; 'douce et triste', 'mon âge et mon sort'; 'innocente et infortunée', 'l'âme et l'esprit', 'flétries et desséchées'). These doublets are, in fact, too balanced, as is notable particularly in the tendency for the two terms of the pairing to be of equal syllabic length. The most truly lyrical passages in Rousseau frequently feature ternary as well as binary constructions that expand as they proceed and produce a mounting, swelling or cascading movement. In terms of tonality, thematic register and figural structure as well, we remain entirely within the realm of late neo-classical elegy.[71] A passage such as this is beautifully constructed, but it is not here that we find Rousseau's innovation.

The ecstatic moment, when it comes, has nothing to do with an experience of totality, fusion with the divinity, nor the flights of imagination. That older experience, as we have seen, was always articulated with a vision of the universe as a system as well as a totality, a hierarchical order whose harmony expressed the divine nature. In the new experience of the 'Deuxième promenade', there is indeed a moment of fusion or identification with nature, but nature is no longer perceived as an order. Rather than expansion, there is a contraction of identity:

69. Rousseau, *Rêveries* II, *OC*, vol.1, p.1003-1004.
70. Rousseau, *Rêveries* II, *OC*, vol.1, p.1004.
71. See Guitton, 'A propos du projet "descriptif" de Rousseau', p.95-96.

La nuit s'avançait. *J'aperçus le ciel, quelques étoiles, et un peu de verdure.* Cette première sensation fut un moment délicieux. Je ne me sentais encore que par là. Je
naissais dans cet instant à la vie, et il me semblait que je remplissais de ma légère
existence tous les objets que j'apercevais. Tout entier au moment présent je ne me
souvenais de rien; je n'avais nulle notion distincte de mon individu, pas la
moindre idée de ce qui venait de m'arriver; je ne savais ni qui j'étais ni où j'étais;
je ne sentais ni mal, ni crainte, ni inquiétude. *Je voyais couler mon sang comme j'aurais
vu couler un ruisseau*, sans songer seulement que ce sang m'appartint en aucune
sorte. Je sentais dans tout mon être un calme ravissant auquel chaque fois que je
me le rappelle je ne trouve rien de comparable dans toute l'activité des plaisirs
connus.[72]

The rhythms of the passage stay fairly (and appropriately) calm, never
approaching the lyrical exaltation of the third *Lettre à Malesherbes* or the
overflowing plenitude of the 'Cinquième promenade'. But in comparison
with the moment of neo-classical elegy, they are clearly more characteristic of Rousseau's achievement in this domain. Particularly notable
here are the ascending triads of 'le ciel, quelques étoiles, et un peu de
verdure' and 'ni mal, ni crainte, ni inquiétude', and the complex internal
rhythms of the long central sentence, which breaks down into five 'verses'
of slightly varying length organised around the anaphora of 'je ne me
souvenais [...], je n'avais [...], je ne savais [...], je ne sentais'. The period
is both balanced and imbalanced, producing a gentle movement of
swelling and contraction like the blood flowing from a wound that does
not hurt.[73] In this moment of awakening, Rousseau has lost any sense of
personal identity that goes beyond the simple *sentiment de l'existence*. He is
unable to integrate himself into any narrative, any social, religious or
natural system. His identity has passed entirely into a small number of
isolated perceptions of elements of nature that have been disarticulated
from one another and from the totality to which they belong. The
difference between 'le ciel, quelques étoiles, et un peu de verdure' and the
universe is enormous. The object in which the solitary walker encounters
and experiences his own existence is radically reduced; it is largely
aleatory and devoid of metaphorical significance. Such an abstract detail
is a minimal perception that 'fixes' or 'circumscribes' consciousness without impinging on its freedom. Its potentially poetic character consists in
the combination of detailed individuality and abstraction from context
that allows it to appear as the purest because most minimal of perceptions
and, therewith, the purest expression of the self's existence.

The pattern in the 'Cinquième promenade' is both enriched and
complicated by the fact that Rousseau recounts, rather than a single series

72. Rousseau, *Rêveries* II, *OC*, vol.1, p.1005 (my emphasis).
73. I would scan this sentence as follows: 'Tout entier au moment présent je ne me
souvenais de rien [3+5/3+5=16]; je n'avais nulle notion distincte de mon individu
[3+5+6=14], pas la moindre idée de ce qui venait de m'arriver [5+5+4=14]; je ne
savais ni qui j'étais ni où j'étais [4+4+4=12]; je ne sentais ni mal, ni crainte, ni
inquiétude [4+2+2+5=13].'

of events, a typical 'journée' with a variety of possible variations.[74] The comprehensive view of the total landscape appears in the introductory section, notable for the description of the lake shores as 'sauvages et romantiques'.[75] Here the comprehensive view contains a more insistent form of totalisation in the assertion that the island is 'tellement variée dans ses terrains et ses aspects qu'elle souffre toutes sortes de cultures'; the île de Saint-Pierre, as Jean Starobinski has pointed out, is a self-sufficient microcosm just like the vineyards of Clarens and the landscape of the Haut Valais in *La Nouvelle Héloïse*.[76] The circular island within a circular lake, however, is not an analogy for the earth within the universe or anything of the sort: it rather figures (without any explicit analogy) the situation necessary for 'le bonheur d'un homme qui aime à se circonscrire'.[77] The act of circumscription can be read in either of two directions: we can see it, following Starobinski's suggestion, as designating the creation of a reduced but self-complete totality; we can also view it as the opposite of the act of taking flight – *s'élancer*, the verb that so often designates the act of creative imagination that now seems to have receded into the past. Both senses, no doubt, are operative, and this conjunction of meanings suggests that self-sufficiency is to be obtained only by way of reduction, and in particular by the substitution of a reverie of reminiscence for the *élans* of creative imagination.

In the course of the typical day that Rousseau then proceeds to recount, we begin with an absolute regularity of the mornings, move on to the opening of a variety of equivalent options for the afternoon, and then, as nightfall approaches, return to a singular moment in which the text culminates. The morning (which Rousseau in fact probably most often spent writing letters) is invariably the time of 'herborisation', when Rousseau sets out, 'une loupe à la main et [s]a *Systema naturae* sous le bras',[78] in a systematic attempt to identify each and every plant on the island. Rousseau insists particularly strongly here on his concentration on detail, comparing his enterprise to that of 'un Allemand [qui] a fait un livre sur un zest de citron'.[79] After the noontime meal, Rousseau's activities begin to be differentiated. The first possibility, undertaken when the water is calm, is to allow his boat to drift out into the centre of the lake and dream.[80] But this is not the only possible boat ride. At other times, he tells us, he would keep close to the shore, in the cool shade of the overhanging trees, and often go swimming. Finally, one of his most

74. On the structure of the day in the 'Cinquième promenade', see Jean Starobinski, 'Jean-Jacques Rousseau: la forme du jour', in *Cahiers pour un temps: Jean Starobinski* (Paris, 1985), p.199-269.

75. Rousseau, *Rêveries* V, *OC*, vol.1, p.1040.

76. Rousseau, *Rêveries* V, *OC*, vol.1, p.1041; Starobinski, 'La forme du jour', p.245.

77. Rousseau, *Rêveries* V, *OC*, vol.1, p.1040.

78. Rousseau, *Rêveries* V, *OC*, vol.1, p.1043.

79. Rousseau, *Rêveries* V, *OC*, vol.1, p.1043.

80. Rousseau, *Rêveries* V, *OC*, vol.1, p.1044.

frequent boat trips is to the small island where the rabbit colony was established. But as the water was not always calm, on certain afternoons he would stay on the main island. Here he would once again botanise, although no longer in a systematic fashion. Whereas the morning featured a division of the island into quadrants, now he crisscrosses it in every direction ('je passais mon après-midi à parcourir l'île en herborisant à droite et à gauche'), stopping occasionally to sit,

tantôt dans les réduits les plus riants et les plus solitaires pour y rêver à mon aise, tantôt sur les terrasses et les tertres, pour parcourir des yeux le superbe et ravissant coup d'œil du lac et de ses rivages couronnés d'un côté par des montagnes prochaines et de l'autre élargis en riches et fertiles plaines, dans lesquelles la vue s'étendait jusqu'aux montagnes bleuâtres plus éloignées qui la bornaient.[81]

The 'tantôt [...] tantôt' construction of this final sentence does not distinguish between pauses taken successively in the course of a single walk and different options for a sort of walk chosen on different days, deepening the indefinite temporal suspension produced by the narrative imperfect. In the passage as a whole, the inclusion of diverse possibilities within the framework of a generic day allows for the assertion of absolute uniformity to be reconciled with an impression of variety. These different possibilities are fundamentally equivalent, as is emphasised by the summary passage where they are brought together: 'Tel est l'état où je me suis trouvé souvent à l'île de Saint-Pierre dans mes rêveries solitaires, soit couché dans mon bateau que je laissais dériver au gré de l'eau, soit assis sur les rives du lac agité, soit ailleurs au bord d'une belle rivière ou d'un ruisseau murmurant sur le gravier.'[82] Rousseau always does the same thing, and never wants to do anything else, but is never bored since this sameness contains so much variety. In the last set of choices, it is significant that 'rêver à mon aise' is associated only with 'les réduits les plus riants et les plus solitaires', whereas the overall view of the landscape which returns here is a prolongation of the act of walking ('parcourir des yeux' repeats the verb that has just been used for traversing the island), giving rise to a straightforward description without any assertion of an analogical significance or specified mode of participation. On the other hand, the comprehensive view is clearly the culmination of the series of options, for the final and singular moment of the afternoon is explicitly presented as a descent from the heights. It thus represents a turning away from an embrace of totality toward the very particular sort of detailed perception that gives rise to the new form of ecstatic reverie:

Quand le soir approchait je descendais des cimes de l'île et j'allais volontiers m'asseoir au bord du lac sur la grève dans quelque asile caché; là le bruit des vagues et l'agitation de l'eau fixant mes sens et chassant de mon âme toute autre agitation la plongeaient dans une rêverie délicieuse où la nuit me surprenait

81. Rousseau, *Rêveries* V, *OC*, vol.1, p.1044-45.
82. Rousseau, *Rêveries* V, *OC*, vol.1, p.1047.

souvent sans que je m'en fusse aperçu. Le flux et reflux de cette eau, son bruit continu mais renflé par intervalles frappant sans relâche mon oreille et mes yeux, suppléaient aux mouvements internes que la rêverie éteignait en moi et suffisaient pour me faire sentir avec plaisir mon existence sans prendre la peine de penser.[83]

The passage clearly features an arrangement of three binary constructions in each of the sentences ('je descendais et j'allais', 'le bruit des vagues et l'agitation de l'eau', 'fixant mes sens et chassant de mon âme'; 'le flux et reflux', 'continu mais renflé par intervalles', 'mon oreille et mes yeux'), but the effect is not primarily one of balance. These pairings are concentrated near the beginning of each sentence where they serve to build a momentum which continues to flow through, and up against,[84] a substantial prolongation of the rhythm, equivalent to a further two verses in each case. The extended clausula of the second sentence is built around the chiasma 'sentir'/'plaisir'/'peine'/'penser', but the central term, whether we consider it from a conceptual, syntactical or metrical point of view, is 'existence'. The respective sides of the chiasma fall into two 'verses' of thirteen and eleven syllables, broken into uneven triads.[85] 'Mon existence', however, functions as an enjambment, its pronunciation suspended between its grammatical position as the direct object of 'sentir' and the effect of the internal rhyme 'sentir'/'plaisir' that pushes it into the second 'verse'. It is, after all, here as in the 'Deuxième promenade', the key term of the ecstatic experience.

It is this passage that justifies the definition of happiness as a state in which the soul has no need to project itself outside the purity of its self-presence,

où l'âme trouve une assiette assez solide pour s'y reposer tout entière et rassembler là tout son être, sans avoir besoin de rappeler le passé ni d'enjamber sur l'avenir; où le temps ne soit rien pour elle, où le présent dure toujours sans néanmoins marquer sa durée et sans aucune trace de succession, sans aucun autre sentiment de privation ni de jouissance, de plaisir ni de peine, de désir ni de crainte que celui seul de notre existence, et que ce sentiment seul puisse la remplir tout entière.[86]

Later, at the end of the 'Huitième promenade', Rousseau will refer back to it as the illustration of the happiness that is the fundamental object of his quest.[87] It is, moreover, the passage that inspired the verses of Hölderlin

---

83. Rousseau, *Rêveries* V, *OC*, vol.1, p.1045.

84. If there is an analogy here, it is between the object and the rhythm, and not between the object and a concept. Rousseau envisages such an analogy with the express purpose of setting it aside: 'De temps à autre naissait quelque faible et courte réflexion sur l'instabilité des choses de ce monde dont la surface des eaux m'offrait l'image: mais bientôt ces impressions légères s'effaçaient dans l'uniformité du mouvement continu qui me berçait' (Rousseau, *Rêveries* V, *OC*, vol.1, p.1045).

85. I would scan this as: 'et suffisaient pour me faire sentir avec plaisir [4+5+4=13] mon existence sans prendre la peine de penser [4+4+3=11]'.

86. Rousseau, *Rêveries* V, *OC*, vol.1, p.1046.

87. See Rousseau, *Rêveries* VIII, *OC*, vol.1, p.1084: 'Je suis ce qu'il plaît aux hommes tant qu'ils peuvent agir sur mes sens; mais au premier instant de relâche, je redeviens ce

and Wordsworth from which we have drawn our constant orientation. It is here, then, that the innovation of the *Rêveries* is to be found.

As we have seen, the properly rhythmic values here are concentrated and intense, but they do not fundamentally differ in kind from those found in the third *Lettre à Malesherbes*. The innovation of lyrical prose does not in the first instance concern the possibility of investing non-verse composition with those values, even if it includes this possibility. Rather, the invention of 'lyrical prose' concerns the relation between the solitary walker and the objects he encounters in reverie. It becomes possible to invest *prosaic* objects, the objects encountered when going where our feet lead us, with *poetic* or lyrical significance. The purposes and tools of poetry are as thoroughly redefined as those of prose. This process begins with Rousseau's absolute reduction of consciousness to the perception of a minimal object that is not even truly an object but a rhythm, the minimal but absolute difference between life and death. It is this radically reduced moment in which the *sentiment de l'existence* is experienced in the abstract detail that allows for the poeticisation of any object whatsoever which I take to be an essential and foundational element of the romantic (or modern) lyrical tradition.

We have seen that this experience arises as a result of what Rousseau here calls 'dispositions dans le cœur de celui qui les éprouve, [et] dans le concours des objets environnants'.[88] On the side of the walker himself, we have emphasised the radical solitude and lack of relation to the future engendered by universal persecution and the paradoxical retreat of imagination into reminiscence. On the side of the object, we have seen that the experience of lyrical plenitude turns its back on identification with ontological totality in order to find its correlate in a minimal perception that, in itself, expresses only *existence*. But this reduction opens up the entire world of prose to the possibility of lyrical experience.

que la nature a voulu, c'est là, quoi qu'on puisse faire mon état le plus constant et celui par lequel en dépit de la destinée je goûte un bonheur pour lequel je me sens constitué. J'ai décrit cet état dans une de mes rêveries. Il me convient si bien que je ne désire autre chose que sa durée et ne crains que de le voir troublé.'

88. Rousseau, *Rêveries* V, *OC*, vol.1, p.1047.

CAROLE MARTIN

De rêveries en promenades: essai d'étude générique à partir des *Rêveries du promeneur solitaire*

Dans quelle mesure doit-on prendre à la lettre le titre des *Rêveries*? Quel lien existe-t-il entre ce titre et les sous-titres – les 'promenades'? Doit-on les considérer interchangeables, comme Rousseau semble nous y inviter en attribuant les rêveries au promeneur? Y a-t-il corrélation entre promenade et rêverie, l'une suscitant l'autre et la seconde cheminant comme la première, ou bien faut-il s'attacher à les distinguer, malgré l'impact de l'œuvre sur la génération romantique et l'amalgame qui en a résulté? Tel est le point de départ de cet essai qui se propose deux directions de réflexion: établir, à partir de la description phénoménologique que donne Gaston Bachelard[1] dans *La Poétique de l'espace*, une caractérisation générique de la rêverie;[2] mener en contrepartie une lecture des *Rêveries* qui se concentre sur le motif de la promenade.

La dimension générique des *Rêveries* est essentielle à prendre en compte non seulement parce qu'on les a lues comme des rêveries, attribuant à Rousseau l'invention d'un genre – la rêverie en prose[3] – ou inversement parce qu'on en a prêté les déclarations les plus frappantes au seul Jean-Jacques, sans vouloir y discerner aucun effet de genre, mais aussi parce qu'en célébrant, l'un l'inédit, l'autre le génie, on a oublié la longue tradition de la promenade littéraire, où puise un auteur qui l'inscrit pourtant en tête de chaque partie de son recueil.[4] Négligeant la dualité

---

1. Bachelard a composé six livres, de 1942 à 1960, traitant des rêves, des songes et des rêveries; une œuvre posthume, *Le Droit de rêver* (1970), rassemble aussi un grand nombre d'articles reprenant le concept fondamental 'd'imagination de la matière' auquel il avait consacré ses quatre premiers volumes (*L'Eau et les rêves*, 1942; *L'Air et les songes*, 1943; *La Terre et les rêveries de la volonté*, suivi de *La Terre et les rêveries du repos*, 1948). A ce corpus de textes sur les éléments, il faut ajouter le premier, paru en 1938, *La Psychanalyse du feu*.

2. Quelques vingt ans plus tard, Bachelard revient à la notion de rêverie, mais en la détachant cette fois de sa réflexion d'épistémologue pour en donner une description d'ordre générique. Dans *La Poétique de l'espace* (1957), il s'attache au lien entre rêverie et espace – une analyse qui a particulièrement retenu mon attention puisque le rapport rêverie/promenade constitue le sujet de cet article – alors que son avant-dernier livre, *La Poétique de la rêverie* (1960), se concentre sur les thèmes de l'enfance, du langage et du cosmos.

3. Pour une analyse des *Rêveries* comme prose lyrique, voir l'article de James Swenson dans ce volume.

4. Cette tradition remonte chez les modernes jusqu'à l'*Hypnerotomachie*, familiarisée sous l'intitulé prudent du *Songe de Poliphile*, rêve qui n'en est pas un, mais bien la transposition

dont fait montre le choix des titre et sous-titres, suggérant en amont de l'œuvre deux types d'expérience et de représentation, on a donc habituellement laissé de côté toute préoccupation générique qui puisse les différencier. A l'inverse, on abordera ici la discussion en empruntant au phénoménologue de la rêverie les caractères essentiels qu'il y a reconnus.

Relire les *Rêveries* sous forme de promenades autorise d'autre part une interprétation paradoxale du texte, où Rousseau, plutôt que de consommer sa rupture avec la société, rompt avec son propre système pour renouer avec l'espace social qui l'entoure. Cette autocritique se manifeste à travers l'abandon d'un des postulats fondamentaux de son appareil conceptuel reportant la genèse de l'identité sur la relation spéculaire – ce regard originaire qui impliquait comparaison, identification mais aussi infatuation, qui faisait de l'autre un miroir, un émule ou inversement un rival.[5] Dans les *Rêveries* Jean-Jacques ne cherche plus, comme il s'y essayait encore dans ses *Dialogues*, à conforter une estime de soi qu'on ne ressent qu'à travers le regard magnanime de l'autre. Il substitue à sa conception de la spécularité une pratique de l'écart, 'pour arriver d'eux à moi', qui trouve son aboutissement dans la Neuvième et dernière 'promenade' achevée.[6] Sa transposition de l'allégorie de la fête, dont les participants avaient ailleurs incarné la parfaite transparence de consciences qui 'se voie[nt] et s'aime[nt] dans les autres',[7] mais signalent ici la déconstruction qu'opère l'écrit, me permet de revenir à la problématique des genres, de définir – par opposition à ceux de la rêverie – les traits distinctifs de la promenade. Ouvrons donc la voie en formalisant la première.

'La rêverie', expose Bachelard, a 'un privilège d'autovalorisation. Elle jouit directement de son être'.[8] Ce que laisse effectivement pressentir l'ouverture célèbre du texte de Jean-Jacques: 'Me voici donc seul sur la terre, n'ayant plus de [...] société que moi-même. [...] Mais moi, détaché d[es hommes] et de tout, que suis-je moi-même? Voilà ce qui me reste à chercher.'[9] Une fois le monde mis à l'écart, la rêverie serait ce qui a le soi, ou mieux encore l'être, pour objet et l'autogénèse pour procès, le vécu de

---

d'une entreprise d'initiés: la fusion de toutes les connaissances païennes et chrétiennes, la redécouverte de l'Antiquité et son assimilation pour qu'en résulte un jour l'avenir du monde. D'autres promenades, et notamment celles qui se dérouleront à Versailles, lui emprunteront leur ambition de réunir en un lieu unique l'orbe toute entière. Voir *Hypnerotomachie, ou discours du songe de Poliphile, déduisant comme amour le combat à l'occasion de Polia* (Paris, Jacques Keruer, 1546; facsimilé (Paris, 1963).

5. On reviendra au caractère ambigü de la spécularité qui, dès le second *Discours*, présente deux aspects: positif, du regard sur l'autre naît le sentiment de 'conformité', d'accord entre semblables; négatif, du même regard surgissent la faculté de se comparer et 'le premier mouvement d'orgueil' (Rousseau, *Discours sur l'origine de l'inégalité, OC*, t.3, p.166).

6. Rousseau, *Rêveries du promeneur solitaire, OC*, t.1, p.995.

7. Rousseau, *Lettre à D'Alembert, OC*, t.5, p.115.

8. Gaston Bachelard, *La Poétique de l'espace* (Paris, 1957), p.26.

9. Rousseau, *Rêveries, OC*, t.1, p.995.

la rêverie – ce que Rousseau veut représenter sous l'image plus concrète de la promenade – engendrant d'autres rêveries, qu'elles soient transport imaginaire ou restitution dans l'écrit des 'images charmantes' qui avaient d'abord ému le promeneur. Cette autosuffisance est d'autant plus effective que la rêverie recouvre 'le bien-être associé primitivement à l'être' avant qu'il ne soit 'jeté dans le monde', à cet 'être [qui] règne dans une sorte de paradis terrestre de la matière [...] comblé de tous les biens essentiels'.[10] Sans que Bachelard ne mentionne jamais Jean-Jacques, son analyse fait écho à maints passages des *Rêveries*, dont le tableau idyllique de l'île de Saint-Pierre où le philosophe se voudrait 'confiné pour toute ma vie [...] de sorte qu'ignorant tout ce qui se faisait dans le monde j'en eusse oublié l'existence'.[11] Car 'de quoi jouit-on dans une pareille situation? De rien d'extérieur à soi, de rien sinon de soi-même et de sa propre existence [...] d'un bonheur suffisant, parfait et plein, qui ne laisse dans l'âme aucun vide qu'elle sente le besoin de remplir.'[12]

Pour atteindre semblable plénitude, la rêverie, postule Bachelard, substitue les espaces de nos solitudes à des souvenirs socialisés. Il faut désocialiser le souvenir avant de pouvoir s'élever au plan de la rêverie. N'est-ce en effet l'image pérennisée par les *Rêveries du promeneur solitaire* que celle d'un homme parcourant des lieux qui ne seraient que le témoin, la trace ou l'épreuve de sa solitude, des lieux d'où la société a été depuis longtemps écartée? Qui, à l'île de Saint-Pierre, crée l'espace où vagabonde le philosophe, si ce n'est lui seul? 'Aucun voyageur, que je sache, n'en fait mention', précise-t-il en introduisant les lieux.[13] Le point de vue est toujours sien, la présence des autres – 'de très bonnes gens et rien de plus', remarque-t-il – insensible sinon invisible.[14] Il y a bien, sur les bords du lac qu'arpente Rousseau, 'un joli salon où les habitants des rives voisines se rassemblent et viennent danser les dimanches durant les vendanges', mais il est vide.[15] 'Transporté là [...] seul et nu', s'il fait venir Thérèse et son 'petit équipage', c'est pour 'le plaisir de ne rien déballer', de ne rien arranger, 'comme dans une auberge dont [il] aurai[t] dû partir le lendemain.'[16] Telle désocialisation intentionnelle du lieu laisse la place libre à la création d'un espace qui soit celui de sa solitude et Jean-Jacques, ayant abandonné, avec ses livres et son écritoire, jusqu'au moindre souvenir du monde à des caisses toujours fermées, entreprend en effet 'de faire la *Flora petrinsularis*', c'est-à-dire de quadriller l'île pour, 'une loupe à la main', en parcourir chaque petit carré et n'en laisser 'pas un atome

---

10. Bachelard, *La Poétique de l'espace*, p.26-27.
11. Rousseau, *Rêveries*, *OC*, t.i, p.1041.
12. Rousseau, *Rêveries*, *OC*, t.i, p.1046-47.
13. Rousseau, *Rêveries*, *OC*, t.i, p.1040.
14. Rousseau, *Rêveries*, *OC*, t.i, p.1041-42.
15. Rousseau, *Rêveries*, *OC*, t.i, p.1041.
16. Rousseau, *Rêveries*, *OC*, t.i, p.1042.

végétal qui ne fût amplement décrit'.[17] Autrement dit, se créer un espace à sa mesure, 'assimil[er] à mes fictions tous ces aimables objets et [...] ramené par degrés à moi-même' ne pouvoir 'marquer le point de séparation des fictions aux réalités'.[18] Pour Bachelard, cet état caractéristique de la rêverie, où ne se lit plus la séparation entre le soi et le lieu, entre l'être et l'espace, est celui de la dimension anthropo-cosmique quand la méditation, installant l'homme dans le 'regard en dieu' aurait dit Malebranche, lui laisse aussi le sentiment d'un profond repos.[19] C'est le repos qu'éprouve Rousseau à contempler 'l'harmonie des trois règnes [...] Une rêverie douce et profonde s'empare alors de ses sens, et il se perd avec une délicieuse ivresse dans l'immensité de ce beau système avec lequel il se sent identifié. Alors tous les objets particuliers lui échappent; il ne voit et ne sent rien que dans le tout.'[20]

Récapitulons les quatre motifs qu'on a tirés de l'étude de Bachelard qui, je le rappelle, ayant délibérément exclu de son propos la 'rêverie de l'homme qui marche',[21] ne se réfère pas à Jean-Jacques mais décrit, en citant nombre d'écrivains, les éléments pertinents propres à rendre compte de l'expérience de la rêverie. Les voici: le discours du rêveur vit de lui-même, dans le double mouvement qui le fait se concentrer sur le soi et s'auto-reproduire; ce discours est aussi celui de la jouissance de soi, son objet, l'être-bien; parallèlement, c'est le discours de la désocialisation, de la mise à l'écart de la société, au profit, finalement, d'un autre mode de communion avec l'univers ou même, écrivait Rousseau, 'l'auteur des choses'.[22] On retrouve sous ces traits génériques les thèmes récurrents de maints commentateurs des *Rêveries*. Sans remettre en question la légitimité de tels commentaires, et pour cause, l'initiateur de la rêverie en prose ayant pu d'un seul tenant arrêter ses lignes de force, on peut aussi poser qu'ils ne recouvrent ni la particularité du texte, lu au travers de ses éléments génériques, ni sa totalité. Or, son originalité ne tient-elle pas à ce que Bachelard a jugé bon d'omettre, à cette 'rêverie du chemin'[23] qu'il mentionne sans vouloir l'aborder, au fait que ces *Rêveries* soient également des 'promenades' qu'il importe d'en différencier?

La question qu'il faut donc à présent aborder est celle de la différenciation, et ce quoi qu'en dise l'auteur, le texte se voulant 'un registre fidèle de mes promenades solitaires et des rêveries qui les remplissent quand je laisse ma tête entièrement libre [...] où je sois pleinement moi et à moi sans diversion, sans obstacle'.[24] Or si tel est bien, nous l'avons vu, le

17. Rousseau, *Rêveries*, *OC*, t.i, p.1043.
18. Rousseau, *Rêveries*, *OC*, t.i, p.1048.
19. N. de Malebranche, *Recherche de la vérité*, dans *Œuvres complètes*, éd. A. Robinet (Paris, 1972-1975).
20. Rousseau, *Rêveries*, *OC*, t.i, p.1062-63.
21. Bachelard, *La Poétique de l'espace*, p.29.
22. Rousseau, *Rêveries*, *OC*, t.i, p.1014.
23. Bachelard, *La Poétique de l'espace*, p.29.
24. Rousseau, *Rêveries*, *OC*, t.i, p.1002.

programme de la rêverie, correspond-il à l'actualité de la promenade? Autrement dit, pour reprendre l'expression de Rousseau, a-t-il toujours pendant ses promenades 'la tête entièrement libre'? La réponse est sans surprise négative. La promenade multiplie les distractions, le solitaire l'admet: 'Le recueil de mes longs rêves est à peine commencé, et déjà je sens qu'il touche à sa fin. Un autre amusement lui succède, m'absorbe, et m'ôte même le temps de rêver.'[25] La promenade de l'herborisant fait suite à la méditation du rêveur, ou plutôt, comme nous l'apprend le premier, ce sont aux promenades, qui 'fixant mon attention sur les objets qui m'environnaient me fi[ren]t pour la première fois détailler le spectacle de la nature', qu'il a dû de retrouver, malgré 'l'importunité d'une célébrité malheureuse', les extases de la rêverie.[26] Or ce n'est pas seulement la nature qui a suscité les observations déambulatoires de Jean-Jacques, mais bien l'homme, et l'homme en société. Bon nombre de ses méditations commence ou se termine par le récit de rencontres faites à l'occasion de ses courses: la 'Deuxième promenade', que j'évoquerai ci-dessous; la 'Sixième promenade', qui débute par la relation de la rencontre longtemps coutumière d'un petit mendiant; la 'Septième promenade', au cours de laquelle il se souvient d'une herborisation en montagne où, pensant être 'le premier mortel qui ait pénétré [...] un réduit si caché que je n'ai vu de ma vie un aspect plus sauvage', il se retrouve soudain parmi les ouvriers d'une fabrique;[27] et la 'Neuvième promenade' enfin, qui s'émaille de rencontres d'enfants, avant de s'achever sur l'évocation de celles d'anciens militaires invalides.

A l'inverse de la rêverie, si la promenade se fait ici le plus souvent seul, elle ne s'inscrit pas d'emblée dans un contexte asocial, ne se distingue pas de par une désocialisation systématique, n'affranchit pas le sujet du monde pour l'identifier à l'universel. De quelque manière, elle demeure mouvement d'appropriation, et d'appropriation de l'autre. De Poliphile au flâneur des *Petits poèmes en prose*, le promeneur sort de soi, la promenade donne 'un destin de dehors à l'être du dedans', selon la formule de Bachelard.[28] Il y a, à ce propos, chez Baudelaire un poème en prose intitulé 'Perte d'auréole' où il est fait singulièrement écho à l'accident de la 'Deuxième promenade'.[29] Je cite respectivement Baudelaire puis Rousseau:

Mon cher, vous connaissez ma terreur des chevaux et des voitures. Tout à l'heure, comme je traversais le boulevard, en grande hâte, et que je sautillais dans la boue, à travers ce chaos mouvant où la mort arrive au galop de tous les côtés à la fois [...] dans un mouvement brusque.[30]

25. Rousseau, *Rêveries*, *OC*, t.1, p.1060.
26. Rousseau, *Rêveries*, *OC*, t.1, p.1062.
27. Rousseau, *Rêveries*, *OC*, t.1, p.1070-71.
28. Bachelard, *La Poétique de l'espace*, p.29.
29. Voir l'étude de Jean-Luc Guichet sur la 'Deuxième promenade' dans ce volume.
30. Charles Baudelaire, *Petits poèmes en prose* (Paris, 1967), p.155.

J'étais sur les six heures à la descente de Ménilmontant [...] quand des personnes qui marchaient devant moi s'étant tout à coup brusquement écartées je vis fondre sur moi un gros chien danois qui s'élança[i]t à toutes jambes devant un carrosse [...] Je jugeai que le seul moyen que j'avais d'éviter d'être jeté par terre était de faire un grand saut.[31]

Et d'un côté comme de l'autre, les sautillements ou le grand saut se terminent par une chute 'la tête en avant', le philosophe perdant conscience 'sur un pavé très raboteux'[32] et le poète son auréole 'dans la fange du macadam. Je n'ai pas eu le courage de la ramasser', continue Baudelaire, 'j'ai jugé moins désagréable de perdre mes insignes que de me faire rompre les os. Et puis, me suis-je dit, à quelque chose malheur est bon. Je puis maintenant me promener incognito [...] comme les simples mortels. Et me voici, tout semblable à vous, comme vous voyez!'[33] La perte d'auréole signale chez le poète l'abandon de la singularité – le flâneur est devenu 'l'homme de la foule' – et suscite une question, ressortant de la lecture parallèle de ces deux extraits: dans quelle mesure l'accident baudelairien éluciderait-il la chute rousseauiste? Car en effet que signifie cette perte de conscience située au début de la 'Deuxième promenade', c'est-à-dire au commencement des *Rêveries*, après une 'Première promenade' en forme d'avertissement où le lecteur est mis au fait d'une rupture? Mais encore de quelle rupture et de quelle renaissance, réitérées, configurées en quelque sorte par l'épisode de la chute, s'agit-il donc? Rupture avec les hommes – 'étrangers, inconnus, nuls enfin pour moi' – et renaissance à soi, avancerait une lecture traditionnelle des *Rêveries* entée, nous l'avons suggéré, sur une phénoménologie de la rêverie.[34] Ou bien, à en croire le *Livre du promeneur* que réécrit Baudelaire dans ses *Poèmes en prose*,[35] rupture avec soi, son auréole, sa conscience – 'nul désormais [...] et c'est tout ce que je puis être', confie aussi Jean-Jacques – et renaissance parmi les hommes.[36]

C'est ce second postulat, paradoxal s'il en est, que je veux à présent examiner en posant que les *Rêveries* ne sont pas tant le texte de l'Hyperscandale,[37] où la singularité de Rousseau, sa solitude, son détachement se comparent à l'impassibilité de Dieu même, mais enregistrent plutôt le terme du Scandale, qu'il aura personnifié dès la polémique autour du *Discours sur les sciences et les arts*, et le retour à l'anonymat

31. Rousseau, *Rêveries*, *OC*, t.i, p.1004-1005.

32. Rousseau, *Rêveries*, *OC*, t.i, p.1005.

33. Baudelaire, *Petits poèmes en prose*, p.155.

34. Rousseau, *Rêveries*, *OC*, t.i, p.995.

35. Jules Lefèvre-Deumier, *Le Livre du promeneur* (Paris, 1854). Publié trois ans avant que Baudelaire ne conçoive sa première série de poèmes en prose (sous le titre de *Poèmes nocturnes*), ce *Livre du promeneur* l'a peut-être mené à renoncer à l'un des titres prévus pour son futur recueil: *Le Promeneur solitaire*.

36. Rousseau, *Rêveries*, *OC*, t.i, p.1000.

37. Voir Jeremiah Alberg, 'Rousseau's *First discourse* and scandal', *International philosophical quarterly* XLI/1, no. 161 (mars 2001), p.49-62.

tranquille qui avait été le sien chez Mme de Warens, dont l'évocation clôt le volume. La 'Deuxième promenade' ne fait-elle pas état, après tout, de la mort du philosophe? Mort lente, il est vrai, qui ne va pas sans quelque allusion au Scandale – mais ce n'est plus qu'une 'note' apocryphe dans un roman dont il n'est pas l'auteur, qui fait, lui dit-on, 'le plus grand bruit';[38] une mort qui ne va pas sans retour sur son système, auquel sont consacrées les réflexions de la 'Troisième promenade' sur sa réforme, son 'entier renoncement au monde',[39] sa profession de foi, dont il a cependant, confie-t-il, 'tombé dans la langueur et l'appesantissement d'esprit', oublié les raisonnements;[40] une mort qui lui laisse le temps 'd'apprendre à mourir',[41] c'est-à-dire de se 'garantir du dangereux orgueil de [revenir sur ses] anciennes connaissances' pour 'sortir de la vie, non meilleur [...] mais plus vertueux'.[42] Ainsi est-ce également sa devise, consacrant son 'amour pour la vérité', qui fait l'objet d'un nouvel examen dans la 'Quatrième promenade',[43] avant qu'il ne s'attaque au principe même des *Confessions* – le 'tout dire, et j'ai tout dit.'[44] Or là encore, ce retour, tout en affirmant une dernière fois sa 'profession de véracité',[45] en souligne l'arrogance et la témérité; c'est 'à moins présumer de soi', à 'apprendre même de ses ennemis' que se résout dorénavant Jean-Jacques dans un quasi aveu des limites de sa réforme.[46] Parallèlement à ce retrait, la parole d'autrui comme moteur d'introspection s'insère dans le texte, en amenant le sujet *nolens, volens* à se métamorphoser. 'Les hommes auraient beau revenir à moi, ils ne me retrouveraient plus', constate-t-il.[47] Car s'il y a transformation, n'est-ce en effet chez lui qu'elle s'opère de façon décisive? Qu'est-ce effectivement que cet énoncé, sinon le court-circuitage de la relation spéculaire sur laquelle se greffaient le sentiment de 'conformité', l'intérêt commun' et 'l'assistance de ses semblables', si ce n'est donc la révocation de la réciprocité du lien social tel que Rousseau l'a conçu dès le *Discours sur l'origine de l'inégalité*, en d'autres termes l'abandon de la pierre de touche de sa doctrine?[48] On pourrait multiplier les exemples de cet ordre – 'ils sont pour moi comme s'ils n'existaient point', 'leur société même pourrait me plaire tant que je leur serais parfaitement étranger',[49] 'mes contemporains n'étaient par rapport à moi que des êtres mécaniques'[50] – et si l'on a

38. Rousseau, *Rêveries*, *OC*, t.1, p.1008.
39. Rousseau, *Rêveries*, *OC*, t.1, p.1015.
40. Rousseau, *Rêveries*, *OC*, t.1, p.1022.
41. Rousseau, *Rêveries*, *OC*, t.1, p.1012.
42. Rousseau, *Rêveries*, *OC*, t.1, p.1023.
43. Rousseau, *Rêveries*, *OC*, t.1, p.1031.
44. Rousseau, *Rêveries*, *OC*, t.1, p.1035.
45. Rousseau, *Rêveries*, *OC*, t.1, p.1038.
46. Rousseau, *Rêveries*, *OC*, t.1, p.1039.
47. Rousseau, *Rêveries*, *OC*, t.1, p.998.
48. Rousseau, *Discours sur l'origine de l'inégalité*, *OC*, t.3, p.166.
49. Rousseau, *Rêveries*, *OC*, t.1, p.1057.
50. Rousseau, *Rêveries*, *OC*, t.1, p.1078.

toujours pu les interpréter comme l'expression d'une solitude exaltée, il faut aussi remarquer combien cette solitude remet en cause le principe de socialisation sur lequel le philosophe a construit son système:

[L']application réitérée des êtres divers à lui-même, et les uns aux autres, dut naturellement engendrer dans l'esprit de l'homme les perceptions de certains rapports. [...] Les conformités que le temps put lui faire apercevoir entre eux [...] le firent juger de celles qu'il n'apercevait pas, et voyant qu'ils se conduisaient tous, comme il aurait fait en de pareilles circonstances, il conclut que leur manière de penser et de sentir était entièrement conforme à la sienne.[51]

De cette identification première procèdaient donc l'élan social et, plus tard, l'assise du *Contrat*. Mais le promeneur solitaire ne figure-t-il pas précisément l'anti-citoyen du *Contrat social*, son statut d'étranger parmi les hommes en contrecarrant le postulat de base selon lequel, afin que 'la condition [soi]t égale pour tous [...] chacun se donn[e] tout entier', et réciproquement se retrouve tout entier dans l'autre pour se constituer en '*volonté générale*'?[52] Jean-Jacques s'en vient achopper sur sa solitude. C'est aussi le sens de la chute de la 'Deuxième promenade' – où Rousseau tombait la 'tête [...] plus bas que [l]es pieds'[53] – se faisant l'occasion d'un retournement existentiel, d'un réveil à des formes de vie en société qui, elles, vont permettre la solitude – un état que son propre système avait réservé à l'homme naturel, une situation qu'il avait théoriquement exclue de la formation sociale – des formes de vie qui, outre cette solitude, vont tolérer l'abstention, le détachement, l'indifférence, des choix allant donc à l'encontre de l'engagement que nécessitait encore son *Contrat social*. Or ce sont bien ces variantes du désintérêt que pratique désormais le solitaire. Le promeneur vit dans un type de socialité tout autre que le philosophe. Et dès lors qu'il ne se reconnaît plus dans celui qu'il rencontre, ce n'est pas le lien social en soi qu'il rejette, mais bien la manière, en miroir, dont lui-même l'a défini, l'homme s'auto-créant à l'image de l'homme – 'le premier regard qu'il porta sur lui-même y produis[an]t le premier mouvement d'orgueil'[54] – à l'image de l'homme et non plus à celle de Dieu, ce scandale originel qui appelle tous ceux qui vont suivre et touche ici à sa fin, à travers la redécouverte de la dichotomie malebranchiste de l'amour-propre et de l'amour de soi.[55] La 'Huitième promenade' met en évidence le passage de cet amour-propre – dont il avait fait la trame d'un tissu social extrêmement serré, où l'omniprésence du regard de l'autre vous

51. Rousseau, *Discours sur l'origine de l'inégalité*, OC, t.3, p.165-66.
52. Rousseau, *Du Contrat social*, OC, t.3, p.360-61 (nous soulignons).
53. Rousseau, *Rêveries*, OC, t.1, p.1005.
54. Rousseau, *Discours sur l'origine de l'inégalité*, OC, t.3, p.166.
55. De par le double aspect que revêt la relation spéculaire (regard d'identification à l'autre où se construit l'amour de soi, et regard de comparaison dont dérive l'amour-propre), Rousseau à partir du second *Discours* ne départage plus les deux notions. C'est la réinscription de ce partage (qu'il empruntait aux moralistes dans le premier *Discours*: 'A quoi bon chercher notre bonheur dans l'opinion d'autrui si nous pouvons le trouver en nous-mêmes?' OC, t.3, p.30) qui détermine le mouvement de réévaluation des *Rêveries*.

déterminait de façon bien plus contraignante que celle de Dieu – à l'amour de soi:

Cette passion [...] s'était exaltée en moi dans le monde et surtout quand je fus auteur; j'en avais peut-être encore moins qu'un autre mais j'en avais prodigieusement. [...] En se repliant sur mon âme et en coupant les relations extérieures qui le rendent exigeant, en renonçant aux comparaisons et aux préférences il s'est contenté que je fusse bon pour moi; alors redevenant amour de moi-même il [...] m'a délivré du joug de l'opinion. Dès lors j'ai retrouvé la paix de l'âme et presque la félicité.[56]

Cette redécouverte d'un amour de soi, qui réintroduit Dieu dans la définition de l'homme, le libère de son seul rapport à l'homme et du devoir d'association qui lui incombait. On peut alors lire les *Rêveries* comme une *Recherche de la vérité*, où le politique le cède à la métaphysique. Mais pour s'en tenir au premier registre, on y voit aussi une certaine terminologie proprement rousseauiste – celle du *Contrat social* dont l'équilibre consistait en ce qu''il n'y a[it] pas un associé sur lequel on n'acquière le même droit qu'on lui cède sur soi'[57] – se transformer en son autre: 'je demeure en équilibre parce que ne m'attachant plus à rien je ne m'appuie que sur moi.'[58]

La 'Neuvième promenade' illustre cette nouvelle pensée de l'autonomie, où le lien social ne dépend plus de la reconnaissance immédiate de soi dans l'autre ni de la réciprocité que celle-ci entraîne, mais se fait transaction négociée sous les auspices de la simple communauté d'intérêt, autrement dit d'une forme de réciprocité privée de tout sens absolu. Si la tension entre promenade et rêverie, qui m'a inspiré les remarques précédentes, était déjà symptomatique de la mise en suspens de la spécularité – la rêverie en constituant une forme d'apothéose où le sujet s'identifie à l'univers, le for intérieur du rêveur devenant miroir de la nature, alors que les aléas de la promenade le précipiteront hors de soi aussi bien qu'en dehors des sentiers battus – si se délite au cours des *Rêveries* le projet toujours reconduit, jamais abouti de restaurer son image dans l'estime des hommes, le dernier segment achevé du texte transforme enfin cet abandon en argument positif: on vit mieux lorsqu'on ne fait plus l'objet du regard de l'autre. Déterminant, c'est le constat dont la modernité va permettre, quand il sera compris, de penser la démocratie en dehors de ses références à l'Antiquité, de passer outre une égalité de proximité pour lui substituer l'égalité devant la loi.

A l'instar des 'promenades' où Rousseau reprenait certains des moments prégnants de son système – sa réforme, sa profession de foi, sa devise – pour en réévaluer le sens, la 'Neuvième promenade' revisite un de ses thèmes privilégiés: la fête. Le jeu des oublies fait écho à l'idéal qu'en

---

56. Rousseau, *Rêveries*, *OC*, t.1, p.1079-80.
57. Rousseau, *Du Contrat social*, *OC*, t.3, p.361.
58. Rousseau, *Rêveries*, *OC*, t.1, p.1077.

décrit la *Lettre à D'Alembert* et, de manière plus suggestive encore, à la fête des vendanges de *Julie, ou La Nouvelle Héloïse*. Structurellement, il s'y passe la même chose: un démiurge bienfaisant (Julie ou Jean-Jacques) préside aux réjouissances de ses créatures (paysans ou enfants), avec pour but d'établir entre elles la 'douce égalité' caractéristique de sa création, en leur faisant partager l'activité commune d'une récolte d'une part, d'une tombola d'autre part. D'emblée, l'auteur introduit la fonction identificatoire de la fête: 'Est-il une jouissance plus douce que de voir un peuple entier se livrer à la joie un jour de fête et tous les cœurs s'épanouir aux rayons suprêmes du plaisir'?[59] A première lecture, la rhétorique que Rousseau consacre d'habitude au motif semble donc aussi définir ce passage qui souligne la nature expansive de la joie, donnant accès au partage d'un sentiment, d'une volonté commune à l'ensemble du groupe, transparent à lui-même en cet instant privilégié où l'habite la gratitude, la reconnaissance. Il a pourtant, dans les quelques lignes qui précèdent, compromis la vraisemblance de ce postulat si souvent avancé, en établissant une différence de nature entre 'le bonheur [qui] n'a point d'enseigne extérieure; [que] pour connaître il faudrait lire dans le cœur de l'homme heureux' – un déchiffrage qu'exprime ici le mode de l'irréel, le conditionnel – et 'le contentement [qui] se lit dans les yeux, dans le maintien, dans l'accent, dans la démarche, et semble se communiquer à celui qui l'aperçoit', mais qui, éphémère et d'origine sensitive, s'il peut influer sur les 'sentiments internes', ne s'y confond pas, n'y donne pas accès.[60] La transparence à l'autre qui se révélait dans la communion de la fête se voile; le contentement, le seul état désormais perceptible, ne permet plus que je m'y reconnaisse sinon à l'imiter. 'Des cœurs contents', voilà ce 'qui m'a le plus contenté moi-même', concède Jean-Jacques, sans que ne transparaisse plus la moindre assimilation entre 'eux' et 'moi'.[61] L'impression de conformité a perdu tout son potentiel de spéculation, de divination, de connaissance intuitive de l'autre et de ralliement à autrui. Devenue autistique en quelque sorte, elle s'en tient à l'observation, se refuse au rapport autre que discret, ne détermine plus la conduite du sujet autrement que ponctuellement. Le regard n'est plus la base d'une relation, ni l'instrument d'une reconnaissance; il n'est d'ailleurs plus réciproque.

Corrélativement, la 'Neuvième promenade' met en scène des rencontres qui ne peuvent se situer sur le plan de la réciprocité. Rousseau y croise en effet des enfants, rappelant bien évidemment le placement des siens aux Enfants-trouvés (un abandon qu'on pourra lire comme le refus de la

---

59. Rousseau, *Rêveries*, *OC*, t.1, p.1085. Le premier paragraphe de la 'Neuvième promenade' (d'où sont tirées cette citation et les deux suivantes) a été ajouté après une première rédaction. Rousseau y fixe le sens de cette 'promenade', en faisant donc une ultime reprise de l'image-clé de la fête.

60. Rousseau, *Rêveries*, *OC*, t.1, p.1085.

61. Rousseau, *Rêveries*, *OC*, t.1, p.1085.

reconnaissance paternelle), de jeunes enfants qui lui font sentir 'la disparité des âges', tout surpris 'de voir que [sa] vieille figure ne les [ait] pas rebutés',[62] cette 'figure caduque [qui] les inquiétait' et qui l'a mené à renoncer à partager leurs jeux pour se 'satisfaire' d'une observation à distance, impartiale.[63] L'absence de réciprocité, toutefois, lui permet de lever 'une espèce d'obstacle' dans 'le plaisir que', jeune homme, il trouvait à 'jou[er] avec les enfants si gaiement et de si bon cœur qu['il] ne songeai[t] guère à les étudier' et, de négative qu'elle était, cette disparité devient la condition positive d'une 'connaissance du cœur humain' détachée désormais de toute reconnaissance, voire méconnaissance.[64] 'Je les vois', reprend-il, 'toujours avec le même plaisir; mais je n'ai plus avec eux la même familiarité [...] je ne suis plus dans la situation ni dans l'âge où je voyais le petit cœur d'un enfant s'épanouir avec le mien.'[65] C'est donc ce regard détaché qui vient surdéterminer la fête aux oublies. Contrairement à l'assimilation maître/vendangeur qui faisait l'objet du rassemblement des vendanges en instituant cette 'douce égalité' à laquelle tendait Clarens, le jeu des oublies n'efface à aucun moment l'écart entre Rousseau, l'ordonnateur, et les partenaires occasionnels de sa tombola, 'une vingtaine de petites filles', 'une manière de Religieuse', 'un oublieur [...] qui cherchait pratique'.[66]

> Je vis que les petites filles convoitaient fort les oublies et deux ou trois d'entre elles qui apparemment possédaient quelques liards demandèrent la permission de jouer. Tandis que la gouvernante hésitait et disputait j'appelai l'oublieur et je lui dis: faites tirer toutes ces Demoiselles chacune à son tour et je vous paierai le tout. Ce mot répandit dans toute la troupe une joie qui seule eût plus que payé ma bourse.[67]

Cet écart est signifié, comme en témoigne le nombre d'expressions relevant de la topique pécuniaire, par l'argent, le symbole par excellence de la médiation, alors que le manque de spontanéité des fillettes qui demandent permission et de la religieuse qui hésite vient redoubler l'absence de communion entre les acteurs de la scène, une distance soulignée par la formule 'chacune à son tour'. Jean-Jacques amplifie encore l'effet en s'assurant qu'elles sont bien rangées 'd'un côté, et puis passe[nt] de l'autre côté l'une après l'autre à mesure qu'elles avaient tiré'.[68] Et pour rétablir quelque égalité dans ce tirage individuel, il intervient à nouveau, faussant le dispositif du jeu de façon à ce que le sort obéisse à la loi de ses

---

62. Rousseau, *Rêveries*, *OC*, t.1, p.1087.
63. Rousseau, *Rêveries*, *OC*, t.1, p.1088. Cet obstacle à la réciprocité du lien s'aggrave d'une véritable aphasie, figurant littéralement l'entrave à la communication qu'entraîne la mise en suspens de la spécularité.
64. Rousseau, *Rêveries*, *OC*, t.1, p.1087.
65. Rousseau, *Rêveries*, *OC*, t.1, p.1088.
66. Rousseau, *Rêveries*, *OC*, t.1, p.1090.
67. Rousseau, *Rêveries*, *OC*, t.1, p.1090-91.
68. Rousseau, *Rêveries*, *OC*, t.1, p.1091.

espèces sonnantes et trébuchantes: 'afin de rendre la fête encore plus gaie je dis en secret à l'oublieur d'user de son adresse ordinaire en sens contraire en faisant tomber autant de bons lots qu'il pourrait et que je lui en tiendrais compte. Au moyen de cette prévoyance il y eut tout près d'une centaine d'oublies distribuées quoique les jeunes filles ne tirassent chacune qu'une seule fois.'[69] Omniprésente, la référence à l'argent comme instrument déterminant du lien entre les différents partenaires du jeu introduit, en regard de la relation spéculaire, un rapport social transformé. Non plus immédiat mais librement établi (Jean-Jacques aurait très bien pu ne pas nouer relation en se contentant d'observer les petites filles 'fôlatrer assez près de nous'),[70] non plus transparent (l'oublieur ne s'identifie pas au désir des fillettes, il répond à la demande de son client) mais métonyme de l'argent, il se fait transaction, négociation, compromis, évaluation. On a beau jeu de voir dans ce marchandage la corruption du modèle positif de la spécularité,[71] le rapport ne se ramenant plus qu'aux instruments, artifices et 'simagrées' nécessaires à son actualisation... à moins que Rousseau ne signale par figure d'ironie l'artifice même du concept de réciprocité tel qu'il l'avait d'abord postulé. Car on peut aussi comprendre la médiation qu'opère l'argent comme salutaire. Considérons par exemple l'évaluation de la situation à laquelle se livre Jean-Jacques tout au long de cette rencontre. L'estimation, même approximative, s'exprime dorénavant en chiffres. La valeur n'est plus allouée par rapport à la sienne propre, comme au sein de la relation spéculaire; elle est convertie en mesure objective – le désir de l'autre montant ici aux 'trente sols qu'il m'en coûta tout au plus' et son contentement à 'plus de cent écus' – une mesure qui dispense le sujet de se comparer à autrui pour le laisser tout entier à la jouissance du moment, à l'amour de soi affranchi des calculs de l'amour-propre.[72]

D'où provient en effet la gaieté qui transforme le jeu en fête? Non tant, semble-t-il, du partage en commun des oublies – il n'est évoqué qu'à la dérobée et placé sous l'égide de Thérèse 'insinua[nt] à celles qui avaient de bons lots d'en faire part à leurs camarades'[73] – que du nombre disproportionné d'oublies, une centaine pour une vingtaine de fillettes, une profusion qui renvoie en dernière analyse à la générosité du promeneur. Ce qui le contente n'est pas de l'ordre de la spécularité, impliquant partage et reconnaissance, c'est en l'occurrence sa propre libéralité, son désintéressement. Il n'insiste d'ailleurs ni sur la joie ni sur les remerciements des petites filles, mais sur son rôle de juge désintéressé, d'arbitre

---

69. Rousseau, *Rêveries*, *OC*, t.i, p.1091.
70. Rousseau, *Rêveries*, *OC*, t.i, p.1090.
71. Voir les termes de 'pratique', 'convoitise'/'possession', 'dispute', 'rang', 'secret', 'compte', 'prévoyance', 'distribution', 'faveur', 'abus', 'rejet'/'offre', 'simagrées', 'opération', 'plaidoyer', 'coût', 'mesure', etc., qu'emploie ici Rousseau.
72. Rousseau, *Rêveries*, *OC*, t.i, p.1091.
73. Rousseau, *Rêveries*, *OC*, t.i, p.1091.

magnanime, la seule instance où il leur parle directement occasionnée par les 'disputes qu'on porta devant mon tribunal [quand] ces petites filles venant plaider tour à tour leur cause me donnèrent occasion de remarquer que quoiqu'il n'y en eût aucune de jolie la gentillesse de quelques-unes faisait oublier leur laideur.'[74] Les signes se dédoublent, le désintérêt vient cautionner le désintéressement, aucune de ces filles n'étant assez jolies pour susciter d'attrait chez Jean-Jacques. Or c'est aussi en cela que se suspend la relation spéculaire, le regard n'entraînant plus aucun désir d'intimité. Nous sommes donc bien à l'antipode du monde de Clarens, où l'intérêt se déclinait dans toutes ses acceptions,[75] tout en masquant l'idée d'intéressement. Car si l'argent y jouait un rôle, comme en témoigne la lettre sur l'économie domestique, sa place restait secondaire, son utilisation surdéterminée, inscrite dans le cadre plus large de la reconnaissance ou encore d'un 'intérêt bien entendu', les deux paramètres apparemment contradictoires mais structurellement liés dont dépendait la gestion quotidienne de Clarens. La fortune de ses habitants était 'attachée à celle du maître':

C'est là leur plus grand intérêt. Mais ce mot n'est guère à sa place en cette occasion, car je n'ai jamais vu de police où l'intérêt fût si sagement dirigé et où pourtant il influât moins que dans celle-ci. Tout se fait par attachement: l'on dirait que ces âmes vénales se purifient en entrant dans ce séjour de sagesse et d'union. L'on dirait qu'une partie des lumières du maître et des sentiments de la maîtresse ont passé dans chacun de leurs gens [...] Se faire estimer, considérer, bien vouloir, est leur plus grande ambition, et ils comptent les mots obligeants qu'on leur dit, comme ailleurs les étrennes qu'on leur donne.[76]

Toutes les antinomies liées à la spécularité se retrouvent dans ce paragraphe où s'articulent, avec l'esprit de système caractéristique des Wolmar, l'attachement et l'intérêt, la reconnaissance et l'amour-propre, l'union et l'émulation, l'amour et l'ambition, l'instrument monétaire (les étrennes) ne contribuant rien d'essentiel aux rapports entre les habitants de Clarens. L'aliénation y est telle que la définira bientôt Hegel à travers la relation réciproque du maître et de l'esclave.[77] Rousseau le sait-il? Si Clarens rassemble certains des croquis préparatoires à la rédaction du *Contrat*, la confrontation de la scène des oublies à celle des vendanges laisse à penser que le philosophe continue son autocritique au cours de cette 'Neuvième promenade', en substituant le simple contrat qu'il passe avec

---

74. Rousseau, *Rêveries, OC*, t.1, p.1091.

75. L'idylle des deux protagonistes, à la source de la formation sociale de Clarens, y explicitait la force de la relation spéculaire, l'emprise de l'identification à l'autre. Mais le caractère double de la spécularité expliquait aussi pourquoi cet amour confinait à l'amour-propre. De l'aveu de Julie, 'je crus voir sur votre visage les traits de l'âme qu'il fallait à la mienne [...] et j'aimai dans vous, moins ce que j'y voyais que ce que je croyais sentir en moi-même,' (Rousseau, *Julie, ou La Nouvelle Héloïse, OC*, t.2, p.340).

76. Rousseau, *Julie, OC*, t.2, p.469-70.

77. Georg Wilhelm Friedrich Hegel, *Phénoménologie de l'esprit*, 2 vol., trad. par J. Hyppolite, (Paris, 1941).

l'oublieur au pacte combien plus héroïque du *Contrat social*. Pareil retour aux pratiques usuelles du marché est sans doute décevant après l'espoir de régénérescence qu'a suscité l'épreuve positive de la relation spéculaire, le postulat de la transparence des rapports sociaux et de l'exercice d'une volonté générale. Mais la spécularité se décline sur deux modes; elle ne peut s'actualiser sans aussitôt nourrir un amour-propre qui fasse bientôt obstacle à ces espérances. Or si, dans un premier temps, la difficulté qu'il y aurait à tester au niveau de l'expérience l'hypothèse du lien spéculaire conduit le philosophe à imaginer un monde où il soit mis en évidence, à la relecture, c'est ce monde qui désigne la relation spéculaire comme abusive, en proscrivant du même coup l'instrumentalisation. La belle âme, le triomphe de la spécularité, l'envers du moi social dépravé, n'en reste pas moins le miroir de ce moi. La transparence s'inverse en exclusion, l'émulation en rivalité, l'estime en orgueil. Aussi prometteur fût-il, Jean-Jacques abandonne son modèle *bifrons* dans cette ultime reconsidération que sont les *Rêveries*, pour adopter, avec le personnage du promeneur, une posture plus propre à saisir l'espace social dont il participe. A le saisir et à nous le renvoyer, cet espace où se façonne l'individualisme libéral, sous la figure du solitaire qui devra revêtir, pour entrer en société, l'habit de la partie contractante. Ce faisant, c'est aussi le lecteur qu'il invite à reconsidérer l'ensemble de son œuvre, qu'elle ne puisse servir à une vision totalisante sinon totalitaire, sauf à le trahir, lui Rousseau, à refuser de le lire jusqu'au bout.

Retrouver l'espace social, rompre avec les catégories qui avaient structuré les constructions imaginaires de Clarens ou du *Contrat social*, c'est aussi voir son appréhension de la temporalité se modifier. Ainsi pourra-t-on encore opposer la nature statique, l'éternisation du moment à Clarens où 'on ne serait pas fâché de recommencer [...] toute sa vie' la même journée,[78] à l'impossibilité de revivre les rencontres, même en retraçant ses pas, qu'ont pu susciter les promenades. C'est la conclusion de la fête aux oublies: 'je suis revenu plusieurs autres fois à la même place à la même heure espérant d'y rencontrer encore la petite troupe mais cela n'est plus arrivé'.[79]

Quelque chose d'un cycle se brise dans cette remarque laconique, comme si la promenade, contrairement à la rêverie, ne permettait pas de revenir sur ses pas, sur les lieux exacts de son existence, ni d'en remonter le temps. La voici donc la différence fondamentale entre ces deux modes d'être au monde qui va me permettre de conclure, en reprenant la définition paradigmatique de la promenade, par opposition à celle qu'on avait d'abord proposée de la rêverie. Si la promenade ne me permet pas de revenir sur les lieux de mon existence, c'est qu'on ne désigne donc plus

---

78. Rousseau, *Julie*, OC, t.2, p.611.
79. Rousseau, *Rêveries*, OC, t.1, p.1092. L'épisode qui précède – la rencontre d'un petit garçon à Clignancourt – se conclut de même.

par ces lieux un espace purement matériel qu'il aurait été facile de retrouver intact, le milieu physique témoignant d'habitude de sa persistance. Mais alors de quels lieux s'agit-il? Autrement dit, quelle transformation la promenade opère-t-elle sur l'espace géographique? Elle ne le projette pas sur le plan imaginaire; ce sera le fait de la rêverie. Elle le transforme en espace social, elle socialise l'espace. La raison pour laquelle Jean-Jacques ne se retrouve plus au lieu de la fête, quoiqu'il retourne plusieurs fois sur place, c'est parce que la 'petite troupe' y manque, cette troupe qui a conféré son sens à la promenade, sans laquelle il n'y aurait eu ni promenade à proprement parler, ni surtout traduction littéraire de la promenade.

A l'inverse de la rêverie, qui transmute l'espace physique sur le plan de l'imaginaire, l'amalgamant ainsi au sujet, la promenade ne propulse pas seulement l'individu au dehors, mais à la rencontre de l'autre. Si elle socialise le lieu, elle socialise aussi le promeneur: seul au départ, comme le demeurera le rêveur, il ne terminera jamais sa promenade en 'solitaire' (d'où ma question initiale sur le sens à donner au titre). Il aura toujours – même dans les lieux les plus sauvages, ces Alpes suisses étrangement devenues 'pour ainsi dire [...] une grande ville [aux] rues larges et longues plus que celle de St Antoine'[80] – la surprise de rencontrer au hasard de son parcours la présence de l'homme, une présence qui marquera ce parcours d'un événement et le métamorphosera en 'promenade'. Aussi voit-on, de *La Promenade de Versailles*,[81] aux déambulations d'André Breton,[82] le registre descriptif de la promenade littéraire se convertir invariablement en narration, en l'histoire de cet événement en forme d'illumination qui rétrospectivement donnera sens au parcours.[83] La 'Deuxième promenade' est encore exemplaire à ce titre, par contraste avec la Première, manière d'introduction méditative au texte dualiste qui va donc faire coexister ces deux modes irréductibles l'un à l'autre que s'avèrent désormais constituer la rêverie et la promenade.

Mouvement d'appropriation de l'autre et mode de socialisation de l'espace, la promenade se distingue encore de la rêverie de par son caractère transitif. En effet, si l'on a pu considérer la rêverie comme l'apothéose de la spécularité, j'opposerai maintenant le cheminement de la promenade à l'expérience de l'insularité qui traduit dans l'espace la circularité du rapport à autrui tel que le définissait la relation spéculaire. Relativisant l'importance de la figure insulaire chez Rousseau, de *Julie* aux *Rêveries*, la promenade qui traverse l'île de part en part (qu'elle soit forêt, parc, ou l'îlot de Saint-Pierre), qui passe la Seine d'une rive à

---

80. Rousseau, *Rêveries*, *OC*, t.1, p.1072.

81. Madeleine de Scudéry, *La Promenade de Versailles* (Paris, Claude Barbin, 1669).

82. Voir *Nadja*, dans *Œuvres complètes d'André Breton* (Paris, 1988).

83. Au sujet de l'illumination de Vincennes, voir l'étude d'Ourida Mostefai dans ce volume.

l'autre,[84] et jette des ponts d'une pente à son versant, qui se refuse à devenir pélerinage (même à Meillerie) en déjouant toute intention de récidive de la part du promeneur, qui substitue à la reconnaissance des lieux la surprise de l'événement – la promenade rompt avec l'insularité. Même solitaire, elle est précisément ce qui permet de sortir de l'isolement pour retrouver le social, mais une socialité qui, à la différence de celle dont avait rêvé Jean-Jacques, admet la distance, l'écart entre les hommes. La transitivité a remplacé la transparence.

Enfin, et ce sera là la dernière caractéristique que je lui attribuerai, la promenade – à rebours de la rêverie qui annulait la différence des temps, des lieux et des êtres jusqu'à confondre l'un et le tout, l'univers et l'individu mis en miroir – la promenade vit littéralement de la distance. Elle (r)établit l'écart entre les choses, transforme la mesure de cet écart en expérience intime. La promenade littéraire aura dès lors beau jeu de mêler aux registres descriptifs et narratifs qui la composent un troisième élément constitutif, celui de l'essai critique, dont la présence distinctive la différenciera catégoriquement des méditations de la rêverie en prose. Jean-Jacques Rousseau, en réunissant les deux formes dans son ultime écrit, reste fidèle à lui-même, lui qui fut toujours aussi son autre. En conscience, il nous invite à relire le rêveur du point de vue du promeneur, même au risque de voir s'invalider son legs historique, comme nous le suggère la fonction qu'accorde Manfredo Tafuri à l'analyse: 'Every analysis seeks only to measure the effects that it sets into motion in order to change itself according to the intervening transformations [...] "true history" is not that which cloaks itself in indisputable "philological proofs", but that which recognizes its own arbitrariness, which recognizes itself as an "unsafe building"'.[85]

84. C'est le dernier épisode de la 'Neuvième promenade', la traversée avec le vieil invalide qui ne reconnaît pas Rousseau.
85. Manfredo Tafuri, *The Sphere and the labyrinth* (Cambridge, 1990), p.12.

Summaries

JACQUES BERCHTOLD

Le carrosse et le jardinier: nature et dénaturation dans la 'Deuxième promenade'

Cette étude reconsidère quelques motifs associés à l'épisode de la collision de la 'Deuxième promenade'. En particulier le 'carrosse clinquant' est condamné de façon récurrente dans l'œuvre de Rousseau. Or cet attribut luxueux est également omniprésent dans le théâtre comique de Dancourt. A partir d'un signal affiché par Rousseau dans son texte (le *Galant jardinier*), on montre comment l'épisode de Ménilmontant s'enrichit d'une réprobation complexe du mode satirique jadis employé par Dancourt dans son théâtre, pour stigmatiser les ridicules des Parisiens et opposer la ville à la campagne.

ALEXANDRA COOK

The 'Septième promenade' of the *Rêveries*: a peculiar account of Rousseau's botany?

This essay argues that Rousseau's depiction of his botanising in the 'Septième promenade' of the *Rêveries* minimises the knowledge and effort that this activity entailed. Rousseau's interest in botany dates from his exposure to Maman's pharmaceutical enterprises. Rousseau's later studies in plant chemistry disillusioned him, opening his eyes to the possibility of a salutary botany that could nourish the soul and elevate one's sights to the Author of nature. A central feature of Rousseau's botanical practice is the herbarium, a collection of scientific and aesthetic significance that can be used to teach, recollect and advertise the study of nature.

JEAN-LUC GUICHET

Nature et origine: l'accident de Ménilmontant

L'accident dont est victime Rousseau heurté par un chien ('Deuxième promenade') n'est pas anecdotique, mais donne lieu à une expérience fondamentale, peut-être unique dans l'œuvre, de retour vécu du sujet à l'origine. Dépouillé de son identité sociale et psychologique, le moi se retrouve pure sensibilité extatique au monde, en deçà de toute aliénation. Mais se pose un problème, celui de la possibilité d'articuler cette expérience inouïe avec l'interdit théorique de la régression. La contradiction peut être levée si l'on considère que cette expérience résolument alogique n'équivaut pas à une quelconque reconstruction, marquant la différence de Rousseau avec par exemple Condillac.

KEVIN INSTON
Nature as the possibility of change and resistance

This article links the metaphor of nature in the *Discours sur l'inégalité* with the aesthetic experience of rêverie. By showing the contingency of social reality, they indicate the permanent possibility of change. Just as the metaphor of nature divests society of any essence, opposing the closure of earlier accounts of the social origin, so rêverie divests the self of determinate content, highlighting the self's susceptibility to transformation. Rêverie functions to resist the attempt by Rousseau's persecutors to fix his identity as malevolent, loosening the deadlock of the persecutory relationship. Like the second *Discours*, the *Rêveries* figure man's inalienable freedom to rethink his relationship with society.

DOROTHY JOHNSON
Rousseau and landscape painting in France

The influence of Rousseau's ideas on the development of the picturesque garden in France, particularly at Ermenonville, is well known. Attention has also been given to his impact on the representation of the child in French painting and sculpture in the late-eighteenth and early-nineteenth centuries. This essay explores a less studied facet of his influence on art, namely, the impact of his ideas, especially those expressed in the *Rêveries*, on representations of landscapes as well as landscape theory *c.*1800 in France. Several artists in particular, such as Girodet, Gros and Prud'hon, in their portraits of women in landscape settings, seem to have been particularly attuned to Rousseauian ideas of nature as a space for rêverie and contemplation.

NATASHA LEE
A dream of human nature

In substituting a practice of botany for a science of man, the *Rêveries* raise the question of what is at stake in claiming to know human nature. As autobiography, they both produce an identity and rest upon a certain disfiguration of identity, and Rousseau 'discovers' his inner nature only by reneging his sociability, relating instead directly to things in the physical world. Although one can never fully attain one's essence, nature is nonetheless posited as a referent that anchors the text and the narrator's identity, an anchoring that carries implications for broader notions of identity and difference in Rousseau's works.

LAURENCE MALL

'Dieu est juste; il veut que je souffre; et il sait que je suis innocent': le problème du mal dans les *Rêveries* de Rousseau

Rousseau pose le problème du mal en termes anthropologiques et non plus théologiques: le mal trouve pleinement son origine dans le rassemblement des hommes en société; la solution de la perversion sociale sera donc politique. Mais dans les *Rêveries*, le mal est devenu énigmatique par son excès, face au 'je' seul sur la terre et qui seul y aurait échappé. En attendant un retour à l'ordre après la mort, garanti 'tôt ou tard' par un Dieu juste mais énigmatique, reste l'expression personnelle du malheur et du bonheur. Sans rompre avec sa vision anthropologique, Rousseau confère ici une résonance toute nouvelle au traitement du problème du mal par la place exceptionnelle qu'y occupe la subjectivité lyrique.

CAROLE MARTIN

De rêveries en promenades: essai d'étude générique à partir des *Rêveries du promeneur solitaire*

Cet article part du présupposé qu'on ne peut pas établir d'équivalence simple entre la rêverie et la promenade, qu'il s'agit là de deux types d'expérience, et qui plus est, de deux genres littéraires différents. Ce partage des deux éléments consubstantifs des *Rêveries du promeneur solitaire* permet de rétablir la dimension dialogique propre à l'œuvre rousseauiste, en faisant apparaître les caractères distinctifs de la rêverie d'une part, associée à la jouissance de soi, de la promenade d'autre part, interprétée comme un processus de socialisation, mais une socialisation qui, à l'inverse de la communion sociétale que posaient en principe des textes comme le *Contrat social*, *La Nouvelle Héloïse* ou la *Lettre à d'Alembert*, admet la distance, les écarts du 'solitaire', et le réconcilie avec le monde.

FIONA MILLER

Forced into freedom: Rousseau's strange self-portrait in the *Rêveries*

While the 'Cinquième promenade' of the *Rêveries* describes Rousseau soaring on the wings of imagination, the overall work portrays him as forced, through his lack of imagination, to focus on sensations, as does natural man. Abandoned to sensation, Rousseau sees his 'semblables' as 'êtres mécaniques', devoid of morality or will. Rousseau's self-portrait as natural man is both a joke at the expense of the materialists of his day – being forced to accept their doctrine compelled his return to nature and natural freedom – and an example of how natural, as well as civil and moral, freedom can be experienced in society.

OURIDA MOSTEFAI

De Vincennes à Ménilmontant: promenade et projet autobiographique dans les *Rêveries du promeneur solitaire*

Cet article examine la reformulation du projet autobiographique de Rousseau amorcé dans les *Confessions* et les *Dialogues*. A travers une lecture suivie de la 'Seconde promenade', nous nous proposons d'analyser la démarche de Rousseau et l'enchaînement de ruptures et d'accidents qui constituent le cheminement décrit par le texte. De fait, ce qui ressort de cette analyse est à la fois la singularité et l'exemplarité du projet auto-biographique redéfini par l'auteur comme un cheminement dans lequel la notion d'égarement est abandonnée et remplacée par une nouvelle conversion qui revendique l'idée de la mort comme fondamentalement au cœur du projet philosophique.

JOHN C. O'NEAL

Nature as refuge in Rousseau's *Rêveries du promeneur solitaire*

In his last work, Jean-Jacques Rousseau offers powerful advice on coping with human misery. This, rather than seeking and finding human happiness, is the fundamental goal of the *Rêveries*, the dramatic structure of which gains immeasurably from Rousseau's poignant treatment of his subject. There is much hope to be found in Rousseau's experience, for he presents a universal problem and finds in nature a brilliant, original solution. In describing what we have come to know as anxiety, stress and depression, Rousseau signals a new malaise in society, one which has only increased and become readily apparent since his time.

JEAN-FRANÇOIS PERRIN

'Les opérations que font les physiciens': physique de l'homme naturel selon les *Rêveries du promeneur solitaire*

L'idée directrice de cet article est que les *Rêveries du promeneur solitaire* pourraient être considérées comme la dernière tentative de Rousseau en vue d'une approche expérimentale de l'homme naturel vivant en société. Après une comparaison entre les dispositifs rhétoriques des *Dialogues* et des *Rêveries*, on étudie la méthode et le programme d'auto-observation du Promeneur, saisi à travers ses tropismes et automatismes quotidiens, selon quatre axes: occasion, souvenir, reconnaissance ou méconnaissance, ré-évaluation. Apparaîtront le rôle du tempérament comme clef du caractère, une dialectique virtuelle de la dénaturation et de la renaturation, l'hypothèse de la réversibilité de l'amour-propre en amour de soi.

SYLVIE ROMANOWSKI

Un étranger pas comme les autres: la voix du maître

Dans les *Rêveries*, Rousseau se déclare être un nouveau type d'étranger qui s'oppose à celui de son texte précédent, *Rousseau juge de Jean-Jacques: Dialogues*, où il cherchait à se faire comprendre et accepter par la société. Le narrateur des *Rêveries*, au contraire, se redéfinit comme ayant la volonté d'être maître de lui-même et maître de la nature. Ce nouvel étranger est proche d'un autre sujet, étranger et scandaleux aussi, celui du marquis de Sade. Alors que l'ancien régime définissait l'individu selon le statut héréditaire, juridique et social, Rousseau et Sade réfléchissent à l'homme moderne en train de naître.

JOHN T. SCOTT

Rousseau's quixotic quest in the *Rêveries du promeneur solitaire*

Laughter plays a surprisingly important role in the 'Septième promenade' of the *Rêveries*. Rousseau's readiness to laugh at himself as he reaches 'sa fin' signals a change in perspective from the beginning of the work as Rousseau begins to achieve the self-knowledge he seeks by recognising the ultimately tragicomic character of his pursuit of solitude. Rousseau's pursuit of solitude in the *Rêveries* turns out to be quixotic: quixotic in the proper sense of being comically futile but also noble, a combination that makes it tragicomic rather than solely tragic or comic. The quixotic nature of Rousseau's quest in the *Rêveries* is underscored by a surprising parallel between the most important incident of laughter in the 'Septième promenade' and an episode in a work that is acknowledged as a comic masterpiece: Cervantes' *Don Quixote*.

PHILIP STEWART

'Ebranlé mais non convaincu': Rousseau parmi les philosophes

Le moment originel de la philosophie personnelle de Rousseau est sa période d'association avec les philosophes. Il y a dans l'œuvre de Rousseau plusieurs allusions à cette période d'intense travail intérieur. Il s'est décidé à retenir l'acquis d'une réflexion une fois faite, et à ne plus tenir compte des problèmes, le tout étant de s'en tenir une fois pour toutes aux conclusions de son enquête. Selon le récit des *Rêveries*, Rousseau s'est toujours rassuré au moins d'avoir fondé définitivement un système non seulement adéquat mais satisfaisant, se consolant que, même philosophiquement défectueux, c'était le fruit d'un prodigieux effort qu'il importait désormais de ne plus jamais révoquer en doute.

JAMES SWENSON

The solitary walker and the invention of lyrical prose

The crux of romantic lyricism lies in the possibility that the expression of subjectivity and the description of nature might occur within a single, unified movement. This paper contends that this possibility was invented, in prose, in Rousseau's *Rêveries*. The lyrical nature of Rousseau's prose derives from the way objects are encountered in reverie. The solitary walker's ecstatic contemplation of nature is dissociated from the experience of totality and instead lodges in an abstract detail, the most minimal of perceptions and therefore the purest expression of the *sentiment de l'existence*. Modern lyricism is founded in this moment when any prosaic object whatsoever can become the poetic expression of the self.

ZEV TRACHTENBERG

The exile and the moss-trooper: Rousseau and Thoreau on walking in nature

In Rousseau's 'Cinquième promenade' and Thoreau's essay 'Walking' both authors present themselves as solitary walkers through nature. However, the two men frame the meaning of walking in terms of two distinct existential positions. Whereas in his walking Rousseau enacts the identity of an exile, banished from society, Thoreau walks as a 'moss-trooper', someone who dwells on the border between society and nature, crisscrossing between them. The comparison reveals that for Rousseau, the purpose of walking is finally not to encounter the natural world. While Thoreau seeks the experience of wildness, Rousseau finds ultimate value in the experience of his self.

Bibliography

Alain, *Eléments de philosophie* (Paris, 1941).

Alberg, Jeremiah, 'Rousseau's *First discourse* and scandal', *International philosophical quarterly*, vol. XLI, no. 1, issue 161 (March 2001), p.49-62.

Ananoff, A., and D. Wildenstein, *François Boucher* (Paris, 1976).

Andrew, Edward, 'The senecan moment: patronage and philosophy in the eighteenth century', *Journal of the history of ideas* (2004), p.277-99.

Arber, Agnes, *Herbals: their origin and evolution, a chapter in the history of botany 1470-1670*, 3rd edn (Cambridge, 1986).

Austin, J. L., *How to do things with words*, 2nd edn (Cambridge, MA, 1975).

Aymonin, Gérard, 'Herbier', in *Dictionnaire de la botanique – encyclopaedia universalis* (Paris, 1999), p.571-76.

Bachelard, Gaston, *L'Air et les songes: essai sur l'imagination du mouvement* (Paris, 1943).

–, *Le Droit de rêver* (Paris, 1970).

–, *L'Eau et les rêves: essai sur l'imagination de la matière* (Paris, 1942).

–, *La Poétique de l'espace* (Paris, 1957).

–, *La Terre et les rêveries de la volonté: essai sur l'imagination des forces suivi de La Terre et les rêveries du repos: essai sur les images de l'intimité* (Paris, 1948).

Baczko, Bronislaw, *Rousseau: solitude et communauté*, translated by Claire Brendhel-Lamhout (Paris, La Haye, 1974).

Bataille, Georges, *L'Erotisme* (Paris, 1957).

Baudelaire, Charles, 'Le cygne', in *Les Fleurs du mal*, in *Œuvres complètes*, vol.1, p.85-87.

–, *Œuvres complètes*, ed. Claude Pichois (Paris, 1975).

–, *Petits poèmes en prose* (Paris, 1967).

Bayard, Pierre, 'Ecriture et espace intérieur dans les *Rêveries*', *Littératures* 11 (1984), p.43-53.

Bellenger, Sylvain, *Girodet. 1767-1824* (Paris, 2005).

Benjamin, Walter, 'The Paris of the Second Empire in Baudelaire', in *Selected writings*, ed. Michael W. Jennings (Cambridge, MA, 2003).

Bensaude-Vincent, Bernadette, 'La nature-laboratoire', in *Rousseau et les sciences* (Paris, 2003), p.155-74.

–, and Bruno Bernardi (ed.), *Rousseau et les sciences* (Paris, 2003).

Berchtold, J., 'L'impossible virginité du jardin verbal. Les leçons de la nature selon la Lettre IV,11 de *La Nouvelle Héloïse*', in *Rousseauismus, Naturevangelium und Literatur* (Actes coll. Intern. Neuchâtel), ed. P. Söring (Berne, 1999), p.53-83.

–, 'La sottise moquée de Lazarille, de Sancho, d'Arlequin: échos redressés dans l'œuvre de Rousseau', in *Sottise et ineptie de la Renaissance aux Lumières*, ed. N. Jacques-Lefèvre, *Littérales* 34-35 (2004), p.165-81.

Bernardin de Saint-Pierre, J.-H., *Etudes de la nature* (Paris, 1959).

–, *Voyage à l'Isle de France, 1768-1771*, in *Œuvres complètes*, ed. L. Aimé-Martin, I (Paris, 1818).

Blanc, Maurice, 'La 5e promenade ou comment, par la rêverie, Jean-Jacques Rousseau procède à sa propre divinisation', in *Jean Jacques au présent* (Genève, 1978), p.11-15.

Bonhôte, Nicolas, *Jean-Jacques Rousseau: vision de l'histoire et autobiographie* (Lausanne, 1992).

Bonnet, Charles, *Essai de psychologie* (Hildesheim, 1978).

Boom, Brian M., 'Societal and scientific information needs from plant collections', in *Sampling the green world: innovative concepts of collection, preservation, and storage of plant diversity*, ed. T. F. Stuessy and S. H. Sohmer (New York, 1996), p.18-27.

Breton, André, *Nadja* (Paris, 1928).

Bridson, Diane and Leonard Forman, *The Herbarium handbook*, rev. edn (Kew, 1992).

Brown, Marshall, *Preromanticism* (Stanford, CA, 1991).

Bulliard, Jean Baptiste François, *Dictionnaire élémentaire de la botanique ou exposition par ordre alphabétique, des préceptes de la botanique, & de tous les termes, tant français que latins, consacrés à l'étude de cette science* (Paris, Didot, Barrois et Belin, 1783).

Cantor, Paul A., 'The metaphysics of botany: Rousseau and the new criticism of plants', *Southwest review* 70 (1985), p.362-80.

Carroll, David (ed.), *The State of theory: history, art, and critical discourse* (New York, 1982).

Carroll, Robert C., 'Rousseau's bookish ontology', *SVEC* 79 (1971), p.103-52.

Cassirer, Ernst, *The Philosophy of the Enlightenment*, translated by Fritz C. A. Koelln and James P. Pettegrove (Boston, 1951).

Cervantes y Saaveydra, Miguel de, *Don Quixote*, translated by Edith Grossman (New York, 2003).

Chateaubriand, François-René, *Atala* (Geneva, 1973).

–, *Mémoires d'outre-tombe* (Paris, 1951), 2 vols.

Chaussinand-Nogaret, Guy, 'De l'aristocratie aux élites', in *Histoire des élites en France du XVIe au XXe siècle* (Paris, 1991).

Cheyron, Henry, 'L'amour de la botanique: les annotations de Jean-Jacques Rousseau sur la botanique

de Regnault', *Littératures* 4 (1983), p.55-95.

Combe, Dominique, 'La référence dédoublée: le sujet lyrique entre fiction et autobiographie', in *Figures du sujet lyrique*, dir. Dominique Rabaté (Paris, 1996), p.39-63.

Condillac, Etienne Bonnot, abbé de, *Œuvres complètes* (Paris, Houel, 1798).

Conisbee, Philip, *et al.*, *The Light of Italy: Corot and open-air painting* (New Haven, CT and London, 1996).

Cook, Alexandra, 'Jean-Jacques Rousseau and exotic botany', in *Eighteenth-century life* special issue, *Exoticism and the culture of exploration*, ed. R. Maccubbin and C. Knellwolf, 26/3 (Fall 2002), p.181-201.

–, 'Jean-Jacques Rousseau et les réseaux d'échange botanique', in *Rousseau et les sciences*, ed. B. Bensaude-Vincent and B. Bernardi (Paris, 2003), p.93-114.

–, 'Propagating botany: the case of Jean-Jacques Rousseau', in *The Transmission of culture in Western Europe, 1750-1850: papers celebrating the bi-centenary of the foundation in Geneva of the Bibliothèque britannique*, ed. David Bickerton and Judith Proud (Berne, 1999).

–, 'Rousseau and the languages of music and beauty', in *Musique et langage chez Rousseau*, ed. C. Dauphin, *SVEC* 2004:08, p.75-87.

–, and Christopher Kelly, 'Introduction', in *The Collected writings of Rousseau*, vol.8 (Hanover, NH, 2000).

Cotoni, Marie-Hélène, 'Le "christianisme" de Rousseau au temps des *Rêveries du promeneur solitaire*', *Etudes Jean-Jacques Rousseau* 10 (1998), p.57-75.

Coupin, P. A., *Œuvres posthumes de Girodet-Trioson*, II (Paris, 1829).

Cranston, Maurice, *The Mask of politics and other essays* (New York, 1973).

Dancourt, Florent Carton, *Le Chevalier à la mode*, in *Œuvres de théâtre de*

M. d'Ancourt (Aux dépens des Libraires associés, 1760).

–, *La Maison de campagne*, ed. André Blanc (Paris, 1985).

Daubenton, Louis Jean Marie, 'Histoire naturelle', in *Encyclopédie de Diderot et d'Alembert* (Paris, 2000), CD-ROM.

Davis, Michael, *The Autobiography of philosophy: Rousseau's 'The Reveries of the solitary walker'* (Oxford, 1999).

De Beaurieu, Gaspard, *L'Elève de la nature* (Amsterdam, chez J.B. Henry, Lille, 1771).

De Caso, Jacques, *David d'Angers: sculptural communication in the age of Romanticism* (Princeton, NJ, 1992).

DeJean, Joan, *Literary fortifications: Rousseau, Laclos, Sade* (Princeton, NJ, 1984).

Delestre, J.-B., *Gros et ses ouvrages ou mémoires historiques* (Paris, 1845).

Deleuze, Gilles, *L'Ile déserte et autres textes* (Paris, 2002).

Delon, Michel, 'Sade contre Rousseau en marge des Lumières', *Magazine littéraire* 389 (2000).

–, 'Sade face à Rousseau', *Europe* 522 (1972).

De Man, Paul, *Allegories of reading: figural language in Rousseau, Nietzsche, Rilke, and Proust* (New Haven, CT, 1979).

–, 'Autobiography as de-facement', *MLN* 94:5 (December 1979) p.919-30.

–, *Blindness and insight* (New York, 1971).

De Montgolfier, B. and M. Gallet, 'Souvenirs de Voltaire et de Rousseau au Musée Carnavalet', *Bulletin du Musée Carnavalet* 13/2 (November 1960), p.2-23.

De Muralt, Béat Louis, *Lettres sur les Anglais et les Français*, II (Lausanne, 1972).

Denton, Margaret Fields, 'Gros's *Portrait de Christine Boyer* and Schall's *Pensée sur la brièveté de la vie*: private grief and public rhetoric in postrevolutionary French painting',

Gazette des beaux-arts 128 (September 1996) p.103-20.

Deperthes, Jean-Baptiste, *Théorie du paysage* (1818; La Rochelle, 2002).

Derathé, Robert, 'Jean-Jacques Rousseau et le Christianisme', *Revue de métaphysique et de morale* 53 (1948).

Derrida, Jacques, *De la grammatologie* (Paris, 1967).

–, *Demeure: Maurice Blanchot* (Paris, 1998).

De Scudéry, Madeleine, *La Promenade de Versailles* (Paris, Claude Barbin, 1669).

Diderot, Denis, *Œuvres complètes*, ed. Herbert Dieckmann, Jacques Proust, Jean Varloot *et al.* (Paris, 1975-).

–, *Réfutation suivie de l'ouvrage d'Helvétius intitulé 'L'homme'*, in *Œuvres philosophiques* ed. P. Vernière (Paris, 1990).

–, and Jean D'Alembert (ed.), *L'Encyclopédie, ou Dictionnaire raisonné des sciences, des arts & métiers* (Paris, 1751-1765).

Didier, Béatrice, 'Le château intérieur de Sade', *Europe* 522 (1972).

Dillenius, Johan Jacob, *Historia musicorum* (Oxford, 1741).

Dornier, Carole, 'Writing the inner citadel: the therapeutics of the soul in Rousseau's *Rêveries d'un* [sic] *promeneur solitaire*', in *Subject matters*, ed. Paul Gifford and Johnnie Gratton (Amsterdam and Atlanta, GA, 2000), p.60-74.

Douthwaite, Julia V., 'Private life in the public eye: Rousseau's autobiography and eighteenth-century painting', *SVEC* 358 (1997), p.135-60.

Dufour, Théophile, 'Petit herbier pour Mademoiselle Julie Boy de la Tour', *Annales de la société Jean-Jacques Rousseau* 2 (1906), p.260-68.

Duncan, Carol, 'Happy mothers and other new ideas in French art', *The Art bulletin* (December 1973), p.570-83.

Ehrard, Jean, *L'Idée de nature en France dans la première moitié du XVIIIᵉ siècle* (Paris, 1994).

Eigeldinger, Marc, '*Les Rêveries*, solitude et poésie', in *Jean-Jacques Rousseau: quatre études de Jean Starobinski, Jean-Louis Lecercle, Henri Coulet, Marc Eigeldinger* (Neuchâtel, 1978).

Emch-Deriaz, Antoinette, *Tissot, physician of the Enlightenment* (New York, NY and Paris, 1992).

Encyclopédie, ou Dictionnaire raisonné des sciences, des arts & des métiers, ed. Denis Diderot et Jean D'Alembert (Paris, 1751-1765).

Farachi, Armand, *Rousseau ou L'État sauvage* (Paris, 1997).

Foerster, Norman, *The Intellectual heritage of Thoreau* (Folcroft, 1969), reprint from *Texas review* II (1917) p.92-212.

Foucault, Michel, *Le Souci de soi* (Paris, 1984).

–, *Surveiller et punir* (Paris, 1975).

Friedlander, Eli, *J.J. Rousseau: an afterlife of words* (Cambridge, MA, 2004).

Gans, Eric, 'The victim as subject: the esthetico-ethical system of Rousseau's *Rêveries*', *Studies in Romanticism* 21 (1982), p.3-31.

Garréta, Anne, 'Rousseau juge de Jean-Jacques: individu, identité et référence du nom propre', in *Lectures de Rousseau: Rousseau juge de Jean-Jacques: Dialogues*, ed. Isabelle Brouard-Arends (Rennes, 2003), p.141-50.

Genette, Gérard, 'Discours du récit', in *Figures III* (Paris, 1972).

–, *Introduction à l'architexte* (Paris, 1979).

Gilson, Etienne, 'La méthode de M. de Wolmar', in *Les Idées et les lettres* (Paris, 1932), p.275-98.

Girard, René, *La Violence et le sacré* (Paris, 1972).

Goodman, Dena, *Criticism in action: Enlightenment experiments in political writings* (Ithaca, NY, 1989).

Gouhier, Henri, *Les Méditations métaphysiques de Jean-Jacques Rousseau* (Paris, 1984).

Grasselli, Margaret Morgan and Pierre Rosenberg, 'Watteau 1684-1721', in *Editions de la Réunion des musées nationaux* (Paris, 1984), p.396-411.

Grœthuysen, Bernard, *J.-J. Rousseau* (Paris, 1949).

Gros, Antoine-Jean, *Painting and propaganda under Napoleon* (University Park, 2006).

Grunchec, Philippe, *Le Grand Prix de peinture. Les concours des Prix de Rome de 1797 à 1863* (Paris, 1983).

Guichet, Jean-Luc, 'La pratique et l'idéal de l'apprivoisement chez Rousseau', *Annales Jean-Jacques Rousseau* (Genève, 2005), n° 46.

–, *Rousseau, l'animal et l'homme* (Paris, 2006).

Guitton, Edouard, 'A propos du projet "descriptif" de Rousseau', in *Le Préromantisme, hypothèque ou hypothèse* (Paris, 1975).

–, *Rêveries sans fin: autour des 'Rêveries du promeneur solitaire'*, ed. Michel Coz and François Jacob (Orléans, 1997).

Hadot, Pierre, *Qu'est-ce que la philosophie antique* (Paris, 1995).

Harrison, Margot, 'Pathological honesty: truth and self in Rousseau and Nietzsche', *Qui parle 8* (1995), p.20-53.

Hegel, Georg Wilhelm Friedrich, *Aesthetics: lectures on fine art*, translated by T. M. Knox (Oxford, 1975).

–, *Phénoménologie de l'esprit*, 2 vols, translated by J. Hyppolite (Paris, 1941).

Helvétius, Claude-Adrien, *De l'homme*, vol.1 (Paris, 1989).

Hénaff, Marcel, 'Sade et le projet des Lumières', in *Lire Sade: actes du premier colloque international sur Sade aux USA*, ed. Norbert Sclippa (Paris, 2004), p.21-43.

Hobson, Marian, *The Object of art* (Cambridge, 1982).

Hölderlin, Friedrich, 'Der Rhein'/'The Rhine', in *Selected poems and fragments*, translated by Michael Hamburger (Harmondsworth, 1998).

Horowitz, Alan, *Rousseau, nature, and history* (Toronto, 1987).

Huet, Marie-Hélène, 'Altered states', in *Approaches to teaching Rousseau's 'Confessions' and 'Reveries of the solitary walker'*, ed. John C. O'Neal and Ourida Mostefai (New York, 2003).

Huffert, Anton Michael, 'Thoreau as a teacher, lecturer, education thinker', dissertation (New York University, 1951).

Hugo, Victor, 'Tristesse d'Olympio', in *Les Rayons et les ombres*, in *Œuvres poétiques*, ed. Pierre Albouy (Paris, 1964), p.1093-98.

Hulliung, Mark, *The Autocritique of the Enlightenment* (Cambridge, 1994).

Hypnerotomachie, ou Discours du songe de Poliphile, déduisant comme amour le combat à l'occasion de Polia, ed. Jean Martin (Paris, Jacques Keruer, 1546). Facsimile (Paris, 1963).

Inston, Kevin, 'Jean-Jacques Rousseau, précurseur de Claude Lefort: le politique comme résistance à la politique', *Etudes Jean-Jacques Rousseau* 14-15 (December 2003), p.271-83.

Jansen, Albert, *Jean-Jacques Rousseau als Botaniker* (Berlin, 1885).

Jiméno, Frédéric and Dominique Massounie, *Le Cheval à Paris* (Paris, 2006).

Johnson, Dorothy, 'David d'Angers and the signs of landscape', *Gazette des beaux-arts* (April 1990), p.171-82.

–, *Jacques-Louis David: art in metamorphosis* (Princeton, NJ, 1993).

–, 'Picturing pedagogy: education and the child in the paintings of Chardin', *Eighteenth-century studies* (Fall 1990), p.47-68.

Johnston, Guillemette, *Lectures poétiques: la représentation poétique du discours théorique chez Jean-Jacques Rousseau* (Birmingham, 1996).

Jones, W. T., 'Rousseau's general will and the problem of consent', *Journal of the history of philosophy* (January 1987).

Juvénal, *Satires* (Paris, 2002).

Kayser, Christine (ed.), *L'Enfant chéri au siècle des Lumières. Après l''Emile'* (Marly-le-Roi and Louveciennes, 2003), p.52-55.

Keats, John, *Complete poems*, ed. Jack Stillinger (Cambridge, MA, 1982).

Kitson, Michael, *Studies on Claude and Poussin* (London, 2000).

Klein, Ursula, 'Shifting ontologies, changing classifications: plant materials from 1700-1830', *Studies in the history and philosophy of science* 36/2 (June 2005), p.261-329.

Laclau, Ernesto (ed.), *New reflections on the revolution of our time* (London, 1990).

–, and Chantal Mouffe, *Hegemony and socialist strategy* (London, 1990).

Lacoue-Labarthe, Philippe, *Poétique de l'histoire* (Paris, 2002).

Lamarck, Jean-Baptiste de Monet, chevalier de, 'Herbier *(Herbarium)*', in *Encyclopédie méthodique: botanique*, vol.III (Paris, Panckoucke, 1789), p.111-16.

Lamartine, Alphonse de, *Œuvres poétiques complètes*, ed. Marius-François Guyard (Paris, 1963).

Lambert, L. Gary, 'Rousseau and Thoreau: their concept of nature', PhD dissertation (Rice University, 1969).

L'Aminot, Tanguy, 'Satori à Vincennes', in *Spiritualité de Jean-Jacques Rousseau, Etudes Jean-Jacques Rousseau*, vol.10 (Montmorency, 1998), p.105-20.

Laveissière, Sylvain, *Pierre-Paul Prud'hon* (Paris and New York, 1998).

Leborgne, Erik, 'Présentation', in *Dialogues de Rousseau juge de Jean-Jacques* (Paris, 1999), p.7-50.

Lebrun, Annie, 'L'athéisme, littéralement et dans tous les sens, in *Lire Sade* (Paris, 2004), p.45-54.

Leclerc, George-Louis, comte de Buffon, *Histoire naturelle*, in *Œuvres complètes de Buffon*, ed. M. Flourens (Paris, 1853).

Lefèvre-Deumier, Jules, *Le Livre du promeneur* (Paris, 1854).

Leiris, Michel, *L'Age d'homme*, précédé de *De la littérature considérée comme une tauromachie* (Paris, 1973).

Linnaeus, Carolus, *Philosophia botanica* (Stockholm/Amsterdam, G. Kiesewetter/Z. Chatelain, 1751).

–, *Philosophia botanica*, translated by Stephen Freer (Oxford, 2003).

–, *Reflections on the study of nature* (London, 1785).

Locke, John, *Second treatise of government* (New York, 1952).

Lovejoy, A. O., *The Great chain of being: a study of the history of an idea* (1936; Cambridge, MA, 1964).

Loyola, Ignace de, *Exercises spirituels. Testament* (Paris, 2002).

Lusitanus, *In Dioscorides Anazarbei de medica materia libros quinque ennarationes* (Venice, [Gualterum Scotum], 1553).

Lyotard, François, *Economie libidinale* (Paris, 1974).

Magnin, Antoine, *Claret de La Tourrette: sa vie, ses travaux, ses recherches sur les lichen du Lyonnais d'après ses ouvrages et les notes inédites de son herbier* (Paris and Lyon, 1885).

Mah, Harold, *Enlightenment phantasies: cultural identity in France and Germany, 1750-1914* (Ithaca, NY, 2003).

Malebranche, Nicolas de, *Recherche de la vérité*, 3 vols, ed. Geneviève Rodis-Lewis (Paris, 1962-1964).

Marouf, Abderrazak and Jean Vallade, *Dictionnaire de botanique: les phanérogames* (Paris, 2000).

Martineau, Emmanuel, *Archives de philosophie* 47 (1984).

Martinez, Michel, 'A propos de "l'événement imprévu": genèse et cohérence des *Rêveries*', *Littératures* 12 (1985), p.48-60.

Masson, Pierre Maurice, *La Religion de J. J. Rousseau*, 3 vols (Paris, 1916).

Maulpoix, Jean-Michel, *La Voix d'Orphée: essai sur le lyrisme* (Paris, 1989).

McDonald, Christie, 'Truth and the other in Rousseau's *Confessions*', in

Approaches to teaching Rousseau's 'Confessions' and 'Reveries of the solitary walker', ed. John C. O'Neal and Ourida Mostefai (New York, 2003), p.73-78.

McFarland, Thomas, *Romanticism and the heritage of Rousseau* (Oxford, 1995).

Metsger, Deborah A. and Sheila C. Byers, 'Introduction', in *Managing the modern herbarium: an interdisciplinary approach*, ed. Deborah A. Metsger and Sheila C. Byers (Washington, DC, 1999).

Miller, Perry, 'Thoreau in the context of international romanticism', in *Nature's nation* (Cambridge, MA, 1967), p.175-83.

Montaigne, Michel de, *Essais*, ed. Maurice Rat (Paris, 1962).

Montandon, Alain, *Sociopoétique de la promenade* (Clermont-Ferrand, 2000).

Nancy, Jean-Luc, 'Finite history', in *The State of theory: history, art and critical discourse*, ed. David Carroll (New York, 1982), p.149-73.

Nash, Roderick, *Wilderness and the American mind*, 3rd edn (New Haven, CT, 1982).

Neiman, Susan, *Evil in modern thought: an alternative history of philosophy* (Princeton, NJ and Oxford, 2002).

Neuhouser, Frederick, 'Freedom, dependence, and the general will', in *The Philosophical review* (July 1993), p.363-95.

O'Brien, David, *After the Revolution: Antoine-Jean Gros, paintings and propaganda under Napoleon* (College Park, 2006).

O'Dea, Michael, 'Tout le monde se tut: problems of rhetoric in Rousseau's autobiographical works', in *Approaches to teaching Rousseau's 'Confessions' and 'Reveries of the solitary walker'*, ed. John C. O'Neal and Ourida Mostefai (New York, 2003), p.44-49.

O'Hagan, Timothy, *Rousseau* (London, 2003).

O'Neal, John C., 'The perceptual metamorphosis of the solitary walker', in *Approaches to teaching Rousseau's 'Confessions' and 'Reveries of the solitary walker'*, ed. John C. O'Neal and Ourida Mostefai (New York, 2003), p.96-103.

–, 'The perceptual metamorphosis of the solitary walker', *L'Esprit créateur* XXIV (Summer 1984), p.92-102.

–, *Seeing and observing: Rousseau's rhetoric of perception* (Saratoga, CA, 1985).

–, and Ourida Mostefai (ed.), *Approaches to teaching Rousseau's 'Confessions' and 'Reveries of the solitary walker'* (New York, 2003).

Osmont, Robert, 'Contribution à l'étude psychologique des *Rêveries du promeneur solitaire*', *Annales Jean-Jacques Rousseau* 23 (1934), p.7-135.

Pascalis, Sandra, 'De la déambulation en ville à la promenade en carrosse ou à cheval', in *Monuments et hauts lieux de l'architecture équestre*, 9ᵉ Colloque de l'Ecole nationale d'équitation (Saumur, 2006), forthcoming.

–, and Daniel Rabreau, Vincent Bradel, Jean-Pierre Husson, *La Nature citadine au siècle des Lumières. Promenades urbaines et villégiatures*, Annales du Centre Ledoux Université Paris I, vol.5 (Paris, 2006).

Payot, Roger, *Jean-Jacques Rousseau ou La Gnose tronquée* (Grenoble, 1978).

Penzig, O. A. J., *Contribuzioni alla storia della botanica* (Milan, 1905).

Perkins, Jean A., *The Concept of the self in the French Enlightenment* (Geneva, 1969).

Perrin, Jean-François, 'Du droit de taire la vérité au mensonge magnanime: sur quelques arrière-plans théoriques et littéraires de la *Quatrième promenade*', *Littératures* 37 (1997), p.115-30.

–, 'La scène de réminiscence avant Proust', *Poétique* 102 (1995), p.193-213.

–, '*Sacer estod*: une approche des enjeux politiques et théoriques dans *Rousseau juge de Jean-Jacques*', *Annales Jean-Jacques Rousseau* 46 (2005), p.79-113.

–, 'Vie automate et quête de soi dans les *Rêveries du promeneur solitaire*', *Romanische Zeitschrift für Literaturgeschichte* 23 (1999), p.331-39.

Philonenko, Alexis, *Jean-Jacques Rousseau et la pensée du malheur*, 3 vols (Paris, 1984).

Pigeaud, Jackie, *Aux portes de la psychiatrie, Pinel, l'Ancien et le Moderne* (Paris, 2001).

Pitton de Tournefort, Joseph, *Elemens de botanique* (Paris, 1694).

Plamenatz, John, 'Ce qui ne signifie pas autre chose sinon qu'on le forçera d'être libre', in *Hobbes and Rousseau: a collection of critical essays*, ed. Maurice Cranston and Richard S. Peters (New York, 1972), p.318-32.

Plutarque, *Vie d'Alexandre*, in *Vies parallèles* (Paris, 2002).

Posner, Donald, 'The true path of Fragonard's *Progress of love*', *The Burlington magazine* 114 (August 1972).

Prévost, Antoine, *Le Philosophe anglais, ou histoire de M. Cleveland*, vol.2, *Œuvres de Prévost* (Grenoble, 1977).

Proust, Jacques, 'Le premier des pauvres', *Europe* 391-92 (nov.-déc. 1961), p.13-21.

Proust, Marcel, *A la recherche du temps perdu*, ed. Jean-Yves Tadié (Paris, 1987).

Radisich, Paula K., 'Eighteenth-century plein-air painting and the sketches of Pierre-Henri de Valenciennes', *The Art bulletin* (March 1982), p.98-104.

Rancière, Jacques, *La Chair des mots: politiques de l'écriture* (Paris, 1998).

Raymond, Marcel, *Jean-Jacques Rousseau: la quête de soi et la rêverie* (Paris, 1962).

Rempel, Henry David, 'On forcing people to be free', *Ethics* (October 1976), p.18-34.

Richardson, Robert D., Jr., *Henry Thoreau: a life of the mind* (Berkeley, CA, 1986).

Richebourg, *Les Lectures de Rousseau* (Geneva, 1934).

Ricoeur, Paul, *Finitude et culpabilité II: la symbolique du mal* (Paris, 1960).

Roche, Daniel, *Humeurs vagabondes: de la circulation des hommes et de l'utilité des voyages* (Paris, 2004).

–, *Voitures, chevaux et attelages du 16ᵉ au 19ᵉ siècle* (Paris, 2000).

Roger, Jacques, 'Rousseau and Lamarck', *Gesnerus* (1985), p.369-81.

Roger, Philippe, 'Rousseau selon Sade ou Jean-Jacques travesti', *Dix-huitième siècle* 23 (1991), p.383-405.

Rosenberg, Aubrey, 'Rousseau et la Providence: l'inquiétude des dernières années', in *Spiritualité de Rousseau*, p.29-55.

Rousseau, Jean-Jacques, *The Collected writings of Rousseau*, ed. Christopher Kelly, translated by Charles E. Butterworth, Alexandra Cook and Terence Marshall (Hanover and London, 2000).

–, *Correspondance complète*, ed. Ralph A. Leigh, 52 vols (Geneva, 1965-1998).

–, *Œuvres complètes*, 5 vols (Paris, 1959-1995).

Rubin, James, 'La sépulture romantique de Ch. Boyer et son portrait par Antoine-Jean Gros', *La Revue du Louvre et des musées de France* 25 (1975), p.7-22.

Sade, Donatien-Alphonse-François, comte [marquis] de, *Œuvres complètes* (Paris, 1967).

Saint-Amand, Pierre, '*Rêveries* of idleness', in *Approaches to teaching Rousseau's 'Confessions' and 'Reveries of the solitary walker'*, ed. John C. O'Neal and Ourida Mostefai (New York, 2003), p.127-31.

Saint-Lager, J.-B., *Histoire des herbiers* (Paris, 1885).

Sattelmeyer, Robert, *Thoreau's reading: a study in intellectual history*, with biographical catalogue (Princeton, NJ, 1988).

Schneebeli-Graf, Ruth, *Botanisieren mit Jean-Jacques Rousseau* (Thun, 2003).

–, *Das Zürcher Herbar von Jean-Jacques Rousseau* (Zürich, 1980).

Scudéry, Madeleine de, *La Promenade de Versailles* (Paris, 1669).

Seïté, Y., 'La visite au non-écrivain', in 'Rousseau visité, Rousseau visiteur [...] (1770-1778)', *Annales Jean-Jacques Rousseau* XLII (1999), p.209-36.

Senancour, Etienne Pivert de, *Obermann* (Paris, 2003).

Shackleton, Robert, 'When did the French *philosophes* become a party?', in *Essays on Montesquieu and on the Enlightenment*, ed. David Gibson and Martin Smith (Oxford, 1988), p.447-60.

Shelley, Percy Bysshe, 'Stanzas written in dejection-December 1818-near Naples', in *Shelley's poetry and prose*, ed. Donald H. Reiman and Neil Fraistat, 2nd edn (New York, 2002), p.135-36.

Sheriff, Mary, *Fragonard: art and eroticism* (Chicago and London, 1990).

Siebers, Tobin, 'Rousseau and autonomy', *Stanford French review* 17 (1993), p.7-24.

Smith, Roger, 'The language of human nature', in *Inventing human science: eighteenth-century domains*, ed. C. Fox, R. Porter and R. Wokler (Berkeley, CA, 1995).

Spary, Emma, 'The "nature" of Enlightenment', in *The Sciences in enlightened Europe*, ed. W. Clarke, J. Golinski and S. Schaffer (Chicago, 1999), p.272-306.

Spikes, Mike, 'Rousseau's *Les Rêveries* and Thoreau's *Walden*: discontinuous self-portraits', MA thesis (Indiana University, IN, 1982).

Stafford, Barbara, *Voyage into substance: art, science, nature and the illustrated travel account, 1760-1840* (Cambridge, MA and London, 1984).

Stafleu, F. A., *Linnaeus and the Linnaeans: the spreading of their ideas in* systematic botany, *1735-1789* (Utrecht, 1971).

Starobinski, Jean, *Jean-Jacques Rousseau* (Neuchâtel, 1978).

–, 'Jean-Jacques Rousseau: la forme du jour', in *Cahiers pour un temps: Jean Starobinski* (Paris, 1985).

–, *Jean-Jacques Rousseau: la transparence et l'obstacle* (Paris, 1957).

Strauss, Jonathan, 'Political force and the grounds of identity from Rousseau to Flaubert', *MLN* 117 (4 September 2002), p.808-13.

Strick, Jeremy, 'Nature studied and remembered: the oil sketch in the theory of Pierre-Henri de Valenciennes', in *The Light of Italy. Corot and open-air painting*, ed. Philip Conisbee, Sarah France and Jeremy Strick (New Haven, CT and London, 1996), p.79-88.

Tafuri, Manfredo, *The Sphere and the labyrinth* (Cambridge, 1990).

Taylor, Charles, *Sources of the self: the making of modern identity* (Cambridge, MA, 1980).

Temmer, Mark, 'Rousseau and Thoreau', *Yale French studies* 28, special issue on Jean-Jacques Rousseau (1961-1962), p.117-21.

Terrasse, Jean, 'Dieu, la nature, les fleurs: sur une page des *Rêveries*', *Index des 'Fragments autobiographiques' et de la 'Lettre à Voltaire', précédé d'une édition critique de la 'Lettre à Voltaire sur la Providence'; et, suivi des Actes du colloque de Nice (28-30 juin 1978) sur Jean-Jacques Rousseau et Voltaire*, ed. Gilbert Fauconnier (Geneva and Paris, 1979), p.593-615.

Thiery, Robert, et al., *Jean-Jacques Rousseau: le philosophe botaniste* (Montmorency, 1996).

Thomas, Sir Keith, *Man and the natural world: changing attitudes in England, 1500-1800* (London, 1983).

Thoreau, Henry David, *Walden*, in *A Week on the Concord and Merrimack rivers, Walden, The Maine woods, Cape Cod* (New York, 1985).

–, 'Walking', in *Collected essays and poems* (New York, 2001).

–, *The Writings of Henry David Thoreau*, ed. Bradford Torrey (Boston, 1906).

Tissot, J., *Traité des nerfs et de leurs maladies* (Avignon, Chambeau, 1800).

Todorov, Tzvetan, *Frêle bonheur: essai sur Rousseau* (Paris, 1985).

Tolila, Paul, 'Rousseau et le matérialisme des fleurs', *Pensée* 202 (1978), p.116-31.

Tournefort, Joseph Pitton de, *Elemens de botanique* (Paris, 1694).

Tripet, Arnaud, *La Rêverie littéraire: essai sur Rousseau* (Geneva, 1979).

Turgot, Anne-Robert-Jacques, *Lettre à Madame de Grafigny sur les 'Lettres d'une Péruvienne'*, in *Œuvres* (Paris, 1913-1923).

Valenciennes, Pierre Henri de, *Eléméns de perspective pratique à l'usage des artistes, suivis de Réflexions et conseils à un élève sur la peinture et particulièrement sur le genre du paysage* (1800; Geneva, 1973).

Valéry, Paul, *Tel quel*, in *Œuvres*, 2 vols, ed. Jean Hythier (Paris, 1960).

Van den Spiegel, Adriaan, *Isagoges in rem herbariam* (Padua, Paulum Meiettum, 1606).

Vargas, Yves, *Introduction à l'"Emile" de Rousseau* (Paris, 1995).

–, 'Ne me lisez point', in *Les Promenades matérialistes de Jean-Jacques Rousseau* (Pantin, 2005), p.206-13.

Verdi, Richard, *Cézanne and Poussin: the classical vision of landscape* (London, 1990).

Voltaire, *Dictionnaire philosophique*, éd. Christiane Mervaud, in *OCV* (Oxford, 1994).

Vyverbert, H., *Human nature, cultural diversity, and the French Enlightenment* (New York, 1989).

Wells, Byron R., 'Rêve de la nature, nature du rêve: essai sur la *Cinquième promenade*', *Romance quarterly* 37 (1990), p.131-40.

Wiebenson, Dora, *The Picturesque garden in France* (Princeton, NJ, 1978).

Wimsatt, W. K., 'The structure of romantic nature imagery', in *The Verbal icon: studies in the meaning of poetry* (New York, 1960), p.103-16.

Wordsworth, William, *The Major works*, ed. Stephen Gill (Oxford, 2000).

Žižek, Slavoj, 'Beyond discourse analysis', in *New Reflections*, ed. Laclau, p.249-60.

–, *The Ticklish subject: the absent centre of political ontology* (London, 1999).

Index